课题组成员

组　长

王洛林　商务部政策咨询委员会主任、中国社会科学院原常务副院长、中国发展研究基金会副理事长

副组长

卢　迈　中国发展研究基金会秘书长

隆国强　国务院发展研究中心对外经济研究部部长、研究员

分报告作者

中　方

程国强　国务院发展研究中心学术委员会秘书长、研究员

冯　飞　国务院发展研究中心产业经济研究部部长、研究员

范恒山　国家发展和改革委员会地区经济司司长

霍建国　商务部国际贸易经济合作研究院院长、研究员

李善同　国务院发展研究中心研究员

林桂军　对外经济贸易大学副校长、教授

连　平　交通银行首席经济学家、教授、博士生导师

吕　政　中国社会科学院学部委员、研究员

毛　昊　国家知识产权局发展研究中心博士

裴长洪　中国社会科学院经济研究所所长、党委书记、研究员

单大圣　教育部教育发展研究中心博士

汤　碧　对外经济贸易大学国际经济学院副教授

王宏淼　中国社会科学院经济研究所副研究员

王新奎　上海市政协副主席、上海WTO事务咨询中心总裁、教授

王延中　中国社会科学院劳动与社会保障研究中心主任、研究员

薛　澜　清华大学公共管理学院院长、教授

张金生　深圳市世贸组织事务中心主任、研究员、博士生导师

张　磊　上海WTO事务咨询中心研究部主任、副研究员

张小济　全国政协委员、国务院发展研究中心对外经济研究部研究员

张蕴岭　中国社会科学院学部委员、国际研究学部主任、研究员

张燕生　国家发展和改革委员会学术委员会秘书长、研究员

外　方

Debapriya Bhattacharya　孟加拉政策对话中心（CPD）杰出学者

Farzana Misha　孟加拉政策对话中心（CPD）高级副研究员

经济合作与发展组织（OECD）

联合国开发计划署（UNDP）

项目官员

任晶晶　中国发展研究基金会项目官员

中国发展研究基金会
China Development Research Foundation

China:
Ten Years After WTO Accession

加入WTO十年后的中国

王洛林◎主编

中国发展出版社
CHINA DEVELOPMENT PRESS

图书在版编目（CIP）数据

加入 WTO 十年后的中国/王洛林主编．—北京：中国发展出版社，2012.5

ISBN 978-7-80234-781-6

Ⅰ. 加…　Ⅱ. 王…　Ⅲ. 世界贸易组织—规则—影响—经济发展—中国　Ⅳ. F124

中国版本图书馆 CIP 数据核字（2012）第 068822 号

书　　名： 加入 WTO 十年后的中国
主　　编： 王洛林
出版发行： 中国发展出版社
（北京市西城区百万庄大街 16 号 8 层　100037）
标准书号： ISBN 978-7-80234-781-6
经 销 者： 各地新华书店
印 刷 者： 北京科信印刷有限公司
开　　本： 670mm×980mm　1/16
印　　张： 29.25
字　　数： 380 千字
版　　次： 2012 年 5 月第 1 版
印　　次： 2012 年 5 月第 1 次印刷
定　　价： 50.00 元

联系电话：（010）68990630　68990692
网　　址： http：//www.develpress.com.cn
电子邮件： bianjibu16@vip.sohu.com

PREFACE 序言

2001年12月10日，中国正式成为世界贸易组织（简称WTO）成员。这是中国改革开放进程中的一件大事，标志着中国对外开放进入新的历史阶段。十年前，中国加入WTO，有人鼓掌，有人担忧；十年后的今天，全世界看到的是一个崛起的中国，一个全球第二大经济体的中国。

十年来，中国全面履行加入世界贸易组织的各项承诺，坚持实行平等互利、合作共赢的对外开放政策，有力推动了世界经济的发展。同时，中国也全面享受了世界贸易组织成员国的各项权利，经济发展获得了良好的外部条件，同世界各国在经济、贸易、科技、文化等领域交流合作的广度和深度不断拓展，更为重要的是加入WTO有力地推动了我国的体制改革，促进了社会主义市场经济体制的完善。十年来的实践充分证明了，中国加入世界贸易组织，扩大对外开放，惠及全中国人民，也惠及世界各国人民。

回顾和总结过去十年中国对外开放中的利弊得失、经验教训，展望和明确未来中国对外开放的新任务、新目标，具有重大意义。《加入WTO十年后的中国》这部研究报告，从宏观经济、对外贸易与投资、行业经济（农业、工业、金融、能源等）、知识产权战略、社会保障体制建设、区域经济合作与地方经济的发展，从发达国家和发展中国家与中国的贸易关系等多个角度入手，对加入世界贸易组织十年来给中国经济社会和国际经济体系带来的影响进行了系统评估，同时对未来十年各个层面的发展也都作出了详尽的展望。本报告作者是来自国家发展和改革委员会、商务部、国务院发展研究中心、中国社会科学院、清华大学、对外经济贸易大学、上海 WTO 事务咨询中心、深圳市世贸组织事务中心、交通银行、OECD、UNDP 等国内外机构的知名专家，有的是直接参与政策制定的官员，有的是长期从事对外经济研究的学者。读者从这里看到的是理论与实践相结合的分析，由此可以更深入地了解入世十年以来中国的发展和改革轨迹以及未来十年中国对外开放的发展方向。

当前世界经济尚未完全走出危机，中国经济也正处于转变发展方式的关键时期，挑战与机遇并存。我们必须坚定不移地推进对外开放，积极利用两个市场、两种资源，进一步深化要素领域、公共领域、能源和环境等领域的各项改革，缓解经济社会发展过程中的深层次矛盾，激发中国经济长期、持续、协调发展的内在动力。要在全球范围内创造互利共赢的外部环境，延伸经济发展的空间，提升参与和推动全球开放与合作的能力。我们相信，随着中国经济实力的增强和国际地位的提升，中国必将给全球贸易体系带来更加深远的影响。

王洛林

2012 年 2 月 15 日

CONTENTS

目录

下篇
加入世界贸易组织十周年：中国与世界

总　论

新兴大国的对外开放新战略

——加入WTO十周年的回顾与展望

◎ 隆国强

隆国强，国务院发展研究中心对外经济研究部部长、研究员。

加入世界贸易组织，是中国近现代史上对外开放的一个里程碑。鸦片战争以后，一代又一代志士仁人在努力探寻国家富强之路，中国对外开放充满了波折。加入世界贸易组织将中国对外开放推向了一个崭新的高度，对中国经济社会发展产生了全面而深远的影响，是中国现代化进程中的重大事件。对于评价加入世界贸易组织这样一个重大历史事件，十年时间可能还不足够长，但是，一个民族只有不断地自我反省与总结，才能少走弯路。因此，在加入世界贸易组织十年之际，回顾入世十年的发展状况，总结经验教训，分析当前与未来中国进一步推进对外开放面临的新形势新挑战，展望对外开放的新战略，无疑具有十分重要的意义。

回　顾

中国加入世界贸易组织，从本质上来说，是正式接受了世界贸易组织所倡导的市场经济体制的基本原则、基本制度，这与中共十四大确立的建立社会主义市场经济体制的改革目标是一致的。世界贸易组织是一个以推动贸易投资自由化为基本取向的国际组织，因此，中国加入世界贸易组织，除了接受它所倡导的市场经济的基本规则之外，也对进一步开放中国贸易与投资市场作出了一揽子承诺。从国际社会的视角看，中国加入世界贸易组织标志着中国接受现有的主流国际规则，中国的和平崛起对世界的影响因此更具可预见性。

一、加入世界贸易组织的影响

加入世界贸易组织对中国经济社会的影响是全面而深远的，回顾过去的十年，我们可以看到，其影响总体上是利大于弊的。主要表现在以下几个方面。

第一，中国经济实现了更加快速稳定的增长。加入世界贸易组织后的十年，是中国经济增长最快的十年。加入世贸组织前，1978～2001 年，中国经济年均增长率为 9.6%，加入世贸组织后的十年，即便遭遇了二战后最严重的在全球金融危机，中国经济年均增长率仍达到了 10.45%，这在世界各国的经济发展史上也是罕见的。与加入世界贸易组织前 20 年相比，这十年中国经济不仅速度更快了，而且增长更加平稳了，经济的波动程度大大降低，稳定性大大增强，受全球金融危机冲击最严重的 2009 年，我国经济增长率仍有 9.1%，比本轮增长最快的 2007 年降低 5.1 个百分点，而在 80 年代和 90 年代，年度最高速度与最低速度的差距分别是 11.1 和 10.4 个百分点。相形之下，入世后中国经济增长更加平稳，原因是多方面的，其中，入世后大幅度提升了参与全球分工的程度，我国能够在全球而不是局限于国内进行资源配置，回旋空间大大扩展，是一个不容忽视的原因。一直以来，有一种观点认为一国参与全球分工程度加深，会受到外部经济波动的冲击，因而经济增长的稳定性会降低。诚然，外部冲击会加大一国经济的波动性，但另一方面，国内国外两个市场比仅依靠国内市场的空间更大，有利于降低波动性。究竟哪股力量的影响更大呢？入世十年中国经济的实际表现揭示，相比封闭经济，参与全球分工程度提高后，经济增长的波动性不是加大而是降低了。其实，系统论在理论上早就证明，大系统比小系统更加稳定，开放系统比封闭系统更加稳定。

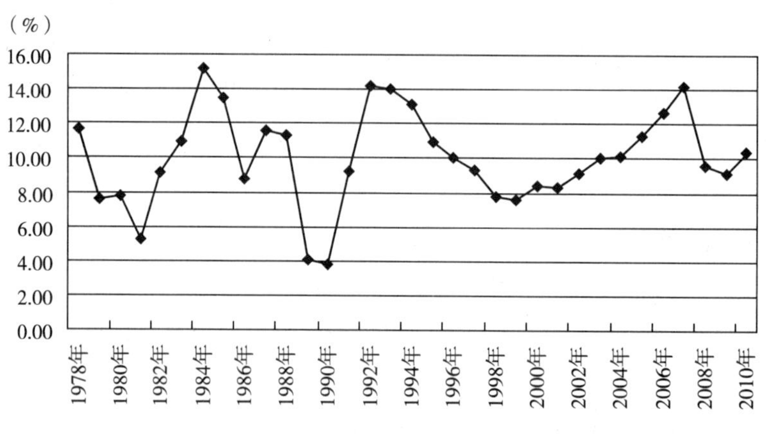

图 1　入世十年中国经济增长更快也更平稳

资料来源：Wind。

第二，中国产业的国际竞争力迅速增强。加入世界贸易组织十年来，中国从世界第六大出口国迅速跃升为第一大出口国，占全球市场的份额提高了5个百分点，增加了1倍。不仅传统产业的国际竞争力进一步增强，一些新兴产业的国际竞争力也得到提高。世界贸易组织的信息产品协议令电子信息产业（ITC）成为全球化程度最高的产业，中国充分发挥优势，参与电子信息产业的全球价值链，尽管目前总体上还处于低附加价值的环节，但中国已经成为世界第二位的电子信息产品制造大国，而且也涌现出了以华为、中兴为代表的一些拥有自主知识产权、自主品牌的新兴跨国公司，正在快速向高附加价值环节攀升。中国大力发展服务外包，在信息服务外包（ITO）、商业流程服务（BPO）等新兴服务贸易的全球市场上，占有了一席之地。更有必要指出的是，一些国人曾经担心会因加入世贸受到严重冲击的行业，如汽车、农业、金融服务等，并没有出现人们担心的结果，相反，有些产业的竞争力还得到了大幅度增强。中国成为全球第一大汽车生产国和消费国，汽车出口快速增长。中国的银行业非但没有受到入世后大幅度开放市场的冲击，反而从入世前的“技术性破产”境地，经过大幅度改革重组，实现了凤凰涅槃，在全球金融危机后变成世界上赢利能力最强的银行，在全球最大和最赢利银行中名列前茅。外资金融机构在中国市场的份额没有明显增加，个别著名外资金融机构经过几年的试水后，甚至退出了中国市场。加入世界贸易组织之所以能够促进产业竞争力的增强，一是因为入世大大拓展了外资准入的范围和程度，国家按照世贸规则修订了相关法律，增加了我国投资环境的稳定性和可预见性，因而增加了投资者对中国的信心。外资的进入既增加了竞争压力，又带来了新的技术与管理的示范。二是市场开放大幅度增加了国内市场的竞争压力。三是入世推动的大范围高强度改革，理顺了体制机制，开放与改革给国内发展带来多方面的红利，例如，入世后的前五年，我国制造业劳动生产率大幅度提高，其速度远远高于劳动力成本上涨的速度，从而增强了本土企业的竞争力。四是入世后我国综合国力快速增强，外汇储备大幅增加，我国企业通过“走出去”在全球主动配置资源的能力大幅增强，整合国际国内两个市场、两种资源，有力地增强了竞争力。2010年我国对外投资额位列世界第5位。入世的一个重要启示就是，有序推进的对外开放，而不是保护，才是增强一个国家的产业国际竞争力的最有效的办法。

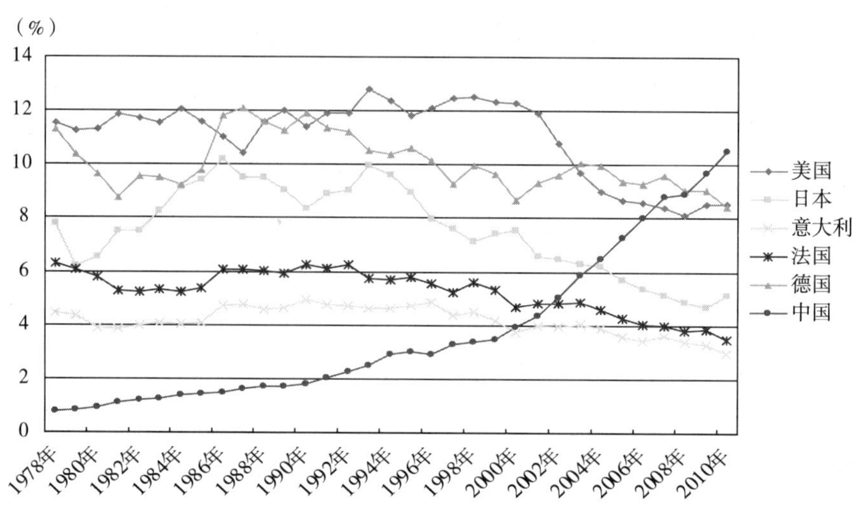

图 2 加入 WTO 后中国在国际市场的份额快速提升

资料来源：WTO。

第三，加入世界贸易组织有力地推动了体制改革，促进了社会主义市场经济体制的完善。加入世界贸易组织后，我国按照世界贸易组织的规则和加入世界贸易组织的承诺，修订了 2300 多份法律法规和数十万份政府文件，不仅大大推动了涉外经济体制改革，形成了与国际惯例并轨的涉外经济体制，而且大大推进了国内经济体制改革，很多世贸组织的规则通过国内法律的修订成为我们市场经济的一些基本制度，从而大大完善了社会主义市场经济体制。以开放促改革，是中国改革道路的一条独特经验，这在加入世界贸易组织时达到了巅峰。

第四，加入世界贸易组织大大增强了国民的开放意识与规则意识。鸦片战争后，中国的精英层开始睁眼看世界，先是开展洋务运动，着眼于学习西方的器物。但甲午海战后，国人认识到，仅仅学西方的器物是远远不够的，还要学习先进的制度，从而有了戊戌变法和辛亥革命。但是，辛亥革命后，早期的共和并没有取得预期的效果，一些知识精英认识到，学习器物与制度还不够，还要学习西方的文化，从而开始了新文化运动。对于长期封闭的中国而言，学习西方先进的技术、制度和文化，去其糟粕，取其精华，均是十分重要的，而制度与文化的影响更为深远。从申请恢复关贸总协定到最后加入世界贸易组织，中国的入世之路长达 15 年，中国政府将这一漫长的谈判进程演化为对全民普及 WTO 知识的过程，变成启蒙开放意识与规则意识的过程，如此大规模地教育普及世贸知识，在全球是独一无二，前所未有的。全民开放意识与规则意识的树立与强化，对于长期处于封闭状态的中国国民，具有特殊的意义，对中国未来更加深入地融入世界，与世界实现共赢，将产生长期的积极影响。

二、加入世界贸易组织的经验

加入世界贸易组织后，中国总体上实现了趋利避害，有几条重要的经验：

第一，准确判断经济全球化的趋势，制定正确的对外开放战略，坚定不移地坚持有序扩大开放，充分发挥比较优势，牢牢把握战略机遇，防范开放的风险。中国对外开放之所以取得巨大成功，就是把握一个机遇，即出口导向型劳动密集产业跨境转移的机遇；发挥了一个优势，即劳动力低成本的优势，实现了一个目标：出口创汇。

第二，把对外开放的压力作为推进改革的动力，始终坚持用改革的办法来增强国际竞争力，来应对挑战与冲击。

第三，用政治决断消除各种阻力，用宣传教育凝聚全民开放与改革共识，政治决断与社会共识形成良性互动。

第四，把对外谈判与自主推进渐进式开放有机结合，通过渐进引进国际竞争压力增强国内产业的国际竞争力，成功地避免了谈判结果对国内市场产生过大冲击。

第五，认真履行对外承诺，树立负责任大国的形象。

三、加入世界贸易组织的教训与启示

回顾加入世贸谈判与后来的发展，我们也有一些值得总结的教训与启示：

第一，准确评估我国产业的竞争力特别是提升竞争力的潜力，对于确定对外开放战略与开展对外谈判，具有至关重要的意义。加入世贸之初，国内对汽车、农业、金融服务等一些“弱势”产业会否受到外部竞争冲击充满了担心，加入世贸后十年，这些产业非但没有受到冲击，反而得到未曾预料的长足发展。这一方面得益于较好的外部经济环境，2008 年全球金融危机爆发前，全球经济经历了持续高速增长，也得益于我国政府与企业的改革与调整。另一方面，是否存在着事前对我国“弱势”产业增强竞争力潜力估计不足的原因呢？事后看来，这种情况是存在的。从世界各国看，担心开放会冲击本国的“弱势”产业是阻碍一国推进对外开放的主要原因，往往因此放弃对外开放可能带来的巨大利益。“弱势”产业往往倾向于利用各种话语权来阻挡进一步开放，有时甚至会用极端的语言来“吓唬”决策者和公众，而不愿意通过改革和调整来增强国际竞争力。因此，准确评估本国“弱势”产业的竞争力和对开放的承受能力，准确把握导致其竞争力较弱的原因和评估提升竞争力的潜力，对于一国决定对外开放的目标、进程和时序，有着重要的影响。

第二，牢牢树立发挥比较优势的理念。一国从比较封闭走向比较开放的进程，就是不断深化参与全球分工的过程，实质是将资源配置向具有比较优势部门集聚的过程，这正是深化全球分工来提高效率的真正含义。当今世界的任何一个国家，不管是大国还是小国，都不可能在所有领域拥有国际竞争力，美国如此，中国亦如此。只有“有所不为”，才能“有所为”。这就意味着，扩大开放必然会带来结构性调整，资源将从比较劣势部门更多地流向比较优势部门，提高整体的效率。因此，能否通过扩大和深化对外开放来获得总体利益，关键是要建立一套结构调整与利益补偿机制，将资源（最重要的是劳动力）从比较劣势部门顺利地转移到比较优势部门，开放的获益部门要能够充分补偿受损部门。如果缺乏这种机制，个别部门就可能阻碍开放的进程，丧失扩大开放的巨大收益。一些国家因农业部门反对开放而难以获取贸易投资自由化带来的整体利益，这样的事例应该成为我国的镜鉴。需要特别指出的是，一国的比较优势不是凝固不变的，而是可变的。一国的国际分工地位的提升，本质上是一国比较优势动态变化的结果。

第三，扩大开放需要有力的人才支撑和有效的协调机制。加入世贸时的首席谈判代表龙永图先生曾感慨：美方代表团背后坐满了智库与业界人士，为谈判提供支撑，而中方代表团背后空空如也！加入世界贸易组织的谈判过程，我们从实战中培养了一批涉外经贸人才，但是，与当今中国面临的日益复杂的国际环境和进一步扩大开放的需要相比，具有战略思维、国际视野的高层次人才更显匮乏。一个国家如果不愿意投资于涉外人才培养、智库研究，软实力的匮乏必然会令其硬实力的影响力大打折扣，在这种状态下，投资软实力的边际收益将是巨大的。部门间的有效协调也是软实力的重要内容。加入世贸谈判时，由高层领导人领衔达成了部门间的协调，但这是一种临时而非常态的部门间协调机制，这一机制随着加入世贸谈判的完成而消失。如果一个部门、一家大企业就可以因自身利益而阻碍一个区域贸易协定的谈判，充分暴露了现行协调机制的低效，必须引起我们的高度警惕。

展　望

入世十年的辉煌成就，坚定了我们进一步扩大开放的信心。必须看到，入世带来的扩大开放与深化改革的红利，也随着时间的推移消费殆尽。要推进我国转变发展方式，实现和平崛起的战略目标，迫切需要进一步扩大开放，加快改革。

孙中山先生曾经说过：世界潮流，浩浩荡荡，顺之者昌，逆之者亡。我国要想继续在全球化浪潮中实现趋利避害，必须准确把握外部形势与自身优劣势，制订正确的对外开放新战略。准确判断外部形势十分重要，在这方面我国既有宝贵经验，也有深刻教训。上世纪 60 年代我国判断世界大战危在旦夕，因此有了“三线”建设，造成了极大浪费，拉大了与先进国家的差距。文化大革命结束后，如果没有小平同志“和平与发展是世界主流”的判断，就不可能有我国大规模的对外开放。全球金融危机爆发后，国际环境变得异常复杂，各种观点众说纷纭。如何透过迷雾，在复杂的表象之下，把握住世界潮流，分析复杂多变的外部环境所蕴含的机遇与挑战，对于制订新的对外开放战略至关重要。

一、未来我国开放面临的国际经贸环境

我们正处于一个复杂多变的世界之中。经济全球化、政治多极化趋势没有发生根本改变，和平、发展、合作仍然是国际主流。与此同时，全球金融危机与新技术革命推动全球经济大调整大变革，发达经济体可能长期陷入低速增

长，新兴经济体力量持续上升，战略性新兴产业蓄势待发，全球治理面临改革，绿色可持续发展理念快速发酵，经济结构与经济格局正在发生深刻的变化。

第一，发达经济体经济增速放缓，增长格局发生重大变化。2008 年全球金融危机爆发前，发达经济体主导全球经济增长。以美国为龙头的发达经济体，自上世纪 90 年代中期开始，在信息技术、互联网以及此后的资产泡沫推动下，经历了长达十多年的经济繁荣，这为我国加入世界贸易组织前后提供了良好的外部经贸环境。未来十年发达经济体增长前景很不乐观，一是全球金融危机的后续影响，发达经济体复苏艰难。美国前财长萨莫斯（Larry Summers）已经提出美国面临“失去的十年”的警示，IMF 总裁拉加德公开提出要警惕全球“失去的十年”。二是发达国家面临人口老龄化的挑战。三是发达经济体进一步服务化，提高效率的空间更小。发达国家经济减速既是机遇，也是挑战，一方面，全球产能过剩压力持续加大，全球竞争加剧，可能加速产能从高成本的国家向低成本国家转移。另一方面，需求不振将直接影响进口需求。发达国家政府将向外转移政治与经济压力，贸易保护主义会持续抬头。另外，美欧还可能利用其在国际货币体系中的独特优势，采取通货膨胀的方法转嫁债务成本。

新兴经济体异军突起。以金砖国家为代表的新兴经济体，拥有约 30 亿人口，是发达经济体全部人口的 3 倍，正在进入工业化、城市化快速推进的新阶段，成为世界经济增长的新动力。这不仅将改变世界经济增长格局，而且会带来结构性变化。一是对资源能源食品等初级产品产生强劲需求，对资源能源的国际争夺将更加激烈，加之美元长期的贬值趋势，可能导致初级产品价格维持高位，从而出现与此前长期低通货膨胀不同的局面。二是新兴经济体工业化、城市化将产生新的需要，尤其对重化工业、装备工业产生强劲需求。

第二，新技术革命方兴未艾，战略性新兴产业成为竞争新热点。以信息、新材料、新能源和生物技术为代表的新一代技术革命正在酝酿突破，以美国为代表的发达国家为了走出危机，出台了“再制造业”战略、出口倍增计划等等，力图在战略性新兴产业中重新取得竞争优势。对于发展中国家而言，只有高度重视创新，才可能借助战略性新兴产业实现“弯道超车”。否则，由于发达国家在技术上存在的明显优势，一旦战略性新兴产业步入产业化阶段，很可能重演传统产业的国际分工格局，即发达国家占据战略性新兴产业的高附加价值环节，部分发展中国家通过承担低附加价值环节，参与到新兴产业的国际分工链条中。

第三，国际金融持续动荡，资本流动呈现新趋向。全球金融将经历三个阶段，第一是私人部门的危机，第二是政府债务危机，第三是货币体系的危机。目前正值第二阶段，金融动荡还将进一步深化。美国将继续采取增发货币的办法来转嫁危机，推动全球性通货膨胀，导致初级产品价格高企。跨国投资在危机爆发后连续 2 年出现大幅下跌，但 2010 年出现了小幅反弹。国际资本将从发达经济体流向更加安全和收益更高的新兴经济体。服务业尤其是研发、服务外包是跨国公司产业转移的热点。无论是作为东道国还是投资源地，发展中国家的份额迅速上升。

第四，贸易自由化艰难前行，保护主义抬头。发达国家在经济全球化进程中获取了巨大利益，同时，发达国家也因为产业外移导致部分就业机会的外移，传统产业的调整压力较大，金融危机进一步激化了就业压力，在发达国家出现了反全球化的声音和政治压力。不过，推动贸易投资自由化的基本力量仍然在发挥作用，从而避免了各国贸易政策的整体转向，但贸易保护主义还是出现了明显抬头。美国为首的发达国家本来就认为多哈回合没有充分体现其利益，在金融危机爆发后，基本放弃了多哈回合，多边贸易自由化陷入停滞，面临不进则退的风险。更多国家转向区域贸易安排，世界上区域贸易安排已经从 90 年代的 70 多个增加到 300 多个，除了欧盟等几个大的区域贸易安排，大多数区域贸易安排对贸易的实质影响是有限的，但区域贸易安排的国际政治含义日益增强，非成员国将承受贸易转移效应和政治上被边缘化的双重压力。

第五，可持续发展问题成为影响全球经济贸易发展的新问题。进入新世纪以来，全球气候变化问题日渐成为国际政治、经济、贸易领域的热闹话题，围绕着减排义务，各方展开了激烈的博弈。气候问题虽然尚未达成最终协议，但已经对主要国家的政策产生影响，未来将对产业结构、贸易结构产生深刻影响，也会影响到不同国家的发展空间与发展战略。另一方面，绿色发展国际潮流催生的新兴产业，也可能提供发展的新机遇。

二、未来对外开放面临的新机遇新挑战

同一国际环境，对不同国家的意义是不完全一样的。机遇或挑战，是一种辩证的关系，对某国是机遇，可能对另一国家却是挑战。即便是同一个国家，随着内外条件的变化，挑战与机遇也可能发生转换。

展望未来，对中国而言，机遇和挑战都前所未有，如果我们能够准确把握外部环境，制订正确的战略与措施，就可以趋利避害，扬长避短，大大提升我国的综合国力。

1. 中国对外开放面临的机遇

全球金融危机对国际经济贸易产生了巨大冲击。但是，纵观历史，重大的全球性危机往往是全球格局洗牌的契机，危机中同时蕴含着极大的战略机遇。中国经济保持快速增长，金融体制稳健，财政状况良好，企业利润丰厚，而且拥有世界最大数额的外汇储备，这就为中国抓住金融危机带来的战略机遇提供了最为有利的条件。

第一，引进高端生产要素与产业的机遇。中国自 90 年代中期以来一直是吸引外国直接投资最多的发展中经济体，外商直接投资主要集中在劳动密集型的加工组装环节，对推进中国工业化，增强出口竞争力发挥了重要作用。金融危机爆发后，中国经济发展的前景更加富有吸引力，中国比较优势的变化对高端生产要素（包括人才）和高端产业活动更具吸引力。据国务院发展研究中心对外经济研究部在危机爆发后对近 500 家在华跨国公司的问卷调查，跨国公司正在调整对华战略，将把中国作为重要的研发基地（30.8%），提升在华生产技术水平（46.8%），把中国作为“区域总部所在地”（23.2%）、“重要的服务活动基地”（19.8%），甚至是“高端制造基地”（19.6%）。

人才是决定一国兴衰的根本。长期以来，包括中国在内的发展中国家是人才的净流出国。金融危机爆发后，中国的良好发展前景对高端人才更具吸引力，留学回国人员数量大增，2009 年一年达到 10.83 万人，占历年全部留学回国人数的 21.8%。

第二，开拓新兴市场，实现出口结构升级的机遇。金融危机冲击下，发达

经济体市场外需不振，但新兴经济体处于快速工业化、城市化阶段，经济继续保持快速增长，为我国技术与资本密集型产品尤其是具有自主知识产权的成套设备出口提供了新的市场，有利于加快提升我国出口结构。

第三，通过对外投资进行全球资源整合的机遇。金融危机导致国际上大量企业资金链紧张，资产价格大幅下降，中国企业可以发挥资金充裕的优势，通过并购、参股等方式与境外企业开展合作，利用甚至掌控外部资源、技术、研发能力、品牌和销售渠道，与国内低成本制造优势相结合，大大提升我国企业的国际竞争力。

第四，提升在全球治理中地位的机遇。美国历史学家保罗·肯尼迪曾说："在国际关系史上，一场跨越国界的大动荡常常会动摇旧世界的根基"。国际金融危机后，国际金融体系面临改革重任，G20 取代 G8 成为全球经济治理的新平台。中国经济一枝独秀，对全球经济的影响力迅速上升，有利于提升在全球治理中的地位。

值得指出的是，由于对国际经济贸易的影响力不同，小经济体往往只能"被动地"等待和捕捉机遇，而大经济体还有能力"主动地创造"机遇。我国已经具备"创造"机遇的能力，这是与加入世贸前的一个巨大不同。正确的作为是创造机遇、利用机遇的关键，失当的战略不仅不能抓住机遇，还可能"创造"挑战。可见，大国对国际环境的影响力是一把双刃剑，必须善加利用。

2. 中国对外开放面临的挑战

第一，产业升级的内外压力迅速增加。中国是世界第一大出口大国，制造业国际竞争力主要集中于低附加价值的劳动密集活动。当前，越来越多的发展中国家正在走上出口导向的道路，试图从劳动密集环节介入全球生产价值链，随着中国劳工成本、土地成本、融资成本、原材料成本快速上升和人民币汇率升值，传统产业、传统产品正面临其他发展中国家日益严峻的挑战。向更高附加价值增值活动升级，是我国保持国际竞争力的唯一出路。但是，价值链升级不仅受制于我国企业的技术与研发能力、管理水平、人力资源和体制机制，而且面临发达经济体更加激烈的竞争。形象地说，未来我国在国际市场上，面临着"前有狮虎，后有群狼"的境地。

第二，外需增长放缓，外部经贸环境严峻。首先，发达经济体增长速度明显放缓，全球竞争加剧，我国面临的外部需求与我国加入世贸后全球经济繁荣时期将明显不同。其次，未来多边贸易投资自由化处于不进则退的境地，我国在区域贸易自由化方面面临再次被边缘化的风险。再次，双边贸易失衡严重，贸易摩擦更加严峻。自上世纪 90 年代中期以来，针对我国的贸易摩擦持续增加，我国已经多年成为贸易摩擦最多的国家。尽管我国整体贸易平衡状态快速改善，但是，由于我国外贸逆差国集中于两类经济体，即加工贸易投入品出口地和资源能源出口地，我国与大多数经济体的双边贸易不平衡状况严重，与美欧贸易顺差总额巨大，与大量发展中国家失衡程度更高。未来随着我国出口结构向高附加价值活动升级，与发达国家的分工关系将逐渐从当前的垂直分工转为水平分工，从总体互补转为正面竞争。从当年日美贸易摩擦的历史看，美国为了维持其超级大国的地位，一贯不择手段地遏制处于第二位的追赶者。加之金融危机后发达国家经济徘徊不前、失业居高不下，贸易保护主义抬头。未来我国与发达国家的经济贸易摩擦将更为激烈。最后，投资领域可能成为产生摩擦的新领域。中国的对外投资对东道国是有利的，但是，有些国家出于意识形态或经济安全的考虑，对中国企业的投资准入采取歧视性标准，或者以对等开放为理由，将中国企业对外投资作为打开我国外资准入的新杠杆。贸易投资摩擦直接影响的贸易额、投资额是有限的，但其对我国经贸政策和体制，如汇率政策、知识产权、自主创新政策、服务开放等，会产生巨大压力。

第三，“中国责任论”带来新压力。中国经济贸易规模的迅速壮大，使其成为全球治理重要的参与者，世界银行总裁佐立克在其任职美国政府时，提出了中国是“利益攸关者”的说法。从总量看，中国居世界出口第一，GDP 和进口居第二，但从人均水平看，中国人均 GDP 仅 4400 美元，居世界第 93 位。总量与人均水平的复杂性，令国际国内在看待中国在全球治理中的权利与责任时，产生很大差异。国际社会更多看到中国总量的变化，强调“责任论”，发达国家期望中国在气候变化、贸易投资自由化、世界经济再平衡等方面承担更大责任，发展中国家期待中国在对外援助领域投入更多资源。中国国内则较多地看到人均水平的低下，强调发展中国家的身份和权利。这种认识上的落差已经对中国负责任大国的形象产生了负面影响。

第四，我国海外资产与资源能源安全面临威胁。一方面，中国拥有3万多亿美元的外汇储备，投资于国际金融市场。全球金融动荡远未结束，还将继续面临动荡。美欧为应对金融危机，已经采取了宽松的货币政策，未来可能进一步靠增发货币来转嫁成本。我国巨额外汇储备面临着贬值和损失的现实风险。另一方面，美元增发导致的流动性过剩，加上资源能源富集地区的政局动荡，将推高初级产品价格，中国作为资源能源进口大国，资源能源安全面临更为严峻的威胁。

调　整

过去30年，特别是加入贸易组织以来的10年，中国的对外开放战略取得了巨大成功。但是，中国正在迈入新的发展阶段，比较优势正在发生深刻变化，发展面临新约束和新目标。与此同时，外部环境正处于大变革大调整之中。从各国历史看，曾经正确有效的战略及措施，如果不能与时俱进，适时调整，就可能变成不合时宜的坏战略、坏政策。因此，在国际国内新形势下，中国的对外开放战略必须进行相应调整。

一、中国对外开放新战略

中国对外开放要有新的战略目标。改革开放之初，实现工业化是我国面临的主要任务，按照“双缺口”理论，推进工业化要解决资金不足和外汇不足的问题，因此，“出口创汇”是对外开放战略的主要目标。面对劳动密集型出口加工产业全球转移的历史机遇，我国采取加工贸易的政策，充分发挥我国劳动力丰富低廉的优势，一举成为世界第一出口大国，拥有了世界最多的外汇储备。当前，我国已经进入了工业化中后期，资金与外汇“双缺口”已经消除，未来的主要任务是转变发展方式，实现全面协调可持续发展。在对外关系中，主要任务是实现和平发展。对外开放作为总体发展战略的重要组成部分，必须适应新的发展战略要求，与时俱进地实行调整。新的对外开放战略将有两个重要目标，就是充分利用国际市场和国际资源，对内促进科学发展，对外实现和平发展。

中国对外开放的比较优势有了新变化。改革开放以来，中国对外开放的主要比较优势是低廉而丰富的劳动力资源，正是抓住劳动密集产业跨境转移的机遇，中国参与国际产业分工。经过 30 年快速发展，我国参与全球分工与国际竞争的经济技术实力得到了大幅提升。相应地，中国的比较优势也正在发生深刻的变化。以前在全球竞争中发挥关键作用的劳动力低成本优势，由于国内劳动力市场供求结构的变化，普通工人成本快速上升，这一优势正在逐渐削弱。另一方面，一些新的优势正在形成，丰裕的资金、完善的基础设施、完备的产业配套能力、数量巨大的受过高等教育的人力资源、快速扩张的国内大市场优势逐渐显现，具备了大规模发展资金密集型和知识密集型产业活动的条件。大量的外汇储备不是负担，而是我国发挥全球影响力和对外投资的重要资源。总体而言，在全球背景下比较，在未来十年，中国是全球唯一的兼具低成本（特别是非劳动密集环节）与国内大市场的经济体，这令我国在全球竞争中处于独特的有利地位。

中国对外开放拥有更多新手段。过去中国的对外开放主要是改善投资环境，吸引外资，扩大出口。但是，最终能够吸引什么样的外资，我国缺乏主动权；由于中国企业缺乏国际品牌和渠道，出口实际上也缺乏主动权。但是，由于外汇丰裕，对外投资快速发展，我国企业国际化经营能力不断增强，未来我国企业可以主动通过对外投资，配置全球资源，可以获取技术、品牌、渠道等。我国也有机遇有能力更加主动地参与国际经贸规则的修订，创造更好的外部环境。因此，我国对外开放战略将从以往的“积极被动”型转变为未来的“积极主动”型。

中国对外开放战略要有新重点。一是要始终不渝地实施互利共赢开放战略，营造有利的外部环境。高举贸易投资自由化的旗帜，坚决反对保护主义。积极参与全球治理，从加入世界贸易组织以前以接受国际规则为主变成参与国际规则制订，在多边、区域和双边领域发挥建设性作用，主动承担与自身能力相适应的国际责任，提供国际公共品。二是提升在全球价值链中的分工地位，实施质量立国战略，提高出口的附加价值。进一步开放服务贸易市场，增强服务产业国际竞争力，大力发展服务外包。三是大力推进跨境双向投资，培育具有较强国际竞争力的中国的跨国公司。充分认识跨境直接投资“要素包”的综合作用，继续大力引进外资，提高外资对促进国内产业升级、技术进步、提升管理和增强竞争的积极作用。牢牢把握全球金融危机爆发后的战略机遇，积极推进企业“走出去”战略，获取国际资源、技术、品牌和渠道，培育一大批具有国际竞争力的中国跨国公司。四是大力维护海外利益，保障国际资源能源供给安全。不仅要提高外汇储备的安全性流动性盈利性，更要发挥好外汇储备带来的国际影响力。五是稳步推进金融开放，防范开放风险。积极参与国际金融体系改革，加强国际金融合作，加快国内金融市场改革，完善汇率形成机制，推进资本项目自由兑换，为人民币国际化创造条件，夯实基础。提高对跨境资金流动的监管能力，防范开放带来的金融风险。六是完善对外开放的区域布局，促进区域协调发展。提升沿海发达地区开放水平，加大沿海欠发达地区开放力度，创新沿边开放模式，积极发展内陆开放经济。

与以往的开放战略相比，新的对外开放战略将出现几个重大变化：一是对外开放将从以往以实体经济为主扩展到金融开放、规则制订与全球治理；二是贸易和投资从制造业为主转变为制造与服务并重；三是跨境投资从“引进来”为主转变为“引进来”和“走出去”并重；四是从以维护国内利益为主扩展到维护海外利益；五是对外开放的区域布局将更加均衡。

二、对外开放新战略的实施

实施对外开放新战略要有新意识。中国要树立新兴大国的自觉、自信与自强意识，强化世界贸易组织所倡导的开放意识、规则意识和责任意识，克服悲情主义的妄自菲薄、搭便车主义的不负责任、民粹主义的盲目自大。还要有强烈的抢抓后危机时期战略机遇的紧迫感和国际竞争不进则退的危机感。

实施对外开放新战略需要有为政府的正确领导。政府是领导新兴大国崛起的统帅。没有强有力的政府，根本谈不上大国崛起。纵观历史，新兴大国的崛起之路从来就非坦途。中国以 13 亿人口的大国，走和平发展之路，前无古人。因此，国际社会要适应如何接受一个 13 亿人口的新兴大国，这无疑是对世界的一个考验。但如何顺利地实现和平发展，更是对中国政府一个重大考验。领导国家崛起的强烈使命感、对全球富有吸引力的制度与价值观、科学民主高效的决策机制、有效的部门协调与层级协调、强有力的组织与动员能力、优质廉洁的公共服务、能够适应内外变化而灵活调整的体制，是政府领导力不可或缺的关键要素。

人才是实施对外开放新战略的关键。我国涉外人才不足的问题十分突出，人才已经是制约和平发展的重要瓶颈。国家间的竞争本质是人才的竞争，一个国家如果不能持续地对人才产生足够的吸引力，这个国家是没有前途的。实施对外开放的新战略，我国需要一大批高水平的人才，特别是具有全球视野和战略思维的涉外人才。培养人才是基础，引进人才是补充，选才用才机制是关键。埋没人才是误民，选而不用是误人，用人不当是误国。我国迫切需要推进教育制度和人事制度改革，营造尊重人才的良好氛围，建立人尽其才的体制机制。

企业是实施对外开放新战略的主体。国家间的竞争实际上是企业的竞争，国际市场竞争的主体是企业，企业能否在激烈的全球竞争中胜出，将决定我国对外开放新战略的成败。对于崛起的中国而言，要想从经贸大国变成经贸强国，必须拥有一批具有强较国际竞争力的跨国公司。在 2011 年《财富》杂志评选的世界 500 强企业中，中国内地有 61 家，但其中仅 2 家民营企业，其余均为国有企业。经历了英国撒切尔夫人时代的私有化浪潮后，发达国家的国有企业大多实现了私有化，西方国家逐渐对国有企业产生了疑虑甚至歧视，这不利于我国大型国有企业开展对外投资和国际化经营。一方面，我国要努力为国有企业开展国际化经营创造更好的外部环境；另一方面，要大力推进国有经济布局战略性调整和国有企业改革，按照国际一流跨国公司的标准，提升我国大型国有企业的治理结构、管理水平和国际化经营能力。更为重要的是，要着力将一大批民营企业培养成为具有国际竞争力的跨国公司。

软实力建设是实施对外开放新战略的重点。软实力是指一国通过文化、价值、制度等无形因素而产生的国际影响力，涉及很多方面，主要包括一国文化、价值观、发展模式与制度的吸引力、对国际规则的引导与制定能力、对国际治理的参与能力、处理国际关系的亲和力等等①。在信息化时代，软实力的作用变得日益突出。对于中国这样的新兴大国而言，软实力尤其重要。但是，提升一国的软实力也更为困难。相比中国迅速壮大的硬实力，软实力的欠缺已经成为中国的软肋。推进对外开放新战略需要把提升软实力作为重点，中国要高举贸易投资自由化的大旗，倡导互利共赢、公平公正、包容增长与可持续发展的理念，积极参与全球治理，承担与自身能力相适应的国际责任，增强在国际谈判中提出建设性议题的能力和国际协调能力。

深化改革是实施对外开放新战略的根本保障。开放与改革相辅相陈，相互促进。以开放促改革是中国宝贵的经验，改革的深化又为进一步扩大开放提供强有力的体制基础。改革不仅可以解放生产力，也可以释放一国增强国际竞争力的巨大潜力。从过去30年特别是入世后十年的经验看，改革不仅是应对各种冲击的有效办法，改革也是充分实现开放“红利”的不二法门。对外开放新战略的实施，对改革提出更为迫切的要求，例如，金融开放有赖于金融体制改革和国内金融业竞争力的提升，吸引人才有赖于人事制度的改革，以质取胜需要推进农民工就业、培训、户籍、社保多种制度的配套改革。当前，中国改革进入了深水区，摸着石头过河的策略难以奏效，必须要紧紧围绕建立促进科学发展的社会主义市场经济新体制，进行改革的顶层设计。改革面临利益集团日益增大的阻力，必须牢牢把握正确的改革方向，以前所未有的勇气推进改革。如果能够像加入世界贸易组织一样，全面推进对外开放，将有力地促进国内体制改革，形成改革开放相互促进的新局面。

总之，未来十年是中国和平发展的关键时期，世界格局大动荡大调整，国内正处于发展的转型期和改革的攻坚期，挑战前所未有，机遇稍纵即逝。中国只有坚定不移地推进对外开放，深化改革，才能实现科学发展、和平发展，建设一个开放、富强、和谐的现代化国家。

参考文献

[1] 宫力. 当代世界格局与中国和平发展道路. 中央党校讲稿，编号2011－161

① 上世纪90年代初，美国战略家约瑟夫·奈最早提出了软实力（Soft Power）概念，指“一国通过吸引和说服别国服从你的目标从而使你得到自己想要东西的能力”。参见 http://wenku.baidu.com/view/c889fd3c5727a5e9856a61cc.html。

[2] 国务院发展研究中心课题组. 金融危机对全球供应链的影响与中国的战略，内部研究资料，2009
[3] 隆国强主编. 危中有机——后危机时期对外开放的战略机遇. 北京：中国发展出版社，2011
[4] 隆国强. "入世十年"，新的起点. 国际经济评论. 2011 (8)
[5] 隆国强等. "入世十周年——中国与世界"纵横谈. 中国经贸，2011 (6)
[6] 潘悦. 新时期我国对外开放战略的调整. 中央党校讲稿，编号 2011 - 256
[7] 朱民. 世界经济结构的深刻变化和新兴经济的新挑战. 金融 40 人论坛会刊，2011 (11)

上　篇
加入世界贸易组织十周年
开放的中国

入世十年中国经济发展回顾及未来前景展望

◎ 李善同 等

2001 年 12 月 11 日，中国经过长达 15 年的复关入世谈判成为 WTO 第 143 个正式成员。从 2001 年中国加入世界贸易组织（WTO）到现在已有十年。入世促进了中国有效利用国内和国际两个市场，促进了中国的要素成本等比较优势与相对有利的国际环境紧密结合，为中国经济发展提供了有利条件，更为重要的是在入世前后中国经济体制改革深化，提高了资源配置效率，释放了经济增长的活力与动力。总之，中国加入世界贸易组织以来的十年是中国经济实现跨越式发展的 10 年，是中国积极参与全球化进程，加快对外经济合作步伐，与世界经济实现共同发展的十年，也是中国各项改革取得重大成就，市场经济体制不断完善的十年，更是中国“以开放促改革”战略取得重大成功的 10 年。

展望未来十年中国经济发展前景，从国际环境来看，尽管和平、发展与合作仍是时代潮流，但是后金融危机时代中国面临的国际环境将更加复杂多变，在全球经济再平衡的过程中，全球经济可能进入中低速增长期，贸易保护主义可能抬头，全球贸易增速将趋缓，而气候变化、能源资源安全等全球性问题将更加突出；与此同时，随着中国经济实力的增强和国际地位的提升，中国在国际社会中的话语权会相应增大，但是国际社会对中国承担国际责任和义务的期

课题负责人：李善同，国务院发展研究中心研究员。课题研究人员：刘云中，国务院发展研究中心研究员；何建武，国务院发展研究中心副研究员；吴三忙，清华大学中国发展规划研究中心博士后；刘明，清华大学中国发展规划研究中心博士后；李雪，清华大学中国发展规划研究中心博士后；倪红福，北京大学光华管理学院博士；李博文，北京大学光华管理学院博士。

望和要求也会不断提高。因此，未来十年中国发展面临的国际环境相比过去十年的国际环境更加复杂、更加不确定。从国内环境来看，经过 30 多年的快速发展，中国经济将步入新的发展阶段，在由中高收入向高收入国家迈进过程中，中国面临人口老龄化加剧，要素成本快速上升，产业转型升级紧迫、社会矛盾凸显、资源环境约束强化等系列挑战，如果不深化改革，中国发展中面临的不平衡、不协调、不可持续问题将更加突出。

一、中国加入世界贸易组织十年来经济发展取得巨大成就

1. 入世十年来中国经济保持快速平稳增长

中国加入世界贸易组织后，中国经济不仅增长速度快，而且持续的时间长、稳定性好。中国经济从第 2002 年起进入经济周期的扩张阶段。与入世前经济增长出现大幅波动不同的是，中国加入世界贸易组织后经济在持续快速增长的同时保持了比较好的稳定性。近十年期间中国尽管经历了历史罕见的非典疫情，遭受了汶川特大地震等百年不遇的自然灾害，经历了百年罕见的国际金融危机冲击。但是，十年来中国经济发展取得了非凡的成就。

第一，近十年经济增速最高。改革开放以来中国国内生产总值（简称 GDP）年均增长 9.9%，创造了世界经济增长史的奇迹。其中，第一个十年（1981～1990 年）GDP 年均增长 9.3%；第二个十年（1991～2000 年），年均增长 10.4%，近十年（2001～2010 年）年均增长 10.5%。比较三个十年的经济增速，近十年经济增长最快，比改革开放 32 年的年均增速高 0.6 个百分点，比前两个十年的年均经济增速分别高出 1.2 个和 0.1 个百分点。

第二，近十年经济波动最小。从 30 多年的经济发展看，近十年中国经济增长的稳定性是最好的。第一个十年，处于改革开放初期，经济波动较大，经济增速最高的年份是 1984 年，增长 15.2%，最低的是 1990 年的 3.8%，这十年最高增速与最低增速之间相差了 11.4 个百分点；第二个十年，经济增速最高的年份是 1992 年，增长 14.2%，最低的是 1999 年的 7.6%，这十年最高增速与最低增速之间的差距缩小到 6.6 个百分点；近十年，经济平稳快速发展，经济增速最高的年份出现在 2007 年，增长 14.2%，最低的是 2001 年的

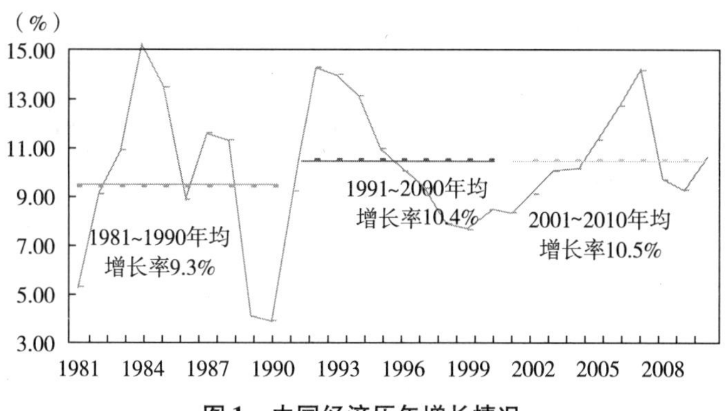

图1 中国经济历年增长情况

数据来源：中国统计年鉴（2011）。

8.3%，最高增速与最低增速之间仅相差5.9个百分点。

从世界主要经济体近十年经济增长的波动幅度看，中国也是最平稳的。美国近十年经济增长率的离散系数为0.94，日本为3.91，而中国只有0.17，说明相对于世界主要经济体，中国近十年经济增长的波动幅度最小。此外，与其他金砖国家相比，中国近十年经济增长也是最平稳的。金砖国家离散系数从大到小排列是印度、俄罗斯、巴西、南非和中国，离散系数分别为1.30、0.97、0.71、0.61和0.17。

2. 入世十年来中国综合国力不断增强

十年来中国积极顺应全球产业分工不断深化的大趋势，充分发挥比较优势、承接国际产业转移，实施出口拉动外向型经济，大力发展对外贸易和积极促进双向投资，开放型经济实现了迅猛发展，综合国力不断增强。

第一，国内生产总值跃居世界第二。中国国内生产总值从2001年的11万亿元人民币增至2010年的近40万亿人民币，年均增长超过10%。2000年经济总量居世界第6位，2005年跃居第4位，2008年超过德国，居第3位，2010年超过日本，仅次于美国，跃居世界第2位（见表1）。与之相对应，中国主要指标占世界的比重也迅速上升。中国国内生产总值占世界的比重，由2001年的4.14%上升到2010年的9.34%。

第二，十年来中国对国际社会的贡献和影响越来越大，极大地影响了世界经济增长格局。中国对世界经济增长的贡献率大幅提升。1978年，中国经济对世界经济增长的贡献率为2.3%，1980~2001年中国对世界经济增长的贡献率为 14%，低于美国的 20.7%，高于日本的 7%。2002～2010 年，中国经济年均增速达 10.7%，是世界经济平均增长率的 2.5 倍。这使得中国对世界经济增长的贡献率从 2003 年的 4.5% 增加至 2009 年的 12.6%，2001～2009 年平均贡献率为 14.6%（见图 2），成为全球第二大经济体和第一大经济增长贡献国。

表 1　中国的 GDP 和人均 GNI

年　份	2001	2002	2003	2004	2005	2006	2007	2008	2009	2010
GDP 增长率（%）	8.3	9.1	10	10.1	11.3	12.7	14.2	9.6	9.2	10.3
GDP（万亿元）	9.6	10.2	11.7	13.7	18.3	21.1	24.7	30.6	33.5	39.8
GDP（万亿美元）	1.3	1.5	1.6	1.9	2.3	2.7	3.5	4.5	5.0	5.9
占世界比重（%）	4.14	4.37	4.39	4.59	4.95	5.5	6.27	7.38	8.62	9.34
居世界位次	6	6	7	7	4	4	4	3	3	2
人均 GDP（元）	8622	9398	10542	12336	14185	16500	20169	23708	25608	29992
人均 GNI（美元）	1000	1100	1270	1500	1760	2050	2490	3050	3650	4260
在世界排位	141* (207)	136 (207)	133 (206)	132 (208)	128 (208)	129 (209)	132 (209)	130 (210)	125 (213)	121 (215)

注：①美元计 GDP 及占世界比重引自国际货币基金组织（IMF）数据；②人民币计 GDP 及人均 GDP 数据引自中国统计年鉴（2011）；③人均 GNI 数据引自世界银行数据，Word Development Indicator；④标 * 数据为 2000 年数据；⑤在世界排位中的括号内数据为世界国家和地区数。

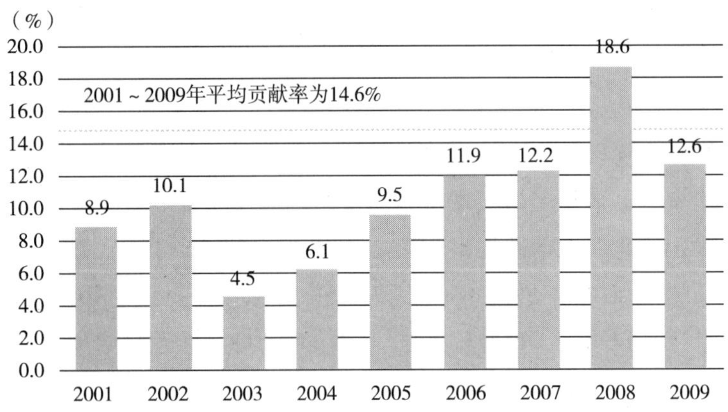

图 2　中国对世界经济增长的贡献率（2001～2009）

注：经济增长贡献率 = 中国 GDP 年度增量/世界 GDP 年度增量 ×100%，图 2GDP 数据系按美元现价计算。

资料来源：World Bank，World Development Indicators，2010。

3. 入世十年来中国对外开放不断深入

十来年中国对外开放不断深入，进出口贸易、引进国外投资、走出去战略等方面都取得重要成绩。

第一，中国贸易规模迅速扩大，贸易规模从2001年的世界第六位上升到2010年的第二位。2002～2010年，中国货物进出口总额累计157287.8亿美元，其中出口总额85187.8亿美元，进口总额72099.9亿美元，分别是1978～2001年的3.8倍、4.0倍、3.6倍。10年间，进出口贸易年均增长21.6%，其中出口年均增长21.9%，进口年均增长21.4%。2010年中国进出口总额达到29728亿美元，是2001年的5.8倍。中国贸易规模相继超越英国、法国、日本和德国，到2010年，仅次于美国居世界第二位。出口规模逐年扩大，从2001年的世界第六位上升到2010年的世界第一位，占全球出口比重由2001年的7.3%提高到2010年的9.6%。从进口看，中国国内市场进一步国际化，进口规模从2001年的世界第六位上升到2010年的第二位，成为仅次于美国的第二大国际市场。

第二，入世十年来中国贸易结构进一步优化，贸易平衡状况经历了由扩大到逐步平衡的发展历程。中国平均关税从2001年的15.3%降到了2010年的9.8%。中国还进一步简化进口管理，完善进口促进体系，提高贸易便利化程度，基本取消了进口配额管理，分批取消了800多个税目商品的自动进口许可证管理。进出口格局由较大顺差转变为渐趋平衡，货物贸易顺差在2008年达到2981亿美元历史高点后开始回落，2009年下降到1957亿美元，2010年进一步减少到1831亿美元。

进出口贸易方式发生了变化。十年间，一般贸易进出口年均增速达到23.3%，超过加工贸易19.3%的年均增速。2010年，一般贸易进出口达14887亿美元，比2001年增长5.6倍，占进出口总额的比重由2001年的44.2%提高到50.1%；加工贸易进出口为11578亿美元，比2001年增长3.9倍，占进出口总额的比重由2001年的47.4%下降到39.7%。

进出口商品结构进一步优化。从出口方面看，2010年，工业制成品出口14962.2亿美元，占出口总额的比重由2001年的90.1%提高到94.8%；从进口方面看，先进技术、设备、关键零部件进口持续增长，大宗资源能源产品进口规模不断扩大。2010 年，机电产品、高新技术产品进口分别达到 6603 亿美元和 4127 亿美元，分别是 2001 年的 1.9 倍和 2.1 倍；非食用原料与矿物燃料、润滑油及有关原料两大类商品进口占进口总额的比重由 2001 年的 20.3% 提高到 28.7%。

出口市场和进口来源地进一步多元化。欧盟、美国、日本仍然是中国前三大贸易伙伴，但中国对其市场依赖程度明显下降。三大贸易伙伴双边贸易额合计占中国进出口总额的比重为 39.1%，比 2001 年的 48.0% 下降 8.9 个百分点。对东盟、俄罗斯、印度、巴西、南非等新兴市场的开拓取得较大进展。东盟成为中国第四大贸易伙伴，2010 年，对东盟双边贸易额为 2928 亿美元，是 2001 年的 7.0 倍，占中国进出口总额的比重由 2001 年的 8.2% 提高到 9.8%；对印度双边贸易额为 618 亿美元，是 2001 年的 17.2 倍；对俄罗斯双边贸易额为 554 亿美元，是 2001 年的 5.2 倍；对巴西双边贸易额为 625 亿美元，是 2001 年的 16.9 倍；对南非双边贸易额为 256 亿美元，是 2001 年的 11.5 倍。

第三，入世十年来利用外资的规模和质量全面提升。十年来，中国外商直接投资累计达到 6531.4 亿美元，年均增长 9.5%，全球排名由 2001 年的第六位上升至第二位，并连续 18 年位居发展中国家首位。

利用外资产业结构优化。十年来，外商投资产业构成显著改善，第三产业投资比例大幅度提高。2001 ~ 2010 年，第三产业外商投资金额所占比重逐步提高，由 23.9% 上升至 47.3%；第二产业所占比重则逐步下降，由 2001 年 74.2% 下降至 2010 年的 50.9%。特别是第一、三产业吸收外资投向现代农业、商贸服务和民生服务领域的外资明显增多。第二产业中，电子信息、集成电路、家用电器、汽车制造等技术资金密集型产业继续发展，新能源、新材料、生物医药、节能环保等行业的外资日益形成规模。

第四，入世十年来中国深入实施“走出去”战略，对外投资合作取得新发展，“走出去”的规模和效益进一步提升。2003 ~ 2010 年，中国非金融类对外直接投资流量年均增长 54.1%，其中，2010 年 590 亿美元，是 2003 年的 20.7 倍。对外投资的领域不断拓宽，对外投资的层次和水平不断提升，呈现出市场多元化发展态势。对外投资国别已覆盖 170 多个国家和地区，对外投资方式也由单一的直接投资向跨国并购、境外上市等多种方式扩展。对外承包工程连年实现新突破。2001 年对外经济合作完成营业额 121.39 亿美元，2010 年超过 1000 亿美元，达 1010.5 美元，是 2001 年的 8.3 倍。

表 2　　中国在世界贸易中的地位变化（2002～2009）

年　份	2002	2003	2004	2005	2006	2007	2008	2009
世界货物贸易（亿美元）	13147	15318	18661	21297	24504	28229	32551	25009
出口	6481	7545	9189	10505	12129	13986	16100	12419
进口	6666	7773	9472	10792	12375	14243	16451	12590
中国货物贸易（亿美元）	621	851	1154	1422	1761	2174	2561	2206
出口	326	438	593	762	969	1218	1429	1202
进口	295	413	561	660	792	956	1132	1004
中国占世界比重（%）	4.7	5.6	6.2	6.7	7.2	7.7	7.9	8.8
出口	5.0	5.8	6.5	7.3	8.0	8.7	8.9	9.7
进口	4.4	5.3	5.9	6.1	6.4	6.7	6.9	8.0
世界服务贸易（亿美元）	3279	3765	4510	5023	5644	6700	7556	6667
出口	1644	1895	2290	2560	2899	3466	3889	3415
进口	1635	1870	2220	2463	2745	3234	3667	3252
中国服务贸易（亿美元）	87	102	134	158	193	252	306	289
出口	40	47	62	74	92	122	147	130
进口	47	55	72	84	101	130	159	159
中国占世界比重（%）	2.7	2.7	3.0	3.1	3.4	3.8	4.0	4.3
出口	2.4	2.5	2.7	2.9	3.2	3.5	3.8	3.8
进口	2.9	2.9	3.2	3.4	3.7	4.0	4.3	4.9

资料来源：UNCTAD，Handbook of Statistics。

4. 入世十年来中国经济结构发生了显著变化

第一，入世来十年来，中国积极推进改革开放，鼓励企业参与全球竞争，在中外企业的融合与交流中，产业发生了巨大变革，产业规模不断扩大，产业结构继续改善。2001 年三次产业构成为 14.4∶45.1∶40.5，2010 年三次产业构成为 10.1∶46.8∶43.1。与 2001 年末相比，一产比重继续下降，二产和三产比重有所上升。现代制造业快速发展。如 2001 年以来中国汽车产业实现了跨越性发展，汽车工业总产值十年间增长了近 10 倍，诞生了一大批大型汽车生产企业，生产集中度明显提升，中国连续两年成为全球第一大汽车生产国和新车消费国。再如装备制造业取得了新的突破，截至 2009 年底，中国装备制造业规模为 2.2 万亿美元，已经远超美国和日本，产业规模实现了大幅增长。同时，中国传统制造业、钢铁、能源等也均实现了大规模的高速增长，成为全球供应链中最关键的一环，也成长为全球化经济舞台中的重要力量。高技术产业发展加快。2001～2010 年期间，高技术产业增加值年增长率均以高出工业增加值增长率 4 个百分点以上的速度发展。就业结构继续优化。1981～1990 年期间，非农产业就业人口比重上升 8.6 个百分点；1991～2000 年期间非农产业就业人口比重上升 10.1 个百分点；2001～2010 年期间，非农产业就业人口比重上升 13.3 个百分点，表明近十年期间农业就业人口加速向非农产业转移。

第二，入世十年来区域发展差距有所减小。2000 年以后，省际间收入差距总体呈现先扩大后缩小的趋势。尽管从现价人均 GDP 差距的变化看，2000～2003 年，省际间地区差距有所扩大，未加权 Gini 系数从 0.347 增长到 0.357。但是从 2003、2004 年开始，省际间地区差距开始缩小。按现价人均 GDP 计算，2010 年未加权 Gini 系数、加权 Gini 系数和 Theil－L 系数分别为 0.264、0.225 和 0.081，比 2003 年分别下降 25.6%、19.3% 和 35.5%。

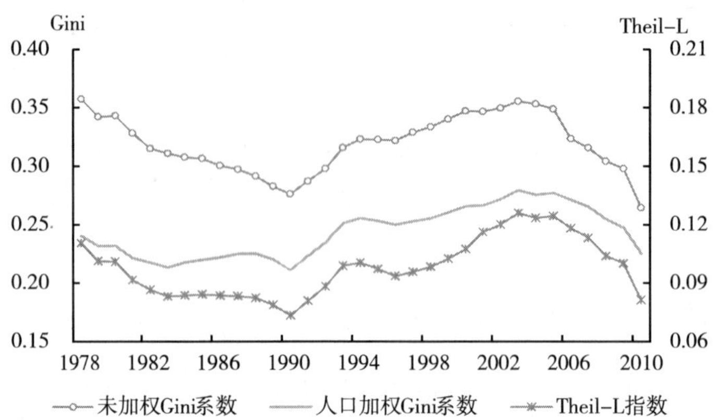

图 3 用现价人均 GDP 计算的中国 Gini 系数和 Theil 指数

数据来源：中国统计年鉴（2011），并经作者计算所得。

第三，入世十年来中国居民收入迅速提高。中国人均国内生产总值由 2000 年的 800 多美元增至 2010 年的 4000 多美元，农村居民人均纯收入从 2001 年的 2366 元增长到 2010 年的 5919 元，城镇居民可支配收入从 2001 年的 6860 元增长到 2010 年的 19109 元。1981～1990 年期间城镇居民人均可支配收入年均增长 4.5%，1991～2000 年期间城镇居民人均可支配收入年均增长 6.8%，2001～2010 年期间城镇居民人均可支配收入年均增长 9.7%；1981～

1990 年期间农民人均纯收入年均增长 8.4%，1991～2000 年期间农民人均纯收入年均增长 4.5%，2001～2010 年期间农民人均纯收入年均增长 7.0%。城镇居民家庭恩格尔系数由 2001 年 38.2% 下降到 2010 年 35.7%，农村居民家庭恩格尔系数由 2001 年的 47.7% 下降到 2010 年的 41.09%。

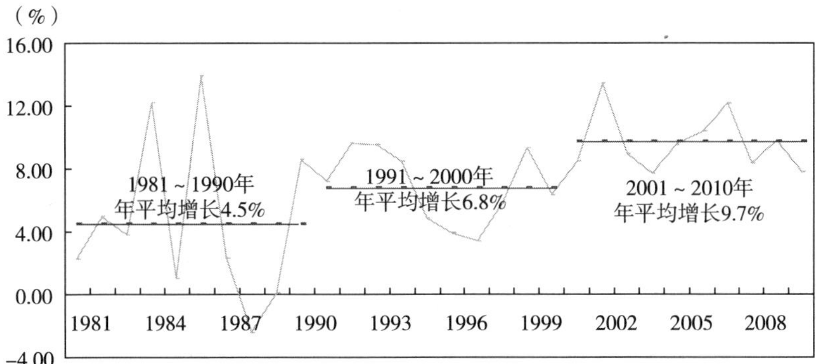

图 4　中国城镇居民人均可支配收入增长情况

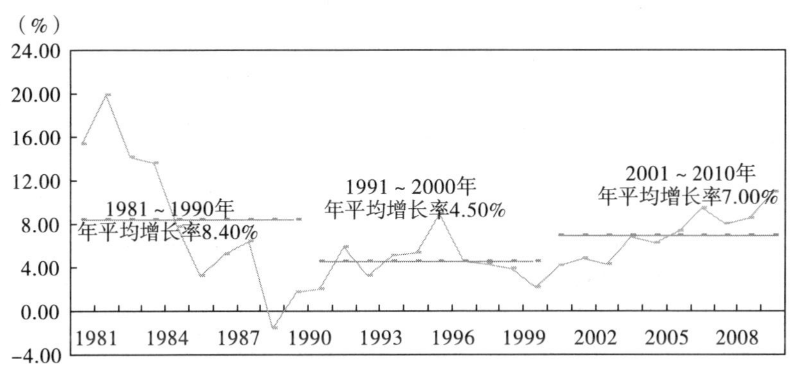

图 5　中国农民人均纯收入增长情况

数据来源：中国统计年鉴（2011），并经作者计算所得。

二、入世十年中国经济发展取得巨大成就的原因

入世十年来中国经济发展取得巨大成就是多种因素叠加的结果，一方面，入世十年国际环境总体有利于中国对外贸易的发展，促进了中国经济增长，同时受入世效应推动，中国改革进一步深入，走出了以开放促改革、开放促发展的道路，经济效率得到了显著提升；另一方面，本世纪初中国正处于新一轮经

济增长的上升周期，同时城市化加快推进，消费结构转型升级，极大地促进了经济发展。

1. 入世后国际环境总体有利于中国经济增长

入世十年来，国际政治经济环境总体有利于中国经济发展。从经济环境来看，虽然世界经济遭受两场危机的侵袭，但总体继续向前发展。2001 年，世界经济总量以国内生产总值衡量为 31.29 万亿美元，2009 年为 57.93 万亿美元，九年增长逾 85%。其中，2003～2007 年全球经济 5 年累计增幅 18%，年均增速为 3.4%，是近 30 年来增长较为快速和平稳的时期。从国际贸易来看，2001 年全球贸易总量为 12.65 万亿美元，2009 年为 25.10 万亿美元，九年增长逾 98%。其中，2003～2007 年期间，全球贸易更是快速增长，2003 年全球货物贸易占 GDP 份额为42%，而到2007 年则达到51%。全球经济和全球贸易的快速增长为入世后中国经济发展提供了有利的国际环境。

2. 入世后外贸极大地促进了中国经济增长

入世十年来，伴随着全球经济的稳步增长，全球贸易的加快发展，中国对外贸易快速发展，促进了经济增长和就业人口的增加。我们将进口产品分解为资本品、消费品和中间产品，进而利用历年中国投入产出表（1987、1990、1992、1995、1997、2000、2002、2005 以及 2007 年中国投入产出表）以及非竞争型投入产出模型分析了进出口对 GDP 的贡献及就业的影响（具体测算方法见附件 1）。根据我们的测算，在 1987 年至 2007 年间，随着中国进出口量的不断增加，中国进出口对 GDP 总量的贡献基本保持上升的趋势（如表 3 所示）。特别是 2000 年后，进出口对 GDP 总量的贡献上升态势更加明显，其中出口贡献率从 2000 年的 20.6% 上升至 2007 年的 27.4%；进口贡献率从 2000 年的 13.5% 上升至 2007 年的 14.6%。2000～2007 年期间，出口与进口对 GDP 总量的平均贡献分别达到 23.95% 与 14.15%。

通过开放引进竞争与合作，促进产业竞争力的提升。外资的进入迅速增加了市场经营主体，外资企业强劲的增长势头不仅吸引了更多外商投资者竞相进入，而且给中资企业带来了竞争压力和示范作用，推动了中国所有制多元化的过程，加大了国内经济体制改革的力度、广度和深度，推动了符合市场经济要

表 3　不同年份（1987～2007）中国外贸对 GDP 的贡献

年　份	1987	1990	1992	1995	1997	2000	2002	2005	2007
GDP 总量（亿元）	12059	18668	26924	60794	78973	99215	120333	183868	257306
出口总量（亿元）	1470	2986	4676	12451	15161	20634	26948	62648	93456
进口总量（亿元）	1614	2574	4443	11048	11807	18639	24430	54274	73285
出口依存度（%）	12. 2	16. 0	17. 4	20. 5	19. 2	20. 8	22. 4	34. 1	36. 3
进口依存度（%）	13. 4	13. 8	16. 5	18. 2	15. 0	18. 8	20. 3	29. 5	28. 5
出口对 GDP 总量的贡献（%）	11. 6	15. 6	14. 9	17. 1	18. 5	20. 6	20. 5	27. 3	27. 4
进口对 GDP 总量的贡献（%）	7. 7	6. 7	9. 9	11. 3	10. 6	13. 5	11. 9	16. 6	14. 6
出口贡献系数	0. 95	0. 97	0. 86	0. 84	0. 96	0. 99	0. 92	0. 80	0. 75
进口贡献系数	0. 58	0. 48	0. 60	0. 62	0. 71	0. 72	0. 58	0. 56	0. 51
GDP 增长率（%）	11. 6	3. 8	14. 2	10. 9	9. 3	8. 4	9. 1	10. 4	13. 0
出口增长率（%）	35. 8	52. 6	22. 2	19. 5	20. 5	27. 7	22. 4	27. 6	20. 4
进口增长率（%）	7. 7	17. 0	30. 7	10. 9	2. 2	35. 7	21. 2	16. 9	15. 6
出口对 GDP 增长的贡献（%）		50. 1	12. 6	23. 9	26. 0	28. 7	20. 2	49. 0	27. 7
进口对 GDP 增长的贡献（%）		2. 1	21. 3	15. 7	6. 7	24. 8	3. 2	31. 9	6. 8
出口对 GDP 增长贡献的百分点		1. 9	1. 8	2. 6	2. 4	2. 4	1. 8	5. 1	3. 6
进口对 GDP 增长贡献的百分点		0. 1	3. 0	1. 7	0. 6	2. 1	0. 3	3. 3	0. 9

求的企业经营、管理体制和经营理念的形成。广泛的对外开放带来了资本与技术要素的迅速增加，促进了良好的竞争环境的形成，从而进一步推动着中国经济增长模式从粗放型向集约型不断转变。中国加入世贸组织时，曾有人担心国内脆弱产业遭到冲击。十年来的实践证明，中国相关产业面对市场开放和关税下调的压力，通过积极应对和艰难调整，在激烈的国际竞争中得到了锻炼和成长，市场竞争能力得到显著提升。开放有助于产业和企业在供给与需求两个方面同时参与国际竞争，整合全球优势要素，发挥自身的比较优势，拓展发展的空间和机遇；同时，开放有助于引进国际先进技术和管理经验，通过竞争与合作，激发技术的进步和体制的创新，不断提高产业和企业的国际竞争力和抵御风险能力。

3. 入世时中国经济正处于新一轮上升周期

1992 年邓小平南巡后，中国各地经济建设热情高涨，经济开始新一轮过热，当年经济增长率高达 14.2%。在经过几年艰苦的宏观调控后，1997 年中国经济成功实现软着陆，但是遇到东南亚金融危机的冲击，同时国内又陷入内需不足。1997 年、1998 年、1999 年经济增长率连续三年下滑，经济增长率分别为 9.3%、7.8% 和 7.6%。中央及时采取了积极的财政政策和货币政策，促进经济增长。从 2002 年开始，中国经济摆脱了持续回落状态，进入全面回升阶段，由市场主导的、以消费升级和企业自主投资为基础的新一轮经济增长步入上升周期，城市化开始快速发展，成为经济增长的强大动力，经济增长的内生力量逐步加强，这一轮经济增长周期成为中国持续较长时间的“黄金发展期”。经济处于增长的上升期，使中国能够充分利用加入世贸组织提供的各种有利条件，加快经济发展的步伐。

4. 入世前后经济体制改革促进了经济效率提高

入世前的 20 世纪 90 年代，我国已经完成了一系列经济体制改革，经济体制和运行机制发生了一系列重大变化。其一，在财税体制方面，我国成功完成了新旧财税体制的平稳过渡，实现了以增值税为主体的流转税制，统一了内资企业所得税，进一步完善了个人所得税法，调整了一些税种，初步建立了分税制的基本框架。其二，在金融体制方面，改善并强化了中央银行的职能，实现了政策性金融和商业性金融的分离，专业银行向商业银行的转变。其三，在投资体制方面，逐步建立了法人投资和银行信贷的风险责任，加强了对固定资产投资的宏观调控。其四，在外贸和外汇体制方面，实现了汇率并轨，实行了外贸出口结汇和售汇制及新的外汇账户管理办法。其五，在行政管理方面，行政审批改革取得了很大进展，减少和规范了行政审批，减少政府对微观经济运行的干预。其六，在国有企业改革方面，国有企业改革按照建立现代企业制度的总思路，从“产权清晰、权责明确、政企分开、管理科学”四个方面整体推进，取得了积极成效。其七，积极推进了社会保障和住房制度改革。入世前的一系列经济体制改革促进了我国经济效率的提高，为入世后我国经济快速发展奠定了重要的基础。

入世前后，中国政府为全面履行加入世界贸易组织的承诺，逐步扩大了农业、制造业、服务业市场准入，放开外贸经营权，大幅降低关税，关税总水平由 2001 年的 15.3% 降至 9.8%；不断削减非关税措施，取消了 424 个税号产品的进口配额、进口许可证和特定招标，贸易投资自由化、便利化程度显著提高。中国还开展了大规模的法律法规清理修订工作，中央政府 30 个部门共清理各种法律法规和部门规章 2300 多件，地方政府共清理出 19 万多件地方性法规、政府规章和其他政策措施，并分别进行了修改和废止处理。通过将世贸组织所倡导的统一性、透明度和公平贸易等基本原则转化为国内法律，提高了经济活动的平等与开放，促进了政府行为的公开、公正与透明，推动了市场经济体制的不断成熟和完善，促进了经济效率的提高。

5. 城市化加速，为经济增长提供了重要的推动力

进入新世纪以来，加快城市化发展成为我国重要战略选择，《国民经济与社会发展十五规划纲要》明确提出："要统筹城乡发展，积极稳妥推进城镇化"。由此，中国城市化进入加快发展时期。2001 年，中国城市人口比重为 37.66%；2010 年，中国城市人口比重上升到 49.65%，年均提高 1 个多百分点。城市化加速为中国经济发展提供了重要推动力。从供给的角度看，城市化发展促进了资源优化配置，提高了全社会劳动生产率。随着城市化的推进，使得原来从事第一产业的劳动力转向从事现代、高效的第二、第三产业，产业结构逐步升级转换，有效提高了全社会劳动生产率。从需求的角度看，城市化拉动了投资与消费需求。城市基础设施状况是城市发展水平和文明程度的重要支撑，是城市经济和社会协调发展的物质条件。伴随着我国城市化的快速发展，城市基础设施建设加快推进，带动了大量的投资，为经济增长提供了强大的动力。2010 年我国城镇固定资产投资为 241430 亿元，是 2001 年的 8.05 倍，城镇固定资产投资占全社固定资产投资的比重由 80.6% 上升到 2010 年的 86.8%。

城市化促进了居民消费结构卂级。总体上，我国农村居民在食品和衣着消费支出比重高于城镇居民。2010 年，农村居民在食品、衣着和居住消费支出的比重为 66.18%，而城镇居民在食品、衣着和居住消费支出的比重为 56.28%。但农村居民在交通通信、教育文化娱乐方面低于城镇居民。随着城

镇化发展，大量农村居民迁移到城市居住和工作，相应改变了其消费结构，增加了其对交通通信、家庭耐用消费品及文化娱乐等方面的消费比重，特别是促进了消费性服务业等发展，由此促进了相关产业转型升级。总之，入世后，中国城市化快速发展为中国经济发展提供了重要的拉动力，是入世十年来中国经济发展取得巨大成就的重要原因之一。

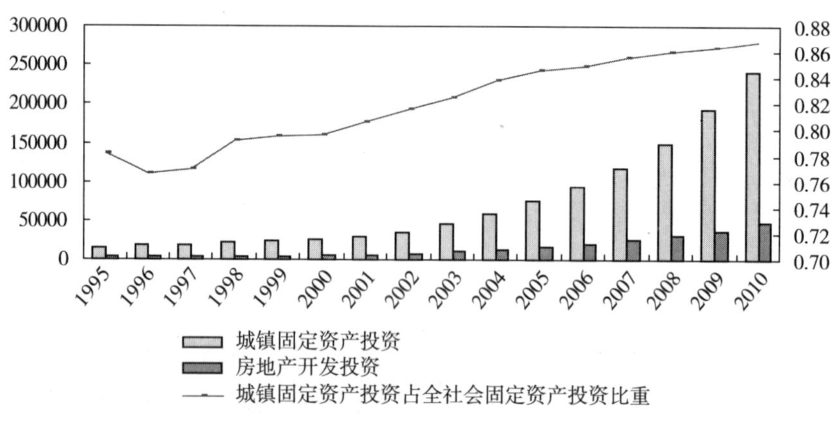

图 6　中国城镇固定资产投资变化情况

数据来源：历年中国统计年鉴。

6. 消费结构的升级为中国经济增长注入了动力

进入新世纪以来，中国居民消费结构步入转型升级的重要阶段。2001 年，中国人均 GDP 突破 1000 美元，达到 1042 美元。根据消费经济学理论和国际经验，当人均 GDP 达 1000 美元时，居民消费结构将从生存型向享受、发展型转变，居民对住房、医疗保健、交通通讯等的需求增加，特别是汽车开始进入家庭。进入新世纪后，特别是 2003 年后汽车开始大规模进入中国居民家庭，2000 年城镇每百户拥有家用汽车为 0.5 辆，2003 年为 1.36 辆，到 2010 年的 13.07 辆，快速增长的汽车消费市场为我国汽车产业发展提供了重要的战略机遇，由此，汽车产业等资本和技术密集型的产业在居民消费结构升级的促进作用下实现了快速发展，成为我国重要的支柱产业，并带动了钢铁、机械等相关产业的发展，促进了我国经济的发展。

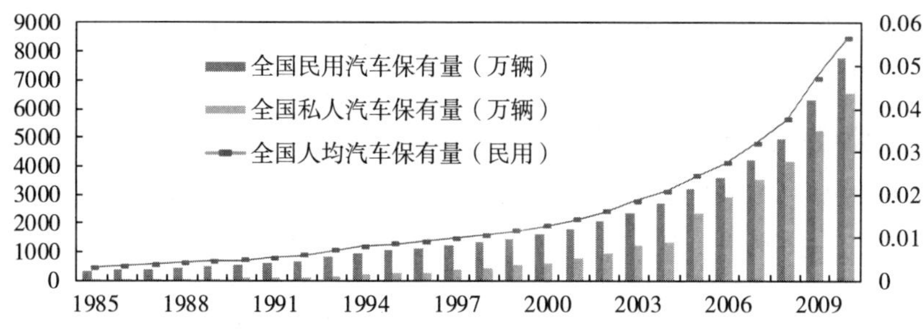

图 7　全国民用汽车保有量及人均汽车保有量变化

数据来源：历年中国汽车工业统计年鉴。

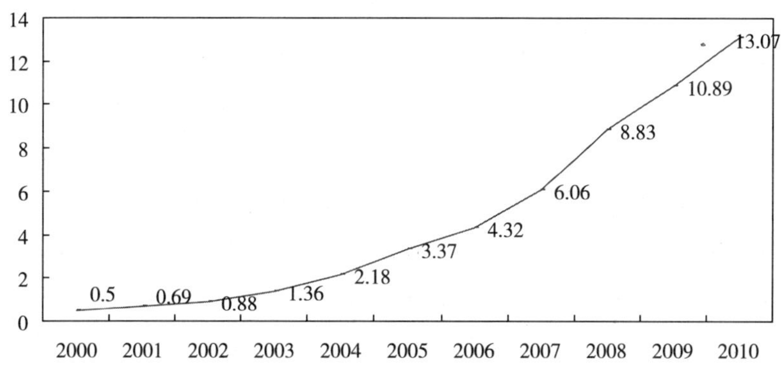

图 8　中国城镇每百户拥有家用汽车（辆）

数据来源：历年中国统计年鉴。

三、未来十年我国经济发展面临的国内外环境

当前，国际金融危机的深层次影响还在持续，世界经济在较长时间内将处于再平衡阶段。同时，经过多年的快速发展，中国经济正呈现出一系列新的阶段性特征。尽管未来十年中国经济发展仍处于战略机遇期，但是也面临诸多新问题和新挑战。

1. 未来十年我国经济发展面临的国际环境

第一，世界经济复苏艰难曲折，可能进入中低速增长期。尽管 2010 年以来世界经济复苏好于预期，但美国、日本、欧盟等失业率居高不下，消费信心恢复迟缓，房地产市场和私营经济尚未全面启动，库存调整放慢。欧洲一些国家的主权债务危机引发金融市场动荡，使欧洲各国经济复苏明显受阻。美国、日本、欧盟经济复苏缓慢，加大了世界经济复苏的不确定性。与此同时，世界经济增长的内生动力不足。发达国家遭受国际金融危机重创，经济深度衰退，信贷增长乏力，财政状况恶化，运用信贷和财政扩张政策刺激经济增长的能力受到制约，加上人口老龄化负担沉重，新的经济增长点要形成规模还需要一个过程，未来经济增长并不乐观。新兴经济体和发展中国家复苏较快，但通胀压力较大，经济结构矛盾突出，抵御外部冲击能力较弱。

第二，全球经济面临再平衡，全球供给结构和需求结构将出现明显变化。国际金融危机对过去全球经济发展模式带来严重冲击。金融危机既表明美国等国家过度消费的发展模式不可持续，同时也表明部分发展中国家和新兴市场国家过度依赖出口拉动的发展模式难以为继，全球经济面临再平衡，由此全球的供给结构和需求结构将出现明显变化。在供给方面，主要发达国家将进一步推动扩大出口和振兴本国制造业，并力图引领技术创新和新兴产业发展，促进制造业升级；新兴经济体和发展中国家将加快发展具有自身比较优势的产业和技术。在需求方面，原来刺激美英等发达国家居民消费的因素将逐步趋弱，美英等发达国家居民将调整其消费行为，提高储蓄率，由此消费过度和投资不足的矛盾逐步调整，进口需求将下降；而发展中国家将不得不努力稳住外需，积极扩大内需，正如世界银行在其报告 *Global Development Horizons* 2011 中所指出的，新兴经济体未来十五年要想实现基准情景中的较快增长，需要由过去依赖国外市场转向更多依赖国内市场。

第三，经济全球化不会逆转，但是贸易保护主义将抬头。国际金融危机对经济全球化发展带来多重负面影响，如贸易增速放慢，贸易保护主义倾向加强；金融监管加强，国际资本流动放慢；发展中国家开放金融市场的态度更加谨慎；多边贸易谈判（多哈回合）难度加大等。由此经济全球化的进程因国际金融危机而陷入阶段性调整中。未来由于 WTO 多边贸易体制的约束力还在，WTO 规则和争端解决机制依然在发挥作用，国家干预主义和贸易保护主义不会成为主流，经济全球化不会逆转。但是也应当看到，国际金融危机后明显萎缩的国际需求恢复到正常水平尚需时日，国际产能过剩凸显，各种形式的贸易和投资保护主义将进一步抬头。

第四，气候变化、能源资源安全等全球性问题更加突出。绿色发展、可持续发展受到各国普遍关注，应对气候变化成为国际政治博弈和经济科技竞争的焦点之一。处于工业化和城市化快速发展时期的发展中国家受发展阶段和技术水平制约，对传统能源资源的依赖程度更大，面临的环境代价、能源价格上涨和西方舆论压力也越来越大。为了应对气候变化、国际金融危机和传统能源价格上涨，发达国家和跨国公司纷纷作出先导性战略安排，大幅度增加科技投入，力求在新能源技术、节能减排技术等与低碳经济相关的领域占得先机。发达国家提出的低碳经济、碳排放交易、碳关税等理念和机制，既有积极合理的一面，也有牵制发展中国家的一面。围绕气候变化和能源资源安全等全球性问题，各国共同应对的共识在提高，但在责任义务界定、发展权益维护、转型路径选择、技术资金援助等方面还会长期存在争议。

2. 未来十年我国经济发展面临的国内环境

第一，我国将由中高收入国家向高收入国家迈进。根据世界银行按人均国民收入对世界各国的划分方法，世界各国可以分成四组，即低收入国家、中低收入国家、中高收入国家和高收入国家，按照这个划分标准，未来十年我国将处于由中高收入国家向高收入国家迈进的关键时期。然而，从国际经验来看很多国家由中等收入国家向高收入国家迈进并不是一帆风顺。其一，面临收入分配差距扩大的挑战。其二，面临快速城市化的挑战。从中等收入到高等收入攀升的过程中会出现快速城市化，但是如果相应的城市基础设施和就业机会不能跟进，将会出现大规模的贫民窟，影响城市的发展，并限制城市功能的发挥，使经济增长失去一个重要动力。其三，面临发达国家和贫困国家的双重产业竞争压力。一方面是作为竞争对手的低工资水平的贫困国家，它们在成熟产业将逐步占据主导地位，将对中高收入国家带来严峻的挑战；另一方面作为创新者的发达国家，它们在那些技术变化较快的产业领域中具有巨大优势，中高收入国家很难同其竞争。

第二，我国促进经济增长的要素成本将发生重要变化，成本比较优势将逐步减弱。首先，劳动力供给将逼近“刘易斯拐点”，劳动力成本比较优势将减弱。尽管我国是劳动力总量大国，但是 21 世纪初以来，我国人口增长步入“低出生、低死亡、低增长”的新阶段。有预测表明，我国劳动年龄人口从

2013 年左右开始，上升趋势就会十分平缓，2017 年左右达到最高峰后开始绝对减少。与此同时，我国老龄人口的比重迅速增加①。伴随着劳动力总量的增长放缓乃至减少以及人口老龄化的加速，我国劳动力数量优势和成本优势将减弱。事实上，近年来我国劳动力成本已经呈现较快上涨的态势，2002～2009 年，我国劳动力成本增长了近 3 倍，远远高于世界上其他国家或地区。而作为我国产业工人主体的农民工的工资上升态势也非常明显，2005 年至 2010 年全国农民工月均工资由 875 元提高到 1690 元，年均增长 14.1%，2011 年 1～3 季度农民工月均工资达到 1991 元，同比增长 20%。未来随着劳动力结构性短缺矛盾的进一步突出，我国劳动力成本将进一步上升，农民工工资将继续保持较快增长态势。其次，土地要素等成本将快速上升。过去一个时期，我国工业园区建设和城市扩张将大量农业用地转为工业和城市建设用地，未来这种以土地增量推动的城市化和工业化发展的难度加大，同时，随着国家加快完善土地管理制度，提高征地补偿标准，确保被征地农民原有生活水平不降低，以及规定工业用地出让价格不能低于当地基准地价等措施的实行，土地成本将保持较快的上升态势②。其三，战略性资源储量（包括水资源、矿产资源和能源）以及环境容量的不足将对经济增长产生越来越大的制约。我国人口众多，人均资源量少，经济增长将受到越来越严重的资源和环境约束，将面临能源供给、生产能力、运输能力和废气排放的环境容量不足的困难。同时，资源价格的上升也将增加经济发展的成本。

第三，我国储蓄率可能将逐步回落，“高储蓄、高投资”的增长模式将面临调整。回顾过去 30 多年中国经济增长，“高储蓄、高投资”带来的资本积累的快速提高和资本的不断深化起着十分重要的作用。Louis（2007）的研究表明，1978～1993 年期间 GDP 增长的近一半来自资本的积累；而 1993～2005 年期间 GDP 增长的 60% 左右是由投资驱动的。然而未来十年中国将迎来总抚养比的快速上升，高储蓄率可能将逐步回落，过去“高储蓄、高投资”的增长模式将不得不调整。Michael（2010）的研究认为国民储蓄率的下降是日本

① 据全国老龄办的预测，2020 年中国老年人口将达到 2.48 亿，老龄化水平将达到 17.17%。

② 事实上，近年来我国土地价格上涨态势已经非常明显，根据国土资源部的统计资料，2000～2010 年我国综合用途土地价格年均增长 6.11%，其中商业用途土地价格年均增长 6.29%，居住用途土地价格年均增长 7.65%，工业用途土地价格年均增长 4.07%。

高速增长终结的一个重要原因，同样储蓄率的下降对中国经济增长的速度也会产生重要影响。

第四，我国非农产业比重即将超过 90%，面临的产业结构升级压力更加紧迫。改革开放以来，我国工业化取得明显进展，三次产业间转移取得突出成就，2010 年我国非农产业增加值比重已接近 90%，基本确定了工业的主导地位。未来非农产业比重增加的幅度有限，三次产业间转移的空间较小。与此同时，近年来伴随着我国经济的快速增长，我国重化工业、能源和污染密集型产业快速发展。从 2003 年我国经济开始的新一轮快速增长，主要推动力是在钢铁、化工、重型机械等重化工业领域的大规模投资，重化工业占工业增加值的比重逐年攀升，2000 年为 59.9%，2003 年跃升到 64.3%，2007 年进一步达到 70.9%。2010 年后，随着国际金融危机影响的逐步消失，我国重化工业重新呈现快速增长的势头。未来随着资源环境约束的日趋强化，我国迫切需要实现非农产业内部，特别是制造业内部的转型升级，实现经济增长由主要依靠工业带动和数量扩张带动向三次产业协调带动和产业内部结构优化升级带动转变。

第五，我国城市化仍有较大的空间，但是城镇常住人口即将超过全部人口的 50%，城乡关系结构面临重大的转变。经过近年来城市化的快速发展，我国城市人口的比重快速增长，2010 年已经达到 49.6%，但是根据城市化的国际经验，城市化的峰值一般可以达到 65% ~80% 左右①，因此未来 10 ~20 年我国城市化仍有较大的空间，仍将是促进我国经济发展的重要拉动力。但是，也必须认识到，我国城镇常住人口即将超过全部人口的 50%，这意味着未来完善社会保障体系、调整城镇社会政策体系、完善城镇治理结构的紧迫性更加突出。这还意味着在城乡间布局公共设施、分配公共资源必须有新思路，要前瞻性地公平合理分配公共资源，根据城乡人口比例的变化搞好教育、医疗、文化等公共设施的空间布局，避免出现城乡公共设施闲置和公共资源浪费的现象。

第六，我国进入社会矛盾凸显期，加强和创新社会管理的任务更加紧迫。

---

① 城市化水平的峰值是一个国家城市化水平可能达到的最大值，这个值受到多种因素的影响，如国土面积、产业结构、生活习惯等，因此，不同国家城市峰值差异较大，如希腊、芬兰等国家的城市化峰值在 65% 左右，德国、法国、俄罗斯、奥地利等国的城市化峰值在 65% ~80% 之间，英国、美国、比利时等国家的城市化水平峰值在 80% 以上。

当前，我国城乡、区域和人群之间的差距很大，尤其是人群之间的收入差距并没有出现缩小的趋势，基尼系数已经超过 0.4，根据部分学者的研究甚至达到 0.5 左右。蔡洪斌（2011）的研究指出这些差距只是静态的不平等，并不是最可怕的。最可怕的是社会流动性低、社会利益结构被固化，从而造成动态的不平等，必将导致长期经济增长的停滞。而最近 10 年来，诸多迹象表明，中国家庭代际之间收入的相关性在上升，社会流动性在下降。这些不平等很可能会成为社会问题滋生的根源，将是影响社会稳定和持续发展的重要因素。与此同时，虽然近来我国社会建设大力推进，各项社会事业取得较大进步。但是，受发展阶段和政策及体制等因素的影响，一些涉及人民群众切身利益的问题没有根本解决，在征地补偿、社会保障、教育、医疗、收入分配、社会治安等领域存在的矛盾日益凸现。因此，加强和创新社会管理，维护社会秩序、促进社会和谐、保障人民安居乐业，营造良好社会环境的任务日趋紧迫。

第七，我国面临的资源环境约束更加强化，实现经济发展方式转变的压力更大。过去 30 多年我国经济发展所采取的“投资驱动、工业优先”模式在支撑经济长期、高速增长的同时，也带来能源大量消费和污染排放量的急剧上升，资源环境问题日趋严峻。我国二氧化硫排放总量多年来位居全球第一，日排放 COD 位列全球第一位，是排在第二位的美国和第三位的印度的 3.2 倍和 4.0 倍。未来随着我国经济总规模的扩大，我国淡水、土地、生态环境等不可直接贸易要素对经济发展的约束将日益强化。另外，国际社会对我国在全球资源和环境问题的治理方面的责任期望也越来越高。我国政府承诺到 2020 年单位 GDP 二氧化碳排放比 2005 年减少 40% ~45%。但是目前我国大气环境中 76% 的二氧化硫，88% 的氮氧化物和 66% 的二氧化碳以及各类粉尘、废弃物等，都来自能源的应用，其中以燃煤最为严重，而我国能源生产和消费结构中，煤炭始终占据较大比重。这些都表明未来我国经济发展面临的资源环境约束更加强化，实现经济发展方式转变的压力越来越大。

四、未来十年中国经济发展前景展望

1. 未来十年中国经济发展的情景设计

正如前面回顾入世以来中国经济发展取得巨大成就的原因时所强调的，入世促进了中国有效利用国内和国际两个市场，促进了中国的要素成本等比较优势与相对有利的国际环境紧密结合，为中国经济发展提供了有利的条件；更为重要的是入世促进了中国改革的深化，释放了经济增长的活力和动力。但是，我们也注意到入世以来的改革更多的是商品市场的改革，而在要素市场、公共支出领域、资源环境领域等方面的改革相对较少；更多的是在产品生产领域的改革，而在服务领域的改革相对较少。

展望未来十年中国经济的发展前景，制约市场经济发展的体制、机制性障碍能否消除，壁垒或管制较多领域的活力能否得到释放，以及经济内部积累的矛盾能否得到有效化解至关重要。因此，本报告设计两种情景以反映未来中国经济可能的发展前景，一种是基准情景（BAU，Business as Usual），即未来十年中国经济延续过去的模式发展；另一种为“加快推进改革的情景”，在该情景中，主要关注加快推进要素市场、公共支出领域、资源环境领域以及服务领域等方面的改革，设计一些具有代表性的改革措施，促进要素合理流动，提升经济效率，改变经济增长过于依赖能源资源以及服务业发展过于滞后等等一些经济发展过程中存在的问题。

（1）基准情景

总的来看，基准情景大致延续过去的趋势。从国内角度来看，决定中国经济未来增长潜力的是劳动力供给的变化、资本积累的变化以及技术进步的速度等。人口总量和年龄结构的变化决定了未来中国劳动力的供给总量的变化。这里采用联合国对于各国人口的预测数据库中的中国人口预测数据。按照这一预测，中国的人口总量在未来的15年仍将不断增长，预计到2015年将达到14.3亿；与人口总量变化趋势不同是，劳动年龄人口将在2016年达到峰值，到2020年基本持平，稍有下降；另外，老龄人口将快速增长，预计到2025年老龄人口占全部人口的比重将达到12%左右。模型中未来10年劳动力的供给量依据劳动年龄人口的变化推算，也就是说未来10年中国的劳动力供给将较快达到峰值，然后稍有下降。

在基准情景中，居民储蓄率变化主要考虑了人口的年龄结构的变化、城市化的进程、收入水平的变化等要素。大致来看，随着全社会总抚养率的上升，整体来看居民储蓄率在未来十年将会有所下降；对于政府部门来说，考虑到政府公共支出需求的快速增长，政府建设性支出增长速度将有所下降。整体来看

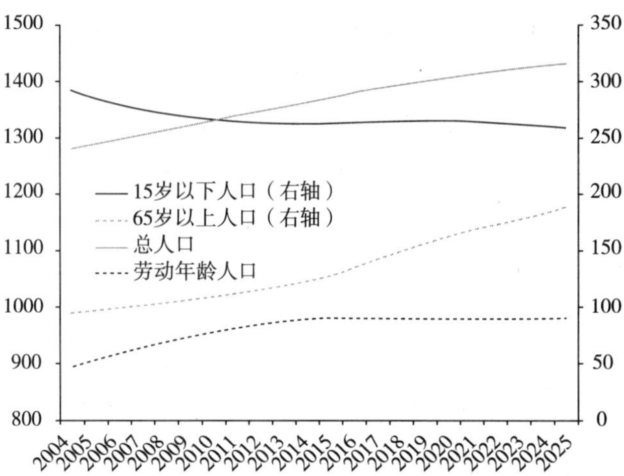

图9 中国总人口及年龄人口变化情况（百万）

数据来源：联合国，World Population Prospects，the 2010 Revision。

总储蓄率未来十年将有所下降，导致投资率也会有所下降。模型假设城市化将继续稳步推进，城市化水平将每年提高 0.8 个百分点，2020 年达到 58% 左右。考虑到国际经济环境和中国比较优势的变化，基准情景中出口的增长速度将逐步降低，贸易顺差仍将在较长时间内存在，但也呈逐渐缩小的趋势。

从未来来看，促进 TFP 增长的一些因素也会继续发挥作用，如城市化将稳步推进，农村劳动力仍然继续稳步转移，人力资本水平不断积累，科技进步继续发展等。但是考虑到改革的进展缓慢，同时随着经济发展水平的提高，距离发达国家技术前沿越来越近，技术追赶的空间越来越小，因此基准情景中模型假设 2010～2020 年 TFP 年均增长率在以前水平的基础上逐步下降，保持在 1.5%～2% 左右的水平。

（2）加快推进改革的情景

在加快推进改革的情景中，主要围绕过去经济发展模式存在不平衡、不协调、不可持续问题，同时结合“十二五”规划纲要中的改革思想，设计要素市场、资源环境、财政以及服务业发展等不同领域可能实施的一些主要的改革措施（具体措施见表 5），以此加快经济发展方式的转变。

在加快推进改革的情景中，对于人口及劳动力未来供给的假定也和基准情景一致。对于资本的积累，则主要取决于国民储蓄率的变化。影响储蓄率变化的因素主要有人口的抚养率、经济增长的速度、社会保障体系的健全程度、城市化等等。在加快推进改革的情景中，未来十年随着人口总抚养率由改革开放以来的最低点较快上升，假设社会保障体系将逐步完善和覆盖所有居民，同时假设与促进消费相关的政策和市场建设逐步完善（比如消费信贷政策、与老龄人口相关的服务市场的建设等等），这些共同作用未来十年居民储蓄率将不断下降。同时考虑到政府将从改善民生的角度加大公共服务性支出，减少建设性支出，整体的储蓄率水平将会有较大幅度的下降，相应投资率也随之而下降。

技术进步的速度在模型中主要体现在全要素生产率（TFP）的变化。通过对去 30 多年中国全要素生产率的变化研究发现，影响中国 TFP 的变化的因素很多，如体制改革、人力资本溢出效应、科技资本、市场化改革、城市化、外资效应、外贸效应、基础设施、行政管理成本等（李善同，2011）。同时正如前面在分析机遇和挑战时提到随着中国经济的快速发展，中国离国际技术前沿的距离越来越近，因而通过引进学习促使的技术进步的速度会逐渐减慢。在加快推进改革的情景，未来十年我们假设：第一，随着能源税和环境税改革的推进以及资源性产品定价机制的理顺，资源、能源的利用效率将进一步提高；第二，未来十年随着政府加大对科研（如基础技术研发）的投入，以及不断完善创新体系，全社会的创新能力将不断提高；第三，加快推进土地、劳动力等要素市场改革，比如户籍制度改革、公共服务业的均等化，进一步影响城乡劳动力转移的制度性障碍，不断取消国有与民营、国内与国外企业之间在要素市场的不公平待遇，要素市场的一体化程度将不断提高，市场配置资源的效率将进一步改进，比如户籍制度改革、公共服务业的均等化，城乡劳动力转移的制度性障碍将进一步削弱；第四，随着国有企业改革以及金融市场的改革和完善，资本市场的竞争将更加充分，资本等要素的利用效率将进一步提高；第五，随着基本公共服务（尤其是教育）的改进和提高，以及城市化的较快推进将带来人力资本的不断提高；第六，随着服务业规制的不断取消，服务业更加开放，服务业竞争更加充分和自由，服务业的效率也将得到较大幅度的提升。基于这些假设，模型假设未来十年服务业全要素生产率比基准情景快 0.6 个百分点，其他行业全要素生产率将比基准情景快 0.3 个百分点。

另外与基准情景相比，在加快推进改革的情景中城市化的速度和质量都要比基准情景高。当然模型还有许多其他的假设，在这里就不一一列举了。

表 4 未来十年中国经济增长的情景设计

情景类别	情景设定
基准情景	1. 人口总量的变化趋势外生，采用联合国所做的人口预测 2. 城市化水平及城乡人口外生，2010～2020 年城市化率年均提高 0.8 个百分点 3. 劳动力总量的增长外生，农业土地的供给变化外生 4. 各种国内税率保持不变，各种转移支付外生 5. 2010～2020 年国际收支逐步趋向平衡 6. 政府消费增长率外生 7. 全要素生产率（TFP）外生，假设 2010～2020 年的全要素生产率的增长率在过去 25 年的平均水平的基础逐步降低 8. 技术进步的偏向性及中间投入率的变化外生 9. 未来十年世界经济保持较长时间低迷，最终逐步恢复
加快推进改革的情景	1. 推进能源税、环境税改革，完善资源性产品价格形成机制，提高能源、资源利用效率 “十二五”期间资源税税率在基准情景的基础上逐步提高 10% 开始征收碳税，税率从 10 元每吨 CO2 逐步提高至 50 元每吨 CO2。碳税收入主要用于企业能源效率改进、高技术行业创新的税收激励 2010～2020 年间能源利用效率平均比基准情景高 1 个百分点
	2. 调整政府公共支出结构，适当减少建设性支出，健全社会保障体系 政府消费的增长速度略高于基准情景
	3. 加大政府对于教育、医疗及科研及社会福利的投入 提高政府对于贫困地区和贫困人群的转移支付 2010～2020 年比基准情景提高 10% 左右
	4. 进一步消除劳动力城乡、区域和行业之间流动的障碍，加快推进城市化进程；加快农民工市民化进程，提高城市化质量 2010～2020 年城市化率比基准情景每年提高 0.25 个百分点，加快城乡劳动力的转移
	5. 进一步推进国有企业、垄断行业改革，调整国有企业、垄断企业的分配体系 提高国有企业回报上缴比重，2010～2020 年间逐步提高三成，用于政府公共支出
	6. 完善服务业规制改革，全面推进增值税扩围，降低服务业税负 逐步使服务业的税负降低 10% 消除服务业用电、用水、用气、用热与工业之间的差异化价格
	7. 推进土地、资本等各项要素领域的改革，提高要素利用和配配置效率，促进技术创新，提高技术进步速度 消除不同类型的企业之间在土地、资本等要素获取方面的歧视 整体全要素生产率（TFP）增长率比基准情景快 0.2 个百分点，其中服务业的 TFP 比基准情景快 0.6 个百分点

2. 未来十年中国经济发展前景模拟结果

经济活动错综复杂，相互交织在一起，前面提到中国经济未来可能面临的机遇和挑战也是相互影响的，因此需要一个完整的、系统的经济模型来分析中国经济未来的发展情景。这里我们所采用的分析模型是由国务院发展研究中心开发的中国经济可计算一般均衡模型（DRC-CGE）。这一模型是递推动态的，通过求解一系列的静态均衡来模拟经济发展的动态特性，模型的模拟时间段为2011~2020年。

（1）基准情景

在基准情景的各项设定下，中国今后仍将保持较快的经济增长速度，根据目前的经济增长态势，“十二五”期间GDP增长速度为8.5%左右，2016~2020年约7.0%左右。

表5　2010~2020年的经济增长及其源泉　（%，基准情景）

年　份	2011~2015	2016~2020	2011~2020
GDP增长率	8.5	7.0	7.7
其中：			
劳动力增长率	0.5	0.0	0.2
资本增长率	10.7	8.5	9.6
TFP增长率	1.9	1.9	1.9
增长的源泉：			
劳动力	0.2	0.0	0.1
资本	6.4	5.1	5.7
TFP	1.9	1.9	1.9

数据来源：DRC-CGE模型计算结果。

从经济增长的源泉看，“十二五”以至2020年，中国经济增长的主要动力仍然在于资本积累。资本对GDP增长的贡献率超过70%。“十二五”期间，在GDP平均增长8.5%中，由于投资拉动6.4个百分点，占GDP增速的75%。2016~2020年间，由于投资拉动经济增长5.1个百分点。相对于资本来说，劳动力数量增长对经济发展的贡献很小。“十二五”期间劳动力总量上继续增加，2015~2020年间，由于劳动力总量开始达到峰值并开始有所下降，其对GDP增长的贡献接近于零。随着劳动力数量增加和资本积累对经济增长的贡献逐渐减少，而全要素生产率所占的贡献逐渐增加，从“十二五”期间的22%左右增长到2020年的28%左右。从模拟的结果来看，在现有的发展模式下，经济增长主要还是依赖高投资的驱动。随着劳动力的增长速度显著慢于资本积累速度，这样在经济规模很大而生产效率没有显著提高的情况下，由于边际产出递减规律，资本投入的边际产出递减，因此经济增长速度终将降低。

从经济规模看，到“十二五”末的2015年，按2010年价格计算，GDP总量达到58.71万亿元，合8.7万亿美元。到2020年，我国GDP总量增加到82.45万亿元，合12.2万亿美元。从人均GDP发展水平看，我国人均GDP在2012年接近5000美元，2015年超过6000美元，2020年超过8000美元。

表6　　基准情景下的经济规模和人均GDP水平

指标	2010	2015	2020
GDP（万亿元）	40.1	60.2	84.6
人均GDP（万元）	3.0	4.4	6.0
GDP（万亿美元）	5.9	8.9	12.5
人均GDP（美元）	4393	6398	8764

注：均采用2010年不变价计算。

从需求的角度看，考虑人口结构的变化、政府公共支出的快速增长以及城市化率的提高等因素的影响，整体储蓄率将会有所下降。同时随着金融危机刺激政策的淡出，因此未来十年投资率将逐渐恢复至正常水平，并将不断下降。随着劳动力、土地等要素成本的不断上升，国际贸易逐渐趋向平衡。贸易顺差的下降、投资率的下降、城市化水平的不断提高以及居民收入水平的提高，居民消费比重逐渐恢复到以前的水平，并有所上升。模拟结果显示，2015年，居民消费占GDP比重为42%左右，政府消费所占比重为15%，两项合计总消费率达到55%，到2020年居民消费比重提高到46%。现有的发展模式表现为消费和投资的失衡。按照这一发展模式，到2020年我们的消费比重也要明显低于处于同样发展水平的国家的消费水平。

表 7　　2007～2020 年的支出法 GDP 结构（%，基准情景）

年　份	2010	2015	2020
支出法 GDP 结构			
居民消费	33.2	42.8	46.1
政府消费	13.8	14.6	15.1
资本形成总额	48.1	40.3	37.8
净出口	4.9	2.4	1.0

从三次产业结构看，基准情景中，第一、第二产业比重不断降低而第三产业的比重不断增加，如表 8 所示。在经济发展的较低阶段，第一产业比重不断降低是一个普遍规律。在基准情景中，到 2015 年，我国第一产业的比重约降低到 7.8% 左右，到 2020 年进一步降低到 5.9% 左右，这与世界各国发展的一般规律是相同的。从模拟结果看，我国第三产业比重会逐渐提高。2007 年，我国第三产业比重为 38.7%，显著低于大多数世界上同等发展程度国家的水平。到 2015 年，约提高到 43.8%。“十二五”期间第三产业比重提高 4.1 个百分点，2015 到 2020 年期间提高 3 个百分点。但与世界各国的一般经验相比较，这一比重仍然较低。根据世界银行 WDI 数据，2008 年上中等收入国家服务业平均比重达到 60%，而我国早在几年前就以跨入上中等收入国家行列。

表 8　　2007～2020 年间的产业结构（%，基准情景）

年　份	2010	2015	2020
第一产业	8.7	7.8	5.9
第二产业	51.6	48.4	47.3
第三产业	39.7	43.8	46.8

注：模型采用的数据为投入产出表，因此显示的产业结构与年鉴公布的数据存在一定的差异。

长期以来，中国经济所面临的另外一个重要问题就是高污染高耗能行业比重较大。虽然“十一五”期间，中央政府明显加大了对节能环保问题的关注，制定了单位 GDP 能源消耗量降低 20% 的约束性指标，实施了诸多的行政性节能减排措施，取得了快速的效果。但是，一旦这些行政性的节能减排措施取消或者到期，由于没有长效的节能减排措施，原有的增长模式仍将继续。因此，在基准情景中高耗能产业比重基本保持稳定。

表 9 **按能耗分产业结构变化**（占制造业增加值比重 %，基准情景）

年　份	2007	2010	2015	2020
高耗能产业	45.54	44.50	44.47	44.22
低耗能产业	54.46	55.50	55.53	55.78

伴随着产业结构的调整，就业结构也相应出现很大的变化，主要表现在“十二五”期间以及一直到2020年劳动力持续的从农业向非农产业转移，第一产业的就业比重在“十一五”期末下降到38.4%左右，到“十二五”末期下降到33.8%，到2020年约降到28%左右。与此相对应，城市化水平也在相应提高，到2015年，城市化率达到54%左右，2020年城市化率提高到58%左右。

表 10 **2007～2020 年就业结构变化**（%，基准情景）

年　份	2007	2010	2015	2020
第一产业	40.8	38.4	33.8	28.9
第二产业	26.8	27.1	27.4	28.9
第三产业	32.4	34.5	38.8	42.2

随着经济较快增长，居民收入水平也将相应提高。在基准情景中，到“十二五”末，城市居民人均收入将达到3.42万元，比2007年增长超过70%，农村居民人均纯收入将达到7300多元，比2007年增长近60%，不过城镇和农村居民的收入差距仍将继续扩大，2015年城市农村居民收入之比达到4.61，2020年进一步提高到4.8左右，这一结果延续了最近十来年的城乡差距的变化趋势，根据统计数据计算显示，2008年城乡居民人均收入的差距较1997年扩大了近40%。具体来讲，导致城乡收入差距扩大的原因非常多，既与我国的二元结构的根源有关，也与发展方式、分配制度等因素密不可分。目前的增长方式还是过于依赖投资和工业的发展，一方面投资主要带动的是资本和技术密集型的行业的发展，而这些行业的收入主要由城市居民获得（包括资本的拥有者和高技术劳动力），另一方面创造就业的能力不足，不能加快农村劳动力加快向城市转移，提高农业的边际生产力，缩小城乡之间劳动生产率的差距。另外，目前的分配制度、转移支付制度和税收制度也没有起到很好的调节城乡差距的作用。所有这些都将导致城乡差距的扩大。在基准情景下，延续目前的增长方式，城乡差距可能继续扩大，经济增长的协调性仍然较差。

表 11　　基准情景下城乡居民收入的变化　　单位：元

年　份	2007	2010	2015	2020
基准情景				
城市	19821	25120	34191	45067
农村	4602	5147	7370	9355
城市/农村	4.3	4.9	4.6	4.8

注：2007 年不变价格计算。

在基准情景中，我国的能源消费仍将有显著增长。由于相当长时间内，我国工业比重仍然相对较高，而且经济增长速度较快，因此，尽管能源利用效率有较大提高潜力，单位 GDP 能源消费从 2005 年的 1.23 吨标煤/万元产值持续降低到 2020 年的 0.90，但能源消费总量仍将从 2007 年的 26.56 亿吨增加到 2020 年的约 56 亿吨。与能源消费总量持续扩大相应，温室气体排放量也将持续增长，排放总量从 2007 年的 66.24 亿吨增长到 2020 年的 128 亿吨。根据基准情景，2005 至 2020 年单位 GDP 温室气体排放从 3.07 吨/万元下降到 2.05 吨/万元，排放强度下降了 33%。这也说明如果按照目前的经济发展趋势，我国的能源需求总量越来越大，能源供给和相应的污染物排放将大大超过我国的资源环境承载能力，因而这种增长必然是低质量不可持续的。

表 12　　基准情景下能源消费和温室气体排放情况

年　份	2005	2007	2010	2015	2020
温室气体（CO_2）					
排放量（百万吨）	5625.6	6623.9	7367.1	10067.0	12768.6
排放强度（吨/万元 GDP）	3.07	2.86	2.49	2.26	2.05
能源					
消费量（万吨标煤）	224682	265583	306714	432122	563775
能源强度（吨标煤/万元 GDP）	1.23	1.15	1.04	0.97	0.90

注：GDP 为 2005 年价格。

从基准情景的模拟结果来看，如果延续过去的发展模式，没有从根本上解决经济运行深层次的问题，经济增长的不平衡、不协调、不可持续的突出矛盾将日益突现，尤其是消费投资关系的不平衡、产业发展的不平衡、收入差距的扩大、能源的高消费、污染状况的加剧等。在这模式下，经济的抗风险能力相对较弱。如果不能推动改革，这些矛盾将延续下去，未来中国能否跨越中等收入陷阱、顺利进入高收入社会仍然存在很大的不确定性。

（2）加快推进改革的情景

与基准情景相比，加快推进改革的情景在增长的源泉、产业结构、能源与环境等多方面都有显著的差别。具体表现在以下几个方面。

①经济增长的驱动力不再过于依赖高投资率。由图 10 可见，在加快推进改革的情景下，我国仍然可以维持较高的增长速度，而且增长速度甚至要高于基准情景。根据模拟结果，“十二五”期间增长速度比基准情景高 0.5 个百分点左右，2015 ~2020 年间整体增长速度略高于基准情景。更为突出的是，加快推进改革的情景下 GDP 增长的源泉开始发生本质性转变，由过去绝大部分依靠高投资的拉动转变为投资拉动与技术和效率改进并举，技术进步的贡献越来越高。这正体现了可持续发展的要求，也是发展方式转变的一个重要特征。模拟结果显示，到 2020 年接近 40% 的 GDP 增长将来源于全要素生产率的改进。全要素生产率的改进综合反映了技术的创新、生产效率的改进、能源资源利用效率的提高和人力资本的提升等各种因素，这些都要归功于改革的推动。人类社会发展的历史就是一部技术进步的历史，美国经济之所以能够长期保持国际领先地位，技术进步起着不可替代的作用。从经济发展史来看，经济增长从资源驱动、要素驱动向创新驱动的转化是许多国家跨越中等收入陷阱、顺利进入高收入社会重要条件。对于中国来说同样如此，要想顺利跨入高收入社会，保持经济长期持续的发展，就必须不断改革，建立一个创新型的国家。

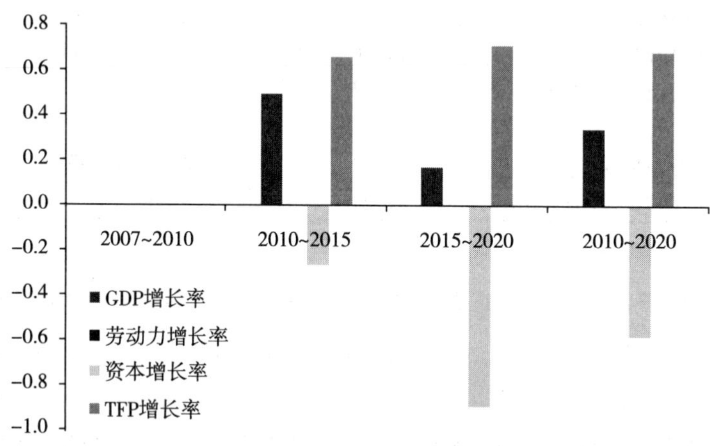

图 10　经济增长源泉的变化（%，相对于基准情景）

②产业结构更趋于优化。与基准情景相比，加快推进改革的情景下的服务

业比重更高，例如到“十二五”末期，第三产业比重达到45.7%，比基准情景高1.7个百分点，到2020年，第三产业比重达到50.0%，比基准情景下高3.4个百分点，可见服务业增长的速度要明显快于基准情景，这也反映了发展方式转变的一个重要特征，即由过去的过分依赖制造业的快速发展转变为制造业和服务业协同发展，产业结构不断优化升级。随着三次产业结构的变化，劳动力就业结构也相应改变，在各个时期第三产业就业比重都比基准情景有所提高，2015年和2020年分别高2.2和4.2个百分点。快速发展的服务业为农村劳动力提供了就业机会，加速了农村劳动力向城市的转移，促进了城市化水平快速提高。

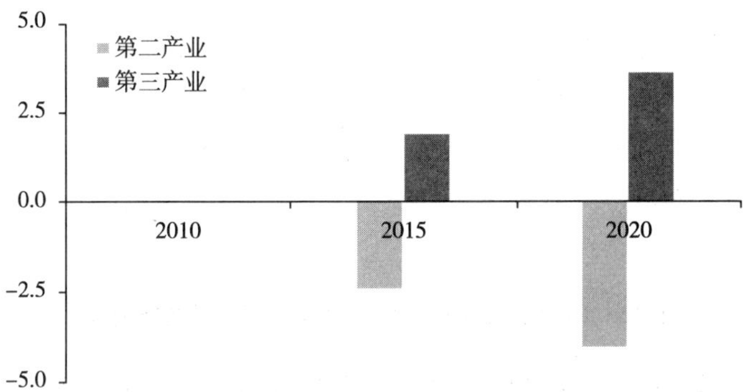

图11　产业结构的变化（%，相对于基准情景）

同时，加快推进改革的情景下，制造业内部的产业结构也更加优化，高耗能产业比重下降而低耗能产业比重上升的幅度更大，主要体现在冶金、建材和化工等行业。这表明在加快推进改革的情景下，逐渐从过去主要依赖低成本、低附加值的产业转变为更多依赖技术不断创新的高增加值行业，不断提升在全球产业链中层次，减轻对于资源的过分依赖和对环境的加速破坏。

③投资、消费、净出口的结构也更加均衡。加快推进改革的情景下，政府加大对社会保障、住房保障体系的建设，政府消费所占的比重较基准情景下有所上升，2015和2020年政府消费所占比重比基准情景分别高0.6和1.1个百分点。随着各种社会保障体系更加健全，居民的储蓄需求相对于基准将不断下降。到2015年，居民消费比重达到46%，比基准情景高3个百分点；到2020年，居民消费比重达到51%，比基准情景高5个百分点，而2015和2020年投资的比重则分别比基准情景下3.3和5.3个百分点。由此可见，在加快推进改

革的情景下，消费对经济的拉动作用显著增强，三种需求的比重也更加均衡，居民从经济增长中得到的实惠更多。这反映了发展方式转变在需求方面的又一个重要的特征，即由过去主要依靠投资和出口拉动转变为消费、投资和出口“三驾马车”齐头并进，尤其是消费的拉动作用越来越重要。这一调整对于保持中国经济长期的增长潜力和减小中国经济受国际经济变化的影响的风险起着重要的作用。

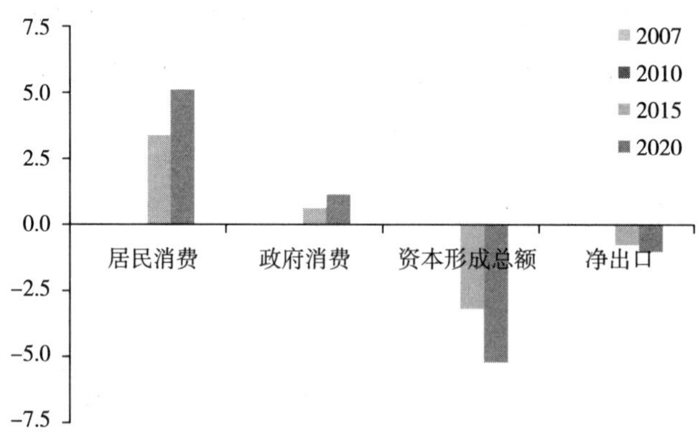

图 12 GDP 支出结构的变化（%，相对于基准情景）

④城乡居民收入增加更快，收入差距有所缩小。在加快推进改革的情景下，一方面随着服务业发展的不合理限制的取消，不同类型的企业都能成为市场经济中的平等主体，享受公平的竞争环境，中小企业将得到较快发展，服务业也会加快发展的步伐，这将会扩大城镇的劳动力需求，从需求角度为农村劳动力向城市转移创造条件，对于缩小农业和非农产业之间边际生产力的差异起着非常重要的作用；另一方面，公共支出结构的调整和加大转移支付等制度，既直接提高了农村居民的收入水平，同时也提高了农村劳动力的教育素质和职业素质，为劳动力向城市转移从供给角度创造了条件。这些因素的共同作用的结果是城乡居民的收入水平增长更快，城乡之间的差距将有所缩小。如图 5 所示，在加快推进改革的情景下，未来十年城乡居民的收入比基准情景上升 10% ~20%，城乡居民收入比也比基准情景中下降 5% ~10%。不仅如此，随着居民收入水平的提高以及服务业的加快发展，居民消费结构升级的速度也有所加快。

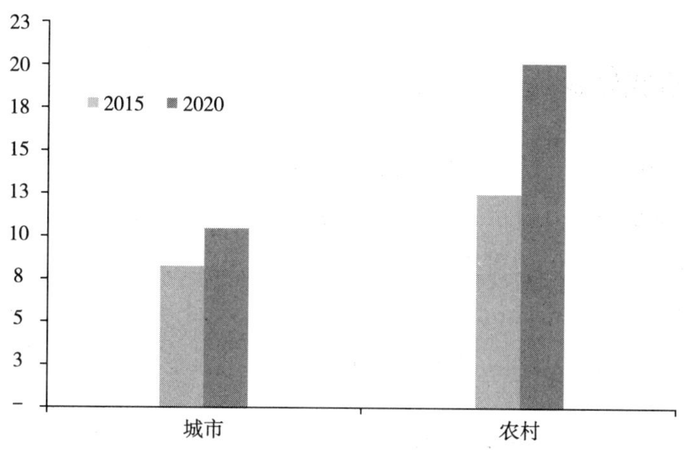

图 13 城乡居民收入的变化（%，相对于基准情景）

⑤节约了资源，减少了环境损害。加快推进改革的情景随着资源税和环境税以及能源价格的改革，能源资源的使用价格充分反映其生产成本和带来的外部性，从而带来能源利用效率的改进，最终有利于能源的节约和污染物的减排。与此同时，产业结构和支出结构的优化对能源节约和污染物的减排同样也起着十分重要的作用的。这些因素共同作用使得经济发展由过去的单纯注重经济增长转变为更加重视经济、资源和环境的协调发展。与基准情景相比，“十二五”末期，能源消费总量减少 14%，而到 2020 年能源消费量则减少了 25%。从温室气体排放看，2015 和 2020 年二氧化碳的排放量分别比基准情景下降 19% 和 33%。

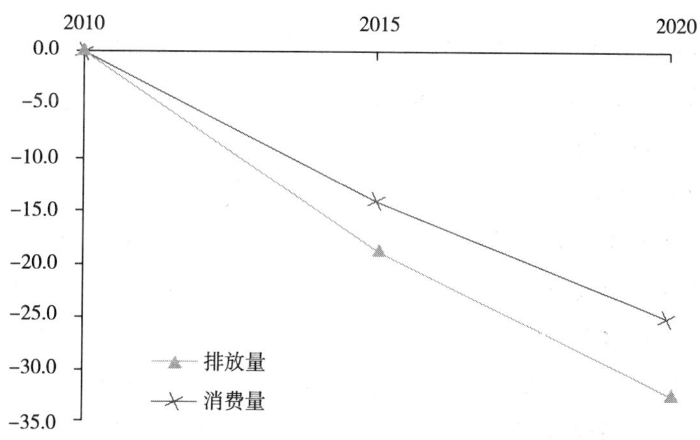

图 14 能源消费和温室气体排放的变化（%，相对于基准情景）

五、研究结论

入世是中国走向全面开放的标志性历史事件。入世十年来，中国经济发展取得了巨大的成就。入世后，中国经济快速增长，且波幅最小，综合国力快速提升，国内生产总值跃居世界第二，对国际社会的贡献和影响越来越大，极大影响了世界经济增长格局；入世后，中国创造了进出口贸易增长最快的世界纪录，已经成为世界第二大进出口贸易国。综合表明，中国入世极大改变了中国，也由此改变了世界。

展望未来十年中国经济发展的前景，中国经济长期向好的态势不会改变，促进中国经济持续较快增长的主要动力依然存在。但是，也必须看到中国已经是一个开放度很高、与世界经济紧密联系的发展中大国，中国的发展已经不仅仅取决于国内的因素，也取决于国际环境。未来十年中国发展面临的国际环境相比过去十年更加复杂、更加不确定。在国际金融危机的影响下世界经济复苏艰难曲折，可能进入中低速增长期，国际贸易保护主义有可能抬头、会对中国的外部需求造成不利影响。与此同时，随着中国经济实力的增强和国际地位的提升，国际社会对中国承担国际责任和义务的期望和要求也会不断提高。在由中低收入国家向中高收入国家迈进的过程中，中国面临人口老龄化，要素成本上升，产业结构升级紧迫，社会矛盾凸显，资源环境约束更加强化等系列挑战。

根据我们对未来十年中国经济发展前景模拟分析，如果延续过去的发展模式，没有从根本上解决经济运行深层次的问题，中国经济面临的不平衡、不协调、不可持续问题的将日益突出，尤其是消费投资关系的不平衡、产业发展的不平衡、收入差距的扩大、能源的高消费、污染状况的加剧等将更加严重。如果中国能够在过去三十多年的改革基础上，进一步推动要素领域、公共支出领域、能源和环境领域的改革，不仅可以缓解和解决经济发展过程中不断凸显的深层次矛盾，同时也可以激发经济长期、持续、协调发展的内在动力。根据我们的模拟结果显示，如果这些改革措施到位，中国经济不仅可以保持较快的增长速度，而且可持续性动力更强，产业结构将更加优化，消费投资结构、城乡关系将更加协调，资源将更加节约、环境损害将更小。

附件1　外贸对经济增长与就业的贡献测算方法

我们所采用的测算方法的主要思路为：①分别考虑出口、进口对经济系统的不同作用，即出口从需求方面拉动经济，进口从供给方面推动经济。②根据广义经济分类（BEC），将进口产品分为资本品、消费品和中间产品，然后在此基础上构建非竞争型投入产出模型。③从组成外贸的各种产品出发，由各种产品对GDP与就业的影响加总，得到出口、进口总量对GDP与就业的影响，同时也就包含了外贸结构变化对GDP与就业的影响。因此，由此所计算得到的进出口对经济增长与就业的贡献中既包括了其直接贡献，也包括了全部间接贡献。

1. 外贸对GDP的贡献

投入产出表是全面反映国民经济各部门投入产出关系的重要资料。投入产出表的列显示了各部门产品的投入结构，行则显示了各部门产品的使用结构，包括各种产品有多少用于中间使用，有多少用于居民消费、投资和出口等，根据投入和产出相等的原则，投入产出表的行和（即总投入 X_j）和列和（即总使用 X_i）是相等的。由于进口产品不仅提供中间使用，也提供最终使用，因此，为了详细反映进出口商品在国民经济中的作用以及对GDP的贡献，我们将对原投入产出表的第I象限与第II象限进行拆分，第III象限保持不变。

表1　拆分后的投入产出表

<table>
<tr><td colspan="2" rowspan="2"></td><td colspan="3">中间使用</td><td colspan="4">最终使用</td><td rowspan="2">进口</td><td rowspan="2">总使用</td></tr>
<tr><td>农业</td><td>……</td><td>公共组织</td><td>消费</td><td>投资</td><td>出口</td><td>合计</td></tr>
<tr><td rowspan="4">国内中间投入</td><td>农业</td><td colspan="3" rowspan="4">x_{ij}^D</td><td rowspan="4">C_i^D</td><td rowspan="4">IN_i^D</td><td rowspan="4">EX_i^D</td><td rowspan="4">Y_i^D</td><td rowspan="4"></td><td rowspan="4">X_i</td></tr>
<tr><td>…</td></tr>
<tr><td>…</td></tr>
<tr><td>公共组织</td></tr>
<tr><td rowspan="4">进口中间投入</td><td>农业</td><td colspan="3" rowspan="4">x_{ij}^M</td><td rowspan="4">C_i^M</td><td rowspan="4">IN_i^M</td><td rowspan="4">EX_i^M</td><td rowspan="4">Y_i^M</td><td rowspan="4"></td><td rowspan="4"></td></tr>
<tr><td>…</td></tr>
<tr><td>…</td></tr>
<tr><td>公共组织</td></tr>
<tr><td colspan="2">增加值</td><td colspan="3">v_{ij}</td><td colspan="6"></td></tr>
<tr><td colspan="2">总投入合计</td><td colspan="3">X_j</td><td colspan="6"></td></tr>
</table>

在上述附表 1 中，元素上标为 D 的是国内产品，元素上标为 M 的是进口产品。拆分后的投入产出表中的元素与拆分之前的表存在以下一一对应的关系：

$$\begin{cases} x_{ij}^{D} + x_{ij}^{M} = x_{ij} \\ C_{i}^{D} + C_{i}^{M} = C_{i} \\ IN_{i}^{D} + IN_{i}^{M} = IN_{i} \\ EX_{i}^{D} + EX_{i}^{M} = EX_{i} \\ Y_{i}^{D} + Y_{i}^{M} = Y_{i} \\ \sum_{i=1}^{n} x_{ij}^{M} + Y_{i}^{M} = M_{i} \end{cases}$$

其中：

$$Y_{i}^{M} = M_{i}\frac{Y_{i}}{\sum_{j=1}^{n} x_{ij} + Y_{i}}, C_{i}^{M} = \frac{C_{i}}{Y_{i}}Y_{i}^{M}, IN_{i}^{M} = \frac{IN_{i}}{Y_{i}}Y_{i}^{M}, EX_{i}^{M} = \frac{EX_{i}}{Y_{i}}Y_{i}^{M},$$

$$Y_{i}^{M} = C_{i}^{M} + IN_{i}^{M} + EX_{i}^{M}, Y_{i}^{D} = C_{i}^{D} + IN_{i}^{D} + EX_{i}^{D}$$

由于缺乏关于建筑业与服务进口用于中间投入、最终消费和投资的比例数据，因此，对于建筑业和服务业的进口数据，我们根据一致性假设将进口产品进行拆分，即假设进口产品与国内产品具有同质性，各部门使用进口产品与使用国内产品一视同仁。那么，进口产品在各部门之间的分配就与国内产品在部门之间的分配比例完全相同。然后，我们采用按比例分配的办法继续将其拆分为各种进口产品用于各部门的中间投入。其他部门（包括农业和除建筑业之外的工业部门）的进口产品分配则根据海关进口数据的 HS 编码与联合国相应的商品 BEC（Broad Economic Categories）编码来得到。因此，最终我们可以得到：

$$x_{ij}^{M} = \left(M_{i}\frac{\sum_{j=1}^{n} x_{ij}}{\sum_{j=1}^{n} x_{ij} + Y_{i}} \right) \frac{x_{ij}}{\sum_{j=1}^{n} x_{ij}} = M_{i}\frac{x_{ij}}{\sum_{j=1}^{n} x_{ij} + Y_{i}}$$

上述拆分后的投入产出表仍然满足行和列的平衡关系。比如：

①国内产品的行平衡关系式：

$$\sum_{j=1}^{n} a_{ij}^{D} X_{j} + Y_{i}^{D} = X_{i} \tag{1}$$

②进口产品的行平衡关系式：

$$\sum_{j=1}^{n} a_{ij}^{M} X_j + Y_i^M = M_i \tag{2}$$

③列向平衡关系式：

$$\sum_{i=1}^{n} x_{ij}^{D} + \sum_{i=1}^{n} x_{ij}^{M} + v_j = X_j \tag{3}$$

根据上述国内产品的行平衡关系式（1），我们可以得到：

$A^D X + Y^D = X \Rightarrow X = (I - A^D)^{-1} Y^D = (I - A^D)^{-1}(C^D + IN^D + EX^D)$

于是，我们可以得到排除转口贸易的出口所带来的总产出 X^{EX}：

$X^{EX} = (I - A^D)^{-1} EX^D = (I - A^D)^{-1}(EX - EX^M)$

令 $\hat{A}_v$ 为增加值对角矩阵，即对角线元素为各部门增加值占该部门总投入（即总产出）的比例：

$$\hat{A}_v = \begin{bmatrix} 1 - \sum_{i=1}^{n} a_{i1} 0 \wedge 0 \\ 0 1 - \sum_{i=1}^{n} a_{i2} \wedge 0 \\ MMOM \\ 00 \wedge 1 - \sum_{i=1}^{n} a_{in} \end{bmatrix}$$

因此，在开放经济条件下，我们可以得到排除转口贸易的出口对 GDP 总量的贡献率为：

$$\eta_{EX} = \frac{\sum V^{EX}}{\sum_{j=1}^{n} v_j} = \frac{\sum (\hat{A}_v X^{EX})}{\sum_{j=1}^{n} v_j} = \frac{\sum (\hat{A}_v (I - A^D)^{-1} (EX - EX^M))}{\sum_{j=1}^{n} v_j} \tag{4}$$

接下来，我们在进口被拆分后的开放经济投入产出表（表 1）的基础上分析进口对 GDP 的贡献。根据各元素的相应含义，我们定义供给系数或分配系数为：$d_{ij} = \frac{x_{ij}^D}{X_i}, e_{ij} = \frac{x_{ij}^M}{M_i}$，即 $x_{ij}^D = d_{ij} X_i, x_{ij}^M = e_{ij} M_i$。

将上述供给系数代入列向平衡关系式（3）中，我们可以得到：

$\sum_{i=1}^{n} d_{ij} X_i + \sum_{i=1}^{n} e_{ij} M_i + v_j = X_j$，即 $D^T X + E^T M + V = X$。

于是，我们可以得到：$X = (I - D^T)^{-1} E^T M + (I - D^T)^{-1} V = X^M + X^V$。

其中，进口产品用于投入时所引起的总投入为：

$X^M = (I - D^T)^{-1}E^TM$

类似地，我们可以得到进口对 GDP 总量的贡献率为：

$$\eta_M = \frac{\sum V^M}{\sum_{j=1}^{n} v_j} = \frac{\sum(\hat{A}_v X^M)}{\sum_{j=1}^{n} v_j} = \frac{\sum(\hat{A}_v(I - D^T)^{-1}E^TM)}{\sum_{j=1}^{n} v_j} \tag{5}$$

如果能够得到相邻两年出口所产生的增加值（ GDP_t^{EX} ）或进口所产生的增加值（ GDP_t^M ），就可以计算出口或进口增长对 GDP 增长的贡献。其中，出口增长对 GDP 增长的贡献为：

$$\mu^{EX} = \frac{GDP_t^{EX} - GDP_{t-1}^{EX}}{GDP_t - GDP_{t-1}} = \frac{\eta_t^{EX}GDP_t - \eta_{t-1}^{EX}GDP_{t-1}}{GDP_t - GDP_{t-1}} = \frac{\eta_t^{EX}(1 + g_t) - \eta_{t-1}^{EX}}{g_t} \tag{6}$$

进口增长对 GDP 增长的贡献为：

$$\mu^M = \frac{GDP_t^M - GDP_{t-1}^M}{GDP_t - GDP_{t-1}} = \frac{\eta_t^M GDP_t - \eta_{t-1}^M GDP_{t-1}}{GDP_t - GDP_{t-1}} = \frac{\eta_t^M(1 + g_t) - \eta_{t-1}^M}{g_t} \tag{7}$$

上述公式中：η_t^{EX} 与 η_t^M 分别为进口与出口对 GDP 的贡献率；g_t 为 GDP 的增长率。

由于国家统计局每隔五年编制一张投入产出表，编表后的第三年编制投入产出延长表（即逢二、七年份编制投入产出表，逢零、五年份编制投入产出延长表），不是每年都会编制投入产出表，因此，我们在后面的具体测算中将利用线性平滑后所得到的贡献率和增长率来得到相应的结果。比如，我们想要测算 2007 年进出口的增长对 GDP 增长的贡献。由于没有 2006 年的投入产出表，我们分别利用 2005 年和 2007 年进出口对 GDP 总量的贡献的平均值来估计 2006 年进出口对 GDP 总量的贡献（ η_{t-1}^{EX} 和 η_{t-1}^M ）。

一般来说，由出口或进口所产生的增加值（X^{EX}或 X^M）不等于出口总额或进口总额。于是，我们进一步定义出口贡献系数（ δ^{EX} ，单位出口所产生的增加值）与进口贡献系数（ δ^M ，单位进口所产生的增加值）：

$$\delta^{EX} = \frac{\text{出口产生增加值}}{\text{出口总额}} = \frac{\frac{\text{出口产生增加值}}{GDP}}{\frac{\text{出口总额}}{GDP}} = \frac{\text{出口对 }GDP\text{ 的贡献率}}{\text{出口占 }GDP\text{ 比例}} \tag{8}$$

$$\delta^M = \frac{\text{进口产生增加值}}{\text{进口总额}} = \frac{\frac{\text{进口产生增加值}}{GDP}}{\frac{\text{进口总额}}{GDP}} = \frac{\text{进口对 }GDP\text{ 的贡献率}}{\text{进口占 }GDP\text{ 比例}} \tag{9}$$

2. 外贸对就业的贡献

类似于蔡昉等（2009）和陈锡康（2002）的做法，我们用 L_i 表示 i 部门的就业人数，l_i 表示 i 部门的劳动产出比，那么，$l_i = L_i/X_i$ 。

令 $\hat{l}$ 表示各部门劳动产出比的对角矩阵，我们将上式写成矩阵的形式，即：$L = \hat{l} * X$ 。

因此，在上述计算进出口对 GDP 的贡献的基础上，我们可以得到排除转口贸易的出口对就业的贡献：

$$L^{EX} = \hat{l} * X^{EX} = \hat{l}(I - A^D)^{-1}(EX - EX^M) \quad (10)$$

类似地，我们也可以得到进口对就业的贡献：

$$L^M = \hat{l} * X^M = \hat{l}(I - D^T)^{-1}E^T M \quad (11)$$

附件2 入世以来我国劳动力成本的变动

1. 入世以来我国劳动力年均工资的变动

入世以来，我国劳动者工资保持了较高增长水平。图 1 和图 2 展示了自 1995 年以来我国城镇职工劳动报酬为例。从图 1 和图 2 可以看出，入世以来，我国城镇劳动者工资同前期相比，有了很大的提高，劳动者的实际工资以年均 10% 以上的速度稳定增长，而名义工资更是以近 15% 的速度增长。

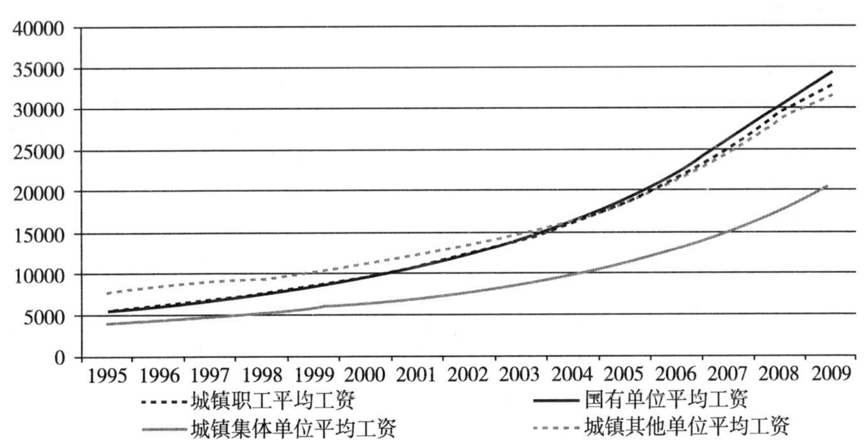

图 1　中国城镇职工工资水平

注：纵坐标单位为元，数据来源于 2010 年《中国统计年鉴》。

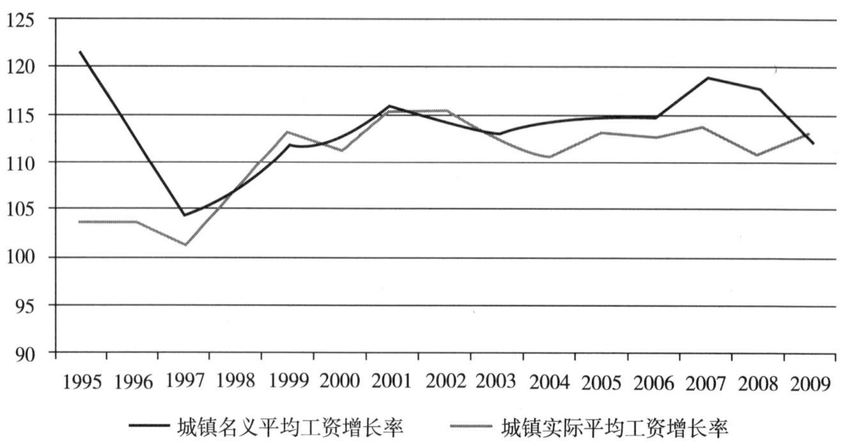

图 2 中国城镇职工工资增长率

注：数据来源于 2010 年《中国统计年鉴》。

2. 我国制造业劳动力人均工时报酬水平变化及国际比较

改革开放以来，特别是入世以来，我国对外贸易快速增长，我国主要出口的是工业制成品。中国拥有世界上总量最大的制造业劳动力，劳动力成本低，这是我国在国际上的重要比较优势。近年来，随着我国经济的发展，大量农村劳动力被吸纳到城镇非农部门就业，部分地区不断出现劳动力供不应求的情况，与此同时，我国劳动者成本也在快速增长，引起国内外的对我国劳动力成本比较优势变动的关注。中国劳动力的低成本比较优势是否发生变化，这是一个非常重要的问题。为此我们需要对我国和其他国家的制造业劳动力成本进行比较。

国际上比较劳动力成本通常的指标是人均工时报酬。为了方便国际比较，这里计算我国劳动力人均工时报酬。为计算劳动力人均工时报酬，需要年均劳动工资、非工资性报酬和年工作时间。

我国制造业可以分为两个部分：在城市的制造业和乡镇企业制造业。城市制造业可分为国有部门制造业、城市集体部门制造业和其他部门制造业等。根据历年《中国劳动统计年鉴》，表 1 归纳了 2001 ~2009 年在城市单位和乡镇企业就业人数的变动。

表1 **我国制造业就业人数** 单位：百万

年　份	2002	2003	2004	2005	2006	2007	2008	2009
城市单位	29. 81	29. 80	30. 51	32. 11	33. 52	34. 65	34. 34	34. 92
乡镇企业	70. 87	72. 73	75. 68	78. 48	79. 11	63. 26	64. 67	69. 45
总计	100. 68	102. 53	106. 19	110. 59	112. 63	97. 91	99. 01	104. 37

数据来源：历年中国劳动统计年鉴。

城市单位和乡镇企业的制造业工资也可从历年《中国劳动统计年鉴》获得，见表2。

表2 **我国制造业平均工资** 单位：百万

年　份	2002	2003	2004	2005	2006	2007	2008	2009
城市单位	11152	12496	14033	15934	18225	21144	24404	26810
乡镇企业	6927	7342	7930	8732	9463	10698	12033	14112

数据来源：历年中国劳动统计年鉴。

工资仅是劳动报酬的一部分，劳动报酬还包括医疗保险、养老保险失业保险等非工资报酬。根据2002年劳动部的统计，城市部门职工的非工资报酬约为城市职工工资的54%。乡镇企业的非工资报酬没有相关的统计，一般认为乡镇企业的非工资报酬较少。根据美国劳动调查局一份研究报告的估计，约为乡镇企业职工工资的8%。

为计算劳动人均工时报酬，还需要获得劳动力年均工作时间的数据。2002年，劳动部公布了5月的一个星期和9月的一个星期的城市制造业平均劳动时间，分别为44.86小时和46小时；2002年以后，仅公布了9月一个星期的城市制造业平均劳动时间。2002年的城市制造业星期劳动时间，以当年5月和9月各统计的一个星期的劳动时间的平均值近似。为计算以后各年的星期劳动时间，以公布的各年9月的一个星期的制造业平均劳动时间，计算各年9月的这个星期劳动时间的同比增长率，用这个值近似各年的城市制造业星期劳动时间的增长率。然后以2002年的星期劳动时间为基数，计算2003年以后各年的星期劳动时间。根据国家有关规定，每年法定节假日约有2周，假定城镇职工由于个人原因有一个星期不能上班，由于机器设备维修和原料短缺等原因有一个星期不用上班，则城市制造业年均工作48个星期。根据每周工作小时和每年工作周数，可以计算年工作时间。

乡镇企业的每周工作时间没有相关的统计数据。由于国家的相关劳动法律在乡镇远不及在城市执行到位，可以假定乡镇企业每周工作时间为 50 小时。假定乡镇企业员工有 2 个星期因为春节放假，2 个星期因为个人原因和企业原因不能上班，2 个星期因为农忙而回家，则平均在乡镇企业工作 44 周。2002 年，制造业部门乡镇企业平均工作时间为 2200 小时。以后各年的工作时间调整幅度假定和城市相等。

根据以上数据，可以计算出制造业劳动力人均工时劳动报酬，结果见表 3。

表 3　我国制造业劳动力人均工时劳动报酬　　单位：元

年　份	2002	2003	2004	2005	2006	2007	2008	2009
城市单位	7.87	8.86	9.86	10.63	11.73	13.89	16.53	18.72
乡镇企业	3.40	3.63	3.73	4.05	4.24	4.89	5.67	6.21
平均	4.74	5.17	5.50	5.95	6.44	8.06	9.48	10.39

为更清楚观察近年来我国劳动报酬的变动趋势，将表 3 的数据用图表示，见图 3。从图 3 可以看出，我国制造业劳动力人均工时呈稳步上升的趋势，特别是 2006 年以上，上升趋势更加明显。

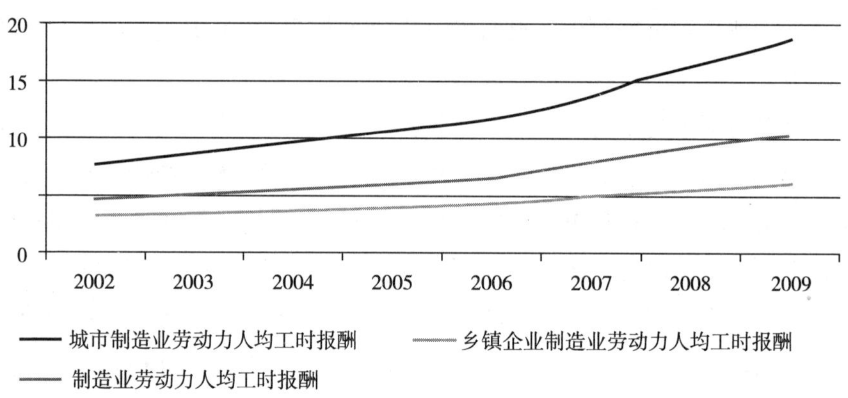

图 3　入世以来我国制造业劳动力人均工时报酬

注：纵坐标单位为元。

为了和世界上其他国家和地区的劳动力成本进行比较，需要将按人民币计算的我国劳动力成本换算成根据美元计算的劳动力成本。为此需要根据汇率进行调整。1998 年到 2005 年汇改以前，我国人民币对美元的汇率基本保持在 8.27 元人民币/美元的水平，2005 年汇改以后，人民币汇率逐渐升值，见表 4。

表 4　　2005 年以来我国人民币对美元的汇率

年　份	2005	2006	2007	2008	2009
1 美元可兑换的人民币	8.19	7.97	7.60	6.94	6.83

根据上面的汇率，将 2002 年以来我国制造业劳动力人均工时劳动报酬换算成美元，结果见表 5。

表 5　　我国制造业劳动力人均工时劳动报酬　　单位：美元

年　份	2002	2003	2004	2005	2006	2007	2008	2009
城市单位	0.95	1.07	1.19	1.30	1.47	1.83	2.38	2.74
乡镇企业	0.41	0.44	0.45	0.49	0.53	0.64	0.82	0.91
平均	0.57	0.63	0.67	0.73	0.81	1.06	1.37	1.52

官方汇率是进行劳动力成本国际比较的适当转换标准，因为它反映了雇主按美元计算必须支付给中国劳动者的报酬。但根据官方汇率转换的劳动成本不反映劳动者相对生活水平和收入的购买力，因为各个国家的商品和服务价格变动很大。

图 4 和图 5 比较了中国和其他国家的劳动力成本。从图中可以看出，从 2002 年到 2009 年，我国劳动力成本增长了近 3 倍，远远高于世界上其他国家或地区。但我国劳动力成本和发达国家相比仍然非常低，和一些发展中国家相比也较低。

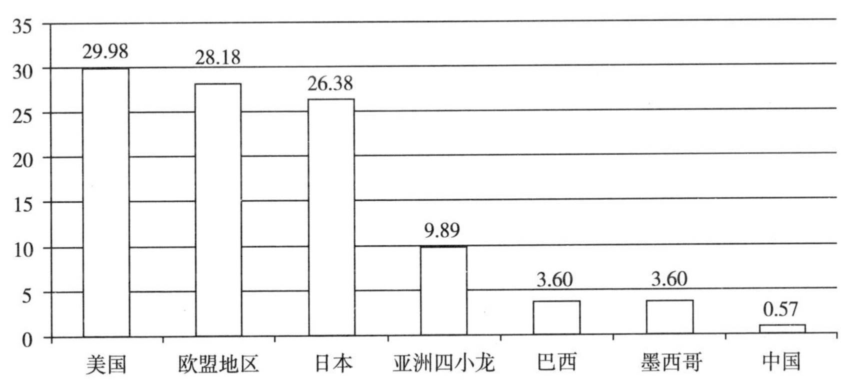

图 4　2002 年中国和其他国家或地区劳动力成本比较

注：①EU（15）指 2004 年扩张之前的欧盟成员国；②亚洲 NIE 指香港、韩国、新加坡和台湾等四个亚洲新兴工业体；③纵坐标单位为美元。

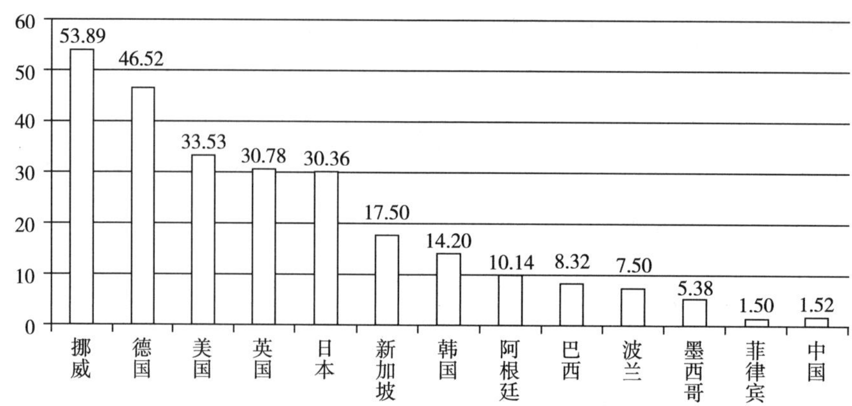

图 5 2009 年中国和其他国家或地区劳动力成本比较

注：纵坐标单位为美元。

但是，随着我国人口拐点的到来，劳动力的供给将快速放缓，我国劳动力成本将快速上升，同其他一些中等收入的国家的劳动力成本差距将不断缩小，我国的劳动力成本优势将逐步减弱。

加入世界贸易组织与中国经济体制改革

◎ 范恒山

对于中国经济体制改革来说，加入世界贸易组织既是重要结果，也是崭新起点。加入世贸组织给中国改革注入新的动力，按照发展社会主义市场经济的基本要求，在世界贸易组织相关协定的促进下，中国经济体制改革继续向前推进，取得新的进展。

一、入世以来中国经济体制改革的进展与特点

2001 年 12 月，中国正式加入世界贸易组织。这是一个关键的时期：一方面，经过 1978 年以来二十多年的改革，一些涉及经济社会发展的重要领域和关键环节均有不同程度的触及，社会主义市场经济体制初步建立；另一方面，经济体制还很不完善，生产力发展仍面临着诸多体制性障碍。2002 年召开的中共十六大做出了"完善社会主义市场经济体制"的部署。2003 年召开的中共十六届三中全会根据这一部署，对建成完善的社会主义市场经济体制和更具活力、更加开放的经济体系做出了专门的安排，提出了深化改革的一系列任务。因此，中国经济体制改革进入了一个新时期，在相关改革领域继续实现一定程度突破的同时，整个改革进程显示出一些独有的特点。

1. 相关领域改革实现新突破

这一时期改革所取得的积极进展主要体现在以下方面。

范恒山，国家发展和改革委员会地区经济司司长。

①公有经济改革与非公有经济发展同时推进，所有制结构不断改善。按照“坚持和完善基本经济制度”的方向，一方面，对公有经济的改革特别是对国有经济的战略性调整和国有企业的股份制改造积极展开，另一方面，不断改善非公有制经济发展的体制与政策环境，进一步完善以公有制为主体、多种经济成分共同发展的所有制结构。

国有经济布局的战略性调整深入推进。按照有进有退，有所为有所不为的方针，面面俱到、无所不在的国有经济继续在战线上得到收缩，国有资本更多地投向关系国家安全和国民经济命脉的重要行业和关键领域。结合企业制度创新和国有资产管理体制改革，国有资本的流动重组打破单一企业、行业和区域的界限全方位展开。经过重组，中央企业由 2002 年的 196 家减少为 2010 年的 122 家，地方各级国有企业绝大部分转制为股份制企业或非公有制企业，一般竞争性领域国有企业数量明显减少。

国有企业制度创新全面展开。国家发布了一系列促进国有企业现代企业制度建设的法规和文件，国有企业实行股份制公司制改革的力度不断加大。按照“使股份制成为公有制的主要形式”的要求，国有企业积极引进非公有资本，实行产业多元化。至 2010 年，中央企业母公司层面实行股份制公司制改革的户数已达 28 家，中央企业及其子公司改制面已从 2002 年的 30% 扩大到 70%，一些企业实现了整体上市。省属国有企业实行母公司层面股权多元化改革的已达 70% 以上。与此同时，积极推进公司内部法人治理结构和其他制度创新。中央企业中有 32 家进行了建立规范董事会制度试点，用工、人事、分配制度改革不断深化，主辅分离，辅业改制全面展开并取得积极进展。通过各种形式推进企业改革，国有中小企业改制已全面完成。

非公有制经济加快发展。中共十六届三中全会强调，大力发展和积极引导非公有制经济，允许非公有资本进入法律法规未禁入的一些重要行业和领域，支持和鼓励有条件的非公有制中小企业做强做大。按照这一思路，各级政府采取一系列措施，着力改善非公有制经济发展的政策和体制环境。国务院先后颁布了《关于鼓励支持和引导个体私营等非公有制经济发展的若干意见》、《关于鼓励和引导民间投资健康发展的若干意见》等重要文件，有关部门相继出台了一批配套文件，各级政府着眼于消除体制性障碍，按要求清理废止和修订完善了一些限制非公有制经济发展的法律法规和政策。随着环境的不断改善，非公有制经济在这一时期得到迅猛发展。非公有资本进入了除军工、造币等极少数特殊行业外的所有领域，非公有经济占 GDP 的比重大幅上升。

②农村改革稳步展开，城乡协调发展的体制着手建立。中国经济体制改革从农村改革入手。过去十年，农村改革在继续寻求已有领域新突破的同时，着眼于消除城乡二元经济结构，建立城乡协调发展体制进行了一系列探索，取得了初步成效。

农村土地制度改革稳步推进。国家颁发了《农村土地承包法》，通过法律形式进一步巩固和稳定农村土地承包关系和双层经营体制。一些地方结合新农村建设，稳步开展土地流转试验，逐步发展适度规模经营，适应城镇化发展和城乡统筹新形势，按照保障农民权益、控制规模的原则，积极探索改革土地使用办法和补偿机制。国家有关部门开展了城乡建设用地增减挂钩试点和农村土地承包纠纷仲裁试点。各地逐步建立了农村土地流转合作制和登记备案制，土地流转工作逐步实现制度化、规范化。

农村税费改革取得重大进展。取消了农业特产税，并在试点基础上自 2006 年起在全国范围内全面取消了农业税，同时将国家农场纳入取消农业税政策的实施范围。与此同时，着眼于减轻农民负担、提高运行效率、推进基本公共服务均等化，深入推进农村综合改革，乡镇机构改革全面推开，一批有条件的乡镇纳入了行政管理体制改革试点；农村义务教育改革有序推进，义务教育阶段农村学生全部享受免学杂费和免费教科书政策，中西部家庭困难寄宿生获得了政府资助。县乡财政管理体制改革不断深化，到 2010 年底，共有 27 个省份 970 个县实行了省直管县财政管理方式改革，2. 86 万个乡镇实行了“乡财县管”。农村社会化服务体系不断完善，对农业的支持保护制度初步建立。

城乡二元经济结构体制开始突破。各地、各部门继续取消了对农民进城务工的各种歧视性政策和不合理收费，农民进城就业的直接障碍全面打破，农村富余劳动力在城乡间双向流动就业的机制基本形成，统一的城乡劳动力市场初步建立。农村进城务工劳动力基本养老保险跨地区转移接续探索积极展开。户籍制度改革不断深化，全国大部分中小城市基本实现了城乡一体化的户籍登记管理制度，13 个省区在全域范围建立城乡统一的户籍制度。农村低保制度全面建立，至 2010 年，新型农村社会养老保险试点扩大到全国 27 个省区，制度覆盖面达 24%。

③市场体系逐步完善，市场配置资源的程度不断提高。市场经济的发展直接体现为市场机制在资源配置中发挥不同的作用，而市场体系是市场机制发挥作用的舞台。世界贸易组织规则的最直接要求，是推进市场开放。在内外因素的共同作用下，相关改革加快推进，较为完整的现代市场体系基本形成。

商品市场和各种要素市场加快发展。国务院和国家有关部门出台了一系列文件，大力推进商品市场对内对外开放，促进商品市场体系建设。除极少数特种商品外，商品价格全面放开，由市场供求关系和竞争机制决定。连锁经营、特许经营、物流配送、电子商务、网络销售等现代流通方式迅速发展，推动商品市场不断扩大和在全国范围自由流动与充分竞争。主板、创业板、中小企业板等股票市场先后推出，多层次资本市场体系基本形成，建立了股权期货交易体系，股票市场单边运行格局得以改变。土地市场制度不断健全，除军工、社会保障性建房等特殊用地仍实行划拨外，其他用地均实行了有偿使用。经营性用地和工业用地出让全面实行“招拍挂”制度。征地制度改革试点等稳步进行。人力资源市场建设迈出显著步伐，行政、事业、企业单位全面实施竞争导向制度，除特殊领域外，各层次劳动者已实现了自由流动、自主择业。城镇职工基本养老保险实现跨地区转移接续等制度的建立，为劳动力市场发展提供了有力保障。

市场制度建设逐步加强。整顿与规范市场经济秩序是十年来政府工作的一个重点。着眼于打破行政垄断、地区封锁和市场分割，实行统一市场和公平交易，出台了《反垄断法》等一系列与市场制度建设相关的法规和文件。保障食品药品安全、打击哄抬物价等一系列专项治理整顿行动陆续展开并持续推进，颁布了全国信用体系建设总体规划，以强化企业信用为重点的社会信用体系建设全面展开。信用信息收集、评价、披露制度和失信惩戒制度陆续建立并逐步完善。专业化市场中介服务机构迅速发展，各类行业协会、商会陆续建立且市场化、规范化程度不断提高，在政府与企业间的桥梁纽带作用日益增强。

④财税管理、投资体制改革稳步推进，宏观调控体系逐渐完善。通过行政手段直接管理还是运用经济手段实施调节是衡量市场经济与否及其程度高低的基本标准。十年来，财税、金融、投资体制改革沿着市场经济的方向逐步深化，以经济杠杆为主要管理手段的宏观调控体系初步建立。

财税体制改革深入推进。政府预算体系逐步健全，预算公开性不断增强，部门预算改革不断深化。国库集中收付制度改革全面推进，以国库单一账户收支为起点，通过国库集中收付资金为主要形式的管理制度基本建立。政府预算制度改革深入开展，政府收支两条线管理改革全面实施，财政转移支付制度不断改进，完善了一般性转移支付办法，出台了专项转移支付项目。统一了各类企业的各种税收制度，特别是自2008年起实现了内外资金的所得税征缴的统一。经过多年试点，自2009年起全面实现了增值税由生产型向消费型的转变。与此同时，完善了消费税制度，改革了出口退税制度，实施了成品油价格改革，开展了资源税改革试点。

金融体制改革不断深化。金融企业改革积极展开，交通银行、建设银行、中国银行、工商银行、农业银行等大型国有商业银行先后进行股份制改革并上市，国家开发银行由政策性银行向股份制商业银行转变，国有金融资产管理公司向股份制公司转型。大型国有保险公司积极转制，中国人寿、中国平安、太平洋保险等先后改制上市。积极推进以产权改革为重点的农村信用社改革，稳步开展村镇银行等新型农村金融机构建设，农村金融改革深入推进。成立中国邮政储蓄银行，其营业网点覆盖了全国所有县市和主要乡镇，成为支持农村金融发展的重要力量。利率市场化改革稳步进行，货币市场基准利率得以构建并逐步稳固。实行了以市场供求为基础，参考一揽子货币进行调节，有管理的浮动汇率制度，人民币汇率弹性逐步增强。自2005年实施汇率改革以来至2010年12月来，人民币兑美元、欧元汇率分别累计升值25.0%和13.5%。外汇管理体制改革有序展开，取消了经常项目外汇账户的限额管理，开展了跨境贸易人民币结算试点，积极推动人民币资本项目可兑换。

投资体制改革逐步展开。国家出台了投资体制改革方案，除关系经济安全、影响环境资源、涉及整体布局的重大项目和政府投资项目及限制类项目外，其他项目由审批制改为核准制或备案制，企业投资主体地位进一步确立。开展了政府投资项目“代建制”试点，中央预算内投资管理制度不断改进。

⑤就业和分配体制改革逐步展开，社会保障体系建设成效显著。就业体制、分配制度和社会保障体系建设关系到人民群众的根本利益，也是市场经济体制建设的核心内容。这些年来，围绕增加就业、改善分配关系和建立保障制度，由浅入深地推出了一些改革措施，一些方面取得了较为明显的成效。

积极推进就业体制改革。颁布了《就业促进法》等法律法规，坚持劳动者自主就业、市场调节就业和政府促进就业的方针，努力扩大就业再就业。适应深化国有企业改革、消除城乡二元经济体制、统一劳动力市场等需要，国家在准入门槛、税收优惠、贷款发放、创业培训、信息咨询、创业服务等方面采取了一系列措施，改善创业就业环境，着力消除制约就业再就业的体制性障碍。通过完善服务体系，加强对口支援等，帮助特殊困难地区、特殊困难群体就业，并将大学生就业纳入就业再就业工作体系。颁布了《劳动合同法》，规范用工行为，保障劳动者合法权益。

分配体制改革曲折前行。推行以按劳分配为主体、多种分配方式并存的分配制度，各种生产要素按贡献参与分配。建立了企业最低工资标准和城乡居民最低生活保障制度，不断提高企业退休人员基本养老金。推进公务员工资制度改革，逐步建立起国家统一的职级与职务相结合的工资制度和工资正常增长机制。

社会保障体系建设取得突破性进展。城镇职工基本养老保障达到全覆盖并实现省级统筹，养老保险关系跨省转移接续办法着手实施，企业退休人员基本养老水平逐年提高。建立了城镇居民基本医疗保险制度，新型农村合作医疗制度、城乡最低生活保障制度全面建立，城乡社会救助体系基本建成。加强经济适用住房、廉租住房管理、保障性住房政策体系逐步完善。社会福利、优抚安置、慈善和残疾人事业进一步发展，国家决定在境内证券市场实施国有股转持保险基金投资，拓宽了社保基金筹资渠道。

⑥科技教育文化卫生体制进一步深化，基本公共服务均等化状况逐步改善。伴随着经济领域改革的向前推进，科技、教育、文化、卫生等社会领域改革也不断向纵向展开，社会事业管理体制不断创新，促进了社会事业的发展和人民生活改善。

科技管理体制逐步深化。“稳住一头，放开一片”的分类改革成效明显，面向市场的应用技术研究开发机构基本实现了企业化转制。国家支持从事基础研究、战略高技术和重要公益研究的研究机构积极推进现代科研院所制度建设，科技创新能力不断增强。制定并实施《国家中长期科学和技术发展规划纲要（2006～2020年）》，国家技术创新工程启动实施，国家财政对科技的投入大幅增长，支持取得了一批重大科技成果，形成了一批向国内外开放的具有世界一流水平的科研基地和创新平台。结合体制改革与科技创新，企业作为技术创新和科技投入主体的地位基本确定。

教育体制改革不断推进。制定和实施《国家中长期教育改革和发展规划纲要（2010~2020年）》，促进教育体制创新和教育质量提升。全面实现城乡免费义务教育，推进教育公平迈出重大步伐。义务教育阶段教师绩效工资制度全面实施。大力发展职业教育，中等职业教育对农村经济困难家庭、城市低收入家庭和涉农专业学生实行免费。实施国家助学制度，覆盖面从高等学校扩大到中等职业学校和普通高中。推进高等院校改革，不断优化教育结构、改革培养模式，积极探索建立规范运行的现代学校制度。

文化体制改革稳步进行。一大批经营性文艺院团、演出公司、电影公司、音像公司、影剧院和出版单位进行转型改制，成为面向市场、自主经营的文化市场主体。公益性文化事业单位进一步推进劳动人事、收入分配和社会保障制度改革，活力增强、服务改善。推进了中小学教材招投标、广播电视制播分离、党报党刊剥离经营业务等改革。推进国有文化单位改革，通过制度创新、兼并重组、资源整合等，形成了一批竞争力较强的国有或国有控股大型文化企业或企业集团。社会资本以各种形式投资文化产业的步伐加快，公有制为主体、多种所有制共同发展的文化产业格局正在形成。中共十七届六中全会出台了《关于深化文化体制改革 推动社会主义文化大发展大繁荣的决定》，为推进文化改革发展，建设社会主义文化强国指明了方向。

医疗卫生体制改革全面展开。在多年探索基础上，2009年3月国家出台了深化医药卫生体制改革意见及相关实施方案，新一轮医药卫生体制改革全面展开。围绕“保基本、强基层、建机制”重点推进了一些领域改革，成效逐渐显现。基本医疗保险制度、新型农村合作医疗制度全覆盖面不断扩大，参保率、参合率稳步提高，政府对城镇居民基本医疗保险和对新型农村合作医疗人均补助标准不断提高。政府举办基层医疗卫生机构大部分已着手实施基本药物制度，实行药品零差率销售。基层医疗卫生服务体系建设不断加强，乡村卫生医疗条件逐步改善，以培养全科医生为重点的基层医疗卫生队伍建设规划全面实施。加快实施重大公共卫生服务项目，强化公共卫生设施建设，推进基本公共卫生服务均等化迈出较大步伐。公立医院改革试点全面启动，医院管理体制、医疗服务价格形成机制和监管机制等方面探索深入展开。

⑦涉外经济体制改革全面深化，对外开放水平进一步提高。不断提高对外

开放水平，是完善社会主义市场经济体制的重要内容，是积极参与经济全球化和区域一体化进程、充分利用国际资源和国际市场的重要途径，而深化涉外经济体制改革是全面提高对外开放水平的关键环节。在入世的有力推动下，我国涉外经济体制改革逐步走向纵深，开放型经济水平不断提高。

大力完善外商投资管理机制。不断简化外商投资企业审批程序，下放审批权限，降低进口关税，推动投资贸易便利化，大力推进市场开放，陆续开放了旅游、物流、医疗、电信、分销等重要产业领域，允许外资从事银行、证券、保险、会计、法律服务等重要经营活动，促进外商投资设立创业投资企业、参与不良资产重组处置、并购境内企业、对上市公司进行战略投资、设立合伙企业等。及时发布与修订外商投资产业指导目录和相关投资经营活动管理办法，积极改善外商投资环境。适应市场经济和世贸组织规则的要求，不断完善涉外法律法规体系，创造公平和可预见的法制环境，确保各类企业在对外经济活动中的自主权和平等地位，积极打造开发区、自贸区、试验区、示范区等多种平台，为外资进入和经营创造便利条件。

积极健全对外投资服务体系。国内企业“走出去”的促进、服务、保障、监管体系全面改善，对外投资日益便利。出台了一系列政策法规，鼓励与规范企业对外投资与贸易。加强宏观指导，制订了重点国别和行业中长期发展规划，定期发布对外承包工程和对外投资的国别产业导向目录。建立健全对外投资协调机制，推动建立境内外对外投资中介服务组织，不断提高投资效益。建立并逐步完善对外投资工作境外安全风险预警和信息沟通制度，切实保障人身财产安全。

贸易壁垒与摩擦应对机制逐步建立。形成了中央、地方、企业和中介组织“四位联动”体系，建立了产业损害调查精细化管理等机制，综合运用各种手段，积极做好应对特保、反补贴等相关工作。同时，建立强有力的服务体系，支持企业应诉工作。

⑧行政管理体制改革逐步推进，市场经济法律制度加快建设。适应入世和建立完善市场经济的需要，着眼于建立服务、责任、法治政府，行政管理体制改革艰难前行并取得一定进展。与此同时，着眼于确立制度、理顺关系、规范职责、保障权益，法制建设特别是经济法制建设加快推进，与社会主义市场经济相适应的法律体系基本建立。

着力推进行政管理体制改革。积极推进政企分开、政资分开、政事分开、政府与市场中介组织分开，逐步把政府职能转变到实施经济调节、市场监管、社会管理和公共服务方面。行政管理方式不断改进，至2010年7月，国务院部门分五批取消和调整行政审批事项达2183项，地方各级政府取消和调整达7.7万多项，分别占到原有管理事项总数的60%和一半以上。结合推进投资体制改革等举措，相当一部分原有审批事项调整为通过核准和属地备案方式进行管理。与此同时，加快政府管理法制建设，积极推行依法行政，不断深化政务公开。入世以来，伴随整个法律体系的不断完善，政府立法不断加强，出台了一大批行政法规。自2007年6月起，除涉及国家秘密、国家安全的外，行政法规草案原则上都在网上公开，广泛向社会征求意见。国务院还制定了《政府信息公开条例》，政府信息通过电子媒体、新闻发布会等各种有效平台向社会公开发布。2010年各级政府还实行了财政预算公开。相应推行行政问责制度和政府绩效管理制度。政府机构改革相机推进，2002年以来，与政府换届相结合，国家进行了两轮政府机构改革，2008年进行的新一轮政府机构改革，明确了“大部制”改革的思路。配合农村税费改革和农村综合改革，于2004年启动的改革开放以来的第四次乡镇机构改革进行顺利，有效遏制了乡镇机构和人员编制膨胀的势头，到2010年底已有70%的乡镇进行了改革。与此同时，公务员队伍建设不断规范和加强，国家颁布了《公务员法》，实行了“凡进必考”的制度。

全面推进经济法制建设。着眼于保障和促进社会主义市场经济的发展，适应加入世界贸易组织的需要，按照把行之有效的改革开放措施规范化、制度化和法制化的基本要求，经济领域的立法工作加速推进，制定了证券法、合同法、招标投标法、信托法、个人独资企业法、农村土地承包法、政府采购法等法律，修改了对外贸易法、中外合资经营企业法、中外合作经营企业法、外资企业法、专利法、商标法等法律，经过这一时期的努力，中国特色社会经济法律体系初步形成。

从总体上看，与十年前相比，中国市场经济取得了较大的进展，这一点，也获得了国际上的广泛认同。迄今，承认中国市场经济地位的国家和地区已超过140个。

2. 十年来市场经济发展的主要特点

应该说，对于改革中的中国来说，人们对于加入世贸组织有一个逐渐认识和适应的过程。一般的认识是，中国应充分抓住加入世贸组织带来的机遇，积极进入世界经济舞台，有效利用两种资源、两个市场；但是中国作为一个发展中国家，也应努力规避加入世贸组织带来的风险，防止因体制对接或规则履行对国内经济和社会发展造成伤害，甚至导致其他更严重的后果。这种认识不仅指导着人们在国际经济活动中的行为，事实上也影响到中国经济体制改革。加之其他一些原因的影响（如国际金融危机），使十年来的中国改革呈现出一些明显的特点。归纳起来主要是：

①改革在总体上沿着市场经济方向朝前推进。基于改革开放以来所取得的历史性成就，中共十六大进一步明确了建成完善的社会主义市场经济体制和更具活力、更加开放的经济体系的战略部署，中共十六届三中全会依此作出的关于完善社会主义市场经济体制的决定，进一步强调要“坚持社会主义市场经济的改革方向”、“更大程度地发挥市场在资源配置中的基础性作用”。在世界贸易组织规则的推动下，这一改革方向没有受一些主客观原因的干扰出现改变。其有力地证明除了上面列举改革新取得的实际进展外，在改革理论上也出现了一些方面的重大突破，如提出“要适应经济市场化不断发展的趋势，进一步增强公有制经济的活力，大力发展国有资本、集体资本和非公有资本等参股的混合所有制经济，实现投资主体多元化，使股份制成为公有制的主要实现形式”；要建立健全现代产权制度，“依法保护各类产权，健全产权交易规则和监管制度，推动产权有序流转，保障所有市场主体的平等法律地位和发展权利”，以及提出“加快行政管理体制改革是全面深化改革和提高对外开放水平的关键”等。

②改革在开放的“倒逼”与推动下深化拓展。加入世贸组织是我国对外开放战略的一个重大步骤，受加入世贸组织的直接影响，我国对外开放的步骤明显加快，而开放促改革也就成为这些年改革的一个重要特点。适应开放而推进的改革，在两个方面大大加快了步伐：一是从整体上构建与国际通行规则相衔接的管理体制和运行机制，这包括根据世贸组织规则清理、修订法律法规，建立稳定、透明和适应经济全球化需要的涉外经济管理体制等；另一是积极推

进相关专项领域的改革，以有利于“引进来”和“走出去”，包括降低关税和进一步开放银行、保险、商业等重要服务贸易领域。

③改革在发展波动中曲折前行。在改革开放之初，生产力发展的体制桎梏十分明显，改革作为生产力发展的动力与保障作用因而也十分明显。但在改革进入攻坚阶段，改革向调整深层利益关系突进的今天，改革与发展的关系反而显得比较尴尬：在有些人看来，改革触及深层利益关系所引起的震动会直接影响发展的速度。尤其是当现阶段改革和发展的联动效应不如初期那样直接和显著时，许多人甚至忽视了改革对发展的推动功能；而当大规模的投资刺激政策很快使面临国际金融危机严峻挑战的中国经济增长止跌转升时，当前改革对发展推动作用的纽带就完全被一些人实际上割断了。于是，评估改革举措只能在发展的缝隙中被偶然推出和艰难实施，而对于一些人来说，改革也就成了挂在口中的术语。

④改革过程表现出“前快后稳”的行进节奏。这一方面在很大程度上与加入世贸组织密切相关，入世后履行规则的自觉性和履约时间的紧迫性使前一阶段表现出“突变”和“快进”的特点，而相关承诺的兑现及对规则本身的逐渐适应则使后一阶段表现出“平缓”和“渐进”的特点。而另一方面则与改革向深层推进难度增加、利益关系调整难度加大密切相关。换一个角度来说，是与被改革对象的“软磨硬抗”有关，特别是当改革的对象是改革推动者本身时，就更加会直接影响到改革的力度与节奏。还有一个重要的因素是，2003 年后，专门从事经济体制改革工作的职能部门被撤销，改革的总体指导和全面推动面临挑战，而各个专项改革直接由各相关职能部门自己负责推动，自己改自己，需要很大的魄力和很强的自我牺牲精神。

⑤改革在某些领域进展缓慢。在一些方面的改革出现重大突破的同时，也有一些方面的改革陷于停顿，甚至出现“回潮”。广遭议论和诟病的重要领域之一是垄断行业的改革。早在入世之初，加快推进和完善垄断行业改革就成为政府完善市场经济体制部署中的重要任务，并且改革的思路与方向也十分明确。垄断行业引入竞争机制、推行投资主体多元化一度成为深化改革实践中的一个亮点。但近些年，垄断行业改革几乎没有得到实质性推进，石油、石化、电信、电力、民航、铁路等领域独家绝对垄断的状况有增无减，而在这些行业之间，相互封锁、不良竞争的行为时有发生。

二、深化中国经济体制改革面临的形势与要求

从总体上看，中国经济体制改革取得了长足的进步，但离建立完善的社会主义市场经济的目标还有较大的差距，中国改革仍处于攻坚时期，深化改革面临着新的形势，背负着新的要求。

1. 当前改革面临的形势

深化改革的要求，一方面来自现有体制本身，一方面来自生产力发展的要求。当前改革面临的基本形势是，从现状看，一些重要的体制关系仍没有理顺，不适应市场经济发展的需要；从未来看，实现科学发展需要良好体制来推动和支撑，不断推进体制机制创新是生产力发展的必然要求。

(1) 一些重要的改革环节依然薄弱

尽管通过这些年的改革，社会主义市场经济体制初步建立，全方位、宽领域、多层次的对外开放格局基本形成，一些方面的改革取得了突破性进展，但仍有一些关键的领域没有得到根本触及，改革没有取得实质性进展。主要有：①垄断行业改革进展缓慢，国有经济一家独大的状况没有明显改观，非公有制经济发展遭遇的无形障碍仍然很多，自由进入法律没有禁止的一些重要的领域仍然面临较大的困难，非公有制企业在财政、融资等方面还没能实际享受与其他企业同等的服务。国有大型企业现代企业制度建设总体上不够规范，完善的法人治理结构没有真正建立起来。②统一开放的全国市场还没有真正形成，无序竞争和独家垄断同时存在。社会信用制度还很不完善，社会信用意识总体薄弱，制假售假、商业（行业）欺诈等违法违规现象比较严重。③各级政府间事权不清晰，以致难以建立起与事权相匹配的财税体制，继而影响着公共财政体制的真正建立。④收入分配体制改革严重滞后，一次分配公平性较差，收入分配调节力度较弱，地区间和部分社会成员收入分配差距因发展机会不均等和分配过程的不公开而不断扩大。⑤财政、金融等公共政策对不同性质的企业和社会组织体现着区别，教育、卫生、文化等公益事业在不同地区的人群中存在着差别，就业歧视、社会保障不平衡等仍然存在，基本公共服务不均等的状况还比较严重。⑥政府职能转变不到位，政府部门对微观经济活动的干预仍然较

多且在很大程度上借助审批方式，在比较特殊的时期尤其如此，法治政府和服务型政府还没有真正建立起来。政府行政层级较多，结构不合理，行政运行成本高昂。

(2) 国内外环境变化对改革提出了新要求

世情、国情继续发生着深刻变化，进一步凸现了深化改革的重要性和建立符合时代要求的经济体制的必要性。从国际方面看，经济全球化和区域一体化深入发展，科技创新孕育着新的突破，合作、交往、联动成为基本主题。与此同时，面对着开放的环境和不进则退、不取则予的现实，基于维护自身利益和争取更大利益，围绕市场、资源、人才、技术、标准等的竞争会更加激烈，这在当前国际金融危机影响仍然存在，并且还在以某种形式继续发展，气候变化以及能源资源安全、粮食安全等全球性问题更加突出的情势下更是如此。面对这种复杂的环境，各国必须同时做出双重选择：一方面，必须积极融入全球化和一体化进程，从而在更广范围、更高层次上利用国际市场，获取资源和配置生产要素，拓展经济发展空间；另一方面，必须有效保护自己，避免在这一进程中自身资源要素被抢夺，市场被侵占，利益被掠取。这样，各种形式的贸易保护和市场抵制会更加严重。中国也面临这样的双重选择。在现实中，合作与竞争融为一体，我们应当正确观察，沉着应对，统筹国内国际两个大局，把握好自身在全球分工中的新定位，积极创造参与国际经济合作和竞争的新优势。从体制建设的角度看，一方面，要以更加开放的心态和思维，大力推进体制创新，努力形成主动融入国际市场，承接经济全球化机会和利益，并依托适当的平台掌握更高层次利用全球资源要素主动权的体制机制，这就是与国际通行做法相一致的，或者说与国际化相适应的管理体制和运行机制；另一方面，要切实树立风险意识，在扩大和深化与各方利益汇合点的同时，着力构建防范境外风险传导，有利于抵御各种形式的保护主义，维护我国内外权益的体制机制。这意味着，除了继续利用好世界贸易组织的有关规则外，中国市场经济体制建设必须切实地把握自身国情，体现阶段色彩，并且在一些必要的方面坚守原则与底线。也就是说，我们需要的体制应是一个寓含风险应对和基本利益保护机制的开放体制，是具有中国特色的国际化体制。从国内方面看，经过几年的努力，特别是在改革开放的推动下，中国经济迅猛发展，取得了举世瞩目的成就，经济总量已经居世界第二。但中国仍然是发展中国家，我们正处于全面建设小康社会和推进现代化建设的关键时期，工业化、城镇化等将持续深入发展，我们仍需要追求比较快的增长速度。但是，我们不能再以追求经济增长速度为重心。一方面，经过这些年粗放型增长，土地、淡水、能源、矿产资源和环境状况对经济发展已构成严重制约，也就是说，经济增长的资源环境约束大大强化；另一方面，经济运行本身也存在一系列问题，突出的如投资和消费关系失衡、收入分配差距悬殊、科技创新能力不强、产业结构不合理、农业基础仍然薄弱、城乡区域发展不协调、就业总量压力和结构性矛盾并存、基本公共服务均等化程度差距较大、社会矛盾明显增多等。这要求我们正确处理好经济发展和资源节约、环境保护的关系，处理好经济发展与社会事业发展、推行基本公共服务均等化的关系，处理好经济发展与促进公平正义、构建和谐社会的关系。换言之，新时期必须转变经济发展方式，实现科学发展。从体制建设的角度说，面对还很不完善的经济体制和十分艰巨的改革任务，更要进一步加大改革力度；而为了实现经济长期平稳较快发展和社会持久和谐稳定，也要把改革开放作为加快转变经济发展方式的强大动力，坚定不移地推进各重要领域和关键环节的改革，加快构建有利于科学发展的体制机制。

2. 深化改革需要把握的基本要求

改革越向深层推进，改革承载的使命越厚重，改革面临的风险也就越大，这不仅表现在改革推进的艰难性上，更表现在改革进程可能形成的曲折性上。改革停滞固然危险，而改革如果走形变样将更加危险。因此，深化经济体制改革，必须坚持正确的指导思想，把握科学的操作原则。从总体上看，特别要注重这样三个方面。

①始终坚持社会主义市场经济的基本方向。改革的最大曲折莫过于偏离社会主义市场经济的方向。我们说我国改革正处于攻坚阶段，所谓“攻坚”，从表象看，是攻克那些制约社会主义市场经济体制建立健全的关键性体制难题，而从本质上看，则是调整深层次的权力和利益关系。在当前具体事项的改革权力分别为一个个具有特殊利益诉求的职能部门掌握时，改革很容易受到利益牵制而延缓或异化，也就是说，一些重要改革举措在推进过程中出现走形变样。再者，今天的体制建设已经从“零件制造”转到了“整体组装”阶段，对具体操作的要求更加精细严谨，稍有不慎就会偏离正确的轨道，因此，必须特别

注重改革的方向问题，并从操作原则和推进方式上予以保障。坚持市场经济的基本方向，必须始终站在促进社会生产力发展和实现最广大人民群众利益的高度；必须努力保障并积极扩大市场在资源配置中的基础性作用；必须致力于实现社会成员享有平等的发展机会和均等化的基本公共服务。

②紧紧围绕转变经济发展方式这条主线。加快转变经济发展方式，是推动科学发展的必由之路。转变经济发展方式的核心内容，是要创新发展模式，提高发展质量，不断优化经济结构，实现经济发展与资源集约节约利用和保护生态环境的有机结合，促进城乡、区域、经济社会全面协调可持续发展。改革要紧紧扣住这一核心内容，着眼于转变政府职能、理顺中央和地方财权事权、完善现代企业制度和现代产权制度等关键环节，避免一味追求 GDP 增长速度而忽视发展质量和效率，强化资源节约和环境保护、促进城乡一体化发展、推进基本公共服务均等化等重点领域深入展开，并从整体和专项层面全面建立起促进科学发展的保障体制与约束机制。

③着眼于不断提高参与国际竞争与合作的水平。要统筹国内发展和对外开放，坚持用全球视野和世界眼光观察自身，以开放促改革，适应经济全球化深入发展的进程和国际市场变化的格局，不断深化相关领域的改革，促进管理体制和运行机制的国际化与规范化，构建扩大国际合作交流的坚实基础。与此同时，有效运用国际规则，充分参与全球经济治理，推动建立均衡、普惠、共赢的多边贸易体制，构筑防范不正当竞争和维护我核心利益的保障机制，从而使自己在目前激烈的竞争中占据主导地位，维护国家经济安全，更多地获取世界市场利益。换言之，就是要着眼于提高自己融入和把握国际市场或经济全球化进程的能力，有针对性地推进各项改革，健全体制机制。

三、下一步推进中国经济体制改革的任务与路径

国际国内环境对深化改革提出了迫切要求，新时期新阶段改革的任务更加艰巨，必须以更大的决心和勇气，花更大的气力和精神全面推进各领域改革，并寻求适宜的改革路径，确保改革平稳顺利而又富有效率地向前推进。

1. 新时期改革的基本思路

下一步，要加快关键领域的改革攻坚步伐，不断完善社会主义市场经济体

制，为科学发展提供有力保障。

①大力推进行政管理体制改革。一是继续推进政府职能转变。进一步理顺政府与企业、与市场的关系，实现政企分开、政资分开，以及政府与市场中介组织分开。可以由企事业单位和市场中介组织承担的事务，全部移交给企事业单位和市场中介组织。为此，必须深化审批制度改革，进一步精减和规范行政审批事项，减少政府对微观经济活动的干预，可通过市场主体自主解决和市场竞争机制有效调节的事项，一律不再纳入行政审批范围，必要的行政审批，可以上升为法律法规的，尽量通过法律法规来体现，能通过核准和属地备案方式管理的，一律实行核准和属地备案制度。投资活动是关系国民经济和社会发展的重大活动，要特别注重大力推进投资审批制度改革。与此同时，进一步推进政府管理法制建设，全面推进依法行政。二是深化政府机构改革。着力解决机构重叠、职责交叉、政出多门问题，加强和完善从事经济调节和社会管理的机构，撤销直接从事或干预微观经济活动和社会事务的机构。整合部门职能，撤并职责相同或相近的部门，建立起分工明确、精干效能的大部制。根据经济社会事务管理责权的划分，理顺中央和地方在一些重要领域的职责分工，相应调整上下级政府的机构设置。适应政府职能不断转变，统一市场逐步推进、区域一体化深入发展以及交通、通讯等基础设施加快改善的要求，优化行政层次，适当减少行政层级。三是健全科学民主决策机制。从对重大事项的决策在坚持集体审议的同时，可通过调查研究、专题咨询和公示公证等形式广泛听取意见。推行政府绩效管理和行政问责制度，加强对权力的监督，提高政府的执行力和公信力。四是分类推进事业单位改革。按照政事分开、政企分开、管办分开、营利性和公益性分开的要求，积极稳妥推进科技、教育、文化、卫生、体育等事业单位的改革。

②积极深化国有经济改革。一是完善国有资本有进有退、合理流动机制。运用各种有效手段，继续推进国有经济战略性调整，引导和促进国有资本向关系国家安全和国民经济命脉的重要行业和关键领域集中，推动国有经济严格按照市场规则运作。二是继续推进国有大型企业制度创新。视条件对国有大型企业分别实行整体改制上市或股权多元化改革。有必要保持国有独资的要积极推进公司制改革，完善企业法人治理机构。取消国有企业经营管理者的行政级别，并完全建立市场化的遴选制度，相应建立起规范的激励约束机制。三是以

对外放宽市场准入、对内创新产权结构为重点，大力推进垄断行业改革。对铁路、盐业等行业，要着力实现政企分开、政资分开；对电力行业，要积极推进输配分开，强化用户用电选择权；对电信、石油、民航等行业，要努力实现行业内基础设施共建共享，开展互惠服务，并进一步推动形成平等有序竞争的市场环境；对市政公用事业，可进一步健全特许经营制度和价格形成机制；进一步完善邮政普遍服务和竞争性服务分业经营制度。四是深化国有资产管理体制改革。坚持政府公共管理职能和国有资产出资人职能分开，完善经营性国有资产管理和国有企业监督体制，建立健全覆盖全部国有企业、分级管理的国有资本经营预算和收益分享制度，完善国有企业资产、行政事业单位资产和自然资源资产等的监管制度。

③进一步促进非公有制经济发展。一是全面落实促进非公有制经济发展的各项政策措施。配合国有经济的战略调整，鼓励和引导民间资本进入法律法规没有禁止的行业和领域，支持和推动非公有制企业通过参股、控股、并购等多种形式，参与国有企业改革重组。二是进一步完善相关制度环境。采取切实可行的措施，强化法律法规约束，破除各种有形和无形障碍，真正营造出非公有制经济与其他经济成分平等使用生产要素、公平参与市场竞争、同等受到服务保护并一视同仁接受监督管理的制度环境。

④不断加快财税体制改革。一是积极理顺政府间财政关系。合理界定各级政府事权，在此基础上，理顺各级政府间财政分配体系，建立健全财力与事权相匹配的财税体制。特别要在文化教育、公共卫生、公共安全、社会保障等基本公共服务领域划清中央与地方的职责。围绕推进基本公共服务均等化及推进主体功能区建设等完善转移支付制度，增加一般性特别是带有均衡性质的转移支付的规模和比例。积极扶持欠发达地区发展，保障禁止开发区、限制开发区的必要财力，合理调减专项转移支付。同时积极推进省以下财政体制改革，强化省级政府在基本公共服务领域的支出责任，继续推进省直管县财税管理制度改革，健全县级基本财力保障机制，并逐步提高保障水平。建立健全地方政府债务管理体系，支持建立规范安全的地方政府举债融资机制。二是深化预算管理制度改革。建立健全预算编制、报送、监督相互协调和有机制衡的机制。强化公共财政预算，增加公共服务领域投入，着力保障和改善民生。规范预算编制程序，不断扩大预算领域，深化预算内容。深化部门预算、国库集中支付、

政府采购等改革，进一步完善预算信息管理制度，不断提高预算的透明度。三是推动建立有利于科学发展的税收制度。逐步扩大增值税征收范围，将一些生产性服务业领域纳入试点，相应调减营业税等税收，从制度上解决货物与劳务税收政策不统一问题，逐步消除重复征税。合理调整消费税征税范围、税收结构和征税环节，促进积极消费、绿色消费和理性消费。完善资源税征收，推进耕地占用税改革，开征环境保护税，促进资源节约型社会和环境友好型社会建设。研究推进房地产税改革，促进房地产行业健康发展。继续完善个人所得税改革，逐步建立健全综合与分类相结合的个人所得税制度。探索建立财产税制度。与此同时，逐步健全地方税体系，赋予各级政府适当税收管理权限，支持培育地方支柱税源，促进经济发展和民生改善。

⑤全面深化金融体制改革。一是继续推进国有商业银行和政策性金融机构，加快建立现代金融制度。国家控股的大型商业银行，要完善法人治理结构，强化风险管理，提高创新发展能力和国际竞争力。继续深化国家开发银行改革，中国进出口银行和中国出口信用保险公司改革。积极推进农业银行“三农”金融事业部改革、邮政银行股份制改革和农业发展银行改革。深化国有控股保险机构改革，推进保险资金运用管理体制创新。同时，继续促进金融资产管理公司商业化转型，积极稳妥推进金融业综合经营试点。二是积极健全多层次金融市场体系。深化股票发审制度市场化改革，规范发展主板和中小板市场，推进创业板市场建设，扩大代办非上市公司股份转让系统试点，加快发展场外交易市场，积极探索建立国际板市场。探索建立股票市场转板机制，规范和引导借壳上市，健全上市公司退市制度。完善债券发行管理体制，推进债券品种创新与多样化发展，稳步推进资产证券化。推进期货和金融衍生品市场发展，规范发展私募基金市场。继续推动资产管理、外汇、黄金等市场的发展。三是不断完善金融宏观调控机制，稳步推进利润市场化和人民币汇率形成机制改革。继续培育货币市场基准利率，通过稳妥放开替代性金融产品价格等方式，逐步推进利率市场化进程。继续按主动性、可控性、渐进性原则，完善以市场供求为基础的有管理的浮动汇率制度，保持人民币汇率在合理、均衡水平上的基本稳定，推进外汇管理体制改革，扩大人民币跨境使用，逐步实现人民币资本项目可兑换。着力构建逆周期的金融宏观审慎管理制度框架，优化货币政策时效性，建立货币政策决策机制，

改善货币政策传导机制和环境，加强社会融资总量调控，运用信贷政策等引导货币信贷平稳适度增长，建立健全系统性金融风险防范预警体系、评估体系和处置体系。完善金融监管体制机制。加强金融监管协调，强化地方政府对地方中小金融机构的风险处置责任，强化对系统重要金融机构的监管。加强金融法制建设，加快建设金融信用体系，积极参与国际金融监管合作和规则制定，维护国家金融稳定和安全。

⑥着力推进资源性产品价格和环保收费改革。一是完善资源产品价格形成机制。推进水价改革，完善成品油、天然气价格形成机制和各类电价定价机制。按照价、税、费、租联动机制，适当提高资源税税负。二是推进环保收费制度改革。实行污染付费制度，提高排污费征收水平，改革垃圾处理费征收方式，完善污水处理收费制度，在重点领域开征环境保护税并适时扩大征收范围。适应不同类型需要，探索建立多种形式的生态补偿方式。三是建立健全资源环境产权交易机制。引入市场机制，实施矿业权和排污权有偿使用和交易的制度，促进资源环境产权有序流转和公开、公平、公正交易。

⑦大力推进收入分配和社会保障制度改革。一是深化工资制度改革。建立健全职工工资正常增长机制和工资支付保障机制，完善最低工资和工资指导线制度。建立企业薪酬调整和使用发放制度，积极稳妥扩大工资集体协商覆盖范围。改革国有企业工资分配管理办法，加强对部分行业工资总额和工资水平的双重调控，逐步缩小行业间工资水平差距。依据经营管理绩效、风险和责任，严格规范国有企业、国有控股金融机构经营管理人员特别是高层管理人员的收入，严格控制职务消费。完善公务员职务与级别相结合的工资制度，合理调控地区间、同一地区不同政府层级间工资收入差距，同时健全公务员工资水平正常调整的机制。结合事业单位改革，探索建立符合事业单位特点、体现岗位绩效和分级分类管理的事业单位收入分配制度。二是强化收入状态调节和秩序整治。合理调整个人所得税税基和税率结构，提高工资薪金所得费用扣除标准，降低中低收入者税收负担，加大对高收入者的税收调节力度。加快建立健全财产税制度，理顺资源收益分配关系，加强对矿产资源开发经营者超额收益的监测与调控。调整财政支出结构，加大对社会保障等基本公共服务的投入，大幅度提高居民转移性收入，完善对低收入群体的转移支付制度。在健全法律法规的基础上强化政府对收入分配秩序的监管和整治，取缔非法收入，规范工资外

收入、非货币性福利，加强政府非税收入管理，积极推进费改税，加快收入信息监测系统建设，建立收入分配统筹协调机制。三是完善覆盖城乡居民的社会保障体系。加快完善社会保险制度，实现新型农村社会养老保险制度的全覆盖。全面落实城镇职工基本养老保险省级统筹，实现基础养老金全国统筹，健全城镇职工基本养老保险关系转移接续制度，逐步推进城乡养老保障制度有效衔接。进一步完善医疗、失业、工伤、生育保险制度，逐步提高统筹层次和保障水平。积极发展企业年金和职业年金，有效发挥商业保险补充性作用。稳妥推进养老基金投资运营。加强社会救助体系建设，完善城乡最低生活保障制度，实现应保尽保并逐步提高标准。加强城乡低保与最低工资、失业保险和扶贫开发等政策的衔接，以扶贫、助残、援孤、济困为重点，逐步拓展社会福利保障范围，推动社会福利由补缺型向适度普惠型转变，逐步提高人民福利水平。完善城镇住房保障制度，构建以政府为主提供基本保障、以市场为主满足多层次要求的住房供应体系。重点发展公共租赁住房，使其逐步成为保障性住房的主体。

⑧努力完善农村发展体制。一是坚持和完善农村基本经营制度。继续坚持以家庭承包经营为基础、统分结合的双层经营体制，完善土地承包经营权权能，建立健全相关法律法规，保障农民对承包土地的占有、使用、收益等权利。在依法自愿有偿、完善配套服务的基础上发展土地承包经营权流转市场，发展承包形式的适度规模经营。完善农村集体经营性建设用地流转和宅基地管理机制。按照明晰产权、放开经营权、落实处置权、保障收益权的要求，深化林权制度改革，保障林户权益。积极推进国有林区林权制度改革，完善草原绿色经营制度，进一步推进农垦制度改革。二是继续推进农林综合改革。建立和完善农村村级公益事业建设一事一议的财政奖补制度，推进省直管县的财税体制改革，推进农村义务教育历史债务化解试点。三是深入推进农村金融改革。加大政策性金融对三农的支持力度，强化农业银行、邮政储蓄银行为三农服务的制度保障，相应创新服务方式。深化农村信用社改革，鼓励有条件的地区以县为单位建立社区银行。积极培育发展村镇银行、小额贷款公司、资金互助社等灵活便利的小型农村金融服务机构，适应农村特点，推进农村金融产品和服务方式创新。四是加快城乡发展一体化制度建设。统筹城乡发展规划，促进城乡基础设施、公共服务、社会管理一体化，建立城乡平等的要素交换关系，保

障农村和农民权益。完善城乡建设用地增减挂钩制度，优化城乡用地结构和布局，逐步建立统一的建设用地市场，加快建立城乡统一的人力资源市场，继续推动建立城乡劳动者平等就业的制度。

⑨深化社会事业体制改革。一是推进科技制度改革。以确立企业科技创新主体地位为重心，加大政府科技资源对企业的支持力度，引导和支持创新要素向企业集聚，加快建立以企业为主题、市场为导向、产学研相结合的科技创新体系。继续推进科研院所制度创新，增强基础研究、战略高技术、重要公益研究领域的创新动力和能力。推动建立企业、科研院所和高校合作创新的机制，促进高校教育和科技创新的紧密结合。建立健全多元化科技投融资体系，进一步优化鼓励扶持创新和科技成果产业化的市场环境。发挥国家创新型城市、自主创新示范区、高新区等各类创新平台的作用，加快提升区域和整体创新力。二是推进教育体制改革。合理配置公共教育资源，重点向农村、边远、贫困、民族地区倾斜，加快缩小教育差距，以促进义务教育均衡发展为重点，大力推进教育公平。改进考试招生办法，创新教育教学方式，改革教育质量和人才评价制度，推动形成体系开放、机制灵活的教育与人才培养体系，创造条件逐步实现高等教育招生培养由择优录取向宽进严出的体制转变。推进政校分开，管办分开，适时取消实际存在的学校行政级别和行政化管理模式，加快建立现代学校制度。鼓励引导社会力量兴办教育，推动形成公办、民办教育平等对待共同发展的格局，扩大教育开放，加强国际交流合作和引进优质教育资源。三是推进文化体制改革。加快推进公益性文化事业单位改革，探索建立事业单位法人治理结构，创新公共文化服务运行机制。深入推进经营性文化单位转企改制，建立健全现代化企业制度。鼓励和引导非公有资本以多种形式进入文化领域。进一步完善文化市场体系，促进文化产品和要素创新和流动。进一步理顺文化行政管理部门与文化企事业单位的关系，切实推进管办分开，建立健全符合文化企事业特点的监管与服务体系。继续深化体育改革，完善群众体育服务体系，促进体育产业健康发展。四是推进医药卫生体制改革。按照政事分开、管办分开、医药分开、经营性和非经营性分开的原则和保基本、强基层、建机制的要求，加快建立覆盖城乡居民的基本医疗卫生制度，全面实施国家基本药物制度，完善基本药物保障供应体系，加强药物使用和药品价格管理。建立科学合理的药品和医疗服务价格形成机制，改革以药补医机制。推进公立医院改

革，探索形成规范有效的公立医院法人治理机构。完善医疗保障体系，稳定提高城镇职工、居民医保参保率和新农合参合率。加强公共卫生服务体系建设，扩大国家基本公共服务项目，实施重大公共卫生服务专项，提高人均公共卫生服务经费标准，逐步实现基本公共卫生服务均等化。鼓励社会资本兴办医疗机构，放宽社会资本和外资兴办医疗机构的准入范围，完善相关政策和监督制度。五是推进社会管理体制创新。结合行政体制改革，强化政府管理和公共服务职能，提高服务性管理能力。充分发挥公民和社会组织的协调作用，推进社会管理规范化、专业化和法制化。加快构建源头治理、动态管理和应急处置相结合的社会管理机制，加快建立健全维护群众权益的制度保障和政决策风险评估与纠错机制，最大程度增加和谐因素，激发社会活力。强化城乡社区自治和服务功能，完善社区治理结构，健全基层管理和服务体系，推动管理重心下移。

⑩进一步提高对外开放水平。一是进一步完善区域开放格局。全面提高沿海开放型经济发展水平，在重点地区先行探索试验的基础上，率先建立与国际化相适应的管理体制和运行机制。以中心城市和城市群为依托，以各类开发区和改革开放试验区为平台，加快发展内陆开放型经济。进一步发挥沿边地缘优势，制定和实行特殊开放政策，加快重点口岸、边境城市、边境（跨境）经济合作区和重点开发开放试验区建设，不断推进相关体制机制创新，着力提升沿边地区对外开放的水平。二是切实转变外贸发展方式。完善政策措施，推进体制创新，有效运用海关特殊监管区等平台，促进服务进口和扩大服务业对外开放，推动外贸发展从规模扩张向质量效益提高转变，从成本优势向综合竞争优势转变。三是促进对外投资和利用外资协调发展。加快实施“走出去”战略，完善相关支持政策，简化审批手续，加强宏观指导，健全促进和保护机制，大力推动企业和个人到境外投资。着力提升“引进来”质量，优化引进结构，丰富引进形式，优化投资软环境，切实提高利用外资的总体水平和综合效益。与此同时，积极参与全球组织治理和区域合作，不断提高安全高效利用两个市场、两种资源能力，在国际经济舞台中发挥更大的作用。

2. 新时期有序有效推进改革的主要方式

面对复杂多变的国际国内形势及要求，面对着艰难性和精细化程度都很高的改革任务，加快改革进程而又有效避免改革风险，必须进一步优化改革的方式。基于对过去三十多年来特别是加入世贸组织十年来改革经验的总结，对当前改革内容、动力、要求与潜在风险等的综合考量，操作方式应该特别注重以下方面。

①做好顶层设计和总体规划。改革进入攻坚克难时期，必须从总体上明确改革的重点任务和优先顺序，确保各项改革按照既定方向坚定不移地朝前推进；改革处于整体组装、无缝对接的时期，只有从顶层进行统筹和安排，才能使各专项改革在大力推进的同时实现有机衔接、综合配套；改革进入权力和利益关系的深层调整阶段，顶层的部署和总体的指导，有利于排除各种干扰阻碍，在保障改革必要力度的同时，防止走形变样；改革面临不确定的外部环境，也只有站在高处基于全局考虑，才有可能科学作出安排，适时进行调整。因此，在对一些关键环节和具体项目继续进行探索实验或依照“摸着石头过河”方式视情推进的同时，必须由决策部门站在向历史、社会和人民负责的高度，立于改革发展的大局，把握建立完善的社会主义市场经济体制和更具活力、更加开放的经济体系的基本要求，谋划未来一个时期改革的思路，既应当是对改革的重点任务、具体步骤、推进原则等做出总体部署，也应当是基于总体思路对各重要方面的改革做出具体安排。

②注重现实利益基础和体制格局。对于深化改革来说，现实利益基础和体制格局既是对象，又是条件。因此，为了保障改革深入展开和顺利推进，也为了使改革获得广泛的社会支持和强力持久的推进动力，必须充分利用这个条件。而改革整体渐进逐步深化这种规律性，也有利于我们充分利用这个条件。基于此，在操作方式上，要求我们在谋划改革思路时，尽量兼顾不同层次人群的利益诉求，充分调动各个方面的积极性；在推出改革措施时，不要一味采取剥夺的方式，应尽可能兼顾已有的利益基础，坚持用“增量”来调整改善“存量”，采取把蛋糕做大的方式来增进大部分人的利益，从而缩小不同人群间的利益分配的差距，逐渐实现利益分配的公正性和不同人群基本公共服务的均等化。

③把握好力度、时机与节奏。改革进入攻坚克难阶段，使得我们在改革内容上难以作出调整或取舍。致力于推进关系全局的重要领域和关键环节的改革，决定了我们在未来一个时期必须承担必要的风险，对这一点我们应有充分

的估计。但三十多年来的改革实践也给我们提供了一条重要的经验，改革的风险可以通过把握改革措施推出的力度、时机和节奏来控制和降低。新时期推进改革，要更加注重把握改革环境和条件的变化，适时适度推出改革措施，并做好综合配套和应急准备。通常而言，环境较好时，应大力度、快节奏推进比较重要的改革措施；环境较为敏感和脆弱时，可多进行一些辅助性的改革，或把重点放在为推出重要改革创造基础条件方面。应当指出的是，经过改革开放三十多年的努力，包括经济实力、经济制度、领导机构、组织协调能力、人民群众的承载能力等改革基础条件都大大改善，有利于改革保持一定的力度和节奏。总体上看，新时期的改革在整体上是可以大力推进的。

④注重统筹兼顾和顺势而为。新时期深化改革要充分考虑进入“冲刺”阶段后系统性、配套性增强和涉及面宽、风险较大的特点，一方面要切实体现规律性要求，充分考虑经济领域内各项改革间的联系，考虑经济体制改革与政治、社会、文化等改革间的内在联系，考虑到改革、发展、稳定和和谐间联系，正确处理好各个方面的关系，做到统筹兼顾、协调配套；另一方面要充分把握群众诉求，对那些与全体人民利益联系紧密，舆论关注度较高，社会反映强烈的事项，要迅速抓住关键问题，大力推出改革举措，做到顺势而为、承力跟进。通过统筹兼顾和顺势而为，使改革攻坚取得事半功倍的加速度效应。

参考文献

[1] 中共中央关于建立社会主义市场经济体制若干问题的决定．1993

[2] 中共中央关于完善社会主义市场经济体制若干问题的决定．2003

[3] 中共中央关于制定国民经济和社会发展第十二个五年规划的建议．2010

[4] 中华人民共和国国民经济和社会发展第十二个五年规划纲要．2011

[5] 范恒山．所有制改革：理论与方案，北京：首都经济贸易大学出版社，2000

[6] 范恒山．“关于经济体制的若干思考”，载《中国经济 50 人看三十年——回顾与分析》，北京：中国经济出版社，2008

[7] 范恒山．30 年中国经济体制改革的进程、经验与展望．改革．2008（9）

[8] 范恒山．构建社会主义和谐社会论纲．改革．2007（1）

[9] 范恒山．深化我国行政管理体制改革的重点．科学社会主义．2006（6）

[10] 范恒山．中国经济体制改革的历史进程和基本方向．经济研究参考．2006

[11] 范恒山．“十一五”时期改革开放总体部署，中国党政干部论坛，2006

[12] 范恒山. 推进经济体制改革：近期重点与思路. 人民日报，2006 -6 -5

[13] 范恒山. 改革攻坚的十大难题. 理论参考.2005（9）

[14] 范恒山. 加强改革开放的总体指导和统筹协调. 学习月刊.2005（12）

[15] 范恒山. 关于进一步改革面临的新形势与新任务. 经济研究参考.2005（50）

[16] 范恒山. 着力推进行政管理体制改革. 人民日报.2005 -9 -9

[17] 范恒山. 应对入世挑战的关键在于深化改革. 计划与市场.2002（1）

加入 WTO 与中国社会保障制度的发展与完善

◎ 王延中　单大圣

中国加入世界贸易组织十年以来，社会保障制度得到强化和完善，有效地防止了内部的不稳定性和外部冲击的风险。随着中国更加全面融入世界经济体系中，社会保障制度还将继续发挥重要和特殊的作用。为更加适应世界贸易组织框架下国际国内形势的快速变化，中国社会保障体制还面临诸多挑战，需要进一步发展和完善。

一、加入 WTO 对中国社会保障制度的影响

1. 加入世界贸易组织之初的中国社会保障制度

为适应国有企业改革和经济体制改革不断深化的需要，中国自 20 世纪 80 年代末期开始探索改革传统的单位保障制度，逐步建立社会化的社会保险制度。1993 年中共十四届三中全会通过的《关于建立社会主义市场经济体制若干问题的决定》，明确提出建立与社会主义市场经济体制相适应的、以基本保障制度为重点、多层次的社会保障体系。与此同时，自 90 年代初开始的城镇职工基本养老保险制度、基本医疗保险制度的改革试点逐步深化，并分别于 1997 年和 1998 年由国务院分别颁布相应的规范性文件，建立起城镇职工基本

王延中，中国社会科学院劳动与社会保障发展中心主任、研究员；单大圣，教育部教育发展研究中心博士。

养老保险制度和基本医疗保险制度的框架。中国这一时期还逐步建立了失业保险制度、工伤保险、生育保险和城市居民最低生活保障制度，为进入 21 世纪后中国社会保障制度的发展奠定了初步的基础。不过这一时期的社会保障建设主要还是以城市为中心，农村社会保障发展明显滞后。由于建立时间短、覆盖面窄、基金规模小，刚刚建立的社会保障制度还不能充分发挥社会“安全阀”的作用。在亚洲金融危机爆发后的 1997 年和 1998 年，面对经济结构的剧烈调整，大批国有企业集体企业破产倒闭、职工大规模下岗失业等问题，社会保障制度只能部分地解决当时十分严峻的失业下岗、城市贫困和养老金按时足额发放问题，中国政府不得不通过建立再就业服务中心、实施“三条保障线”制度和“两个确保”政策①，以应对当时的困难和挑战。尽管如此，社会保障制度在维护社会稳定、保障职工和城乡居民的基本生活等方面的作用不断增强，政府和社会各界对社会保障制度的地位和作用的认识不断提高，为中国加入 WTO 之后社会保障制度的建设与发展奠定了基础。

2. 加入 WTO 对中国社会保障制度的影响

尽管加入 WTO 主要涉及对中国贸易和投资自由化方面的改革承诺，但是由此引起的经济社会方面的重大变化，对社会保障制度的影响同样是深刻的，归结起来主要有以下一些方面。

第一，就业结构剧烈变化对完善社会保障制度提出了迫切要求。作为世界上人口最多、劳动力资源最丰富的发展中国家，中国在经济体制改革尚未完成、体制性失业十分严重的情况下，加入 WTO 之后必然对我国的就业体制、劳动保护制度和社会保障制度带来一定冲击和压力。这个问题从国内因素看是由于劳动力数量严重供过于求；从国际因素看是由于资金、技术可以自由流动而劳动力难以自由流动的世界经济体系，无法为中国剩余劳动力的转移提供足够大的国际空间。因此，中国加入 WTO 初期，由于大批城市正式职工失去了传统就业保障制度的保护、新的社会保险制度的覆盖面比较窄，同时大量没有

① “三条保障线”，即下岗职工基本生活保障、失业保险、城市低保制度。下岗职工在再就业服务中心可以领取三年的基本生活费；期满未就业的纳入失业保险，可以领取两年的失业保险金；期满仍未就业的纳入城市低保制度范畴。“两个确保”是指确保企业离退休人员基本养老金按时足额发放，确保国有企业下岗职工基本生活费按时足额发放。

社会保险保护的农民工加入到出口导向型的经济活动中，在一定程度上降低了劳动力成本，有利于出口的扩大。但是，伴随中国出口导向型经济发展到一定程度，特别是国外尤其是发达国家利用各类技术手段限制中国出口的快速膨胀时，中国必须转变发展方式，扩大内需，维护社会稳定。社会保障制度在这方面具有一定作用，由于就业与社会保障的密切关联性，不能覆盖大多数农民工和灵活就业人员的社会保险制度必须加快改革与发展步伐。事实上，进入 21 世纪第二个十年，中国明显加快了社会保障制度建设步伐和投入力度。企业职工社会保险覆盖人数不断扩大，针对城乡居民的国民养老保险、健康保险制度发展更加迅速。

第二，劳动力市场发生深刻变化引发新问题、新挑战。一是劳动力流动的城乡限制、体制限制、行政限制将日益缩小，劳动者能够在城乡、地区、企业之间自由流动的程度将不断扩大，就业方式也会更加灵活，对社会保险关系的接续提出新的要求，要改进社会保险的管理方式，同时要求打破社会保障制度的分割，建立覆盖全民的统一的社会保障制度。二是在工业化、城镇化进程中涌现出了农民工这支新型劳动大军，他们户籍仍在农村，主要从事非农产业，有的在农闲季节外出务工、亦工亦农，流动性强，有的长期在城市就业，他们面临着最紧迫的社会保障需求，在这方面还没有形成能够适应他们流动性大、工资收入偏低特点的有效制度安排。2009 年，中国出台了养老保险、医疗保险关系转移接续的办法和制度，提出了一些应对举措。

第三，社会保障受到劳动成本上升的制约。一方面面对加入 WTO 可能带来的经济社会风险，中国将进一步加快社会保障制度建设，完善社会保障体系，尤其是建立全国基本统一的社会保险制度提出了迫切要求。另一方面在日益激烈的国际竞争压力下，社会保障越来越受到劳动成本上升的压力。以 2001 年的调查资料为例，企业承担的基本养老保险缴费率在深圳仅为 6%，在北京为 19%，而在武汉却高达 24%，高低之间相差 18 个百分点，对企业的成本结构产生显著影响。高成本的社会保障直接诱使企业不参加社会保险或者拖欠社会保险费。社会保险负担差距问题不仅影响各地区的竞争环境，也影响劳动力跨地区流动和全国统一劳动力市场的形成。因此，加快社会保险制度和社会保障制度的城乡统筹、地区衔接，乃至建立全国基本统一的社会保障制度，日益提上日程。各地围绕上述目标，开展了大量的探索和试点，取得了一些进展。但离最终目标仍有相当大的距离。

第四，遵循国际劳工标准和社会权利的压力和挑战，促进了这一时期中国社会保险制度和社会保障制度的快速发展。尽管 WTO 条款中没有关于社会保障领域的政府承诺，但是与全球化相伴随，在国际贸易中引入劳工标准的呼声越来越强烈，其中既有保护各国劳工权益的合理成分，也有国际贸易竞争的因素，特别是把国际劳工标准、社会保障标准和人权标准作为国际贸易战的一个砝码，是很多 WTO 成员国的手段①。1966 年联合国大会通过的《经济、社会和文化权利国际公约》第 9 条规定，“本公约缔约各国承认人人有权享受社会保障，包括社会保险”，第 11 条规定，“人人有权为他自己和家庭获得相当的生活水准，包括足够的食物、衣着和住房，并能不断改进生活条件”。作为最有影响的国际人权文书之一，中国于 2001 年加入该公约，并将全面履行有关规定。鉴于国际劳工标准和社会保障标准的双重性以及中国国情和发展阶段的差异，中国并没有批准所有相关的国际公约（比如没有批准《社会保障（最低标准）公约》），而是有选择性地批准了部分与国际劳工标准和社会保障标准相关的国际公约。

第五，劳动力的跨国流动需要加强社会保障国际合作和协调。经济全球化的迅速发展必然扩大劳动者跨国就业，与就业相关的社会保障税费征缴与权益保障问题，也必然出现国际化的趋势。事实上，发达国家在建立社会保障的过程中，已经重视跨国就业者的社会保障问题。从上个世纪初期国际上就开始研究解决此问题，通常的做法是国与国之间签署社会保障双边互免协议。在这方面，中国到 21 世纪初才开始社会保障国际双边合作的步伐，起步较晚，仅仅与德国、韩国等少数国家签署了此项协议，与国外合作的经验相对匮乏，滞后于经济社会发展和维护劳动者合法权益的需要②。随着中国加入 WTO 之后经济社会的快速发展，社会保障国际合作将进一步发展和深化。

① 何平：“加入 WTO 对中国社会保障的影响与对策”，《宏观经济研究》，2002 年第 3 期，17 ~ 22 页。

② 王延中：“社会保障国际合作值得关注”，《中国社会科学院院报》，2008 年 7 月 31 日。

二、加入 WTO 后中国社会保障制度的快速发展

加入世界贸易组织是中国政府适应经济全球化趋势主动做出的一项战略决策。这项决策对中国经济社会的影响是全面和深刻的[①]，特别是对于中国的社会保障体系能否有效地防止内部的不稳定性和外部冲击的风险，国内外都有着各种各样的担心。中国政府对此有着非常清醒的认识，在加入 WTO 后不久就提出加快建立覆盖城乡居民的社会保障体系，并将其作为构建社会主义和谐社会的重要内容和全面小康社会的重要标志，这是非常重要的政策。围绕这一要求，十年来中国明显加快了社会保障制度建设步伐，取得了显著成就。

1. 社会保障制度体系框架初步建立

中国加入 WTO 之后明显加快了社会保障建设步伐，除不断完善城镇职工基本养老保险、基本医疗保险和城市居民基本生活保障制度外，覆盖其他居民的社会保障制度逐步建立。2003 年开展了建立新型农村合作医疗制度的试点；2005 年建立农村医疗救助制度；2006 年将农村五保工作纳入公共财政保障范围；2007 年建立农村最低生活保障制度；同年建立起城市医疗救助制度，开展城镇居民基本医疗保险试点；2008 年决定在部分省市进行事业单位养老保险制度改革试点，山西、上海、浙江、广东、重庆等 5 个省市开展的事业单位工作人员养老保险制度改革试点工作稳步推进；2009 年开展新型农村社会养老保险试点；2011 年启动城镇居民社会养老保险试点。经过快速的制度建设，中国已经初步形成了以社会保险、社会救助、社会福利为基础，以基本养老、基本医疗、最低生活保障制度为重点，以慈善事业、商业保险为补充的社会保障制度体系框架。作为社会保障领域的基础性法律，经过多年酝酿、多轮修改的《社会保险法》于 2010 年底由全国人大常委会审议通过、2011 年 7 月 1 日正式实施，这是中国政府履行“让人人享有社会保障”承诺的法律保证，也

① 当时，关于加入 WTO 对中国社会影响的研究不少，基本判断是，加入 WTO 总体上有利于提高人民生活水平和促进社会和谐，但也会使某些社会问题趋于严峻，导致社会不稳定，大多数研究者认为脆弱的社会保障体系是导致社会不稳定的薄弱环节。可参见郑功成：“加入 WTO 与中国的社会保障改革”，《管理世界》，2002 年第 4 期，37 ~ 44 页。

是中国社会保障制度建设成果的集中体现。

2. 社会保障覆盖面不断扩大，保障水平稳步提高

在加快制度建设的同时，社会保障覆盖范围亦逐步扩大，从国有企业向各类企业和用人单位，从正式职工向灵活就业人员和城乡居民扩展。2000年，参加城镇基本养老保险、城镇基本医疗保险、失业保险、工伤保险、生育保险的人员分别为13617万人、2863万人、10408万人、4350万人、3002万人；到2010年末分别上升为25707万人、23735万人（不含参保城镇居民19528万人）、13376万人、16161万人、12336万人（参见表1）。社会保险“十一五”时期发展速度明显快于“十五”时期（参见图1）。参加新型农村社会养老保险人数10277万人。全国有3.71万户企业建立了企业年金，参加职工人数为1335万人[①]。2007年中国在试点基础上基本建立了新农合制度。截止2010年底，全国有2678个县（区、市）开展了新型农村合作医疗，参合人口数达8.36亿人[②]。社会救助制度不断完善，基本实现“应保尽保”。2010年底，全国城市低保对象为1145.0万户、2310.5万人，农村低保对象为2528.7万户、5214.0万人。同时，享受五保供养的人数为534.1万户，556.3万人。2010年全年累计救助城市居民1921.3万人次，贫困农民5634.6万人次，城市生活无着的流浪乞讨人员171.9万人次，还对153.0万人次城市居民和613.7万人次农村居民进行了临时救助[③]。社会保障待遇水平逐步提高。“十一五”期间，中国连续5年提高企业退休人员基本养老金，由2000年的月人均544元提高到2009年的1200元；国家还多次提高了低保标准和失业、工伤保险待遇标准[④]。医疗保障待遇水平亦稳步提高。政策范围内的住院费用报销比例，城镇职工已经达到75%，城镇居民和农村居民达到60%，超过80%的地区开展了门诊统筹[⑤]。2010年全国城市低保平均标准月人均251.2元，农村低保平均标

---

① 人力资源和社会保障部：《2010年度人力资源和社会保障事业发展统计公报》，人力资源和社会保障部网站。

② 卫生部：《2010年我国卫生事业发展统计公报》，卫生部网站。

③ 民政部：《2010年社会服务发展统计报告》，民政部网站。

④ 何平：“中国社会保障60年”，《中国劳动保障》，2009年第10期，第22页。

⑤ “医药卫生体制改革述评：织起世界最大全民医保网”，新华社，http://www.gov.cn/jrzg/2011-05/29/content_1873126.htm。

准月人均 117.0 元①。

表 1　2000～2010 年中国社会保险制度参保人员数量　单位：万人

年份	城镇基本养老保险	城镇基本医疗保险	失业保险	工伤保险	生育保险
2000	13617	2863	10408	4350	3002
2010	25707	23735	13376	16161	12336

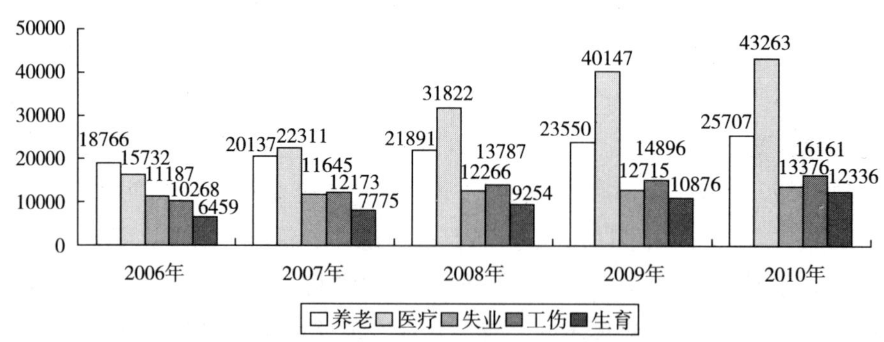

图 1　"十一五"时期社会保险覆盖人数示意图（单位：万人）

3. 社会保障公共服务体系初步形成

中国在建立社会保障制度过程中，不断推进企业退休人员社会化管理服务工作。加入世界贸易组织之后，企业退休人员社会化管理服务进程明显加快。到 2010 年底，纳入社区管理的企业退休人员共 4344 万人，占企业退休人员总数的 76.2%②。截至 2010 年底，全国县及县以上社会保险经办机构 7635 个，实有工作人员 150376 人。伴随社会保障制度的发展，针对城乡灵活就业人员和社会居民的社会保障服务网络初步形成。截止到 2010 年底，全国城镇的街道、社区，农村的部分乡镇及行政村建立的基层民政和社会保障服务站所超过 19 万个，专兼职工作人员 37.6 万人。覆盖全国的社会保障信息网络架构初具规模，已经实现全国范围内省、部联网，社会保障卡发放和使用范围不断扩大。截至 2011 年 6 月底，社会保障卡已发行 1.35 亿张。国家在部分地区开展

① 民政部：《2010 年社会服务发展统计报告》，民政部网站。

② 人力资源和社会保障部：《2010 年度人力资源和社会保障事业发展统计公报》，人力资源和社会保障部网站。

了社会保障服务中心和基层就业社会保障服务设施建设试点[1]。各县（市、区）普遍设立了新农合经办机构，成立了由相关部门和农民代表组成的新农合监督委员会，一些地方还在委托商业保险机构经办新农合工作上进行了有益探索，丰富了新农合基金管理方式。截至 2010 年底，全国各类老年福利机构 39904 个，床位 314.9 万张[2]。

4. 社会保障重点领域和关键环节改革取得新突破

城镇职工基本养老保险实行社会统筹与个人账户相结合是中国社会保障制度改革初期确定的基本原则，并且在《社会保险法》中得以确认。但是，如何建立个人账户、如何管理和运行个人账户资金问题，一直是中国社会保障制度建设尤其是养老保险制度改革的焦点与难点。经过不断探索，做实个人账户的工作不断推进。2001 年在辽宁省开始做实个人账户试点。2004 年，完善城镇社会保障体系试点从辽宁扩大到吉林、黑龙江，2005 年，在总结东北三省试点经验的基础上，国务院作出完善企业职工基本养老保险制度的决定，进一步明确了指导思想、主要任务和政策措施。到 2010 年底，辽宁、吉林、黑龙江、天津、山西、上海、江苏、浙江、山东、河南、湖北、湖南、新疆等 13 个做实企业职工基本养老保险个人账户试点省份共积累基本养老保险个人账户基金 2039 亿元。全国 31 个省份和新疆生产建设兵团已建立养老保险省级统筹制度[3]。为应对将来人口老龄化高峰来临对社会保险制度带来的系统性压力，中国于 2000 年开始建立具有战略储备性质的全国社会保障基金，2010 年期末社保基金会管理的基金资产总额 8566.90 亿元。2009 年 6 月，经国务院批准，财政部、国资委、证监会、社保基金会联合发布《境内证券市场转持部分国有股充实全国社会保障基金实施办法》，到 2010 年期末累计转持境内国有股 917.64 亿元，为全国社保基金开辟了稳定的资金筹集渠道[4]。这一时期中国还

---

① 孟昭喜：“依法提升经办能力，为参保人员提供更加高效优质的服务”，人力资源社会保障部第十期全国社会保险经办机构负责人培训班上的讲话，2011 年 9 月 5 日。

② 民政部：《2010 年社会服务发展统计报告》，民政部网站。

③ 人力资源和社会保障部：《2010 年度人力资源和社会保障事业发展统计公报》，人力资源和社会保障部网站。

④ 全国社会保障基金理事会：《全国社会保障基金理事会基金年度报告（2010 年度）》，全国社会保障基金理事会网站。

解决了一批体制转轨的历史遗留问题，2008 年，通过中央财政补助、多渠道筹资，解决了地方政策性破产企业退休人员参加医疗保险问题。2009 年中国启动了新一轮医药卫生体制改革，推动基本医疗保障制度、基本药物制度、基本医疗服务体系、基本公共卫生服务以及公立医院改革试点等五个方面的改革。城镇职工和城乡居民参保人数超过 12 亿人，成为世界上参保规模最大的社会保障制度。全国已有 60% 左右的政府办基层医疗卫生机构实施了基本药物制度，以全科医生为重点的基层医疗卫生队伍建设规划启动实施，基层就医条件明显改善，国家免费向城乡居民提供 9 类基本公共卫生服务和 7 项重大公共卫生服务，16 个国家重点联系城市、北京市和各省（区、市）确定的试点单位启动了公立医院改革试点工作①。

5. 社会保障国际合作取得显著进展

经济全球化的迅速发展必然扩大劳动者跨国就业，与就业相关的社会保障税费征缴与权益保障问题，也必然出现国际化的趋势。中国加入世界贸易组织以后，随着经济的发展和出入境工作人员的增加，社会保障制度进一步加快了参与国际合作的步伐。2001 年和 2003 年，《中华人民共和国与德意志联邦共和国社会保险协定》、《中华人民共和国与大韩民国互免养老保险缴费临时措施协议》的签署，标志着中国社会保障国际合作工作尤其是双边协议工作已经开始走向规范化、制度化②。截至 2011 年，中国有关部门共为赴德、韩国工作人员分别开出 7500 份和 3200 份证明，收到德、韩方证明分别为 4500 件、2000 件，有效地维护了双方派出人员的利益③。随着对外开放的不断深入，外国人在中国就业逐渐增多，其中许多人在中国长期工作并居留，一些外国人对在中国就业期间的社会保险权益十分关注。2011 年 10 月 15 日《在中国境内就业的外国人参加社会保险暂行办法》正式实施，对在中国境内就业的外国人依法参加社会保险等相关问题作了规定。

---

① “国务院医改办主任孙志刚谈医改：在深水区谋求新突破”，新华网北京 2011 年 4 月 6 日电。

② 王延中：“社会保障国际合作值得关注”，《中国社会科学院院报》，2008 年 7 月 31 日。

③ 人力资源和社会保障部有关负责人就《在中国境内就业的外国人参加社会保险暂行办法》有关问题答记者问，人力资源和社会保障部网站。

三、中国社会保障制度发挥的作用及存在的问题

1. 加入 WTO 以来中国对社会保障制度发挥的作用日益突出

首先，与加入 WTO 之初相比，中国进一步提高了社会保障制度地位与作用的认识。在加入世界贸易组织之前，中国社会保障制度体现了为国有企业改革、经济体制转型配套建设服务的鲜明色彩，社会保障更多作为一项临时措施和权宜之计。由于经济社会体制的系统性，中国在落实加入 WTO 承诺而对涉外经济体制进行改革时，也要求包括社会保障体制在内的其他相关体制同步改革、协调发展。继 2003 年第一次提交履约报告后，2010 年中国政府向联合国提交了《经济、社会及文化权利国际公约》第二次国家履约报告。报告全面介绍了近年来中国在促进和保护人民经济、社会和文化权利方面取得的成就，并回答了联合国有关机构在审议中国首次履约报告时提出的问题，受到联合国等有关方面的积极评价。2011 年中国社会科学院法学研究所编写的《中国法治发展报告（2011）》指出中国在包括工作权、工作条件权、受教育权、社会保障权在内的经济社会权利保障方面都达到了或者是基本达到了经济社会权利公约的要求。特别要指出的是，将社会保障作为一项基本的社会经济制度加以建设、从单纯追求经济增长向实现国民福利与国民经济同步发展转变的理念得以确立，并成为各级政府的自觉认识和生动实践。中共十六大以来，中国相继提出了科学发展观、构建和谐社会、加快转变经济发展方式等重大战略，社会保障地位和作用不断提升，甚至被提到了“以人为本”的高度，社会保障还成为全面小康社会的关键目标和以改善民生为重点的社会建设的主要内容。中国共产党第十七次全国代表大会上提出的“学有所教、劳有所得、病有所医、老有所养、住有所居”的目标①。与以前的社会保障制度改革相比，这些目标的内涵更丰富，实际上提出了建立和发展新型的社会保障体系的新构想，新型社会保障体系体现了比以往更加全面的、公平的和可持续发展的保障观，而且是更加积极的保障，体现了中国政府在社会保障理论方面的认识水平的不断提

① 一些地方政府也提出了重要的民生目标，如“幸福广东”、“五个重庆”等。

高。社会保障地位的提升还表现在对社会保障理论的推动和社会公众对社会保障的认知方面，十年来中国社会保障研究在广度和深度都得到了极大加强，在不同领域当中产生了丰富的理论成果。根据中国社会科学院《中国社会形势分析与预测》的跟踪，2001～2005 年间，“下岗就业”问题一直是公众关注的首要焦点，2006 年“社会保障”取代“下岗就业”问题，成为 2006 年城市居民关注的首要社会问题，并在之后一直成为排在前列的焦点问题，社会公众对社会保障的强烈关切成为推动社会保障改革和发展的强大动力。

其次，社会保障成为促进我国民生和社会建设重要领域和促进力量。加入世界贸易组织十年来，我国经济保持了平均 10% 以上高速增长，人均 GDP 从 1000 美元提高到 4000 美元。这为我国大力加强民生建设奠定了越来越坚实的物质基础。与此同时，伴随经济社会结构的转型，利益冲突和社会矛盾日益凸显，对民生建设提出了更加迫切的需求。“民生”意指“人民的生活”，它同生计、福利（福祉）、幸福、生活质量、需要满足等概念紧密联系在一起。我国社会保障不仅包括社会救助、社会保险、社会福利等三大方面，广义的社会保障还包括就业保障、教育保障、医疗保障和住房保障。可以说，社会保障是我国民生建设甚至社会建设的重要领域，加快社会保障建设是促进民生建设和社会建设的重要内容。我国加入世界贸易组织以来的民生与社会建设问题，已经超越了短期经济时期主要解决温饱问题的范畴，而在很大程度上成为解决经济与社会发展不协调问题的重要体现。中共中央十六届六中全会通过的《关于构建社会主义和谐社会若干重大问题的决定》中，不仅提出要把构建社会主义和谐社会摆在更加突出的位置，而且把“就业、社会保障、收入分配、教育、医疗、住房、安全生产、社会治安”等问题作为关系群众切身利益的重大问题。中共十七大报告把民生与社会建设有机结合起来，明确提出“加快推进以改善民生为重点的社会建设”，同时提出了我国民生与社会建设的六个重点领域：优先发展教育，建设人力资源强国；实施扩大就业的发展战略，促进以创业带动就业；深化收入分配制度改革，增加城乡居民收入；加快建立覆盖城乡居民的社会保障体系，保障人民基本生活；建立基本医疗卫生制度，提高全民健康水平；完善社会管理，维护社会安定团结。2011 年全国人大通过的《中华人民共和国国民经济和社会发展第十二个五年规划纲要》，进一步明确完善社会保障体系，并将其作为民生与社会建设的主要内容和关键领域之一。为此，中国政府不断加大社会保障方面的资金投入。进入21世纪第一个十年，中国政府用于社会保障方面的财政支出和社会保险基金支出不断增长。不论是政府财政直接用于抚恤和社会福利、救济支出、行政事业单位离退休费、社会保障补助支出的绝对量，还是社会保险基金的增长量，或者是用于教育、卫生、住房保障的政府性开支数量，都有几倍甚至接近10倍的增长。这在过去历史上是没有的。尽管社会保障各类支出占政府财政性总支出的比例由于财政收入的快速增长变动不大，但是占全国GDP的比重快速上升。根据我们的测算，狭义财政社会保障支出（口径一）、狭义社会财政保障支出和社会保险基金支出（口径二）、狭义财政社会保障和社会保险支出及财政性教育卫生事业费投入（口径三）总规模占GDP的比重分别上涨了50%甚至70%（见表2）。

表2　中国政府社会保障性支出情况　单位：亿元；%

年　份	口径一	口径二	口径三	占财政总支出的比重			占GDP的比重		
				口径一	口径二	口径三	口径一	口径二	口径三
2000	1517.57	3604.52	6493.56	9.55	20.05	36.13	1.53	3.63	6.54
2002	2636.22	5590.43	9604.93	11.95	22.36	38.41	2.19	4.65	7.98
2004	3116.08	7223.71	12368.39	10.94	22.16	37.95	1.95	4.52	7.74
2006	4361.78	9950.23	16898.14	10.79	21.63	36.73	2.06	5.18	7.97
2008	6804.29	15098.51	26865.76	10.87	21.30	37.90	2.26	5.02	8.94
2009	7606.68	18132.95	32564.68	9.97	20.88	37.51	2.23	5.33	9.56
2010	9130.62	23949.62	41303.82	10.16	22.88	39.45	2.29	6.02	10.38

数据来源：根据历年《中国财政统计年鉴》、《中国统计年鉴》、《中国卫生统计年鉴》有关数据整理；其中1998~2008年社会保险基金支出的数据来源于《2008年中国财政年鉴》；2009年数据来源于全国财政支出决算报告；由于不同年份统计口径不同，有些年份数据有所差异。2009年之前数据转引自王延中、龙玉其：《改革开放以来中国政府社会保障支出分析》，《财贸经济》2011年第1期。2010年财政支出数据来源于财政部网站。

再次，社会保障对保障经济社会稳定发挥着日益明显的作用。社会保障支出规模的不断扩大，不仅保障了7000多万低保对象和6000万离退休职工的基本生活，还维护了社会基本稳定，城乡居民基本医疗保障制度覆盖面已经达到90%，新型农村养老保险制度和城镇居民基本养老保险制度覆盖面的不断扩大，将为绝大多数中国城乡居民提供最基本的医疗保障和养老保障。尤其值得肯定的是，中国社会保障制度在应对2008年国际金融危机冲击表现稳健和积极。2008年由美国次贷危机引发的国际金融危机是近十年来对中国经济社会稳定的重大挑战。社会保障制度一度遭遇巨大冲击，突出表现是基本社会保险参保人数明显减少。2009 年 1 月养老、医疗、工伤 3 项保险参保人数分别比 2008 年底减少 23 万、51 万和 203 万人，在沿海外向型经济发达地区，农民工出现返乡高潮，退保和断保使农民工参加养老、医疗和工伤 3 项保险人数分别减少 93 万、68 万和 137 万[①]。面对危机，中国政府果断决策，把改善民生作为“扩内需保增长”的出发点和落脚点，及时启动了新型农村社会养老保险和城镇居民基本医疗保险试点，并把廉租房等保障性住房建设作为扩大投资、拉动内需的重要领域，对解决低收入家庭的住房问题发挥了重要作用。同时，对社会保障政策的运用也更加灵活，一方面降低社保“门槛”，千方百计扩大就业[②]，同时又在经济刺激“一揽子”计划中发挥社保刺激消费和拉动需求的作用。值得注意的是，与亚洲金融危机期间的被动应对危机相比，这些社会保障政策的出台更多是主动干预、超前部署、顶层设计的结果，体现出中国社会保障制度的成熟和稳健，被有关研究称为走上了调整其制度参数以应对外部环境变化的反周期的制度化轨道[③]。

最后，中国社会保障制度不仅从传统的单位保障制度逐步转变为以社会保险制度为主体的社会保障体系，而且逐步向部分积累制的发展型社会保障制度转型。中国当前社会保险制度建立了用人单位、参保个人和政府财政三方投入机制，其中个人供款主要作为个人账户进行积累。尽管我国的各类社会保险缴纳积累的个人账户基金还不是很多，离建立比较完善的“社会统筹与个人账户相结合的部分积累制”制度还有很长距离。但是，中国社会保险制度尤其是养老保险、住房公积金、全国社保基金的积累机制已经建立起来，而且积累基金的规模也在不断扩大。截至 2009 年底，全国社会保险基金累计结余 15721

---

① 转引自郑秉文：“2009 金融危机：‘社保新政’与扩大内需”，《中国社会科学院研究生院学报》，2010 年第 1 期，第 18 页。

② 2008 年末与 2009 年初人力资源和社会保障部等三部委发文，为减轻企业负担，允许困难企业及时地和阶段性地采取“五缓四减三补两协商”措施；人力资源和社会保障部等三部门发布了稳定劳动关系的“六条意见”，要求在保企业、保就业、保稳定中充分发挥三方协商机制的独特作用。据有关部门预测，上述“五缓四减三补”为企业减负上千亿元，稳定企业职工就业岗位达上千万个，对有效抵御金融危机的冲击和保持就业局势的稳定起到了积极的作用。参见郑秉文：“中国社会保障制度 60 年：成就与教训”，《中国人口科学》，2009 年第 5 期，第 6 ~ 7 页。

③ 郑秉文：“中国社会保障制度 60 年：成就与教训”，《中国人口科学》，2009 年第 5 期，第 6 ~ 7 页。

亿元，全国社会保障基金累计积累7766.2亿元，企业年金累计结余2533亿元，新型农村合作医疗基金累计结余185.1亿元，农村社会养老保险基金累计结余681亿元；2009年这几项的累计结余总和为26886.3亿元，占GDP的比重为7.9%（见表3）。如果加上住房公积金上万亿的积累额，积累制资金数量更加庞大。这不仅为应对人口老龄化积累了一定资金，而且为建立发展型社会保障奠定了一定物质基础和制度依托。

表3　　2000～2010年全国社会保险基金累计结余　　单位：亿元；%

年　份	五项社会保险基金	全国社保基金	企业年金	新农合基金	农村社会养老保险基金	积累总额	积累总额占GDP比重
2000	1327.5					1327.5	1.3
2002	2423.4	1241.9				3665.3	3.0
2004	4493.4	1711.4		11.2	285	6501.0	4.1
2006	8255.9	2827.7	910	57.8	354	12405.4	5.9
2008	15176.0	5623.7	1911	122.3	499	23332.0	7.8
2009	15721.0	7766.2	2533	185.1	681	26886.3	7.9
2010	22984.0	8375.6	2809	399.2	423	34567.8	8.7

数据来源：五项社会保险基金数据来源于国研网数据中心，包括城镇基本养老保险、基本医疗保险、失业保险、工伤保险、生育保险五项；全国社会保险基金数据来自于历年全国社会保障基金理事会年度报告；企业年金、农村社会养老保险、新农合数据来源于历年相关统计“公报”或“信息手册”。

2. 中国社会保障制度面临的突出问题

首先，中国社会保障面临着规避“中等收入陷阱”的艰难政策选择。当前中国开始进入上中等收入国家行列。但是中国人口多、底子薄、发展不平衡的基本国情并没有改变，中国仍然是一个发展中国家①。国际经验表明，在这一阶段，由于实现从“中等收入”国家向“高收入”国家转变的条件和环境与过去相比都将发生变化，原来的发展方式难以解决发展过程中所积累的矛盾，如果不能适时调整政策，就会掉进“中等收入陷阱”中徘徊不前。当前制约中国进一步发展的突出矛盾是劳动力、土地、资源能源、其他要素产品价格快速上升的压力，这就要求中国必须慎重选择社会保障的发展阶段、道路、

① 参见刘世锦、张军扩、侯永志、卓贤：“如何正确认识在中国发展中国家身份上的争议”，《中国发展观察》，2011年第7期。

水平，在社会保障体制设计和实施上，既不要“滞后发展”，也不要“超前发展”①。中国在这个问题上总的来说是清醒的，是谨慎的，并鲜明地提出了社会保障同经济发展水平相适应的原则。但是在局部也出现了一些不好的苗头，比如个别地方在工作推进过程中，追求轰动效应，提出一些不切实际的政策举措。一些地方虽然没有转化为实际行动，但是在宣传上夸大事实，盲目许诺，提出了一些并不符合适合社会保障发展规律或者超越发展阶段的口号和原则②。值得担忧的是，与这些目标相匹配的地方财政状况并不乐观③。在有限的政府财力和过高的福利承诺压力下，地方政府片面追求 GDP、增加税费、大规模推行土地征用（拆迁）出售的动机将进一步强化，从而进一步扭曲经济发展方式，降低福利水平。这是中国社会保障制度建设中的新现象，也是值得警惕的现象④。总之，仍处于经济赶超阶段的中国，在发展社会保障问题上面临双重困境：一方面，为了应对人口老龄化问题和缩小收入差距，需要进一步扩大基本保障覆盖面和适当提高保障水平；另一方面，如果保障水平增长幅度过快，将给经济运行和企业发展尤其是劳动密集型中小企业带来过重压力，一旦出现大的经济波动和财政困难，势必对社会保障和经济的可持续发展带来不利影响。

其次，我国现行社会保障管理体制和运行机制很不健全。与城乡分割、条块分割、人群分割的旧体制相比，目前我国社会保障和公共服务管理体制已经进行了很大的改进。但是，如何从广义的角度理解社会保障，把社会保障与社会公共服务体系有机结合起来，现行的管理体制还存在不少问题和障碍。社会保障的不同项目具有不同的运行机制和特点，目前对这个方面的考虑还不充分。养老保障制度尤其是全国统一的基础养老金制度还没有建立起来，同时缺

---

① 王诚：“社会保障体制改革中的美国经历与中国道路”，《中国人口科学》，2004 年第 2 期，第 30 页。

② 最典型的是提出“免费”、“低廉”等口号。

③ 截至 2010 年底，全国地方政府性债务余额 107174.91 亿元，其中：政府负有偿还责任的债务 67109.51 亿元，占 62.62%；政府负有担保责任的或有债务 23369.74 亿元，占 21.80%；政府可能承担一定救助责任的其他相关债务 16695.66 亿元，占 15.58%。参见中华人民共和国审计署办公厅：《全国地方政府性债务审计结果》（中华人民共和国审计署审计结果公告 2011 年第 35 期）。

④ 关于“福利赶超”现象的动机和危害，可参见樊纲、张晓晶：“‘福利赶超’与‘增长陷阱’——拉美的教训”，《管理世界》，2008 年第 9 期，第 12 ~ 24 页；陈昌兵：“‘福利赶超’与‘增长陷阱’”，《经济评论》，2009 年第 4 期，第 97 ~ 105 页。

乏相应的管理体制作为依托。目前，全国名义上有600多个地、市级以上的统筹地区，但其中90%以上实际上是以县（市）级统筹为基础的。此外，现行制度的统筹区域过于分散，不能有效发挥其最为重要的社会互济功能，地区之间养老负担苦乐不均的问题十分突出。医疗保障多部门管理引发了比较尖锐的矛盾，也造成造成重复建设和资源浪费。卫生服务与医疗保障管理部门之间存在深刻的矛盾，医疗保障管理体制及运行机制尚未对不规范的医疗服务和不合理的医疗费用增长产生根本性的抑制作用。社会保险行政管理与基金管理在部门内的“政事合一”，难以形成对基金管理的有效外部监督，使社会保险基金不能专款专用，挪用、挤占、浪费严重。部门主管、部门经办往往使社会保险基金的管理变成内部控制的私有领域，在基金收缴、使用、费用支出方面的信息不公开，难以形成有效的社会外部监督。社会保障体制机制不完善，突出体现在跨地区流动的劳动力无法方便、有效地纳入到新的工作和生活所在地的社会保障体系之内。突出表现为农民工社会保障的匮乏与滞后。目前全国“农民工”总量超过2亿人，跨地区流动的也超过1亿人，已经被社会保险覆盖的数量只有其中1/4到1/3，绝大多数没有被覆盖。这成为中国社会保障制度建设的一个重大缺陷，也成为阻碍农民工“真正”城市化的重要因素之一，使得中国的城市化是不成熟的、低质量的城市化。实际上，没有社会保险与社会保障的农民工，还不能真正成为所在城市的市民，因为一旦他们遇到失业等社会风险，就不得不回到农村原籍寻求帮助；一旦他们进入老年或丧失劳动能力，农村老家又成为他们最后的归宿。这样的农民工只具有城镇人口统计方面的意义，还不是已经完成“城市化”的城镇居民，最多只是从农村居民向城镇居民过渡的中间环节①。相当多的农民工已经转化成城市常住人口，但消费模式还没有转变过来。与老一代农民工相比，新生代农民工更渴望融入城市，希望能够实现从农民身份向城市市民身份的转变。

再次，不同层次社会保障制度的功能还不协调。国际经验表明，社会保障单一制度难以覆盖全体人群，各国社会保障体系大都以某种模式为主，兼容其他模式，注重发挥社会各方面的积极作用，基本取向是通过多层次、多支柱的混合模式实现社会保障的全面覆盖。中国国情决定了中国社会保障体系架构中

---

① 王延中：“中国社会福利制度的发展及其对城市化的影响（上）”，《中国社会科学院研究生院学报》，2010年第2期，第58页。

需要有普惠式的制度安排，但又不能将普惠制作为主体制度，而应当把缴费型的社会保险作为核心制度，同时需要为贫困人口提供兜底的救助制度，为人民群众更高需求提供多样化、差异化服务。经过多年的制度建设，以社会救助、社会保险、社会福利、补充保障为主体的多层次的社会保障制度框架逐步确立。由于筹资来源和制度设计的差异，不同层次社会保障制度在功能方面有一定的分工，各有侧重。税收支持的社会救助制度和社会福利制度，应着重保障公平性[①]；缴费型的社会保险制度应强化缴费义务与支付待遇的对应关系，平衡现实收入和长远收入，熨平收入差距；补充保障应着眼于满足多元化、个性化的需求，同时有利于促进经济增长。我国希望建立多层次、满足不同人群需要的社会保障体系，但受多种因素的制约，各类制度的功能定位缺乏有机统一，影响了整体功能的发挥。比如自中国确立社会统筹与个人账户相结合的基本养老保险制度之后，个人账户规模问题、管理体制问题、做实问题、投资问题等，就成为争议的焦点和建立新制度的难点问题，至今尚未找到适合中国国情的、健康运行的、社会统筹与个人账户有机结合的制度模式，无法对积累资金进行有效的投资运营，保值增值压力巨大。

另外，人口老龄化和经济全球化对中国社会保障制度的发展带来的压力逐步显现。我国已经进入了人口老龄化快速发展的时期，不仅需要为大规模的城乡老人提供基本经济保障，而且必须建立与之相适应的社会服务体系。随着计划生育政策的实施以及经济社会的转型，家庭规模日趋小型化，家庭的服务保障和精神保障功能逐步弱化，个人越来越难以依靠自己或家庭解决相应的服务需求和精神需求问题。但现行社会保障体系在特别是面向所有老年人提供生活照料、康复护理、精神慰藉、紧急救援和社会参与等方面的服务保障和精神保障还十分缺失，还没有完整的制度安排，成为社会保障制度建设的薄弱环节。加入世界贸易组织有力促进了我国经济的高度发展。但是，经济全球化进程对社会保障建设来说也在一定程度上形成了更大、更持续的压力。一方面，为应对全球竞争以吸引全球资本，降低对法人与个人的所得税和社会保险缴费的压力巨大，否则高昂的劳动力成本在一定程度上将削弱国际竞争力。另一方面，经济全球化使劳动力市场的国际标准（如劳动工资基准、劳动保护基准、社

---

① 郑功成：“中国社会福利改革与发展战略：从照顾弱者到普惠全民”，《中国人民大学学报》，2011 年第 2 期，53～54 页。

会保障基准、"人权"基准等）成为影响中国工业劳动力市场价格的重要因素，正规工业劳动力就业的"社会成本"将日益提高[①]。跨国公司为代表的国际资本亦会在政治、文化和意识形态方面进行渗透。在经济全球化进程不断加快背景下，中国企业面对越来越大的国内外市场竞争压力。

四、中国社会保障发展的趋势与展望[②]

1. 社会保障覆盖全体国民，实现人人享有社会保障

中国政府把人人享有社会保障作为全面建设小康社会的一项重要奋斗目标，这是一个十分重要的承诺，也是从中国现实国情出发、并没有超出现阶段国家财政承受能力的战略选择。这也是中国更加融入世界经济体系的客观要求，世界经济结构调整所形成的"倒逼机制"，对我国加快经济发展方式转变形成外在压力。随着中国综合国力和国际影响力的进一步提高，这种压力会越来越大。面对这些压力和挑战，中国已经明确将扩大内需是我国经济发展的基本立足点和长期战略方针，其核心是要大力提高居民消费能力[③]，建立起促进消费和扩大内需的长效机制[④]。由于社会保障在扭转储蓄倾向和稳定消费预期上的积极作用，转变增长方式要求社会保障制度建设要具有协调性，使其制度安排在客观上有利于促进增长方式的转变[⑤]。这意味着中国在面临成本上涨的

---

① 王延中："加入WTO之后的中国就业形势与政策选择"，《数量经济技术经济研究》，2002年第6期，第42页。

② 有关内容请参见王延中："中国社会福利制度的发展及其对城市化的影响（下）"，《中国社会科学院研究生院学报》，2010年第3期，第64~70页。

③ "十一五"时期，城镇居民的平均消费倾向有下降的态势。2010年城镇居民平均消费倾向为70.5%，比2005年下降5.2个百分点。同时，净储蓄率不断上升，2010年城镇居民净储蓄率为11.1%，比2005年上升7.6个百分点。"十一五"时期，除2009年受经济危机的影响，净储蓄率略有下降、消费倾向略有上升外，其余4年净储蓄率均逐年攀升，而平均消费倾向则逐年下降。城镇居民净储蓄率上升较多，消费意愿有所下降。扩大内需，刺激消费仍是未来需要继续关注的问题。参见国家统计局住户调查办公室：《全国城镇居民收支持续增长 生活质量显著改善——"十一五"经济社会发展成就系列报告之九》，国家统计局网站。

④ 李克强："深刻理解《建议》主题主线 促进经济社会全面协调可持续发展"，《人民日报》，2010年11月15日。

⑤ 郑秉文："中国社会保障制度60年：成就与教训"，《中国人口科学》，2009年第5期，第17~18页。

压力下，仍需要坚定不移的加快社会保障制度建设，实现社会保障的全覆盖。全覆盖是指所有劳动者和公民甚至一定程度上包括在中国居住的外国公民，都应当被纳入到中国社会保障制度体系之内，这里的社会保障制度体系应该是全面的，包括养老保障、医疗保障、失业保险、工伤保险、教育保障、住房保障、就业援助、特殊人群保障等制度安排①。在实现人人享有社会保障目标过程中需遵循分步实施的原则，坚持社会福利水平与经济发展水平和各方面的承受能力相适应，先解决制度从无到有的问题，循序解决覆盖面从小到大、待遇水平从低到高的问题，既量力而行，又积极作为。

2. 构建国家基本保障与多元多层保障相结合的社会保障体系

经过 20 多年的改革探索，中国社会保障的制度框架基本形成。城乡“低保”制度已经覆盖全国，针对各类从业人员和城乡居民的社会保险制度逐步健全，公共服务覆盖的范围和保障的程度不断扩展，特殊人群社会福利制度发展很快，这为实现人人享有社会保障的发展目标奠定了比较坚实的基础。但由于历史的原因，中国各类社会保障制度之间的关系还很不协调，没有充分发挥各自的功能。一些制度尤其是不同的社会保险制度之间的衔接关系设计得尚不科学，很难体现义务与权利对应的原则，把基本保障与附加保障功能叠加在一起、用人单位和个人的缴费责任混同在一起，形成一个制度混杂、封闭运行、协调困难的分割或“碎片化”体系。这是机关事业单位养老保险改革、基本养老保险全国统筹、做实个人账户等重大改革难以推进的重要原因。《社会保险法》已经颁布实施，但是如果不在制度层面理顺相互之间的关系，就很难在实践层面走出基本保障与其他保障相互补充、相互协调的社会保障发展之路。法律虽然规定达到一定收入标准的各类从业人员都应当参加社会保险制度②。问题是社会保险制度是坚持一个制度、一个模式，还是建立多个制度、多个模式，或者建立一个国家统一的基本制度、并由其他多个相关制度配套。这个问题的答案决定了中国建立社会保险制度的思路。美国自 1935 年开始建

---

① 参见中国发展研究基金会：《中国发展报告 2008/09——构建全民共享的发展型社会福利体系》，中国发展出版社，2009 年，第 27 页。

② 最近《社会保险费申报缴纳管理规定（草案）》将原办法规定的养老、医疗和失业三项保险，扩大为全部五项社会保险，用人单位未按时足额缴纳社会保险费的，将面临多项强制措施。

立了国家统一的基本养老金制度，为所有参保人员提供基本养老保障，同时建立了灵活多样的职业年金制度。日本的公共养老金制度由两个层次组成，第一层次是基础养老金，覆盖各类被保险人，第二层次是与个人报酬相关联的厚生养老金和共济养老金。这对中国具有一定借鉴价值。必须看到，中国在很长一个时期内社会保险制度难以覆盖全部从业人员，要向全民提供保障，最有效的办法是分清层次，各取所需。我们主张未来中国社会保障制度体系应该由四个层次组成。处在底部的是以城乡居民最低生活保障制度为基础的社会救助体系或者基本生活保障体系。第二层次是建立一个全国大致相同的基本养老金制度，为达到法定退休年龄等相关条件的国民提供一个替代率大致平衡、总体水平达到基本生活保障线之上的基本（或基础）养老金。这一层次包括两种制度：一是由各级财政向城乡无退休金的无保障老人提供一定数量的老年津贴（随着社保制度逐步完善，这部分人群会逐渐减少），这一制度不需要老人缴费，其待遇发放不与其子女是否参保关联；二是针对城乡劳动者尤其是非正规就业的城镇就业人员，逐步建立国家统一的基础养老金为主的收入保障制度，这部分供款主要来源于中央税收和雇主缴纳的一定比例的（其比例原则上不超过 50%）社会保险统筹基金，不足部分可以向各类就业人员和符合纳税条件的个人征收社会保障税，个人年度缴费不超过当地人均收入的 10%，用于发放基础养老金等基本社会保障支出。基础养老金应当是全国统筹的，由中央政府相关部门或机构直接管理。基础养老金水平可以达到当地人均收入的 30% ~40%，能够保障老年人的基本生活。第三层次是主要面向正规就业者、与缴费相联系的社会保险制度。雇主单位缴纳一定比例（原则上各种社会保险不超过单位工资总额的 20%），雇员和达到一定收入标准的自谋职业人员可以按收入的一定比例（原则上个人缴费比例不超过 10%）缴纳社会保险费。个人缴费形成个人账户养老金（其中部分实行基金积累制），体现职业和地域差异。第四层次是补充保险，满足群众更高的、多样化的社会保障需求，包括职业（企业）年金制度、补充医疗保险和商业健康保险。值得注意的是，在上述制度设计下，用人单位的社会保险缴费比例可以下降 10 个百分点左右。所有公务员、参公人员以及主要由国家财政负担经费的事业单位职工应参加基本养老保险，承担缴费义务，同时获得基本养老金和与职业关联的大致平衡的、具有一定激励作用的“职业年金”保障。制度体系是开放的，灵活就业者、个体工商业者、农村就业尤其是农业劳动者等特殊人群可以选择加入主要面向正规就业者的社会保险制度。

在医疗保障与医疗服务提供方面，要使医疗保障制度覆盖全体劳动者和城乡居民，加强政府主导的城乡社区卫生服务体系建设，完善医疗服务和药品生产流通市场秩序，限制卫生服务机构逐利性行为，引导城市大型卫生服务机构规范发展。在就业服务与失业保障、社会救助方面，在保障退出劳动力市场竞争人员基本生活的前提下，政策取向是鼓励和引导劳动力就业和再就业，大力实施积极就业政策和就业援助。在社会福利服务与社会发展方面，政府应当重视并不断加大投入，并引导社会力量进入社会服务事业与社会工作，这既是促进消费，更是促进发展，因为社会福利服务包括教育福利、医疗服务、就业援助、适当的住房保障等，都属于发展型社会政策。发达国家在经济起飞阶段之后，更重视社会保障制度建设尤其是发展型社会政策的实施，对其保持经济社会协调发展发挥了重要作用。国民福利水平与经济国际竞争力并不是替代关系。经验表明，发展型社会政策与经济发展是相辅相成、互相促进的。这些经验值得我们借鉴和学习。只要我们的制度设计科学合理，符合发展规律和我国实际情况，社会保障建设将使我国经济继续保持活力和竞争能力，同时使全体劳动者和国民都能享有更加公平、更高水平的社会保障和社会福利。

3. 加快基本公共服务体系建设

建设以公共财政投入为主体、所有居民共享的公共服务体系，是健全社会保障体系不可或缺的重要组成部分。要改变社会保障制度仅仅是保障资金筹措、管理与发放的狭窄观念，树立资金保障与服务保障同等重要的新理念，高度重视公共服务和社会福利服务的供给体系建设，推进基本公共服务的均等化。要根据基本公共服务标准加快设施建设和专业人才培养，加大财政支持力度，确保各地政府具有均等支付这些基本公共服务的能力。按照发展型社会福利制度要求，优先发展基础教育、基本医疗等基本公共服务，要克服可以完全通过市场化手段提供所有公共服务的思维。公共财政不仅要在义务教育、基本卫生以及老年服务、保障性住房建设等方面发挥主导作用，而且要随经济发展和财力的不断提高，逐步扩大公共服务和福利服务的范围，提高水平。通过加大国家层面的财政投入和加快社会保障基础设施建设，破除以二元社会福利体制和以地方财政为依托的属地化社会福利体制，实现社会保险权益的顺畅转移和地区衔接。

4. 深化社会保障与公共服务管理体制改革

为保障社会保障运行的效率，需要进一步改革社会保障管理体制问题。适当国家层面社会保障事务的不断扩大，应当建立国家社会保障署，统管全体国民和劳动者的基础养老金制度。对于卫生、教育等主要依赖公共服务的项目，需要研究解决社会保障资金、财政投入资金如何更有效地与服务体系建设、服务提供递送等方面有机衔接的新体制，克服几个机构各管一段、互不配合、影响资源配置效率的问题。这个问题在推进全民医保背景下已经迫在眉睫，急需提出符合实际的医疗保障资金筹集、使用、监管新体制，使有限的公共资源发挥更大的效益。尽管世界上各国福利体制均因国情不同而有所差异，不能简单照抄照搬其他国家的模式，但也决不因此放弃借鉴其他国家已经十分成熟的基本经验、运行机制和管理技术。由于我国仍处于社会保障体制逐步发展过程之中，社会保障管理体制和运行模式还没有定型，可调整的空间和余地比较大。要按照提高资源配置效率和效益的要求，打破已经不适应城市化进程和经济社会发展要求的部门利益的阻碍，适时调整社会保障与公共服务的管理体制。

5. 加强社会保障与公共服务机构自身能力建设

建立全面覆盖的社会保障并为全体国民提供均等化的基本公共服务，本身也需要投入，也需要不断提高目前管理机构、管理队伍的服务能力。要加大基层尤其是农村地区社会保障机构和人员队伍建设，把服务触角深入到基层。要利用现代信息化技术支持，建立健全社会保障、就业服务、社会救助、医疗服务等方面的基础平台。应当利用高等教育毕业生资源，大力培养专业化的社会工作者队伍和公共服务人员，作为公共就业岗位充实到基层社会服务和公共服务领域。国家不断加大社会保障基础设施投资十分重要。但是，仅仅投资于基础设施本身是不够的，必须为基础设施的运行提供必要的资金保障，要把基础设施投资和人力资源建设有机结合起来，提高社会保障各类人员的服务意识和素质。

参考文献

[1] 何平. 中国社会保障60年. 中国劳动保障，2009（10）

[2] 王延中. 社会保障国际合作值得关注. 中国社会科学院院报，2008－7－31

[3] 王延中，龙玉其. 改革开放以来中国政府社会保障支出分析. 财贸经济，2011（1）

[4] 郑秉文. 2009金融危机："社保新政"与扩大内需. 中国社会科学院研究生院学报，2010－1

[5] 郑秉文. 中国社会保障制度60年：成就与教训. 中国人口科学，2009（5）

[6] 郑功成. 加入WTO与中国的社会保障改革. 管理世界，2002（4）

[7] 郑功成. 中国社会福利改革与发展战略：从照顾弱者到普惠全民. 中国人民大学学报，2011（2）

[8] 中国发展研究基金会. 中国发展报告2008/09——构建全民共享的发展型社会福利体系. 北京：中国发展出版社，2009

入世十年与中国的知识产权

◎ 薛澜　毛昊

一、导言：知识产权历史回顾与国家战略

回顾我国知识产权发展的历史，早在 20 世纪之初便已经建立。1904 年《商标注册试办章程》，1910 年《大清著作权律》，1912 年中华民国政府的《奖励工艺品暂行章程》，分别标志着我国商标、版权、专利制度的初步形成。上述近代我国知识产权方面的法律一方面是中国资本主义萌芽的需要，同时也是在西方帝国主义国家强迫下诞生的产物。此后，我国知识产权制度建设进展缓慢，新中国成立后，中央人民政府政务院于 1950 年 8 月颁布了"保障发明权和专利权暂行条例"，但在当时的历史条件下，这个条例未能得到贯彻执行。改革开放后，知识产权保护提上议程。1979 年 3 月我国成立了专利法起草小组。经过 5 年的调查研究和多次修改，1984 年 3 月 12 日，六届人大常委会四次会议通过了中华人民共和国专利法，并于 1985 年 4 月 1 日起实施。与此同时，我国还先后颁布了商标、版权等一系列法律、法规，并陆续加入了世界知识产权组织、保护工业产权巴黎公约等，形成了一个基本的知识产权制度。从 1990 年至入世之前，中国利用 10 年左右的时间，调整、修改完善上述法律制度，为建立社会主义市场经济，加入世界贸易组织扫平了障碍。

世纪之交，中国入世。我国经济社会已经取得了较大发展，国家知识产权

薛澜，清华大学公共管理学院院长、教授；毛昊，国家知识产权局发展研究中心博士。

制度虽已建立，但是却面临着更大的知识产权保护的国际压力。发达国家从维护其根本利益出发，通过强化知识产权保护，维护自身优势，实施更加严格的高技术出口控制，把知识产权国际规则的变革与国际贸易、科技、文化活动以及建立国际经济新秩序紧密联系起来。我国遭受的国际知识产权侵权诉讼数量越来越多、规模越来越大、范围越来越广、损失越来越大。中国海外军团在国际市场中屡屡遭受打压，国内某些产业苦不堪言。入世之后头几年，我国企业不得不将每部国产手机售价的 20%、计算机售价的 30%、数控机床售价的 20% ~40% 支付给国外专利持有者。到 2003 年底为止，我国企业因知识产权引发的诉案赔偿金额已有十多亿美元①。究其原因，几乎所有的涉案产品都存在着几点共性的因素：一是涉案产品海外市场份额大，增长速度快；二是涉案产品多为加工组装贸易的工业制成品出口；三是涉案产品均在追随国际主流技术，但缺乏知识产权。这些事实说明，提高国家竞争力，核心在于掌握知识产权。入世把中国缺乏核心知识产权的软肋暴露无遗，但同时也为中国知识产权发展带来了难得的机遇。

入世后，在享受深度融入世界经济体系的利益的同时，中国经济发展长期积累的不平衡、不协调、不可持续问题更加突出，资源环境约束进一步强化，粗放式的经济增长模式难以为继，以盗版侵权为基础的中小企业难以继续生存。新的发展迫切需要运用知识产权等要素投入，推动我国经济发展走上创新驱动、内生增长的轨道。经历了实践、认识，再实践、再认识的反复过程，制定并实施知识产权战略成为国家发展的历史必然。2005 年 1 月 8 日，国务院办公厅发出了《关于成立国家知识产权战略制定工作领导小组的通知》，决定吴仪副总理任国家知识产权战略制定工作领导小组组长，2008 年 6 月 5 日，国务院正式颁布《国家知识产权战略纲要》。世界知识产权组织高锐总干事认为："中国在知识产权方面取得的成就不仅表现在专利、商标的申请以及版权作品的创作方面位居世界前列，而且在通过保护、运用知识产权促进经济社会发展方面也取得显著成效。"

① 参见中国国债投资网：http：//www. bond - china. com，2004 - 3 - 24。

二、入世十年我国在知识产权领域取得的积极进展

入世之后，我国积极参与知识产权国际规则的调整和完善过程，切实维护国家的根本利益和国家经济安全，实现了由国际规则被动接受者到负责任、建设性的参与者的转变。我国的知识产权环境发生了显著的改善：知识产权工作从专业部门融入经济社会发展各领域；知识产权管理从以制度建设为主转向完善与实施知识产权制度结合；知识产权环境日益改善，激励创新作用显著增强。我国的知识产权取得了令世人瞩目的成绩。

1. 知识产权法律法规体系进一步完善

入世十年，我国形成了一套既与国际接轨又符合自身国情的知识产权法律法规体系。完成了专利法（2010）、商标法（2001）、著作权法（2010）等各知识产权专门法规的修订，制定并完善了防止知识产权滥用的法规。职务发明创造条例、专利代理条例、会展知识产权管理办法、专利侵权判断规则、行政执法判断原则、规范中介服务机构等一系列有关法规相继制定；保护遗传资源、传统知识和民间文艺的有关立法取得了积极进展，知识产权法律法规体系进一步完善。

2. 全社会知识产权保护意识得到提高，知识产权保护环境不断优化

入世十年，我国全社会知识产权保护意识得到提高，以司法和行政双轨制保护为特点的“中国特色”知识产权保护体系基本确立，形成了被动执法与行政主动执法相结合的基本方式，完成了以行政处理知识产权纠纷为重心到目前以行政查处知识产权违法行为为重心的转化。概括起来就是“两条途径，并行运作，优势互补，司法终局”。

在司法方面，人民法院审理案件已经逐步覆盖到所有知识产权法律领域，民事审判、行政审判及刑事审判在保护知识产权方面发挥了重要作用。我国对于知识产权的保护态度体现在侵权成本不断提升（加倍处罚、承担刑事责任）、民事案件审判量不断增加、知识产权行政案件一审收结案不断上升、行政审判支持和监督依法行政的功能得到强化、案件审判效率和质量均有提高。

近些年，我国政府持续开展知识产权专项行动，在专项整治行动中，集中处理了一批群体侵权案件，有效规范了市场经济秩序，保护了知识产权。我国加大对于知识产权的保护，使得全社会保护知识产权的意识有所提高、社会知识产权保护环境不断优化[①]。

表 1　　我国知识产权保护方面的有关数据

		2007	2008	2009	2010
司法	地方法院新收和审结（新收）知识产权民事一审案件	17395（17877）	23518（24406）	30509（30626）	41718（42931）
	地方法院审结涉及知识产权侵权的刑事案件	2684	3326	3660	3942
	地方法院审结（新收）一审知识产权行政案件	947（1001）	1032（1074）	1971（2072）	2391（2590）
	检察机关受理、移送、审查、起诉涉及侵犯知识产权案件	/	1770	1931	2207
行政执法	受理专利纠纷案件	1013	1126	963	1095
	查处专利假冒专利案件	713	660	578	728
	商标违法案件查处数量（一般违法与侵权）	50318	56634	51044	56034
	查处商标一般违法案件和查处商标侵权假冒案件罚款金额（万元）	41763	46740	40555	46000
	打击网络侵权盗版专项行动罚款金额（万元）	87	108	128	/
	大型企业正版化列入目标企业数	1500	7600	5127	/
	海关扣留侵权商品数量（万件）	33349.8	64518.3	28005.9	13360
	海关扣留侵权商品价值（万元）	43885.6	29480.2	45233.4	27715.3

3. 各类知识产权数量快速增长，质量逐步改善

入世十年，我国的知识产权数量取得了迅猛增长。截至 2010 年底，我国实用新型专利、外观设计专利和商标注册的年申请量位居世界第一，发明专利、植物新品种年申请量位居世界第二，版权相关产业对经济增长的贡献超过 6%。企业知识产权主体地位初步确立，12 家企业专利申请进入专利合作条约

① 基础数据主要来源：《中国知识产权统计年报》、《中国知识产权保护状况白皮书》等。

申请世界500强，17个品牌入选世界品牌五百强。少数企业跻身国际专利世界前列。计算机软件版权登记超过8万件，多年保持持续增长。表2[①]为近四年我国各类知识产权总量、质量与结构的变化情况。

表2　　我国知识产权创造方面的有关数据

		2007	2008	2009	2010
总量	专利受理总量（万件）	69.4	82.8	97.7	122.2
	商标申请数量（万件）	70.8	69.8	83.1	107.2
	商标注册审查数量（万件）	40.5	75	141.5	148.1
	作品自愿登记数量	133789	104045	336086	375649
	软件著作权登记量	24520	47398	67912	81966
	集成电路布图设计登记申请量	428	743	817	1108
	农业品种权受理量	816	868	992	1206
	林业植物新品种申请量	61	77	67	89
	地理标志数量	82（商标局注册地理标志）	230（商标局注册地理标志）	484（240+244）	918（382+536）
	遗传资源、传统知识数量	/	/	/	/
质量	国内发明专利授权量	31945	46590	65391	79767
	国内发明专利拥有量（万件）	9.6	12.8	18	25.8
	PCT对外申请量	5441	6089	7946	12337
	马德里国际商标注册申请	1458	1574	1346	1820
	驰名商标	197	228	390	510
	输出出版物版权数量	2593	2455	4205	5691
	集成电路布图设计登记发证量	345	738	655	1009
	农业品种权授权量	518	449	1119	666
	林业植物新品种授权量	61	77	90	26
结构	国内发明专利授权比重（占全部发明）	47%	49.7%	50.9%	59%
	获得专利申请（授权）的规模以上企业比重	/	4.2%（3.1%）	5.9%（4.4%）	/
	企业专利申请占国内申请比重	38.1%	41.2%	44.9%	48.7%
	国内商标申请的比例	85.45%	84.59%	89.32%	90.79%

① 基础数据来源：《中国知识产权统计年报》、《专利统计年报》、《中国商标战略年度发展报告》、《中国版权年度报告》、《中国知识产权保护状况白皮书》等。

4. 运用知识产权制度的能力逐渐增强

在整个知识产权体系中，知识产权运用是核心环节。入世之后，经过了十余年的发展，我国在知识产权运用能力上取得了较大进步，具体表现为五个方面：一是初步探索建立了产学研用相结合的知识产权创造与运营体系，明确了大学重流转、企业重应用的基础定位；二是熟悉掌握了政策对于知识产权运用的杠杆原理，如出台了 PCT 资助政策、高新技术企业优惠政策等；三是基于自主知识产权，推动了国家技术标准的建立；四是发展了各类知识产权金融服务，推广完善知识产权质押贷款工作，帮助企业尤其是科技型中小企业解决融资难问题；五是建立公正有效的知识产权交易秩序，从国家层面加强知识产权交易平台建设，活跃交易活动，提升交易功能，促进知识产权向现实生产力转化。表 3 从知识产权质押、转让、合同登记备案，知识产权服务机构，知识产权运用效果等角度说明了近几年我国主要知识产权运用类指标的发展变化情况①。

表 3　　　　我国知识产权运用方面的有关数据

		2007	2008	2009	2010
知识产权质押、转让、合同登记备案	专利权质押登记数		93	168	362
	专利质押金额（亿元）		13.48	74.59	65.97
	专利实施许可备案数			12403	9771
	专利实施许可备案金额（亿元）			121.1	
	商标权质押登记数				
	商标抵押贷款（亿元）			98.6	136
	商标许可合同备案（件）		17603	17935	20640
	国内商标转让申请（件）		55463	54081	71306
	计算机软件著作权质押合同登记		109	119	77（仅为著作权合同登记）
	软件著作权转让和专有许可合同登记与变更（或补充）登记		1580（144+1436）	2934（182+2752）	

① 基础数据来源：《中国知识产权统计年报》、《中国商标战略年度发展报告》、《中国知识产权保护状况白皮书》、《专利统计简报》、《中国科技进步监测报告》等。

续表

		2007	2008	2009	2010
知识产权服务机构	知识产权服务机构主营业务收入				
	专利代理机构数	655	704	761	799
	商标代理机构数		3907	4637	5678
知识产权运用效果	知识密集型服务业增加值占生产总值比重	10.6%	10.4%		
	版权对 GDP 的贡献率	2006 年核心版权产业总产值占 GDP3.3%，全部产业约占 GDP 的6.4%		6.5%	
	技术合同成交额（亿元）	2226.5	2665.2		
	高技术产业增加值占工业增加值比重	9.93%	9.18%		
	申请专利的工业企业主营业务收入占所有工业企业主营业务收入比重			25.6%	
	R&D 人员向国外转让专利使用费和特许费（万美元）			62878.3	

5. 企业作为知识产权主体的地位日益巩固

入世后，企业日益成为国家知识产权创造和运用的主体。以专利为例，入世之初的2001 年，国内专利申请中，职务发明比例不足 36.3%。到 2010 年底，这一比例已经提升至59.4%，十年提升了 23.1 个百分点。近三年，企业申请占国内职务发明总量始终超过 80%，表明在我国企业的创新主体地位已经初步确立。2010 年世界 PCT 专利申请企业排名中，我国的中兴通讯股份有限公司、华为技术有限公司分列申请量的第二、第四位，2010 年中兴 PCT 专利申请数量比 2009 年提高了 20 位。在世界 PCT 专利申请 500 强的企业中，2009 年我国仅拥有 7 席，2010 年，我国企业占到 12。比亚迪股份有限公司、成都市华为赛门铁克科技有限公司、西电捷通无线网络通信股份有限公司、联发科技股份有限公司的 PCT 国际申请在 2010 年有了巨大提升①（见表 4）。

① WIPO，《世界专利报告》，2010。

表 4 我国在世界 PCT 专利申请 500 强中的企业情况

名次	名次变化	申请人	2010 公布
2	20	中兴通讯股份有限公司	1863
4	-2	华为技术有限公司	1528
88	n/a	华为终端有限公司	164
148	67	上海贝尔阿尔卡特股份有限公司	104
158	33	大唐移动通信设备有限公司	97
200	249	比亚迪股份有限公司	81
206	-7	腾讯科技（深圳）有限公司	79
276	4	深圳华为电讯技术有限公司	62
357	502	成都市华为赛门铁克科技有限公司	49
443	46	中国移动通信集团公司	40
448	68	西电捷通无线网络通信股份有限公司	39
497	294	联发科技股份有限公司	36

在技术贸易、商标等其他知识产权领域之中。2009 年，我国企业技术交易合同金额占全部技术交易金额的 86.9%。中兴、华为企业进入 2010 年 PCT 国际专利申请量世界排名第二和第四位。2009 年度世界品牌实验室公布的《世界品牌 500 强》显示：中国内地入选品牌总数 18 个，名列世界第七位，亚洲第二位。其中，中央电视台（CCTV）、中国移动（China Mobile）、工商银行（ICBC）和国家电网（State Grid）位列世界前 100 名。

6. 外国投资者信心增强，外资企业知识产权产出活跃

入世以来，随着我国技术和科研能力的不断提升，跨国公司加速在我国设立科研机构，扩大在华研发活动。2000 年跨国公司在中国的产业研发投入达到中国产业研发投入的 20.5%，2004 年达到 27.1%，上海的产业研发投入中，超过 3/4 都来自外资企业。据统计，跨国公司在中国的研发中心发展迅速，2001 年少于 200 家，2005 年是 750 家，2010 年已经达到 3300 家①。

外国投资者在我国投资办厂的同时也创造了大量的知识产权，截至 2010 年 9 月，国家知识产权局受理国外专利申请达到 100.2 万件。其中，发明专利

① 薛澜，“中国自主创新就是开放的创新”，《科技日报》，2010 年 11 月 23 日。

申请86.5万件，实用新型专利申请1.6万件，外观设计专利申请12.1万件[①]。国外在华发明专利申请量从2001年的33166件增加到2010年的98111件。截至2010年底，外国专利人在华有效专利39万余件，其中有效发明专利超过30万件，占全国有效发明专利的54.3%。主要集中在电机、电器、电能、计算机技术、电信、音像技术，光学等高技术领域，其份额占这些领域有效量的70%以上。同时，2008年外国在华的商标注册数量突破了多年来4万件左右的年注册量水平，一举达到6万件，2009年更是超过了10万件。这充分表明我国政府在完善市场体系、维护市场秩序、保护投资者利益、营造良好投资环境等方面取得了举世瞩目的成绩，国外企业对于我国知识产权保护的认同不断增强，中国市场魅力日增。

此外，中国政府强化了对于国外在华知识产权的公平保护。2010年，各级工商管理部门共查处各类商标违法案件56034件，其中涉外案件占20.56%；对2310件商标通过驰名商标认定进行扩大保护，其中114件为外国注册人所有，分属16个国家和地区，有效保护了国内外商标注册人的合法权益。2010年，在全国地方法院一审涉外、涉港澳台知识产权行政案件共计1004件，占知识产权行政一审结案的41.99%。其中，涉外案件815件，涉港澳台案件189件[②]。

7. 知识产权国际事务中影响力不断扩大

在知识产权对外合作交流的过程之中，我国已经逐步由从被动的接受者变为主动的参与者，对外知识产权国际交流与合作不断深化。在合作过程中，我国采取以重视与美、日、欧等发达国家的合作作为关键，以密切与发展中国家的合作为基础，以加强与周边国家的合作为首要环节，进一步加强与国际组织（WIPO、UPOV、WTO、APEC、OECD）的深入合作与交流。

入世十年来，我国强化了涉外知识产权事务统筹协调，完善涉外知识产权信息沟通交流机制。加强与涉及知识产权国际组织的合作，巩固和发展与主要国家和地区的多、双边交流，积极参与世贸组织与贸易有关的知识产权领域的

① “我国投资贸易环境日趋优化外国在华专利申请突破100万件”，《专利统计简报》，2010年18期。

② 《中国知识产权保护状况白皮书》，2010。

规则制定。完善国际科技合作知识产权管理措施，建立财政性资金资助的知识产权对外转让审批机制。创新合作方式，拓展合作领域，在知识产权国际事务中发挥建设性作用，推动形成公平合理、互利共赢的知识产权国际规则和制度。

二、入世十年中国知识产权领域存在的主要问题

1. 尊重知识产权的文化尚需培育，知识产权保护的长效机制有待完善

尽管我国在知识产权保护方面做出了巨大的努力，但是全社会尊重知识产权的文化尚未形成，知识产权保护的长效机制仍有待完善。对知识产权保护在我国建设创新型国家的关键作用认识不足，对我国目前经济社会发展阶段加强知识产权保护的利弊认识不一致，希望对中外知识产权拥有者区别对待的意愿比较强烈。这些认识上的差距，形成了在知识产权保护问题上，专利、商标保护较强，版权与其他类型知识产权保护不足的问题依旧严重。此外，部门知识产权保护发展不平衡、知识产权侵权赔偿额度过低、执法常态化机制尚未形成也是比较突出的问题。

从企业对于知识产权保护的反馈来看，盗版、假冒等侵权行为尚未得到有效遏制，很多专利权人对行政执法或司法保护信心不足，听任侵权者侵权。2010 年知识产权局开展了针对国内近 2 万个专利权人的调查工作。结果表明：我国近 1/3 的专利权人表示其专利权受到侵害，其中 2/3 的专利权人面对侵权行为没有提起诉讼。专利被侵权现象较为突出。35.9% 的专利权人认为现阶段专利保护水平不足以保护其专利权。各类专利权人均不同程度遭遇专利权侵权，1/3 的企业、1/5 的高校与科研院所表示其专利权被侵犯①。

2. 在国际知识产权争端中我国企业依法维权能力较弱

目前国际知识产权机制是 WTO 框架下的“与贸易有关的知识产权协议”

① 数据来源于全国专利状况调查，2010。

（TRIPs 协定）为主导的。TRIPs 协议协调了各国知识产权制度的不同保护水平，能够比较好地适应发达国家新技术的需求。在此框架之下，国际知识产权发展表现为两点趋势：第一点是以国际贸易体制为框架，推行高水平的知识产权保护；第二点是以执行机制与多边争端机制为后盾，推行高效率的知识产权保护。发达国家一方面强化知识产权创造，另一方面强化知识产权保护，多边合作与单边调查并行。

在此背景之下，国际社会对我国知识产权领域的超标要求普遍，我国面临着更大的知识产权压力。但中国企业利用 WTO 国际规则解决问题的能力还明显不足：一是利用多元立法机制，谋求知识产权国际立法的话语权能力偏弱；二是应对双边协议机制，防止知识产权过高保护的能力不足；三是顺应国际立法趋势和国内发展需求的步伐偏慢，商标法修改和反不正当竞争法、商业秘密保护和民间文学艺术保护条例的制定步伐略显滞后。

3. 知识产权国际逆差巨大

中国在知识产权贸易中逆差巨大。首先表现为专利、商标、版权的申请流向“逆差”严重。2009 年，我国全年出口总额 12017 亿美元，位居世界第一，但 PCT 申请量只位居世界第五，平均每 1.5 亿美元出口才有一件 PCT 申请。美国人每在美国国内申请 10 件发明专利，就会在我国申请 1 件，而中国人每在国内申请 40 件发明，才会到美国申请 1 件。2007 年全国版权贸易，图书、录音、录像、软件、电影等引进合计 11101 件，而输出仅为 2593 件，逆差为 8608 件。

其次是高技术产品贸易实际逆差较大。据统计，2008 年中国对外高技术产品贸易额顺差为 731.7 亿美元，但是考虑到我国高技术出口中 80% 以上是由外商独资企业和中外合资企业等外资完成的，在贸易方式上，80% 以上是进料加工贸易与来料加工装配贸易构成的，实际上我国高技术产品存在较大逆差。我国对美国的高技术产品顺差超过 95% 来自加工贸易，而这些顺差超过 90% 都是由外资企业产生的。

再次是知识产权贸易逆差巨大。数据显示，“十一五”前四年，我国专有权利使用费和特许费的出口收入共计 15.11 亿美元，进口支出共计 362.39 亿美元，逆差达到 347.28 亿美元。专有权利使用费和特许费的国际收支逆差逐年增加，2006 年为 64.3 亿美元，2007 年为 78.5 亿美元，2008 年为 97.48 亿美元，2009 年超过百亿，达到 107 亿美元。专有权利使用和特许已经成为中国仅次于运输服务的第二大服务贸易逆差行业[①]。

4. 知识产权发展不平衡性突出

中国知识产权类型、结构、区域、行业发展存在着严重的不平衡。从各类知识产权的特点上来看，由于工作基础和外部环境不同，国家发展推进的程度也不同。专利、商标和版权等主要知识产权工作推进较快，其他各类知识产权起步晚，推进较慢，特别是在传统知识方面，尚需加强研究和探索合适的保护措施。在各类国家主要知识产权战略的推进工作中，专利战略的实施推进比较顺利，商标战略和版权战略实施进展难度较大。版权保护遇到数字网络等新技术挑战，物联网的版权保护成为新出现的议题，版权管理和保护的制度建设任务重。此外，我国信誉体系尚不完备，商标侵权假冒现象普遍，商标保护、企业品牌和商誉培育任务重。

从知识产权发展的行业与区域属性来看。知识产权资源过分集中在北京、上海、广东等发达地区。从知识产权服务业机构来看，2008 年全国经济普查数据显示，北京一个地区就占到全国知识产权服务业法人单位个数的 24.1%，年末从业人员数比例的 34.9%，资产总计比例的 37.5% 以及全年营业收入比例的 33%[②]。2010 年全国 PCT 向外申请总量约 1.3 万件，中兴、华为两家通讯企业 PCT 申请总量就已经接近 3700 件，接近 30% 的比重。知识产权发展不平衡的问题依旧突出。

5. 违背知识产权市场价值的问题仍然存在

目前，各级政府采用考核、补贴方法开展工作的情况较为普遍，行政手段的导向性作用较强。这些因素也直接或间接地促进了我国专利、商标、版权等知识产权数量急速增长。以专利为例，到 2010 年底，专利申请总量突破 600 万件，三种专利授权总累计约 400 万件。我国在极短的时间内成长为位居世界前列的专利数量大国。但从理论上讲，专利权人只有在专利实现价值大于专利

① 数据来源于《中国科技统计年鉴》。

② 分析数据来源于《中国经济普查年鉴》(2008)。

成本（包括申请费、年费等）时才申请专利。在行政激励作用下，专利申请费用实现了部分减免，甚至拿到专利还能获得政策行政补贴与奖励。加之诸多非市场因素，如政府行政考核、资格认定、职称评审、或某种优先待遇都大大加强了专利申请的动力，使得部分专利申请在一定程度上违背了基本市场规律，导致部分低价值专利产生。

6. 对知识产权运用与价值提升忽视已成为发展瓶颈

目前，制约我国知识产权运用与价值提升的因素是多方面的，主要存在于认识与制度两个层面之上。从认识上看，社会对于知识产权转化实施存在急于求成的误区。知识产权运用的成效要在市场中检验价值。通常情况下，一项原创型的技术被市场接受往往需要 20～30 年的时间。对于知识产权的转化不能急于求成，必须加强基础研究与前沿探索。同时，对于技术储备的认识不足，片面追求经济收益而忽视研发的现象普遍存在。部分企业只注意申请技术含量低、但实施率较高的外观设计和实用新型，而不重视申请发明；只注意申请成熟的、有市场前景的专利技术，而不重视申请有潜在市场或技术水平较超前的专利技术。

从制度层面看，国家金融资本市场不能有效支撑知识产权运用。目前国家存在着知识产权形成产品却迟迟不能形成规模产业，有些专利技术开发出样品，但无法得到更大规模的中试。由此产生了较为严重的后果：大量技术成果转向国际资本市场去寻求支持，通过追求国外上市、投资等途径，发挥知识产权的价值。与此同时，国内资本找不到更多有价值的投资对象。国内资本市场对于技术创新的支持显著不足，支撑创新与知识产权运用的良好投融资环境尚未形成。

7. 知识产权战略推进的困难客观存在

在知识产权战略已经明确升格为国家战略之后，如何统筹协调落实知识产权战略仍然面临挑战。由国家知识产权局牵头的联席会议机制缺少行政资源和强力督促机制。因此，在涉及多部门联合推进知识产权工作时，容易出现多头分管、难以协调的局面。此外，各级政府中知识产权管理机构也存在着设置层级较低，管理人员不足，执法能力较弱，管理效率有待提高等问题。以版权为例，目前国家版权局人员数量不超过 30 人，版权保护面临着许多新问题和新的发展压力。

三、未来世界与中国知识产权发展的趋势与展望

从未来国际发展趋势看，创新是国际经济发展的根本动力，知识产权体系是创新发展的根本制度保证。世界主要国家都将知识产权的创造、应用、保护提升作为构筑国家创新能力和国际竞争力的基石。知识产权体系在未来国际经济社会发展中的地位将越来越重要。具体来看，有以下主要趋势。

1. 知识产权国际化将在东西方博弈与合作中继续推进

从发展趋势来看，未来世界各国运用知识产权维护核心竞争力的趋势愈发明显，知识产权成为各方博弈焦点。由发达国家主导的如《反假冒协定》等新的知识产权国际公约将不断出现；发展中国家在遗传资源、传统知识和知识共享等领域也以自己的方式推进国际知识产权制度的变革。随着我国企业国际上知识产权布局意识的加强，我国在美、欧等发达国家和很多发展中国家的知识产权利益也在逐步扩大。中国在知识产权的国际摩擦中的地位将更为复杂，知识产权争议将从以前的“一边倒”逐步进入“互有胜负”的新时期。但总的来讲，除去在个别领域外，发达国家仍将是知识产权国际化的推动力量，推行知识产权的强保护，而发展中国家也将继续接受，并逐步走向国际贸易体系和知识产权国际保护体制一体化。究其本质，知识产权的国际立法或者国际化是经济全球化和知识经济发展的内在要求，经济的全球化必然带来法律的一体化、趋同化和国际化。

2. 知识产权与国家创新优势结合，促进世界经济发展的作用显著增强

未来十年，知识产权与国家创新优势结合，促进世界经济发展的作用将进一步增强。发达国家在知识产权数量和技术含量上处于绝对领先地位，但鉴于新兴发展中国家近年来知识产权高速增长，发达国家的危机感也急剧上升。为保持竞争优势，包括发达与发展中在内的世界主要国家都将加大对企业研发的

扶持、在重点产业中强化知识产权创造，努力借助知识产权维系国家竞争优势。以美国为例，未来国家创新战略的核心理念是构筑创新金字塔，即以清洁能源、生物技术、纳米技术、先进制造、空间技术、健康医疗、教育技术为重点，而知识产权将在这些产业的发展中发挥关键作用，是各国增强创新能力的重要支撑，也是产业发展的战略性资源与国际竞争力提升的核心要素。

同时，随着世界经济、科技一体化深入，跨国商业服务机构加速推动知识产权全球化流动，进一步促进世界经济的发展。在传统知识产权转让、许可、专利池等运营模式基础上，知识产权证券化、知识产权标准化、知识产权托管、知识产权拍卖、专利保险、专利并购入股、抵押贷款等多种新兴知识产权运营模式将加速发展。跨国公司将更加重视运用知识产权作为企业竞争的战略性武器，阻击对手、赢得市场。知识产权将更为明显地决定企业甚至是产业的生死存亡。

3. 中国由知识产权大国向强国迈进

按照《国家知识产权战略纲要》的要求，到2020年我国将成为知识产权创造、运用、保护和管理水平较高的国家。知识产权法治环境进一步完善，市场主体创造、运用、保护和管理知识产权的能力显著增强，知识产权意识深入人心，自主知识产权的水平和拥有量能够有效支撑创新型国家建设，知识产权制度对经济发展、文化繁荣和社会建设的促进作用充分显现。2011～2015年我国要基本上建立较为健全的制度体系，确保知识产权数量继续增长。2015～2020年我国将从知识产权数量大国向能力和水平大国转变，进入知识产权数量稳定增长、质量快速提升时期，实现知识产权数量与质量协调。应当说实现这些战略目标是相当艰巨的。但是，随着中国经济社会的不断发展，随着中国建设创新型国家的努力不断深入，完善国家知识产权体系，实现国家知识产权战略的动力将越来越强。这种动力不仅仅是来自于国外或国内的跨国公司，而是来自于成千上万具有创新能力的、活跃在中国和国家市场上的中国公司和各种机构。

4. 中国特色的知识产权体系逐步形成

在今后的若干年中，随着知识产权国际规则的调整，中国知识产权保护客体将逐步扩大，保护方式随之改变，知识产权登记政策也将经历适应性调整。政府行政审批效率将大幅度提升，专利、商标平均审查周期进一步缩短，知识产权权利人满意程度持续提高。最新颁布的《国家知识产权事业发展“十二五”规划》明确提出，专利、商标的审查周期，将进一步缩减（见表5）。

表5 专利、商标审查周期情况

指标名称	2009年	2015年
发明专利申请实审结案周期	25.8个月	22个月
实用新型专利申请审查周期	5.8个月	3个月
外观设计专利申请审查周期	5.5个月	3个月
专利申请的复审请求案件审理周期	7.4个月	12个月
专利权的无效宣告请求案件审理周期（复审和无效周期是合在一起计算得出）	7.4个月	6个月
商标审查周期	19个月	10个月
商标异议裁定和评审审理周期	30个月	20个月

在法律体系和行政体系建设方面，我国将逐步健全具备中国特色的知识产权体系。新修改的《专利法》、《著作权法》进入实践阶段，新版《商标法》将颁布实施。新版的《反垄断法》、《对外贸易法》将会对跨国垄断企业凭借其市场支配地位违反“权利用尽”原则实现知识产权垄断的问题发挥作用。国家知识产权管理与审判体制将酝酿变革，知识产权部门设置的分散化状况有可能发生改变，知识产权的长效管理机制将逐步完善，管理效率与科学性将稳步提高。在国家知识产权审判体制改革方面，知识产权庭集中审理知识产权民事、行政和刑事案件将进一步在全国范围内推广，知识产权上诉法院相关问题将得到进一步的推进，知识产权审判机构，知识产权司法队伍，审判和执行能力将有所增强。

5. 知识产权与我国经济产业发展加速融合

未来一段时间，我国知识产权与经济产业将呈现加速融合的态势，知识产权对于创新型国家建设与知识驱动的作用更趋显著。随着创新型国家建设、知识产权战略和制度创新持续推进，知识经济有可能进一步影响我国产业结构调整与经济发展模式的转变，而知识产权体系将为这种转变提供强有力的制度保障。例如，战略性新兴产业的发展将拉动我国知识产权能力的跃升。目前，国家十个部委共同发布了《关于促进战略性新兴产业国际化发展的指导意见》，明确提出促进知识产权创造、运用、保护和管理。支持具有知识产权、品牌、营销渠道和良好市场前景的战略性新兴产业开拓国际市场。支持企业在境外申请专利、注册商标等。此外，知识产权体系的进一步完善将推动创意活动的日益活跃，促进创意文化产业的迅猛发展，使文化产业成为知识经济的重要组成部分。

与此同时，知识产权服务业也将得到迅速发展。服务内容将不断深化，社会力量积极参与知识产权商用化服务，知识产权运营公司集中出现。我国知识产权服务业能力将逐步满足经济发展和社会公众需求。知识产权的服务业态将由传统的代理逐步向知识产权咨询、评估、托管、培训、信息检索、数据加工、金融服务等方向发展，服务业层次更加趋于高端。与此同时，国家支撑知识产权服务业发展的财税、金融优惠政策将陆续出台，知识产权价值评估体系逐步完善，各类信用担保机构为知识产权交易提供担保服务，知识产权质押融资风险多方分担机制也将逐步建立。

四、政策建议

国际国内经济社会未来发展的需要及建设创新型国家的重大目标都给知识产权事业的发展提供了空前的机遇与挑战。我们必须全面鼓励知识产权创造，改进知识产权创造质量，提升国家知识产权创造、运用、保护、管理水平；健全优化知识产权制度环境与司法体制，建立知识产权保护的长效机制；推进管理机制创新，发展知识产权服务业，促进知识产权流转交易；提高认识，培育知识产权文化，激励社会大众创新；扩大对外合作，创造公平竞争环境，让中国成为创造知识产权的沃土、运用知识产权创新的乐园。

为了实现以上发展目标，我国未来知识产权体系的完善必须实现三个转变：一是必须改变观念，从根本上重视知识产权的创造、应用、和保护，而不是简单地从短期经济损益来考虑是否应当保护知识产权。同时需要改变简单地强调与国际接轨的观念，而应积极参与国际规则制定，反映发展中国家的特色及问题。二是从政府主导、市场参与向政府引导、市场主导转变，确保在知识产权体系完善过程中政府到位而不越位，最大限度地调动企业和其他知识产权创造与应用机构的积极性。三是把中国的知识产权事业从政府相关主管部门的工作转变成为政府多部门和全社会共同关注、共同建设的事业。要让全社会充分认识到，没有完善的知识产权体系的社会主义市场经济是落后的、不完整的社会主义市场经济。完善的知识产权体系是中国经济未来转型和发展的重要制度基石。具体看来，有以下几个方面的关系需要把握。

1. 转变观念，提高认识，处理好知识产权保护与创新激励的关系，建立知识产权保护长效机制

当前我国知识产权领域突出的问题仍然是保护不足，侵权现象较为突出，维权成本高，侵权成本低，知识产权权利人的合法权益得不到有效保护。面对这种现实状况，我们必须坚定不移地大幅提高知识产权保护水平，依法加强专利保护，建立知识产权保护的长效机制。要充分发挥行政执法简便、快捷、效率高的优势，打击知识产权侵权行为，保护当事人权利，使侵权成本大幅提高、维权成本显著降低。按照履行承诺、适应国情、完善制度、积极保护的方针，从知识产权司法、行政执法、专利保障“走出去”战略实施等多个角度建立全方位的知识产权保护体系。为知识产权权利人提供更有效的保护，营造良好的法治环境，激励创新、促进投资环境。

2. 处理好政策杠杆与市场机制的关系，平衡知识产权数量与质量协调发展

要进一步明确在知识产权问题上市场与政府的关系，要进一步明确政府在知识产权问题上的核心职能是知识产权制度建设和环境建设。对于知识产权创造、运营、权力主张等问题更多是属于私权层面的内容，政府的干预不应当违背基本的知识产权市场价值。在此基础之上，要利用财税、金融、科技、贸易等政策杠杆，促进知识产权创造和运用，引导创新主体抢占相关产业的知识产权战略制高点。对已出台的有关政策，要根据市场实际变化情况予以调节，减少政策杠杆对于市场机制的干预，促进两者的协调发展。要采取有效措施提升知识产权质量，避免违背市场价值的知识产权数量过快增长。实现知识产权数量与质量的均衡发展。建议适时修订完善专利等知识产权的资助政策，平衡行政激励杠杆与市场机制的作用，鼓励更多高质量的知识产权创造，调整知识产

权结构。提升国家投入的创新效率和各类知识产权含金量水平，重视知识产权由数量增长到质量提升的发展规划。

3. 处理好部门利益与国家整体利益的关系，强化知识产权战略协调的基础性作用

目前国家知识产权管理部门较为分散，知识产权管理部门协调不够，部门单项任务多于合作任务，部门间部分任务存在交叉重复，一些具体任务多个部门分头管，导致行政资源的浪费。知识产权战略推进仍然更多停留在部门日常工作方面，以解决产业竞争力问题为目标的综合性联合攻关项目较少，措施保障性较弱、可实施性不强。我国 2010 年 222 项知识产权战略推进行动中，只有 18% 是多部门联合行动，与之对比的是日本 2009 年知识产权战略推进计划联合行动的比例高达 39%。建议国家在推进知识产权战略、制定知识产权保护行动计划过程中，进一步整合知识产权行政管理资源，强化财政投入，在不断完善现有行政管理机构设置的基础上，加强部门沟通和协作。设定知识产权战略实施专项基金，发挥知识产权战略协调的基础性作用。

4. 处理好知识产权转化实施与市场价值实现的关系，促进创新成果知识产权化、商品化、产业化

要坚持知识产权运用成效在市场中检验价值的基础标准，逐步调整以“专利实施率”、“成果转化率”决定工作好与坏的传统观念。对于知识产权的转化不能急于求成，必须建立在市场主体实际需求之上，形成产学研紧密结合的创新成果转化运用机制，促进创新成果的专利化、商品化、产业化。引导有条件的中国企业进行专利技术储备、超前部署、向外申请等，真正实施全球化知识产权管理战略。与此同时，国家要积极培育有效支撑知识产权运用的资本市场，避免国家资助项目产出的知识产权打包转让给海外收购企业的现象产生。

5. 处理好中长期战略与规划发展的关系，强化知识产权发展的组织保障

从事业发展的角度看，知识产权战略纲要提出了国家 20 年的发展目标，知识产权“十二五”规划指导的是未来 5 年的布局与发展。长期战略与中期

规划一脉相承、阶段演进。我们必须抓住国家发展知识产权的良好机遇，加强知识产权战略与规划的组织实施，强化统筹协调和宏观指导，建立战略与规划实施的监测评估机制与动态调整机制。同时，各地区也要研究制定切实可行、操作性强的配套政策，对目标任务分解细化，明确责任分工，以年度工作要点和主要工作计划为依托，制定各项目标任务的分解落实方案和重大工程实施办法。建立人力资源、财政投入、管理机制的多重保障，狠抓知识产权统筹协调能力、宏观管理能力、公共服务能力、政策研究能力、人员业务能力等自身能力建设，实现知识产权工作的全面协调可持续发展。

6. 处理好齐头并进与梯次发展的关系，实施知识产权政策分类指导

由于我国知识产权发展不平衡性问题客观存在，在知识产权政策制定问题上要针对不同主体采取分类指导原则。区域上要考虑国家产业布局的总体要求，结合功能区定位、城市集群发展需要等因素，坚持东部地区大力提高知识产权服务能力，中部地区侧重于知识产权综合发展，西部地区加快能力培育，东北地区深挖工作潜力的原则，制订适合不同地区发展的知识产权战略。在行业层面，要积极培育发展战略性新兴产业，加快实现优势行业的国际化，借助知识产权实现传统行业发展的转型升级。在企业层面，鼓励大企业发挥强势地位、突破核心技术制定产业国际技术标准的同时，大力支持中小企业知识产权发展，加大对于中小企业的政策扶持，鼓励实用性技术研发，激发中小企业的创造活力。

7. 处理好政府行政职能与公共服务的关系，提高政府管理与公共服务水平

要处理好知识产权管理部门在经济调节、市场监管和公共服务间的关系。进一步优化知识产权行政审批程序，完善知识产权审查及登记制度。加强能力建设，提高效率，降低行政成本，提高知识产权管理与服务水平。深化知识产权服务内容，使知识产权公共服务和社会服务能力基本满足经济发展和社会公众的需求。加强政府知识产权公共服务体系建设，通过创新机制，调动社会力量参与公共服务和社会管理的积极性，善于综合运用行政手段和市场工具，不断释放行政资源配置的“制度红利”，最大限度地改善社会福利水平。

参考文献

[1] 国家知识产权局. 国家知识产权事业发展十二五规划. 2011 年 10 月 9 日

[2] 国家知识产权局. 专利工作“十二五”规划. 2011 年 10 月 9 日

[3] 国家知识产权局. 2010 年中国专利调查报告. 2010 年 4 月

[4] 国务院. 国家知识产权战略纲要. 2008 年 6 月 5 日

[5] 万钢. 加快推进科技成果向现实生产力转化. 求是，2011（13）

[6] 陈昌柏. 知识产权经济学. 北京：北京大学出版社，2003

[7] 吕薇. 知识产权制度挑战与对策. 北京：知识产权出版社，2004

[8] 金海军. 知识产权私权论. 北京：中国人民大学出版社，2004

[9] 张玉台，吕薇. 中国知识产权战略转型与对策. 北京：中国发展出版社，2008

[10] 毛昊. 中国企业海外专利侵权案件进入高发期——以美国对华 337 调查为例. 知识产权发展研究，2007（10）

[11] 毛昊. 我国投资贸易环境日趋优化外国在华专利申请突破 100 万件. 专利统计简报，2010（18）

[12] 吴汉东. 知识产权国际保护制度的变革与发展. 法学研究，2005（3）

[13] 于群. 当代知识产权保护制度的国际化趋势及其对我国的影响. 社会科学战线，2003（3）

[14] 郭德香. 论经济全球化条件下知识产权的国际保护. 经济师，2003（10）

[15] 翁洪琴. 知识产权保护的国际化探析. 闽江学院学报，2003（3）

[16] 万鄂湘，冯洁菡. 知识产权国际保护的新发展. 法律适用，2003（7）

[17] 黄玉烨. 知识产权利益衡量论——兼论后 TRIPs 时代知识产权国际保护的新发展. 法商研究，2004（5）

[18] 李冬梅，徐红菊. 知识产权国际保护制度的法理学分析. 当代法学，2001（7）

[19] WIPO. 世界专利报告 2008. 2009

[20] 吴汉东. 知识产权制度建设与创新型城市战略. 广州讲坛第四十讲，南方网 http：//www. southcn. com /nflr/gzjt/content/2007 - 07/18/content_ 4210145. htm

[21] 吴道同. 知识产权制度与创新型城市建设研究. 知识产权，2007，17（6）

[22] 李顺德. 高新技术与知识产权保护. 中国社科院知识产权中心

[23] 刘勇. 知识产权保护：中国式跨越. 国际技术贸易，2005（3）

[24] 吕文举. 跨国集团在华知识产权战略研究. 国际技术贸易，2005（4）

[25] 郑成思. 中国知识产权战略若干问题. 新华文摘，2006（15）

[26] 张志帝，任启平. 国际知识产权保护对中国对外贸易影响及对策研究. 经济问题探索，2006（2）

[27] 李浩. 我国知识产权贸易存在的问题及对策. 国际贸易问题，2005（11）

[28] 王晓华. 理应高度关注的问题——与对外贸易相关的知识产权保护. 国际贸易，2005（3）

[29] 张强，崔伟，郑焕斌，林晨辉. 美国信息技术领域专利政策分析及对我启示. 国际技术经济研究，2002（4）

[30] 杨林村等. 国家专利战略研究. 北京：知识产权出版社，2006

加入世界贸易组织与中国工业的发展

◎ 吕政

2001 年 12 月 11 日，中国正式成为世界贸易组织（WTO）成员国。中国加入世界贸易组织的目的，一是顺应经济全球化的趋势，更积极地纳入国际产业分工体系，在开放中推动中国经济的发展，提高人民群众的物质文化生活水平；二是为了创造互惠互利的国际贸易条件，扩大进出口贸易；三是为了发挥中国劳动力资源丰富的比较优势，并实现与发达国家的优势互补；四是为外国资本进入中国创造更加规范的制度与政策环境，扩大利用外资的规模和范围；五是适应国际经济运行规则的要求，推动经济体制改革，完善社会主义市场经济新体制。

10 年来，中国不断深化经济体制改革，扩大对外开放，兑现加入世界贸易组织的各项承诺，经历了入世后的过渡期，并按照世界贸易组织的规则的要求，改革和完善一系列政策法规。10 年来，中国工业实现了持续高速增长，加快了工业化和城镇化的进程，推进了产业结构升级，增强了工业竞争力，改善了国际贸易条件，扩大了工业品的进出口规模，并为世界经济的稳定增长作出了重要贡献。尽管 2008 年以来国际金融危机的冲击还没有完全摆脱，世界经济复苏与重振的前景还有许多不确定性，但未来 10 年，以工业为主导的中国经济仍将以较快的速度和更加稳健的步伐向前发展。

吕政，中国社会科学院学部委员、研究员。

一、加入世界贸易组织后中国工业的发展

1. 加入世界贸易组织促进了中国工业增长

由于受1997年亚洲金融危机的冲击，1999～2000年中国经济增长速度出现下滑，工业增加值分别比上年增长8.5%和9.8%，显著低于1992～1998年平均每年增长18%的水平。与此同时，国有企业在改组改制的过程中，一大批国有企业停产或倒闭，约有近2000万工人下岗，工业生产能力严重过剩，需求不足成为当时经济运行的突出矛盾，表明当时中国经济正在经历一轮经济周期的低谷。

以2001年加入世界贸易组织为契机，中国工业又进入一轮新的高速发展阶段。2001～2010年，工业增加值由2000年的40033.6亿元增长到2010年的160867亿元，按当年汇率计算，2010年中国工业增加值为2.47万亿美元。按可比价格计算，2001～2010年工业增加值平均每年增长11.6%，工业增长对国民经济增长的贡献率平均为44.8%。

从2002年开始，中国固定资产投资又进入新的一轮扩张阶段，2002～2010年固定资产投资累计达75.5万亿元，其中工业投资额占全社会固定资产投资总额的40%，而且主要用于新建项目。这一轮扩张，主要是由两个因素驱动，一是国内需求拉动。在基本实现小康社会建设目标之后，国内需求结构开始发生变化，即由主要满足衣食用等生活需求之后，转向着重解决住房、购置家用轿车、改善城镇基础设施等问题。需求结构的变化，导致生产结构的变化，拉动了能源原材料等重化工业的高速增长。二是2001年底加入世界贸易组织的效应，为具有比较优势的劳动密集型产品出口开辟了更为广阔的国际市场。大规模的固定资产投资和国际产业向中国的转移，使工业生产能力和产品产量迅速增长（见表1）。到2010年，中国已有220种主要工业产品产量位居世界第一位，不仅增强了国内市场的供给能力，而且为世界各国提供了价廉物美的工业制成品。

表 1 2001 ~ 2010 年主要工业产品产量

产品	(单位)	2001 年	2010 年	增长%
纱	(万吨)	760. 68	2717. 0	257. 18
布	(亿米)	290. 0	800. 0	175. 86
化学纤维	(万吨)	841. 38	3090. 0	267. 25
彩色电视机	(万台)	4093. 7	11830. 0	188. 98
家用电冰箱	(万台)	1351. 26	7300. 8	440. 23
空气调节器	(万台)	2333. 64	10899. 6	367. 06
手机	(万台)	2473. 91	99827. 4	303. 52
微型计算机	(万台)	877. 65	24584. 5	2790. 11
集成电路	(亿块)	63. 63	652. 5	925. 45
汽车	(万辆)	234. 17	1826. 99	779. 19
其中：轿车	(万辆)	70. 36	957. 6	1290. 61
一次能源产量	(亿吨标准煤)	12. 10	29. 9	147. 10
发电量	(亿千瓦时)	14808. 0	42065. 4	184. 07
钢材	(万吨)	16067. 61	79775. 5	396. 50
水泥	(亿吨)	6. 66	18. 8	182. 28
平板玻璃	(万重量箱)	20964. 12	66330. 8	216. 40
塑料	(万吨)	1288. 71	4432. 59	243. 95

资料来源：《2002 中国统计年鉴》473 页、《2011 中国统计年鉴》549 页，中国统计出版社。

2. 加入世界贸易组织加快了中国工业品进出口贸易的增长

外商对华投资与国际产业转移，推动了中国工业品进出口贸易的增长。2001 年工业制成品出口交货值为 2398. 02 亿美元，2010 年达到 14960. 69 亿美元，9 年增长了 5. 24 倍。外商投资企业的出口额占中国出口总额的 57. 1%，其中机电产品出口额占 74%，高新技术产品出口额占 88%。

中国工业品出口及其贸易顺差的增长，增强了中国的进口能力。2002 ~ 2010 年，中国货物累计进口总额为 72114. 2 亿美元，不仅促进了世界经济的增长，同时缓解了国内原油、天然气、金属矿产品、煤炭等资源性产品供给不足的矛盾。

外商直接投资及其产业转移，创造了新的就业机会。在外商投资企业就业的人数约 1600 万人，加上从事与外资企业有关的配套加工、服务等领域的就业人员，合计有 2600 万人。

3. 加入世界贸易组织推动了国际产业向中国的转移

2001 年加入 WTO 后，从 2002 年开始，中国承接国际产业转移进入新的高速增长阶段。按照 WTO 规则和中国对市场开放的承诺，中国立法机构和政府部门修改和制订了一系列相关的法律和法规，形成了较为完整的涉外法律体系，为外商投资提供了符合国际规范的法律环境和制度保障，促进了发达国家和地区的产业向中国的转移。首先是积极完善市场经济体制，逐步放开行业准入限制，为跨国公司提供了进入中国市场的机会；其次是按照国际规范和市场经济要求改善投资环境，形成了较为完善的招商引资和投资者权益保障体系；第三是劳动力的自由流动和低廉劳动力成本，为跨国公司在华生产提供了充裕的劳动力并为降低生产成本、提高国际竞争力奠定了基础；第四，2001 年以来，全国各地进行大规模的基础设施建设，高速公路网逐步形成，电力工业超前发展，城市基础设施不断完善，以产业集群为主导的产业配套体系和产业链迅速形成，从而为跨国公司在中国扩大生产规模提供了较为完善的配套体系。进一步增强了国际产业向中国转移的吸引力。

在中国吸收的外商直接投资中，工业项目占 60% 以上。1990 年外商投资工业产值在中国工业总产值中的比重只有 2. 3% ，2010 年外商工业增加值已占当年全国工业增加值的 30% 。到 2010 年，全球 500 强企业中已有 480 家在中国投资。制造业是国际产业向中国转移的主要领域。香港、澳门和台湾向中国内地转移的产业主要集中在劳动密集型的轻纺行业；美国、欧盟和日本等发达国家在中国的投资主要集中在资本和技术密集型产业。外商投资的电子通讯设备、汽车、电气设备、精密机械、石油化工等技术密集型产业占制造业的比重超过 40% 。在加入世贸组织时，由于进口整车和零部件关税大幅度降低以后，最担心国内汽车工业将面临严峻挑战。实际上，2002 年以来，以中外合资为主导的汽车工业生产能力和产量实现了快速增长，如表 1 所示，轿车产量由 2001 年为 70. 36 万辆，增长到 2010 年的 957. 6 万辆，增长了 12. 9 倍，为家用轿车的快速普及奠定了生产供给能力。

二、中国制造业竞争力的提升与差距

中国加入世界贸易组织的积极作用在于推动了工业增长，扩大了进出口贸易规模，吸引了跨国和港澳台的产业转移，促进了经济管理体制和企业运行机制的改革。但是加入世界贸易组织 10 年来，在推进产业升级方面并没有达到预期目标，一是在国际产业分工体系中中国仍然以低端制造业为主导；二是以市场换技术的目标没有实现；三是工业竞争力虽然有所提高，但与发达国家仍然存在较大差距。

1. 中国制造业竞争力的提升与差距

衡量制造业的国际竞争力，主要有以下几项指标，一是产品出口占世界出口额的比重，二是进出口贸易结构，三是出口产品国际市场占有率，四是劳动生产率，五是工业增加值率，六是新技术研发及其转化能力。用这几项指标来衡量，加入世界贸易组织 10 年来，中国制造业的国际竞争力是不断上升的。2010 年中国出口产品占世界出口额的比重为 10.3%，出口规模已位居世界出口贸易额第一位。在出口产品的构成中，2010 年与 2001 年相比，工业制成品出口的比重由 90% 上升到 95%，低技术产品国际市场占有率由 5.8% 上升到 15.8%，高技术产品国际市场占有率由 3.8 上升到 14%，中等技术产品国际市场占有率由 2.3% 上升到 8%。在工业技术进步方面，中国在大型钢铁企业的设备制造和吨钢综合能耗、大型成套设备制造、高性能机床制造、高速铁路设备制造、大型船舶及其关键设备制造、深井石油钻机、特高压输变电设备制造与运行等领域，已逐步达到或接近国际先进水平。

但是在中国出口产品的构成中，仍然是劳动密集型产品为主导，其中最具竞争力的产品仍然是纺织与服装产品。在国际纺织与服装产品出口总量中，2010 年中国占 42.1%，显著高于意大利占 6% 和德国占 6.5% 的水平。中国高技术产品出口中，外商投资企业占 80% 以上，核心元器件和关键零部件主要由跨国公司供应，在中国主要是进行加工组装后再出口。

中国家用电器产品出口在国际市场占有率 2001 年为 12.5%，2010 年上升到 30.43%，出口产品的价格也不断上升，例如，2001 年每台电视机出口价格平均为 75.68 美元，2010 年上升到 210.16 美元；2005 年空调器出口单价为 143.09 美元，2010 年上升到 210.19 美元。但是家用电器的高端产品以及核心元器件仍然需要进口。

中国机械及运输设备出口额 2001 年 949.01 亿美元，2010 年增长到

7802.69 亿美元。中国机械工业产品进出口贸易长期逆差，以 2006 年为转折点，中国机械工业进出口贸易首次出现顺差 7.47 亿美元。2008 年机械工业产品进出口顺差达 477 亿美元，国际市场占有率为 12.56%，超过了当年美国的 10.19% 和日本的 9.04%，仅比德国的 13.11% 低 0.55 个百分点。在汽车工业领域，没有出现加入世界贸易组织前的种种担心，2009 年中国汽车工业产销量超过美国，跃居世界第一。但是，也必须看到，2010 年中国汽车产品进出口贸易逆差仍然达 48.5 亿美元，汽车产品出口的国际市场占有率仅为 2.34%。国内中高档轿车主要依靠中外合资企业生产，汽车自主研发和设计能力仍显著落后于德国、日本等发达国家。

工业对外来技术的依赖程度，发达国家平均在 30% 以下，美国和日本均在 5% 以下，中国在 50% 以上；中国固定资产投资中设备购置所需要的技术含量高的关键装备和零部件，60% 以上需要进口。

此外，中国工业生产所消耗的能源，2010 年为 22.5 亿吨标准煤，分别是日本和德国能源消费总量的 3.2 倍和 3.75 倍。说明中国工业还没有改变粗放经营的局面，特别是产业结构，仍然是以劳动密集型产业和资源密集型产业为主导，具有自主知识产权的高附加值工业的比重低于美国、日本和德国等工业发达国家。缩小这种差距，则是今后中国工业转型升级的重要任务。

2. 在国际产业分工体系中代工模式的局限性

中国加入世界贸易组织之后，发达国家和地区把产业链中的低端制造和组装环节转移到劳动力成本低和市场规模大的中国，以实现利润最大化。它的积极作用在于促进了代工国家的就业，扩大了产品出口规模，带来局部的技术外溢，为本土企业提供了学习机会，促进一些新兴产业的发展。

经济全球化使得工业生产要素在全球范围内进行配置，工业过程已经没有国界了。但是，产业链不同环节的利益分配绝对是有国界的。跨国公司凭借对核心技术、关键零部件供应、市场销售渠道以及定价权的垄断，获取了超额利润，形成跨国公司“吃肉”、代工国家“喝汤”的利益分配格局。因此代工模式的局限性是显而易见的，代工国家在国际分工体系中只能处于产业利益链的低端，其经济效益主要是劳动者低水平的工资。例如，在中国生产一台笔记本电脑，国际市场的售价平均为 1200 美元，但中方得到全部收益为 35 美元，只占全部价值的 2.9%。沿海一些地区以代工为主，虽然被统计的 GDP 很高，但真正得到的国民收入并不高，或者与 GDP 的增长不成比例。所以代工模式在一定的发展阶段是必要的和应当鼓励的，而随着生产力的发展，劳动力供求关系的变化以及国际经济竞争格局的变化，代工模式也面临着调整和转型。利用外资的目的一是弥补资本缺口，二是弥补技术缺口。现阶段中国经济发展的主要矛盾是技术创新能力不强，弥补资本不足的矛盾是第二位的。代工模式在中国经济发展和对外开放的过程中，发挥了它的历史作用，也不能说现在已经完全走到尽头，没有继续存在的合理性和空间了。代工模式需要进行调整和转型。中国沿海地区劳动力供给不足的矛盾日益显现，生产要素成本不断上升，推进产业升级已成为沿海地区的主要任务。根据经济发展阶段的变化，优化利用外资结构、提高利用外资质量是转变经济发展方式的客观要求。沿海代工模式转型的途径，一是在劳动力供求关系的作用下，代工企业向劳动力供给更为充裕、经济欠发达的中西部地区转移；二是增强沿海地区的技术创新能力，发展以本土资本为主导的技术密集型产业；三是培育本国品牌，改变长期为跨国公司贴牌生产的格局。

3. 以市场换技术的利和弊

加入世界贸易组织后，由于关税总水平的降低，国内市场更为开放，促进了发达国家技术密集型产业向中国的转移。跨国公司的产业转移对中国产业成长、技术进步以及结构调整产生了重要影响。一方面，跨国公司产业转移促进了制造业生产能力的提高，带动了产业结构升级，在一定程度上提高了中国制造业的整体技术水平，并由此促进了中国出口竞争力的提升和出口结构的升级优化。另外，跨国公司的大规模产业进入，促进了行业竞争主体的多元化，加剧了企业竞争，对国内企业产生了积极的竞争示范效应，一些国内企业从跨国公司的产业和技术转移过程中获得了学习机会，增强了参与国际竞争的能力。

虽然跨国公司产业转移对中国产业成长和结构调整起到了积极作用，但对中国的产业安全和技术进步也产生了一些负面影响，主要表现在：①跨国公司产业转移一定程度上加剧了我国技术密集型产业对跨国公司的依赖；②跨国公司技术转让的水平偏低，而且以生产设备等硬件技术为主，跨国公司技术溢出的范围有限；③由于现阶段外商投资企业出口主要采取加工贸易方式，跨国公司产业转移在一定程度上加剧了我国对外贸易的低水平扩张；④跨国公司凭借强大竞争优势，在中国部分行业中占据了较大的市场份额，形成了一定的行业垄断，抑制了国内产业竞争力和市场份额的提高。国际产业转移的负面效应使国家利益与跨国公司利益产生冲突。

因此，必须重新审视以市场换技术的策略。以市场换技术的前提条件，一是国家间的经济技术发展水平处于不同阶段，二是产品具有生命周期，三是技术存在代际差异。以市场换技术的策略有一定的积极作用，但是必须看到其弊端。由于产品生命周期和技术代际差异，发展中国家换来的技术总是第二流或第三流的技术。跨国公司在技术转让时，必然要“留一手”，以市场换技术的国家更不可能获得核心技术，与此同时，以市场换技术还可能形成对本土企业技术进步的排斥和抑制。尽管跨国公司在华设立的研发机构迅速增加，总数已达1400多家，但其主要目的是利用中国本土的科学家和工程师等高素质的人力资源，其研发成果的知识产权仍属于跨国公司。因此跨国公司在华研发机构的迅速增加，并不代表中国自主研发力量的增强。

三、中国工业发展面临的挑战

1. 世界科学技术创新和经济增长前景的不确定性

科学技术创新及其产业化是推动经济增长的重要动力。进入新世纪以来，美国实体经济增长乏力，一个重要原因是缺乏重大科技创新成果并形成新的产业。被视为代表科技革命前沿的IT技术、生物工程技术、新能源技术进入新的调整、探索和积累阶段，没有出现令人鼓舞的新技术和新产业。

首先是IT技术和产业，没有出现20世纪80～90年代对经济全局有重大影响的IT新产品、互联网的广泛应用等革命性的突破。IT产品的相对过剩，使这一产业爆发式的高增长转向低增长。其次是生物工程技术中的基因测序技术虽然有突破性进展，但运用基因技术研发新的药物，如治疗艾滋病、癌症的新药并没有取得实质性的突破，大多数的研发还处在实验室阶段。第三是新能源技术及其应用被认为是培育新的经济增长点的战略性领域，并将解决能源供求矛盾的主要途径集中在风能、太阳能和生物能源。但现阶段新能源在能源供给体系中还只是一种补充。最近欧美国家重新调整对太阳能光伏发电的补贴政策，立即使中国太阳能光伏发电上游产业的生产经营陷入困境。

这些情况说明，进入 21 世纪以后，科学技术创新及其产业化的进程，与人们的预期有很大差距。当前出现的世界性的经济衰退，从更深层次的原因去考察，与科学创新的长周期有关系。因此在一定意义上说，金融危机是由科技创新不足引起的。发达国家经济复苏缓慢以及世界经济增长的不确定性，将使中国工业品出口难以继续保持加入世界贸易组织以来的高速增长格局。

2. 发达国家再工业化政策及其影响

再工业化提出的背景是吸取金融危机的教训，调整虚拟经济发展过度膨胀、实体经济增长乏力的经济结构。实体经济增长乏力的主要原因一是劳动力成本上升，一般制造业国际竞争力下降，向发展中国家转移；二是技术创新不足，缺乏新的技术创新成果支撑的新的经济增长点，美国等西方发达国家陷入经济衰退。在上述背景下，西方发达国家提出了再工业化战略。这一战略将重新思考实体经济与虚拟经济、制造业与服务业的关系。重新认识到以制造业为核心的实体经济才是保持经济健康发展和国家竞争力的基础。力图在新能源、环境保护、生命科学等新兴技术和新兴制造业着力打造低碳经济发展模式，并力图在制造业领域重新建立对新兴经济大国的竞争优势，以保持在未来全球产业发展中游戏规则制定者的地位，抢占新一轮产业革命的制高点，继续掌控全球经济的主导权。

发达国家再工业化的影响，主要表现为国际经济结构将面临新一轮调整。一是服务业与制造业的比例出现一定程度的合理回归，制造业在经济中的地位将重新得到重视；二是以金融服务业，特别是金融衍生品为代表的虚拟经济的过度膨胀的局面将得到一定程度的纠正；三是以新能源、环保、生命科学技术为代表的低碳经济将成为新一轮产业结构调整的主要推动力；四是西方发达国家将重塑在技术和知识密集型工业领域的竞争优势，而发展中国家将被动地接受这种调整。制造业的竞争重新成为各国相互竞争的着力点，将减缓产业链的高端环节及其核心技术向发展中国家转移的进程，制造业中高附加值环节更加向发达国家集中；与此同时，发达国家对本国工业的保护会大大加强，贸易保护主义重新抬头，以专利、技术标准等手段，加大对高新技术的控制和市场垄断，并对发展中国家提出更高的标准，通过制定新的贸易与环境保护、温室气体排放规则，以巩固发达国家在全球产业格局中规则制定者的地位。新兴市场国家的贸易顺差有可能明显下降；发达国家可能在制造业的一些关键领域，加强对中国技术输出的控制，延缓高端产业向中国转移的进程，迟滞我国的产业升级。

3. 资源性产品供给不足仍然是制约工业可持续发展的“瓶颈”

人口众多、人均占有的自然资源低于世界平均水平是中国的基本国情。中国人均耕地0.094公顷，人均草地0.33公顷，人均森林面积0.13公顷，分别为世界人均占有水平的40%，50%、20%，人均淡水资源和45种主要矿产资源占有量分别相当于世界平均水平的25%和50%，煤炭和石油的人均可采储量分别为世界人均水平的50%和10%。随着经济发展和城乡居民收入水平的提高，社会的消费结构不断发生变化，对以自然资源为基础的重化工业产品的消费需求不断增长。1990年我国生产的能源为9.87亿吨、发电量6212千瓦时、钢材5153万吨、水泥2.097亿吨，2010年我国人口比1990年增长了17.28%，但上列能源、原材料的产量和消费量比1990年分别增长了229.2%、577.1%、1448%、769.5%。生产总量和人均消费量都出现了超常规的增长。由于工业化和城镇化的进程加快，使资源性产品供给不足与日益增长的社会需求之间的矛盾，成为制约工业发展的突出矛盾。解决这个矛盾的途径有三种选择，一是有水快流，加大开采强度以增加供给。但这种做法是以牺牲环境和子孙后代的利益为代价，不具有可持续性。二是扩大进口，但进口的增加不完全取决于我们的外汇支付能力，而是要受到国际能源、原材料市场供求关系以及国际政治关系的制约。三是提高资源利用效率，千方百计地节约资源，在资源供给紧约束的条件下，实现工业化和现代化。第三种选择是解决我国资源性产品供求矛盾的根本出路。

4. 劳动力成本不断上升的压力

进入新世纪以来，中国劳动工资水平逐年上升。上升的原因主要有以下几个因素，一是持续30年的计划生育政策，使我国人口总量已进入低增长阶段，城乡青壮年劳动力的比例在下降，劳动力供求关系正在发生变化，劳动力无限供给的趋势出现转折；二是政府农村政策的调整，包括取消农业税、增加对种粮的补贴、农村土地使用权向种植业大户的流转等，使农民从事农业生产经营的收益逐步提高；三是农村基础设施和小城镇建设对本地区劳动力需求的增长，使一部分农民不再到大中城市务工也能获得工资收入；四是社会必要劳动费用的提高，即维持劳动力再生产购买必须生活消费品以及子女教育费用的增长；五是国家逐步完善社会保障体系和法律法规，并要求企业必须执行；六是应对物价总水平不断上升，特别是通货膨胀的压力；七是为了缩小收入差距，促进社会公平，必须调节收入分配结构，协调劳动与资本的关系，提高职工工资水平。因此，全社会工资水平不断提高是必然趋势。

从总体上考察，中国劳动力资源丰富的基本国情并没有发生根本性的变化，“招工难”一方面是由于劳动力供给结构不适应劳动力市场的需求，另一方面则是工资水平达不到应聘者的预期。如果企业继续维持过低的工资水平，将难以保证劳动力的供给。2000～2010年我国城镇就业人员劳动工资水平变化情况见表2。

表2　2000～2010年我国劳动工资水平的变化

年　份	年平均工资（元）	平均实际工资指数	实际工资比上年增长（%）
2000	9333	（以2000年为100）	11.3
2001	10834	115.30	15.3
2005	18200	185.24	12.8
2010	36539	324.60	9.8

资料来源：《2011年中国统计年鉴》第124～125页，中国统计出版社。

劳动工资成本的上升，使中国劳动密集型产业遇到更大的压力，劳动密集型产业的比较优势正在发生变化。如果把企业为员工交纳的养老、医疗和失业三项社会保险金包括在内，2010年制造业企业从业人员的月平均工资约为2000元/人，按当年汇率换算，合300美元。这说明中国制造业工人的工资水平已高于越南、印度等发展中国家。但是中国现阶段还应当继续坚持发展劳动密集型产业，劳动密集型行业必须在劳动力工资成本不断上升的情况下寻找继续发展的对策和出路。

四、努力实现由工业生产大国向工业强国的转变

新中国的工业化从 1950 年开始，到本世纪中叶的 2050 年将全面实现现代化。

我们可以用 12 个字来概括这前后 100 年中国工业发展的历史进程，即从无到有，从少到多，从大到强。毛泽东时代，通过全国人民的艰苦奋斗，奠定了中国工业化的基础，实现了现代工业从无到有的转变；改革开放以来的 30 年，中国经济实现了从商品严重短缺向工业生产大国的转变。未来 40 年，中国工业发展的主要目标就是实现从工业大国向现代化的工业强国转变。其基本含义是，中国不仅要在工业生产能力和主要产品产量上保持世界前列的地位，而且要在产业结构、科技水平、资源利用效率、劳动生产率、工业国际分工地位和竞争力、14 亿人民分享的工业发展成果以及生态环境质量等方面，全面缩小与工业发达国家之间的差距。要实现这些目标，必须转变经济发展方式，走新型工业化道路。

1. 从高速增长转向适度的较快增长

《国民经济与社会发展第十二个五年规划（纲要）》提出要继续抓住和用好我国发展的重要战略机遇期，促进经济平稳较快发展。从总体趋势上考察，我国经济继续保持较快增长具有客观必然性。一是中国工业化、城镇化仍处于加快发展的阶段；二是如积累率能够保持在 35% ~40% 之间，固定资产投资的平均增长率可保持在 20% 以上；三是 2010 年人均 GDP 刚超过 4000 美元，在世界上属于中等偏下水平，提高人均收入水平还有较大的增长空间；四是国内市场需求潜力巨大；五是缩小城乡差距和区域发展差距的任务艰巨；六是社会事业发展将成为拉动经济增长的重要动力；七是产业结构的多层次性决定了中国在保持劳动密集型产业的比较优势的同时，技术密集型产业的竞争优势将逐步增强。

另一方面，也必须看到，未来 5 ~10 年中国经济已经不可能继续保持过去 10 年 GDP 年均增长 9. 5% 以上、工业增加值年均增长 12% 以上的高速增长的局面，经济增长速度的回落也是必然的。这是因为中国经济发展的国际和国内

条件发生了变化，即资源性产品供给不足的矛盾，劳动力成本上升的压力，国内外市场供求关系的变化，国际贸易保护主义抬头，人民币升值的压力等等。

因此，在规划经济增长速度时，既要积极进取，也要实事求是、量力而行，努力保持又好又快的增长。保持又好又快增长的基本要求是：有效利用资源的增长，各项比例关系协调的增长，不以牺牲环境为代价的可持续的增长，依靠技术创新的增长，注重民生，使人民群众能够得到实惠的增长，不同的社会群体都能分享发展成果的增长。“十二五”时期，国内生产总值年均增长 8%，工业增加值年均增长 10% 左右，第三产业的增速略高于第二产业，到 2020 年经济总量比 2010 年再翻一番，可能较为合理。

2. 正确处理实体经济与虚拟经济的关系

通常认为美国等工业发达国家服务业的比重超过 70%，特别是金融服务业高度发达，金融创新不断涌现，是经济发展和产业结构升级的必由之路。但是 2008 年爆发的国际金融危机使人们又重现审视美国的经济结构。美国金融危机的深层次原因是由于实体经济增长乏力，剩余资本找不到出路，于是集聚到华尔街的资本市场进行投机并形成虚拟经济的泡沫。鉴于这一教训，工业发达国家又重新思考实体经济与虚拟经济的关系，并重新确认制造业是国家经济综合实力的基础。

虚拟经济是在金融与证券资本市场中实现资本交易、清算与流动的经济形态和经济活动。虚拟经济的本质是资本价值形态的独立运动，在于它的非物质性，是在实体经济基础上衍生出来的价值运动体系。马克思在《资本论》中指出，虚拟资本是在借贷资本（生息资本）和银行信用制度的基础上产生的。虚拟资本本身没有创造价值，但是可以通过循环运动产生利润获取某种形式的收益。虚拟经济的经营主体无不试图通过短期投机以赚取暴利。现代电子通讯与网络技术使虚拟资本的巨额交易、划转和清算可以在瞬间完成，为虚拟资本的高度投机创造了技术条件、提供了技术支持。少数金融精英获取的暴利诱惑投资者进入资本市场，降低了企业经营实体经济的积极性以及大众在物质生产部门工作的意愿，割断了收入和劳动创造财富的联系，使财富迅速向少数人集中，加剧了社会分配不公。

中国要实现从工业生产大国到工业强国的转变，必须扎扎实实地发展实体经济，特别是把发展先进制造业作为增强综合国力的基础。由于生产要素成本的上升，一般制造业的利润率不断下降并走向微利时代。一些积累了剩余资本的企业不打算继续在制造业领域赚辛苦钱，而是转向房地产行业或资本市场，试图在短期内获取超额利润。作为企业的微观经营策略，这种做法无可非议。但是作为国家的政策导向，必须坚持实体经济的主体地位，鼓励发展先进制造业，无论是传统产业还是战略性新兴产业，都只能依靠科技创新才有可能获取超额利润。坚定不移地抑制投机资本，保持虚拟经济的适度、有序和健康发展。

3. 努力保持劳动力成本相对便宜的比较优势

改革开放以来，中国依靠劳动力成本低的比较优势，大力发展劳动密集型产业，不仅扩大了就业，而且实现了对外贸易和外汇储备迅速增长。随着劳动力工资水平的不断提高，中国劳动力成本低的比较优势还能坚持多久？劳动力成本的上升是否意味着劳动密集型产业要逐步萎缩或转移出去？

从名义工资看，与越南、印度等发展中国家工人的工资水平相比较，中国制造业平均工资要高出 1 倍以上，但是这种工资水平仍然是发达国家的 1/10 左右。发达国家在国际金融危机之后虽然提出了再工业化战略，要重振制造业的竞争优势，但是 2009 年以来中国对发达国家出口贸易的持续快速增长表明，中国产业结构与发达国家的结构互补关系并没有发生根本性的变化，也没有出现劳动密集型外资企业大批转移到越南、印度的情况。这是因为，中国的基础设施条件、工业配套能力、产业链的完整性、制造业工人素质、生产经营规模以及国内市场容量等因素，仍然优于这些发展中国家。另一方面，越南、印度等国家的工资水平也在不断提高。基于上述分析，中国劳动密集型产业的比较优势依然存在并要继续保持。中国产业结构调整和升级，与日本、韩国既有共同点，也有区别。共同点是当资源性产品、劳动工资等生产要素价格上升的情况下，必须不失时机地推进产业升级，提高技术密集型产业的比重和国际竞争力。区别在于中国在推进产业升级的同时，还要继续劳动力资源丰富的比较优势，坚持发展劳动密集型产业，形成“高亦成、低亦就”的产业结构。

4. 重视对资产存量的调整

2001 年以来，中国固定资产投资主要集中在高速公路、铁路、机场、城市基础设施、能源和原材料等大项目，即重点用于增量扩张，真正用于对现有企业更新改造和创新投资的比重不到全社会固定资产投资总额的30%。“十二五”时期，我国产业结构的调整，必须首先调整固定资产投资结构，加强对资产存量的调整。一是因为我国交通运输基础设施建设投资的高峰将出现转折点，覆盖全国的高速公路网已基本形成，其建设方向开始转向经济欠发达且车流量较少的偏线和冷线；高速铁路建设将在调整规划的前提下适当放慢步伐，港口建设的规模和速度也将出现回落。其次，除资源开采行业外，工业生产能力普遍过剩，寻找新的经济增长点是企业面临的普遍难题。在这种大背景下，必须调整固定资产投资结构，加大对现有企业更新改造的力度。按照经济周期规律的要求，在经历危机之后，新一轮的经济增长应当建立在对现有固定资产的更新改造基础上，从而实现在新的生产力水平上的增长。

对资产存量的调整，还包括继续淘汰落后产能。到2010年底，各地已淘汰的落后产能占应淘汰产能的50%。今后将进一步加大淘汰的力度。特别是在能源供给短缺、电力供应紧张的情况下，对于高耗能，达不到规模效益，工艺技术及设备落后的钢铁、水泥、有色金属、火力发电等行业的小企业，必须关停。国家将会加大对未完成任务的地区和企业的处罚力度，实行区域限批，加大差别电价的执行力度；为了防止落后产能的转移，承接产业转移的地区也必须坚持国家关于产业准入的统一标准，对产业转移的项目进行筛选。

5. 以科技创新为支撑，积极发展战略性新兴产业

目前中国已有200多种工业产品产量位居世界第一位，但中国制造业是以资源密集和劳动密集型产业为主导，美国是以飞机、特种工业机械制造、精密仪器、医药、医疗设备、芯片、软件、计算机等技术密集型产品为主导。在国际分工体系和竞争中，我国工业结构仍然以低端制造为主，产业结构升级的目标就是要改变这种状况。制造业的升级既包括发展战略性新兴产业，也包括对传统制造业的改造和产品的升级换代。在石油化工、新材料、大型成套装备制造、智能机床、交通运输设备制造、仪器仪表、关键电子元器件和通信设备、精细化工等技术密集型产业，全面缩小与工业发达国家的差距。

战略性新兴产业是以科技创新为基础的技术密集并对国民经济发展具有带动作用的产业。战略性新兴产业的基本特征是附加值高，消耗的能源原材料

少，产业关联度高，技术渗透性强，有广泛的和潜在的市场需求。

发展战略性新兴产业的重点领域主要集中在五个方面，一是新能源、环境保护与治理技术及设备制造产业；二是新一代电子信息技术及其应用，包括具有国际竞争力的关键元器件、软件及其在下一代互联网、三网融合、物联网等领域的应用；三是发展现代农业以及与生命健康相关的生物工程技术及其产业；四是高端装备制造业，包括航空航天装备、智能制造装备、新兴交通运输装备、新能源汽车、海洋工程装备等；五是新能源、生物工程、高端装备制造业和消费品工业所需要的各种新材料。

发展战略性新兴产业，需要明确发展方向，确立经济主体，形成技术创新成果转化的有效途径，建立以社会化分工为基础的产业组织方式，发挥市场机制和政策扶持的不同作用。

第一，以需求为导向明确产业定位。需求导向是把能够解决制约国民经济发展的突出矛盾和培育新的经济增长点作为选择新兴战略性产业的出发点。应当对国民经济产业体系的发展趋势，技术进步前景、未来国际产业竞争格局进行深入分析判断，以作为选择新兴战略性产业的依据。每个地区选择战略性新兴产业，应当从本地区的产业基础和科技创新优势出发，突出重点，培育和发展特色产业。

第二，以科技创新为支撑。科技创新是发展战略性新兴产业的基础。以科技创新为支撑的新兴产业的竞争将成为各国相互竞争的着力点。具有科技创新优势的国家以专利、技术标准等手段，加大对高新技术的控制和市场垄断，减缓产业链的高端环节及其核心技术向发展中国家转移的进程，以巩固发达国家在全球产业格局中利益最大化的地位。发展中国家在全球高新技术产业链分工体系中仍然采取代工模式难以培育起本国的战略性新兴产业。因此，我国发展战略性新兴产业，必须立足于增强自主创新能力。科技创新及其产业化的重点既要以国家中长期科技发展规划中的重大专项为主导，同时每一个地区，企业和科研机构，也要从自身的基础和优势出发，围绕重大科技创新专项及其发展方向，找到切入点，从而形成多层次的创新体系。

第三，以企业为主体。企业是产业的微观基础。企业作为以盈利为目的的经济组织，具有通过科技创新实现利润最大化的内在推动力；在市场经济条件下以及经济国际化的大环境中，企业始终面临着竞争的压力，不搞创新，企业就难以发展，企业具有重视技术创新的外在压力；企业在生产经营活动的实践中，能够使技术创新方向和目标的选择更符合市场需求；企业具有把科技成果转化为产品的生产设备、工程技术能力以及社会化的配套能力。企业能够把科技要素、工程要素、资金要素、市场要素直接结合起来，因此发展战略性新兴产业必须坚持以企业为主体。产学研相结合，也应当以企业为中心，研究机构的科技创新应围绕产业化过程中需要解决的科技难题而展开。

第四，采取社会化分工的产业组织方式。由于现代科学技术及其产业化的综合性和复杂性，任何创新主体都难以单独完成。科技创新及其产业化必须建立在社会化分工的基础上。在计划经济体制条件下，政府通过垂直的和行政的手段，组织攻关和会战。由于科技创新和产业发展的条件和环境发生了变化，依靠自上而下的行政力量进行组织和动员已难以适应市场经济运行机制的要求。在市场经济条件下，必须遵循市场经济规律，特别是需要处理好各个方面的利益关系。战略性新兴产业的发展，必须善于利用社会化分工体系。龙头企业应具有系统集成能力和对社会化分工的协调能力，把不同部门、不同企业和不同科研机构的力量组织起来，充分发挥产业链条中每一个环节的优势。这种社会化分工不同于计划经济条件下的集中力量，而是通过市场机制实现优势互补。

第五，市场驱动与政策支持相结合。一是加强科技政策与经济政策的协调，为自主创新提供良好的政策环境；二是在不断增加对新兴战略性产业科技创新财政投入的同时，增强调动全社会资源的能力，形成多元化科技投入格局；三是积极建立科技公共基础设施和技术创新平台，整合和提高科技基础设施资源，运用共享的机制推动科技资源的社会化；四是创造有利科技人才向企业集聚的机制，壮大企业科研队伍，增强企业技术创新能力；五是促进创新投资，培育和建立科技创业服务体系、科技投融资体系，发展和规范创业板市场，为战略性新兴产业的发展开辟直接融资渠道。

6. 坚持节能优先战略，解决能源供给不足的矛盾

2010年与2000年相比，中国国内生产总值增长了171%，能源消费总量增长了123%，能源消费弹性系数平均为0.72。如果2011～2020年能源消费弹性系数仍保持0.72不变，在经济年均增长率为7.2%的情况下，2015年能

源消费总量需39.6亿吨标准煤，2020年将需要51亿吨，比2010年的能源消费量增长56%，平均每年增长6.3%。很显然，无论是资源供给能力，还是环境约束条件，都是难以承受的。因此，未来我国的经济增长必须建立在节约能源、降低消耗的基础上。比较合理的选择是到2020年能源消费总量控制在40亿吨标准煤左右，比2010年增长23%～25%，年均增长2.5%，能源消费弹性系数为0.35左右。每亿元GDP消费的能源从2010年的0.82万吨下降到2020年的0.5万吨，即单位GDP的能源消耗下降39%。

2001～2010年中国能源消费高速增长的主要原因，一是由于经济速度与20世纪90年代相比显著加快，二是由于生产结构的变化，资源密集型的高耗能工业持续高速增长。在工业增加值的构成中，重化工业与轻纺工业的比例1998年为55∶45，2010年为70∶30。目前我国重化工业的生产能力，除石油天然气、铁矿石等上游产业供给不足外，大多数行业的生产能力大于市场需求。未来5～10年，我国资源密集型重化工业将从高速增长转向中低速增长。

在中国能源的消费中，工业生产消费的能源占70%，其中石油加工、炼焦及核燃料加工业，化学原料及化学制品制造业，非金属矿物制品业，黑色金属冶炼及压延加工业，有色金属冶炼及压延加工业，电力、热力的生产和供应业等六大高耗能工业的能源消费占工业能耗的79%，即占能源消费总量的55%。所以结构调整是节约能源的关键。当高耗能工业的比重和增长速度下降以后，对能源需求的增长才能够相应地下降。

2010年德国能源消费总量6亿吨标准煤，是中国能源消费量的18.5%，但其国内生产总值则相当于中国的55.26%；日本消耗7亿吨标准煤，相当于中国能源消耗总量的21.5%，国内生产总值是中国的91%。这说明德国和日本的工业是以附加价值高、能源消耗低的产品为主导，同时也说明结构性节能有着巨大潜力。

当然，按美元计算的单位GDP能源消费量进行国际比较不能完全真实地反映我国的能源利用效率，但用产品物理量计算的能源消耗量则比较真实地反映了我国与发达国家先进水平的差距。如果单位产品能源消耗都能达到国际先进水平，我国的能源消费强度也将会显著下降。

参考文献

[1] 中华人民共和国国民经济与社会发展第十二个五年规划纲要．北京：人民出版社，2011

[2] 左娅．“十一五”期间我国新型工业化进程取得积极进展．人民日报，2010 年 9 月 1 日

[3] 赵晋平．改革开放 30 年来我国利用外资的成就与基本经验．国研网，2009 年 5 月 31 日

[4] 薛荣久，杨凤鸣．中国在世贸组织如何安身立命．国际贸易，2011（3）

[5] 杨圣明．走向贸易强国的理论创新．北京：经济科学出版社，2011

[6] 中国科技发展战略研究小组．中国科技发展研究报告——战略性新兴产业研究．北京：科学出版社，2011

[7] 张其仔主编．中国产业竞争力报告．北京：社会科学文献出版社，2011

加入世贸组织与中国农业改革发展

◎ 程国强

农业曾经是中国加入世界贸易组织谈判的难点之一，也是对外开放影响预期最悲观的产业之一。近10年来，有关加入世贸组织以及贸易自由化对中国农业的影响，国内外学者已作大量研究（张晓山，2002；黄季焜，Scott Rozelle等，2002；钟甫宁，2003；柯柄生，2005；程国强，2005；Anderson Kym，2010；牛盾，2011）。本报告在回顾与评估加入世贸组织10年来中国农业增长与结构变化的基础上，分析和辨识中国应对农业国际化的基本经验与启示，初步提出新形势下扩大农业对外开放的战略思路和政策选择。

一、中国农业：开放、增长与结构变化

加入世贸组织、扩大农业对外开放，对中国农业产生了深刻而积极的影响（柯柄生，2005；程国强，2005；牛盾，2011）。总体来看，10年来，中国农业不断拓展对外开放的广度和深度，积极提高统筹利用国际国内两个市场、两种资源能力，着力提升农业的整体素质、经营效益和市场竞争力，为维护国家粮食安全、保障主要农产品供给，保持经济平稳较快发展和社会和谐稳定大局提供了有力支撑和保障。

第一，严格履行加入承诺，农业全面对外开放格局基本形成。加入世贸组织10年来，中国严格履行承诺（专栏1），逐步削减农产品关税，目前已降至

程国强，国务院发展研究中心学术委员会秘书长、研究员。

15%，不到世界农产品平均水平 62% 的 1/4，成为世界上农产品关税水平最低的国家之一[①]（如图 1 所示）；对粮棉等重点农产品以及化肥等农资产品，按照关税配额管理承诺，合理实施进口管理及国内市场措施[②]；严守取消农产品出口补贴承诺，将国内支持中的黄箱补贴[③]上限约束在 8.5%。

与此同时，积极鼓励农业引进和利用外资，开展农业综合开发、农产品加工流通、农业科技研发等，对推动现代农业发展、促进农产品加工业结构升级、提高农产品质量安全水平发挥积极作用；加大农业对外合作工作力度，构建更加开放、公平、合理的国际与双边农业合作框架。探索实施农业“走出去”战略，包括民营企业在内的多家农业企业，积极开展对外投资，在东南亚、非洲、南美等地区进行农业开发、合作经营，正在建立形成持续、稳定、合理的全球资源性农产品进口供应链。

积极参与并推动贸易谈判，进一步改善国际农业贸易环境。根据中国农业的资源禀赋与比较优势特征，促进与东盟、新西兰等双边农产品贸易自由化；全面参与世贸组织多哈回合谈判，推动建立公平合理的国际农业贸易规则。10 年的开放历程，使中国农业基本融入世界贸易体系，对外开放的广度和深度不断得到拓展，农业全面对外开放的格局基本形成。

专栏 1　　中国加入 WTO 农业承诺概要

市场准入

关税：农产品关税由 2001 年的 23.2%，逐年下降至 15%。

关税配额管理：对粮食、植物油、棉花、食糖、羊毛进口实行关税配额管理。自 2004 年起，进口关税配额数量达到最高点（参见下表）。除小

① 目前农产品约束关税率比中国低的有：捷克 12.2%、美国 11.9%、新西兰 7.3%、澳大利亚 3.9%。

② 2006 年，根据加入承诺，中国取消豆油、棕榈油、菜籽油进口的关税配额管理，实行 9% 的单一关税管理；对棉花配额外进口实行滑准税制度；2005 年对外资开放农药、农膜的零售和批发业务，2007 年起开放化肥零售和批发业务。

③ 指受到世贸组织《农业协定》限制的各种价格支持、补贴等措施，不能超过规定的微量允许水平，要求作出削减承诺。

麦继续保持90%的国营贸易比例外，其他农产品的国营贸易比例将逐步缩小。2005年取消羊毛和毛条的进口指定经营制度。2006年取消豆油、棕榈油、菜籽油进口关税配额管理，实行9%的单一关税管理。

国内支持：承诺国内农业政策全面执行WTO《农业协定》；不适用第6.2条；将第6.2条下的补贴，计入"黄箱政策"补贴"综合支持量"(AMS)的计算；第6.4条关于特定产品和非特定产品综合支持量的"微量允许"(de minimis)水平分别为相应年份农业产值的8.5%；AMS零承诺。

出口补贴：取消所有出口补贴。

农业生产资料：2005年对外资开放农药、农膜的零售和批发业务；2007年起开放化肥零售和批发业务。

农产品进口关税配额承诺

产品	年度	关税配额（万吨）	配额内税率（%）	国营贸易比例（%）	非国营贸易比例（%）	配额外关税（%）
小麦		963.6	1	90	10	65
玉米		720	1~10	60	40	65
大米		532	1~9	50	50	65
豆油	2004	311.8	9	18	82	30.7
	2005	358.7	9	10	90	19.9
棕榈油	2004	270	9	18	82	30.7
	2005	316.8	9	10	90	19.9
菜籽油	2004	112.66	9	18	82	30.7
	2005	124.3	9	10	90	19.9
食糖		194.5	15	70	30	50
棉花		89.4	1	33	67	40
羊毛		28.7	1			38

资料来源：WTO，《中国加入WTO议定书》，《中国加入WTO工作组报告》。

第二，农业持续稳定发展，综合生产能力不断提高。加入世贸组织10年来，中国农业积极应对国际市场激烈竞争、贸易摩擦频发多发，以及国际金融危机和农产品市场剧烈波动的冲击，战胜了农业生产成本上升、比较利益下降以及自然灾害多发重发等多种困难的挑战，实现持续稳定增长。如2002~2010年，中国农业增加值年均增长率达11.8%，比加入前1998~2001年的

10.8%高出一个百分点（参见表1）。

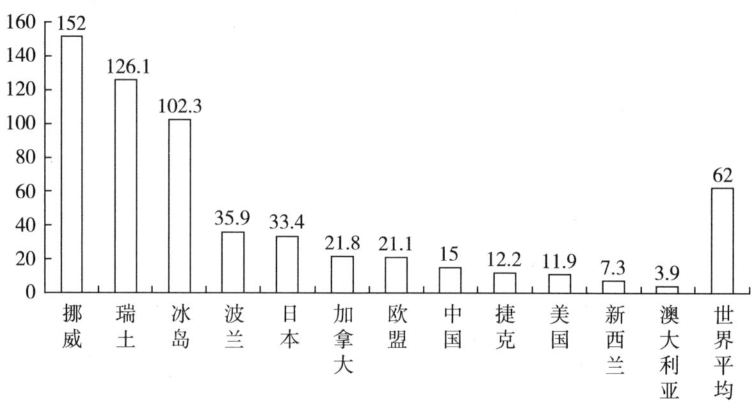

图1　世界主要国家农产品约束关税率（%）

资料来源：程国强，2005。

表1　中国经济结构的变化：1978～2010年（%）

	1978	1980	1985	1990	1995	2000	2001	2005	2010
GDP 结构									
农业	28.2	30.1	28.4	27.1	20.5	16.4	14.1	12.5	10.2
工业	44.1	43.9	38.3	36.7	41	40.4	39.7	42.2	46.9
服务业	23.7	21.4	28.5	31.3	30.7	39.0	40.5	40.1	43.0
就业结构									
农业	70.5	68.7	62.4	60.1	52.2	50	50	44.8	36.8
贸易结构									
农产品出口		26.7	24.5	17.2	9.4	6.3	6.1	3.6	3.1
农产品进口		33.8	12.1	16.1	9.3	5	4.9	4.3	5.2
农村人口比重	82.1	80.6	76.3	73.6	71	63.8	62.23	57	50.3

资料来源：国家统计局，《中国统计年鉴》，历年。

特别是10年来，中国坚持立足国内实现粮食基本自给方针不动摇，始终注重抓好粮食生产。粮食产量从2001年的9052亿斤增加到了2010年的10930亿斤，增长了20.7%，年均增速达2.1%。特别是从2004年开始，中国粮食生产连续8年丰收，粮食产量保持在1万亿斤以上水平，打破了延续多年的粮食三年一减的不稳定周期，粮食安全基础得到进一步强化（参见表2）。其他主要农产品，如油料、棉花、食糖、肉禽蛋奶和水产品以及瓜果蔬菜等产量也实现新的突破，农业综合生产能力进一步提升、农业结构进一步优化（参见

表3）。农业持续稳定增长，不仅满足了工业化、城镇化加速发展进程中人民群众不断提高生活质量的要求，而且为中国克服各种突发自然灾害困难、应对国际粮价剧烈波动冲击，保持经济持续稳定发展、社会和谐稳定提供了基础支撑。

表2　　　　中国主要农产品产量：1978～2010年

	1978	1995	2000	2001	2005	2010
粮食（亿斤）	6095	9332	9244	9052	9680	10929
其中：谷物	0	8322	8104	7929	8555	9927
稻谷	2738	3704	3758	3551	3611	3913
麦	1076	2044	1993	1877	1948	2304
玉米	1119	2239	2120	2281	2787	3545
豆类		357	402	410	431	379
棉花（万吨）	216	477	442	532	571	596
蔬菜（万吨）		25727	44468	48422	56451	65099
水果（万吨）	657	4215	6225	6658	16120	21401
肉类产量（万吨）	1062	4076	6125	6334	7743	7926
水产品总产量（万吨）	465	2517	4278	4381	5107	5373

资料来源：国家统计局，《中国统计年鉴》，历年。

表3　　　　中国农业结构变化：1978～2010年（%）

	1978	1990	2000	2001	2010
种植业	80	64.7	55.7	55.2	53.3
畜牧业	15	25.7	29.7	30.4	30
水产品	1.6	5.4	10.9	10.8	9.3
林业	3.4	4.3	3.8	3.6	3.7

资料来源：国家统计局，《中国统计年鉴》，历年。

第三，农民收入快速增长，农村市场贡献明显提升。加入10年来，在多种因素的共同作用下，中国农民人均纯收入由2001年的2366元增加到2010年的5919元，增加3552元，年均增长10.7%（参见表4）。特别是近几年来，虽然受到国际金融危机和国内农产品价格波动的影响，农民收入实际增速仍保持8%以上，2010年增幅达到10.9%，不仅高于GDP的增长速度，而且也高于城市居民人均收入的增幅，是中国历史上农民增收最快的时期之一。

农民收入的增加，促进生活消费水平不断提高，农村市场日益扩大。2010年中国乡村消费品零售额达20875亿元，比2001年的10424.9亿元增长

100.3%，年均增长8%（参见表5）。农村消费市场的扩张，对中国扩大内需、转变经济发展方式、实现经济持续快速健康发展意义深远。

表4 中国城乡居民收入：1978～2010年

	1978	1980	1985	1990	1995	2000	2001	2005	2010
城市居民家庭人均可支配收入（元）	343	477	739	1510	4283	6280	6859	10493	19109
农村居民家庭人均纯收入（元）	133	191	397	686	1577	2253	2366	3254	5919
城乡居民收入差距	2.57	2.50	1.86	2.20	2.71	2.79	2.90	3.22	3.23

资料来源：国家统计局，《中国统计年鉴》，历年。

表5 中国社会消费品零售总额：1978～2010年 单位：亿元

	1978	1980	1985	1990	1995	2000	2001	2005	2010
社会消费品零售总额	1559	2140	4305	8300	23614	39106	43055	67177	156998
其中：市	505	734	1875	3889	12979	24555	27379	45094	136123
县	380	399	737	1337	3366	4831	5251	7485	
县以下	673	1007	1693	3074	7268	9719	10425	14597	20875

注：2010年数据包括市县两级。

资料来源：国家统计局，《中国统计年鉴》，历年。

第四，农产品进出口贸易大幅增长，农业与世界市场的关联程度日益增强。一方面，充分发挥比较优势，积极扩大优势农产品出口。如表6所示，2010年中国农产品出口总额达489亿美元，与2001年加入世贸组织时相比，增长203.6%，年均增长13.1%。由此促进建立一批标准化、规模化的农产品出口基地，培育了一批具有带动和示范作用的产业化龙头企业，初步形成了特色、优质、安全、高效的农业产业体系，促进了农业结构调整和农民收入增加。另一方面，从人多地少的基本国情出发，在坚持立足国内实现粮食基本自给的同时，适度增加资源性农产品进口。表6显示，农产品进口总额从2001年的118亿美元，增加到2010年的719亿美元，年均增幅达22.2%。农产品进口弥补了国内农产品供需缺口，缓解了中国农业资源紧张的压力，为确保主要农产品有效供给发挥了积极作用。

与此同时，中国农业与世界市场的关联程度日益增强。表6进一步显示，中国农业贸易依存度由2001年的15%，增加到2010年的19.7%。其中，虽然目前中国农产品出口贸易依存度只有8%①，但农产品进口依存度日益提高，由2001年的6.4%上升到2010年的11.8%。其中，油籽、棉花等资源性产品进口大幅增长，对国际市场的依存度明显提高。如为满足国内不断增长的植物油以及饲料需求，大豆进口从2001年的1038万吨增加到2010年的5480万吨，年均增长20.3%，占国内大豆消费量的84%，相当于世界大豆进口总量的61.4%，是世界上最大的大豆进口国（表7）。

表6　中国农产品贸易[a]：1992～2010年

	单位	1992	1995	2000	2001	2005	2010
农业增加值[b]（现价）	10亿美元	105.3	143.6	176.7	186.1	281.6	611.7
农产品出口	10亿美元	11.30	14.40	15.60	16.10	27.60	48.9
农产品进口	10亿美元	5.30	12.20	11.20	11.80	28.70	71.9
农产品净出口	10亿美元	6.00	2.20	4.40	4.30	-1.10	-23.04
农业贸易依存度[c]							
农产品出口	%	10.8	10.0	8.8	8.7	9.8	8.0
农产品进口	%	5.0	8.5	6.3	6.4	10.2	11.8
农产品进出口总额	%	15.8	18.5	15.2	15.0	20.0	19.7

注：a. 本报告农产品按“世贸组织定义+水产品”（即食品+农业原料）统计；b. 按人民币对美元官方汇率计算；c. 农产品进出口贸易额相对农业增加值的比例。

资料来源：作者整理计算，数据来源于海关总署，《中国海关统计》；国家统计局，《中国统计年鉴》，历年。

表7　中国大豆进口：1995～2010年

	1995	2000	2001	2005	2010
中国大豆进口量（万吨）	79.5	1324.5	1038.5	2831.7	5480
占全球进口（%）	2	25.0	19.1	44.2	61.4
占国内消费（%）	5.6	55.3	37.2	64.8	84.1

注：中国自1996年取消大豆进口配额管理措施，实行3%的单一进口税率。

资料来源：海关总署，《中国海关统计》；国家统计局，《中国统计年鉴》；FAO，www.fao.org。

二、应对农业国际化挑战的经验与问题

加入世贸组织之初，由于中国农业经营规模小、组织化程度低、科技实力

① 美国为41.1%、欧盟34%、俄罗斯36%。农产品出口占主导地位的加拿大、澳大利亚、巴西和泰国等，农业贸易依存度则高达99%以上（根据世行“世界发展指数”估计）。

弱，在农业国际竞争中处于不利地位，因此许多人对开放条件下的农业发展充满疑虑和担心（程国强，2000；钟甫宁，2003）。为什么10年来，中国农业打破种种悲观预言，实现持续稳定发展？总结而言，主要有如下经验和启示。

第一，始终坚持把解决好“三农”问题作为全部工作的“重中之重”。加入世贸组织以来，根据中国农业参与国际合作和竞争所面临的新形势、新挑战，按照中国特色社会主义事业总体布局和全面建设小康社会战略全局的新要求，党中央、国务院高度重视农业农村问题，提出了一系列三农工作的战略理念和大政方针，从统筹城乡经济社会发展的基本方略，到把解决好三农问题作为全党全国全部工作“重中之重”的战略思想；从明确中国特色农业现代化道路的基本方向，到推进社会主义新农村建设的战略任务；从加快形成城乡经济社会发展一体化新格局的重要目标，到在工业化城镇化深入发展中同步推进农业现代化的重大决策，为新时期扩大农业对外开放、应对农业国际化竞争挑战指明了方向、明确了重点，提供了强大的政策支撑和制度保障。

第二，不断深化农业改革，加大对农业的支持保护力度。加入世贸组织以来，中国坚持并不断完善农村基本经营制度，深化粮食流通体制改革，全面放开粮食购销市场，建立和完善农产品和农村生产要素市场；实行农村税费改革，全面取消农业税、牧业税、特产税、屠宰税；连续发出八个以“三农”问题为主题的“一号文件”，对农民实行直接补贴（表8），建立健全农产品价格保护制度（表9），初步建立了以价格支持为基础、直接补贴为主体的农业支持政策体系，基本形成农业投入稳定增长机制，实现从农业“负保护”向“正保护”的政策转型，不仅有效保护和提高了农民种粮务农的积极性，也极大地提高了农业综合生产能力、抗风险能力和市场竞争能力。

表8　　中国农业补贴支出　　单位：亿元

	2004	2005	2006	2007	2008	2009	2010
粮食直补	116	132	142	151	151	151	151
农资综合补贴	–	–	120	276	716	795	835
农机具购置补贴	0.7	3	6	20	40	130	154.9
良种补贴	28.5	37.52	40.2	66.6	120.7	198.5	204
合计	145.2	172.52	308.2	513.6	1027.7	1274.5	1344.9

注：2002年、2003年良种补贴分别只有1亿元和3亿元；其中2010年数据来自财政部《2009年中央和地方预算执行情况和2010年中央和地方预算草案的报告》。

资料来源：根据财政部网站公开资料整理。

表 9　　　中国粮食最低收购价与临时收储价格　　　单位：元/公斤

	品种		执行范围	2005	2006	2007	2008	2009	2010	2011
最低收购价	小麦	白小麦	河南/河北/江苏安徽/山东/湖北		1.44	1.44	1.54	1.74	1.80	1.90
		红小麦			1.38	1.38	1.44	1.66	1.72	1.86
		混合麦			1.38	1.38	1.44	1.66	1.72	1.86
	稻谷	早籼稻	湖南/湖北/江西安徽/广西	1.40	1.40	1.40	1.54	1.80	1.86	2.04
		中晚籼稻	吉林/安徽/江西湖北/湖南/四川黑龙江/辽宁/江苏/广西/河南	1.44	1.44	1.44	1.58	1.84	1.94	2.14
		粳稻		1.50	1.50	1.50	1.64	1.90	2.10	2.56
临时收储	稻谷	中晚籼稻	南方稻谷产区				1.88	未启动		
		粳稻	东北稻谷产区				1.84	未启动		
	玉米		东北产区				1.50	1.50	未启动	
	油料	大豆	东北产区				3.70	3.74	3.80	
		油菜籽	油菜产区				4.40	3.70	3.90	

注：①最低收购价格和临时收储价格的等级标准为国家质量标准三等品，每个等级之间的差价为0.04元/公斤；②2008年小麦和稻谷最低收购价格是国家两次提价后的价格，第一次提价后白小麦、红小麦、混合麦分别为1.50、1.40、1.40元/公斤，早籼稻、中晚籼稻、粳稻分别为1.50、1.52、1.58元/公斤；③早籼稻最低收购价执行范围从2008年开始包括广西，中晚籼稻和粳稻从2008年开始包括辽宁、江苏、广西、河南；④东北产区包括黑龙江、辽宁、吉林和内蒙古；⑤不同产区的玉米临时收储价格有所差异，其中内蒙古和辽宁为1.52元/公斤，吉林为1.50元/公斤，黑龙江为1.48元/公斤。

资料来源：根据国家发改委网站公开的政策文件资料整理。

进一步，采用国际通行的经合组织（OECD）生产者支持估计（PSE）方法评价中国农业补贴支持政策的效果（参见专栏2）。研究表明，加入世贸组织以来，中国不仅实现了农业政策的全面转型，而且农业支持保护水平大幅度提高（表10）。中国的农业支持总量水平（TSE），从2001年的2415亿元增加到2010年的11286亿元，年均增长18.7%，创历史最高水平（程国强，2011）。

专栏2　　OECD 的 PSE 评价方法

农业生产者补贴，即“生产者支持估计”（PSE，Producer Support Estimate），是OECD用于测度实施农业支持政策措施后，农业生产者获得的补贴，具体可以分为：一是价格支持，即通过价格政策、市场干预等措施向农民和农产品提供的补贴支持，支持成本由政府财政和消费者共同负担，用 MPS（Market Price Support）衡量；二是直接补贴，即按照一定标准和条件直接给予农民补贴，补贴支出由政府财政负担。直接补贴可分为与农产品产量、农资等投入品使用、种植面积、动物数量、经营收入等挂钩的直接补贴（简称“挂钩补贴”），以及与上述不挂钩的直接补贴（简称“脱钩补贴”）。

支持总量估计（Total Support Estimate，简称 TSE），衡量实施农业支持政策措施后，从纳税人和消费者转移到农业部门的所有补贴。

农业总支持率，即“农业支持总量估计百分比”（%TSE），是 TSE 占国内生产总值 GDP 的比重。

农业补贴率，即“生产者支持估计百分比”（%PSE）。PSE 反映的是农业生产者补贴的绝对额，而%PSE 作为衡量农业生产者补贴水平的相对指标，是生产者支持估计（PSE）占农业总收入（即以生产者价格计算的农产品产值加上对生产者的财政预算支持）的比率，反映了农业总收入中来自农业支持政策作用的份额。

资料来源：程国强，《中国农业补贴：制度设计与政策选择》，中国发展出版社 2011 年版。

表 10 中国农业补贴支持水平的测算

	1993	1997	2000	2001	2009	2010
农业生产者补贴（PSE，亿元）	-1316	395	774	1360	7487	9239
农业补贴率（%PSE）	-13.5	1.8	3.5	5.9	13.9	16.1
生产者名义支持系数（NACp）	0.88	1.02	1.04	1.06	1.16	1.19
农业一般服务支持（GSSE，亿元）	353	542	979	1048	1944	2046
农业一般补贴率（%GSSE）	-37.8	56.7	55.1	43.4	20.6	18.1
农产品消费者补贴（CSE，亿元）	1539	60	-333	-824	-5403	-7055
消费补贴率（%CSE）	15.4	0.3	-1.5	-3.4	-10.0	-12.3
消费者名义支持系数（NACc）	0.87	1.00	1.01	1.04	1.11	1.14
农业支持总量（TSE，亿元）	-933	956	1776	2415	9432	11286
消费者转移	-1662	-59	483	946	5635	7431
纳税人转移	698	1139	1389	1542	5381	5536
财政收益	31	-123	-96	-73	-1585	-1681
农业总支持率（%TSE）	-2.64	1.21	1.79	2.20	2.77	3.01

注：2010 年系根据估测数据计算。

资料来源：程国强，《中国农业补贴：制度设计与政策选择》，中国发展出版社 2011 年版。

从国际比较看，2007～2009 年，中国农业支持总量（TSE）年均为 6204 亿元（按当年汇率折算为 878 亿美元），仅次于欧盟（1478 亿美元）、美国（1092 亿美元），高于日本（519 亿美元）、韩国（224 亿美元）的支持水平。相对而言，中国的农业总支持率（% TSE）平均为 2.05%（即国民收入中 2.05% 用于农业补贴支持），低于土耳其（3.5%）和韩国（2.4%），但高于美国（0.7%）、欧盟（0.9%）、日本（1.1%）等发达国家（程国强，2011）。

另一方面，中国农业生产者补贴（PSE）从 2001 年的 1360 亿元增加到 2010 年的 9239 亿元，年均增长 23.7%；农业补贴率（% PSE）从 5.9% 提高到 16.1%。其中，2007～2009 年平均% PSE 为 9.1%，即农业总收入中的 9.1% 来源于农业补贴政策措施的作用。当然，相对发达国家而言，中国农业生产者补贴水平仍然较低（图 2）。如 2007～2009 年 OECD 国家农业补贴率（% PSE）平均为 21.7%，挪威为 61.1%，韩国为 52.1%，日本为 47.3%，欧盟为 23.3%。即使是发展中国家，土耳其和墨西哥分别为 34.2% 与 12.5%，也远远高于中国（程国强，2011）。

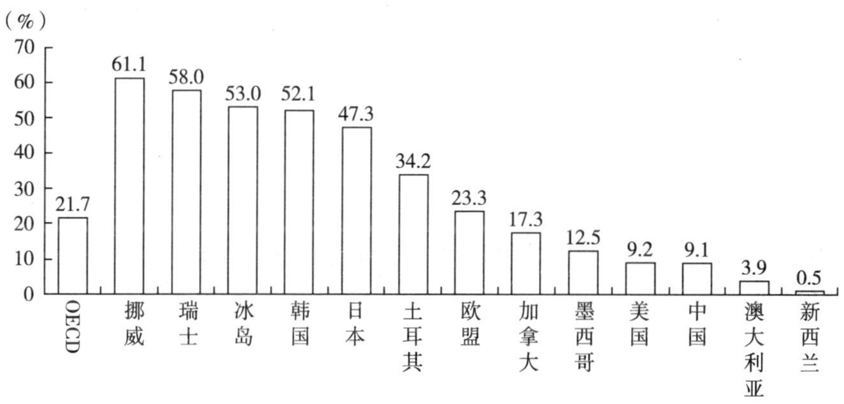

图 2　2007～2009 年主要国家农业补贴率比较（%）

资料来源：OECD，PSE/CSE Database，中国数据系作者计算。

第三，积极实施服务于国家粮食安全大局的农产品贸易战略。一方面，优化和调整农产品出口结构，积极扩大优势农产品出口，建立形成以劳动密集型产品为基础的优势农产品出口体系。10 年来，中国园艺、水产、畜禽等优势产品出口在全部农产品出口中的比重，从 2001 年的 60%，增加到 2010 年的 70%；粮食等土地密集型资源性产品出口占农产品出口总额中的比重，从

2001 年的 20% 下降至 2010 年不足 10%。另一方面，适度进口资源性农产品，探索建立统筹利用国际国内两个市场、两种资源的战略机制。2010 年，中国进口植物油与油籽折油共 2035 万吨，按目前国内大豆亩产 236 斤的生产技术水平测算，相当于利用了国外 9.6 亿亩的种植面积（与国内水稻与玉米种植面积之和相当）。若全部由国内生产来替代，意味着要以减少 68% 的粮食总产为代价。因此，适度进口国外资源性农产品，在一定程度上缓解了国内农业资源短缺的压力，对中国立足国内实现粮食基本自给、确保国家粮食安全和主要农产品供给具有重要意义。

第四，着力提升农产品进出口管理能力与市场调控水平。中国按照加入世贸组织的承诺，采取关税配额管理等进口管理措施，有效把握粮食等重要农产品进口的时间、节奏与规模，防范部分品种过度进口对国内生产和市场形成冲击；积极应用世贸组织规则，应对化解日益严峻的贸易摩擦与纠纷，为扩大优势农产品出口、保持农业稳定发展，营造公平、合理的国际竞争环境。特别是 2008 年以来，随着国际金融危机的爆发，农产品能源化、金融化趋势加快，全球农产品价格波动更加频繁，中国进一步强化农产品进出口管理，着力提高驾驭复杂国际市场环境的能力和水平；健全完善国内农产品调控体系，通过实施最低价收购、临时收储、竞价销售，把握储备吞吐、进出口节奏与时机，不断提高农产品市场调控的针对性和有效性，确保国内粮食等主要农产品有效供给和市场稳定，成功化解国际粮食危机的严峻挑战，为国家应对国际金融危机的冲击奠定了坚实的物质基础。

但 10 年来，对农业开放的争议也一直没有停息。如有人认为大豆等个别农产品进口过度，对国内生产冲击严重，导致大豆行业集体“沦陷”①；也有人认为国内种业、大豆加工行业面临外资垄断，农业产业安全存在严重隐患（尹成杰，2010）。客观看，在应对农业国际化挑战中，存在一些值得高度关注的问题。

第一，对统筹利用国际国内两个市场、两种资源战略的认识还有待深化。对农业开放的不同认识，有的来自对中国农业的强烈隐患意识，担心中国农业在不利的国际竞争中受到严重影响；有的来自局部、地区和行业的利益博弈，

---

① 从 2004 年开始，国内对大豆行业给予了高度的关注，媒体进行了密集的报道。媒体引用行业以及部分学者的观点，似乎形成了一个“共识”，大豆行业是我国农产品市场开放的一个深刻教训。

担心本国产品、本土企业缺乏比较优势，难以承受外来冲击；有的则强调农产品消费需求增长所带来的经济发展机会，应该由本国农业、农民来分享，因此对农产品进口心存疑虑，抵制情绪还相当普遍。究其本质，在于没有从中国的基本国情出发，对中国农业对外开放战略还缺乏全面深入的把握，对立足国内实现粮食基本自给与利用国际农业资源的依存关系认识不足。

日本、韩国以及中国台湾地区经济增长的经验表明，农业资源相对紧缺的国家或地区，经济发展到一定阶段，农产品进口将快速增长、农业对外贸易依存度逐步上升，这是一个难以回避的客观规律（参见专栏3）。

中国正处于工业化、城镇化快速发展阶段，在今后相当长的时期内，粮食需求刚性增长、水土资源约束不断加大的双重压力将越来越大，进口国外农产品、利用国外农业资源不可避免。

与此相反的是，由于战略缺失，目前中国的农产品贸易格局令人担忧。一方面，虽然中国农产品进口规模逐年扩大、对外依存度日益提高，但仍然没有建立有效利用国际农业资源和市场的战略机制，大宗资源性农产品进口既没有稳定的渠道，也没有形成全球供应链，难以规避日益频繁的国际风险；另一方面，虽然中国已经是世界上重要的农产品贸易大国，但仍然没有掌握必要的国际农产品市场与价格话语权，国内市场和企业不得不为国际农产品价格剧烈价格波动付出巨额代价。

专栏3　经济增长与农产品进口：国际经验

一些农业资源相对紧张的国家和地区经济增长的经验表明，在工业化初期，农产品出口增长较快，对经济发展具有重要的外汇贡献。但经济进入高速增长后，则转变为大量进口农产品，出现巨额农产品贸易逆差。到工业化完成后，农产品消费进入稳定增长阶段，农产品进口趋于稳定。

中国台湾地区。台湾地区1952～1969年农产品出口贸易顺差为29.3亿美元，占外汇收入的50%以上，为台湾经济起飞奠定了基础、作出重要贡献。但从1970年经济起飞开始，台湾第一次出现6.6万美元的农产品贸易逆差，此后随着农产品进口大幅度增长，再也没有出现过顺差。

韩国。自20世纪70年代进入经济起飞阶段后，农产品进口大幅度增长，从1970年的4.39亿美元增加到1980年的33亿美元，增长7.5倍，年均增长22.4%。1980~1990年，韩国农产品进口保持年均16.6%的增幅，进入90年代后，农产品进口趋缓，目前保持在200多亿美元的水平。

日本。农产品进口从60年代初经济高速增长时开始大幅增长，1970年达41.4亿美元，1980年增加到177.5亿美元，比1970年增长4.3倍，年均增长15.7%。到20世纪80年代末，日本农产品进口增加到1990年的508亿美元，比1980年增长2.9倍，年均增长13.4%。20世纪90年代以来，日本农产品进口增速趋缓，目前为700亿~800亿美元，1990~2009年的年均增长率只有1.5%。

第二，缺乏对农业国际化战略的总体规划和统筹管理。加入世贸组织10年，中国农业已经从加入之初的过渡期管理，进入全面参与农业国际化竞争阶段。但是，目前我们对新形势下的农业国际化战略，尚缺乏顶层设计和总体规划。特别是，还没有制定符合今后中国经济发展需要的农业对外开放战略目标和重点。与此相反的是，农业部门分割、管理多头、职能错位、层级复杂等问题还十分严重，没有建立对农业国际化战略进行统一协调管理的体制机制。在某些领域，部门利益影响全局决策，行业利益左右社会舆论，地区利益挑战中央政策等现象越来越严重。

需要重视的是，目前我们较多地注重于农产品进口限制、贸易保护，没有统筹管理农业产前、产中与产后相关产业开放的可能风险，农业对外开放政策体系还不完善，利用外资管理制度还不健全，农业产业安全管理存在一定隐患。例如，各方面都关注的外资在油脂加工行业大举扩张问题（李丰等，2011），我们的调研表明，其中既有部分外资企业违规直接或变相扩大对油脂加工投资的问题，如以压榨棉籽、棕榈油加工等不受限制的名义申报项目，项目建成后，实际上可用于压榨大豆、菜籽或油脂加工；也有个别外资企业利用某些地方政府“GDP崇拜”心理，采用多种方式规避国家油脂加工产业政策，如根据总投资不超过5000万美元项目直接由地方政府审批的规定，一些外资企业将油脂加工项目投资设在限额以下，或将总投资超过5000万美元的项目“化大为小”，避开国务院投资主管部门的审批。与此同时，少数外国粮商利用其全球供应链优势，在国内市场运用低价等策略冲击国内中小粮企，不断提高市场占有率，正在形成快速扩张之势。这在缺乏对农产品贸易、外商投资统筹管理的形势下，将危及国内农产品市场稳定和粮食安全，事关国家经济安全全局。

第三，农产品国际市场风险管理机制亟待加强。开放条件下，国内外农产品市场融合不断加快、相互影响日益加深，国际农产品价格波动对国内市场的传导影响越来越复杂，对市场风险管理的要求越来越高。但与此不相适应的是，一方面，国内企业的市场风险管理意识还有待于进一步加强；另一方面，国内期货市场、远期合同等市场风险管理工具也不健全，市场发育不够成熟，尚未形成有效防范和控制国际市场风险的机制。比如，近几年社会普遍关注的大豆问题，表象是近10年来大豆进口激增，因此质疑大豆市场开放过大，使大豆成为加入世贸组织冲击最大的产品。但理性分析，其实质是，由于2004年、2008年国际市场大豆价格的两次剧烈波动①，导致国内部分缺乏风险管理意识的压榨企业亏损严重、甚至停产关闭，引发两次行业兼并重组浪潮，而部分跨国粮商在两次危机中都幸免于难，趁机扩张，到目前已经掌握国内70%～80%的压榨产能。这或许是农业开放10年来我们真正需要吸取的深刻教训。

三、农业国际化面临的新形势与新挑战

同过去10年相比，今后随着中国国际化、市场化程度的明显提高，国内经济与世界经济的关联度日益增强，农业发展的国内外环境将发生重大变化，农业国际化将面临更加复杂的形势和挑战。

从国内看，一方面，今后主要农产品供需矛盾日益突出、资源环境压力越来越大，维护国家粮食安全的任务更加艰巨。从中国的基本国情出发，坚持立足国内实现粮食基本自给，就需要适度进口大豆、植物油、棉花、橡胶等资源性农产品，利用国外农业资源，弥补国内农业资源的不足。如何进一步提高统筹利用国际国内两个市场、两种资源的能力，建立持续、稳定、合理的全球资源性农产品进口供应链，既十分重要，也尤为紧迫。

---

① 美国芝加哥商品交易所21世纪以来的两次大豆价格剧烈波动：2004年，大豆期货价格一路上涨，4月达1050美分，然后快速下跌，11月跌到506美分，7个月下跌51.8%；2008年，大豆价格上涨到7月达1639美分，然后下跌到12月为787美分，5个月下跌52%。

另一方面，农业比较利益呈持续下降趋势，提高农业竞争力难度加大，农民增收困难日益严重。近年来，由于土地等农业资源成本、人工成本、物质与服务费用等大幅上涨，中国农业成本已进入快速上升通道。特别是，由于农业小规模分散经营，农业的兼业化、副业化趋势日趋显著，现代农业产业体系仍须进一步健全，农业科技创新与推广能力亟待加强，农业标准化建设与国际市场也未完全接轨。因此，今后提高中国农业国际竞争力的难度将越来越大，面临的挑战将更加严峻，对加快完善和强化农业支持保护制度的要求更加紧迫。

从国际看，首先，影响国际农产品市场的不确定因素日益增多，保持国内市场稳定的挑战越来越大。一是全球气候变化影响将继续深化，进一步加剧全球农产品供给波动。二是农业“能源化”趋势有可能更加凸显。由于国际石油价格持续攀升，将进一步推动生物能源快速发展，大幅增加对玉米、糖料、油菜籽及大豆等原料的需求，全球粮食供求格局将更趋不稳定。三是农产品“金融化”趋势难以逆转，投机资本炒作的影响更加突出，国际农产品价格波动将更趋剧烈。

其次，农业国际竞争环境日益复杂，扩大农业对外开放将面临更加严峻的挑战。发达国家继续对农业实行高补贴、高保护政策，农业贸易保护主义仍然甚嚣尘上。而 WTO 多哈回合谈判几近无果而终，建立国际农产品贸易新规则和新秩序步履维艰，不公平的国际农业竞争环境难以得到根本的改变。

第三，全球农业经营集中度进一步提高，利用国际市场和国际资源的难度将越来越大。全球农业跨国公司利用资金、品牌、管理等优势，进一步加快垂直整合与联盟，强化全球粮源、物流、贸易、加工、销售“全产业链”布局，已经控制全球 80% 的粮食贸易、70% 的油籽贸易，对全球农业资源的掌控与竞争制高点的争夺将更趋激烈。因此，今后中国农业“走出去”的外部环境将日益复杂，利用国外农业资源的难度会越来越大。

四、扩大农业对外开放：战略取向与政策选择

在中国工业化、城镇化快速发展中，稳步推进农业对外开放，是国家实行更加积极主动开放战略部署的重要组成部分，必须始终坚持，毫不动摇。

我们认为，从现在起到今后的 5 ~ 10 年，推进农业对外开放的基本思路

是，从中国基本国情和改革开放全局出发，以服务保障国家粮食安全和主要农产品供给大局为核心，以全面提高统筹利用国际国内两个市场、两种资源能力为目标，以深入拓展农业对外开放广度和深度为路径，以加快实施农业“走出去”战略、建立全球供应链为重点，以建立健全农业开放支持政策体系为支撑，以强化农业开放风险防控与产业安全管理为关键，为促进中国农业持续稳定协调发展、加快建设中国特色农业现代化提供基础支撑和良好环境。

因此，要以加入世贸组织10年为推进农业对外开放的新起点，从全球视野、战略高度，进一步提高推进农业对外开放的战略认识，以更加积极主动的姿态，进一步扩大开放领域，优化开放结构，提高开放质量，稳步提升农业对外开放的广度和深度。今后几年需要重点实施政策措施如下：

第一，抓紧制定扩大农业对外开放的总体规划。要根据中国农业资源禀赋特征和经济发展的阶段性特征，全面研究评估主要农产品供需的中长期趋势、加工产业结构变化规律，建立基于全球视野的国家粮食安全保障机制，提出新形势下重要农产品及其加工产业国际贸易的国家战略，构建统筹利用国际国内两个市场、两种资源的农业国际化战略框架。

第二，着力深化农业管理体制改革，强化和完善农业对外开放支持政策体系。要积极推进农业管理体制改革，从根本上消除部门分割、管理多头与缺位并存的体制性矛盾，建立健全统筹管理农业对外开放的体制机制；对水稻等关系国家粮食安全根本利益的主粮产品，要作为国家粮食安全战略保障重点产品，在现有最低收购价、直接补贴等政策支持基础上，探索实行差价补贴等措施，进一步完善和强化国内政策支持、进出口贸易与投资保护制度；建立和完善服务于国家粮食安全战略利益的农产品进出口支持政策体系，扩大优势农产品出口，强化进口管理；建立健全外资准入和安全管理制度，建立外资并购境内涉农企业报告和安全审查机制。为扩大农业对外开放、维护农业产业安全，提供强有力的体制支撑和制度保障。

第三，重点实施农业“走出去”战略，加快建设持续、稳定、安全的全球农产品供应链。要把实施农业“走出去”战略，作为新一轮农业对外开放的重点领域，采取财政、税收，金融等政策支持措施，鼓励各类企业在境外投资农产品加工、仓储物流、市场营销、国际贸易，构建持续、稳定、安全的农产品进口渠道，建立全球农产品进口供应链；大力扶持基础较好的国内粮农企业发展，培育农业跨国经营企业，支持中国企业通过参股、并购等方式，参与农业跨国公司全球供应链建设。

第四，探索建立全球大宗商品交易中心。抓紧谋划在现有商品交易所基础上，筹建与纽约、芝加哥和伦敦等交易中心竞争的全球大宗商品交易中心。其关键是，要充分发挥中国国内巨大市场需求的战略资源作用，逐步形成全球大宗农产品定价话语权，使之成为中国统筹利用国际国内两个市场、两种资源的战略平台，从根本上维护中国国际贸易权益乃至国家经济安全。

第五，建立健全农产品进出口调控机制。根据国际国内农产品供求和价格变化趋势，探索建立农产品国内生产与进口稳定衔接机制，有效调控进口，避免进口农产品对国内生产和市场形成冲击；建立农产品进口监测与产业损害预警系统和快速反应机制，充分运用反倾销、反补贴、保障措施等贸易救济措施，建立应对国外农业高额补贴的应急机制。

第六，积极参与国际农产品贸易规则、农业标准制定，以及动植物疫病防控、生物安全、生物能源、气候变化等涉农国际谈判与协作，进一步开展区域和双边贸易谈判，促进建立更加公平合理的国际贸易规则，进一步改善中国农业发展的国际环境。

参考文献

[1] Anderson Kym, Krueger/Schiff/Valdes Revisited, Agricultural Price and Trade Policy Reform in Developing Countries since 1960. Applied Economic Perspectives and Policy, 32 (2), 2010

[2] Andrea W., Anita R. and Ann T.. the Political Economy of Trade and Food Security. ICTSD publishing, Geneva, 2010

[3] OECD, PSE/CSE Database

[4] OECD, Agricultural Policies in OECD Countries: A Positive Reform Agenda. OECD Publications Service, Paris, 2002

[5] OECD, Agricultural Policies in OECD Countries: Monitoring and Evaluation. OECD Publications Service, Paris, 2010

[6] WTO. 中国加入 WTO 议定书、中国加入 WTO 工作组报告

[7] 程国强．世界贸易体系中的中国农业．管理世界，2005（5）

[8] 程国强．WTO 农业规则与中国农业发展．北京：中国经济出版社，2000

[9] 程国强．中国农业补贴：制度设计与政策选择．北京：中国发展出版社，2011

[10] 国家统计局. 中国统计年鉴.（历年）

[11] 海关总署. 中国海关统计

[12] 黄季焜，Scott Rozelle 等. 农产品价格保护程度和市场整合看入世对中国农业的影响. 管理世界，2002（9）

[13] 柯炳生. 入世三年来我国农业发展的分析与前景展望. 农业经济问题，2005（5）

[14] 牛盾. 入世十周年与中国农业. 农村工作通讯，2011（18）

[15] 尹成杰. 农业跨国公司和农业国际化的双重影响. 农业经济问题，2010（3）

[16] 张晓山，崔红志. 入世对农业和农村经济的影响以及转变政府职能. 理论视野，2002（4）

[17] 钟甫宁. 进攻还是防御？略论农业支持政策重点的战略选择. 农业经济问题，2003（1）

加入世界贸易组织与中国金融业改革发展

◎ 连平　等

加入世界贸易组织是中国对外开放进程中的重大历史性事件，也是中国金融开放的一个重要里程碑，从此中国金融业的改革和发展揭开了新的篇章。

入世之后，中国金融业的改革和发展面临急切的紧迫性。这主要体现在自身存在诸多缺陷的国内金融业在履行入世金融开放承诺时面临巨大的压力和挑战。一方面，为了结束长达 15 年的入世谈判和顺利加入世界贸易组织，中国在银行、保险、证券等业务方面均作出了一系列的开放承诺，并在入世 5 年后实现金融业全面开放。另一方面，入世之前的中国金融业存在一系列突出问题和不足：一是金融业仍是相对封闭且受国家管制最多的行业，银行特别是国有银行垄断金融市场的局面尚未打破，社会资源配置效率低下；二是金融市场的建立尚处于起步阶段，资本市场不发达，上市公司质量不高，外汇市场不完善，黄金市场刚刚启动，票据、金融期货、期权市场尚未形成；三是金融行业缺乏竞争意识、服务意识和风险意识，一些金融机构受到行政干预较多，亏损严重，不良资产比率很高；四是金融企业活力不足，人事制度僵化，缺乏人才激励机制，金融创新乏力，业务范围狭窄，服务手段落后，金融品种单一；五是金融企业法人治理结构和内控机制不健全，信息披露不充分，道德风险较

课题主持人：连平，交通银行首席经济学家、教授、博士生导师；课题协调人：韩刚；课题组成员：韩刚、吴建环、陆志明、王宇雯、戈建国、高洪满、倪志凌、田野，交通银行金融研究中心；课题评审专家：胡汝银，上海证券交易所研究中心主任；金志，交银国际信托有限公司顾问、原上海国际信托投资有限公司市场研究部总经理；竺叶群，交银金融租赁有限责任公司副总经理；康移风，交银康联人寿保险有限公司副总裁。

为普遍；六是金融行业的法律、法规亟待完善，金融监管技术和方法比较落后，行政倾向性较强，缺乏足够的透明度，防范和化解金融风险的能力有限。入世后金融业的全面开放和国外金融机构的大举进入，不可避免地会给我国金融业在市场份额、优质客户和人才的竞争、金融监管及宏观调控等方面带来现实压力。在这种十分紧迫的局面下，中国金融业除了加快改革和发展步伐已经别无选择。

加入世界贸易组织，有力地促进了中国金融业对外开放。入世之后，中国政府认真全面履行了金融业的开放承诺：银行业，入世即取消外汇业务的地域与服务对象限制，开放金融租赁业务和汽车消费信贷业务，两年后外资银行可从事中国企业的人民币业务，五年后全面开放；保险业，两年后取消对外资保险机构的城市控制，五年后取消许可证限制；证券业：入世三年内，外资证券公司可以建立合资公司（外资占1/3），承销A股、承销并交易B股和H股以及政府与公司债券，允许参与管理基金公司。不仅如此，中国政府还主动作出了许多超出承诺的金融市场开放，包括：容许外资银行入股中资银行，将单个外资参股中资银行比例从15%提高至20%；减少外资银行分行营运资金的档次和数量要求；允许外资银行从事衍生品业务和保险公司外汇资金境外托管业务；允许境外投资者参股国内商业银行；允许外国投资者对已完成股权分置改革的上市公司进行战略性投资，等等。中国金融业开放的广度和深度均比入世之前有了很大增加。对外开放不仅给中国金融业带来了前所未有的竞争压力，也带来了外资机构的理念、方法、技术、经验和制度，让中国金融机构能够近距离地感受和学习国外同行的经营模式和管理办法。

加入世界贸易组织，有力地促进了中国金融法制化建设。入世之后，中国政府按世贸组织规则，对当时正在实行的金融机构监管法规进行清理。凡与世贸组织规则有直接冲突、与中国加入世贸组织承诺相违背的都予以废止，存在缺陷的都予以完善。在清理原有法规的基础上，开始大规模制定新的法律法规。经过多年建设，已初步形成了以金融法律为核心，以法规、规章和规范性文件为配套，多层次全方位的金融法律框架，中国金融业步入了法制化、规范化的发展轨道。

加入世界贸易组织，有力地促进了中国金融监管体系完善。入世之后，为了适应新的监管形势，我国于2003年成立了银监会，标志着中国“一行三会”金融分业监管体系的形成。人民银行专门行使中央银行职能，银监会负责监管银行业、信托业和金融租赁业，证监会对全国证券、期货业进行统一监管，保监会统一监督管理全国保险市场和保险机构。对于增强银行、证券、保险三大市场的竞争能力、更大范围地防范金融风险起到了非常重要的作用。

加入世界贸易组织，有力地促进了中国金融市场化改革。世界贸易组织运行的基础是市场经济。入世之后，我国金融市场化的程度明显提高，现代金融市场体系的建设明显加快。货币市场和债券市场已经基本实现了利率市场化，存贷款利率也基本实现了“贷款管下限、存款管上限”的阶段性目标，由市场供求决定金融机构存、贷款利率水平的利率形成机制正在逐步形成。自 2005 年 7 月启动汇率形成机制改革以来，人民币汇率弹性明显增强，改革朝着建立健全以市场供求为基础、有管理的浮动汇率体制的总体目标循序渐进。市场在资源配置中基础作用得到加强，各类金融市场发展明显加速，多层次市场体系逐渐建立，市场参与主体不断扩大，市场基础建设不断增强，交易和监管机制不断完善。

加入世界贸易组织，有力地促进了中国金融机构综合竞争力提升。入世十年，中国金融业并没有如当初预期的那样受到巨大冲击，中资金融机构仍然牢牢占据了绝大部分市场份额，这不仅有外资机构“水土不服”的原因，更重要的原因是中国金融机构在与外资金融机构“短兵相接”的过程中，通过不断学习和改进，自身综合竞争力实现了快速提升，在公司股权结构、治理结构、资本实力、风险管控、产品服务、业务创新、信息化和人才队伍建设等各个方面均得到了明显改善和显著加强。一批实力较强的金融机构组建了金融集团，实施了横跨银行、证券、保险、信托、租赁等不同金融子行业的综合化经营战略，部分金融集团还走上了国际化发展道路，积极参与国际金融竞争。

展望未来十年，中国金融业将继续沿着国际化、规范化、市场化的方向前行，但在这一进程之中，仍然存在着一系列问题需要我们逐一解决。

一、加入世界贸易组织后中国金融业发生重大变化

回顾加入世界贸易组织以来的十年，中国金融业不论是在金融产业整体层面，还是在具体行业发展层面，都出现了许多重要的变化。

1. 入世后金融业改革与发展的整体状况

(1)“请进来”与“走出去”并重，金融国际化取得重大进展

入世之后，中国认真履行开放承诺，积极稳妥推进对外开放。在华外资银行机构迅速增长，中外资银行开展深度合作。截至2010年末，共有45个国家和地区的185家银行在华设立了216家代表处；14个国家和地区的银行在华设立了37家外商独资银行（下设分行223家）、2家合资银行（下设分行6家，附属机构1家）、1家外商独资财务公司。另有25个国家和地区的74家外国银行在华设立了90家分行；获准经营人民币业务的外国银行分行44家、外资法人银行35家，获准从事金融衍生产品交易业务的外资银行机构56家。外资金融机构进入中国市场起到了“鲶鱼效应”，推动了中资银行机构在公司治理能力、经营管理理念、资本约束和风险控制手段、业务水平和金融创新能力等方面的提高。

在证券市场与国际接轨方面，境外机构以多种形式参与证券投资。2002年11月，中国人民银行和证监会联合发布了《合格境外机构投资者境内证券投资管理暂行办法》，允许合格的境外基金管理机构、保险公司、证券公司以及其他资产管理公司等金融机构投资中国境内。QFII制度是促进中国证券市场国际化的有力措施之一，为国际资本进入中国资本市场打开了合规通道。截至2010年末，证监会批准的QFII总数达106家，其中91家QFII已开展投资运作。2003年，中国证监会颁布《外资参股证券公司设立规则》。截至2010年末，我国共有中外合资基金公司37家，中外合资证券公司12家，合资期货公司3家。此外，上海、深圳证券交易所各有3家特别会员，并各有38家和22家境外证券经营机构直接从事B股交易。外企上市和外资收购股权的限制也不断放开。2001年11月允许符合条件的外商投资股份公司申请在中国境内上市，2002年11月允许外资受让上市公司国有股权和法人股权，2006年2月允许外国投资者对已完成股权分置改革的上市公司通过具有一定规模的中长期战略性并购投资取得该公司A股股份。

保险业提前履行开放承诺，保险市场进一步扩大和活跃。2004年末，保险业即取消了对外资保险公司的限制，成为中国金融市场中最早实现全面对外开放的市场。截至2010年底，我国共有外资保险公司54家，包括外资财产险

公司 19 家，寿险公司 28 家，再保险公司 7 家。此外，有 23 个国家和地区的保险机构在 15 个城市设立了 169 家代表机构。中国保险业已对外资保险公司放开了全部地域和除有关法定保险以外的全部业务。中外资保险公司相互促进，共同发展，保险市场进一步发展和活跃，行业整体竞争力明显增强，服务水平不断提高，为国民经济和社会发展发挥了积极的作用。

信托平台受到外资机构青睐，外资参股信托公司案例逐渐增多。入世之后，相对宽泛的业务范围和比较灵活的运行机制使得信托公司一直是外资机构的追逐对象。2004 年 9 月，汇丰银行牵手山西信托；后又有香港名力集团参股爱建信托。在银监会 2007 年 8 月 9 日明确单个境外机构向信托公司投资入股比例不得超过 20% 之后，又有多家外资机构入股信托公司获批，比如，英国巴克莱银行收购新华信托 19. 99% 股权，澳大利亚国民银行收购联华国际信托 20% 股权，英国安石投资管理公司收购北京国际信托 19. 99% 股权，摩根士丹利收购杭州工商信托 19. 9% 股权，苏格兰皇家银行收购苏州信托 19. 9% 股权。

中资金融机构海外布局进程加快。银行业稳妥实施境外机构战略布局，拓宽业务领域，跨境金融服务能力大幅提升。截至 2010 年底，5 家大型商业银行在亚洲、欧洲、美洲、非洲和大洋洲共设有 89 家一级境外营业性机构，收购或参股 10 家境外机构；6 家股份制商业银行在境外设立 5 家分行、5 家代表处；2 家城市商业银行在境外设立 2 家代表处。中资证券、保险等金融机构也相继迈开“走出去”步伐。2006 年 4 月，中国央行公布了六项外汇管理政策，对 QDII 正式放行。截至 2010 年底，中国证监会共批准 31 家基金管理公司和 9 家证券公司获得 QDII 业务资格，37 只 QDII 基金和 4 只 QDII 资产管理计划获批，28 只 QDII 基金和 2 只 QDII 资产管理计划成立，资产净值约计 734 亿元人民币。QDII 的实施，打开了境内外货币资产与证券市场之间的双向流动渠道，中国证券市场与国际证券市场的对接步伐明显加快。中国证监会积极支持境内相关金融机构境外布局。截至 2010 年底，共有 18 家证券公司、12 家境内基金管理公司和 6 家期货公司经批准在香港设立子公司。保险公司也积极走出国门，在全球市场上进行资产配置。截至 2010 年底，中资保险机构在境外设立经营机构 33 家，设立代表处 8 家。2010 年末，中国保险业境外投资总额达到 83. 9 亿美元。

人民币国际化迈开步伐。人民币跨境贸易结算迅速发展，试点由局部扩展到全国，规模增长迅猛。2009 年 7 月，中国宣布启动跨境贸易人民币结算试点，目前试点地域范围已扩大至全国。中资银行积极开办这一业务，投入大量资源。2011 上半年，各银行累计办理跨境贸易人民币结算业务 9575.7 亿元，同比增长 13.3 倍。使用人民币结算不仅能够使企业减少汇兑成本，避免汇率风险，更好地满足企业跨境贸易和投资的需求，客观上也推进了人民币国际化进程，有利于促进国际货币体系多极化发展（连平，2010）。与此同时，人民币逐渐成为一些国家的储备货币，如阿根廷、韩国、马来西亚、白俄罗斯、印度尼西亚和尼日利亚等。此外，证券市场国际板筹备工作积极有序推进，将缓解中国外汇储备不断增加的压力，进一步推动中国资本市场与国际接轨，充分发挥资本市场在人民币国际化中的重要作用。

上海国际金融中心建设实现阶段性目标。目前，上海已形成了包括股票、债券、货币、外汇、商品期货、金融期货与 OTC 衍生品、黄金、产权交易市场等在内的全国性金融市场体系，是国际上少数几个市场种类比较齐全的金融中心城市之一。2010 年，上海主要金融市场（不含外汇市场）交易总额 386.24 万亿元，比 2003 年增长超过 11 倍，其中：上海证券交易所股票交易额位居全球第三位；上海期货交易所成交合约数量居全球商品期货和期权交易所第二位，成为全球三大有色金属的定价中心之一；上海黄金交易所黄金现货交易量位居全球第一。近年来，上海已经成为境内外金融机构重要集聚地，各类功能性金融机构和新型金融机构不断涌现。截至 2010 年末，上海金融机构总数达 1049 家，较 2003 年末增加了 626 家，其中各类外资金融机构 379 家，较 2003 年增加 289 家。21 家外资银行将其在我国境内的法人总部设在上海，占全国外资法人银行总数的 68%，并表资产占全国外资法人银行总资产的 85%；外资法人保险公司 19 家，占全国外资法人保险公司总数的 36%（其中 8 家转制后的外资法人财产险公司落户上海，占全国外资法人财产险公司总数的 44%；合资寿险公司 11 家，占全国合资寿险公司总数的 31%）；合资证券公司 5 家，占全国合资证券公司总数的 45%；合资基金管理公司 22 家，占全国合资基金管理公司总数的 63%。2010 年末，全市中外资金融机构本外币各项存款余额 5.22 万亿元，比 2003 年增长 201.73%；全市中外资金融机构本外币各项贷款余额 3.42 万亿元，比 2003 年增长 159.1%。2005 年人民银行上海总部成立，是我国金融管理体制改革的重大举措，对上海国际金融中心建设起到了重要的推进作用。

（2）法律法规体系逐渐完善，金融发展步入法制化轨道

针对相关法律法规体系中有些规则不符合世界贸易组织要求，相关机构集中进行了清理。例如，中国人民银行曾对1999～2001年6月30日期间发布的金融规章和规范性文件进行清理，决定废止3件，宣布失效6件；银监会成立后先后清理、废止了84份监管规范性文件；证监会经国务院同意后废止行政法规4部，废止规章10部、规范性文件91份。在此基础上，我国开始大规模地修改和制定金融法律法规。

银行、信托业的法制建设进展加快。2001年12月，国务院颁布的《外资银行管理条例》建立了外资银行的监管框架，并在入世五年过渡期结束之际，对《外资银行管理条例》进行了修改。2003年修订了《中国人民银行法》、《商业银行法》，并制定了《银行业监督管理法》。银监会成立之后，面对入世后银行业发展的新形势，加强了银行业审慎经营与风险管理的规则建设，在资本充足率、风险监管、风险集中和关联交易等方面制定了50余部规章和规范性文件。2008年8月，国务院发布了修订的《外汇管理条例》，代表着外汇管理的突破性进展。在信托业方面，2001年4月28日，全国人大通过了《中华人民共和国信托法》并于2001年10月1日正式实施。银监会在2007年修改完善了2001年1月颁布的《信托公司管理办法》、《信托公司集合资金信托计划管理办法》，并于2010年出台了《信托公司净资本管理办法》，确立了信托业“一法三规”的基本法律体系。

证券业的法律法规框架已告成形。2005年全国人大修订了《公司法》和《证券法》，夯实了资本市场的法律基础，与《公司法》和《证券法》修订相配套的其他法规和规章也得到了相应完善。如全国人大《刑法修正案（六）》加大了对市场操纵行为的打击力度，《企业破产法》规范了企业的破产行为；中国证监会陆续颁布了《冻结、查封实施办法》、《上市公司治理准则》、《上市公司股东大会规则》等，修订了《上市公司章程指引》、《证券发行上市保荐业务管理办法》、《上市公司收购管理办法》等，形成了与《公司法》、《证券法》配套的规章体系。2003年，全国人大通过了《中华人民共和国证券投资基金法》。2007年，国务院颁布了《期货交易管理条例》，将条例的适用范

围扩大到商品、金融期货和期权交易合约，期货业也逐渐形成了“一个条例”、“一个司法解释”、“四个办法”的法律法规框架。

保险业的法律体系初步确立。2002 年 10 月，全国人大对《保险法》进行了修改，以深化保险体制改革、加强与改善保险监管、推进保险市场化进程、加强我国保险业与国际接轨的步伐。2009 年，全国人大再次对《保险法》进行了修改，拓宽了保险资金的投资渠道，加强了保险监管。2006 年 3 月，国务院颁布的《机动车交通事故责任强制保险条例》，确定了机动车交通事故责任强制保险制度。在外资保险机构监管方面，2001 年 12 月，国务院颁布了《外资保险公司管理条例》，这是我国第一部对外资保险公司进行监督管理的行政法规。2004 年 5 月，保监会发布了《外资保险公司管理条例实施细则》，对部分问题进行了阐释。保监会还颁布并及时修订了与保险业相关的规范性文件，如《保险公司管理规定》、《保险代理机构管理规定》、《保险经纪机构管理规定》等。由此，保险业从基本法律法规、基本政策、监管规定等层次，初步建立起了较为完整的保险法制体系。

（3）现代金融市场体系加快建立，市场化程度不断提升

入世十年来，我国现代金融市场体系渐趋完善，市场化程度不断提升，主要表现为：利率市场化稳步推进、汇率形成机制改革加快、多层次市场体系逐渐完善等。

入世以来中国利率市场化进程稳步推进。一是 2004 年之前外币存贷款利率逐步放开。二是扩大银行的贷款定价权和存款定价权。2003 年之前银行定价权浮动范围只限 30% 以内，2004 年贷款上浮范围扩大到基准利率的 1.7 倍。2004 年 10 月，贷款上浮取消封顶，下浮的幅度为基准利率的 0.9 倍，尚未完全放开。与此同时，允许银行的存款利率都可以下浮，下不设底。三是在企业债、金融债、商业票据方面以及货币市场交易中全部实行市场定价，对价格不再设任何限制。随着各种票据、公司类债券的发展，特别是 OTC 市场和二级市场交易不断扩大，使价格更为市场化。四是扩大商业性个人住房贷款的利率浮动范围。2006 年 8 月，浮动范围扩大至基准利率的 0.85 倍。2008 年 5 月汶川特大地震发生后，央行又进一步提升了金融机构住房抵押贷款的自主定价权，将商业性个人住房贷款利率下限扩大到基准利率的 0.7 倍。

2005 年 7 月 21 日我国开始实行以市场供求为基础、参考一篮子货币进行

调节、有管理的浮动汇率制度。从 2005 年 6 月到 2008 年 7 月次贷危机全面爆发，人民币兑美元升值了 21.02%；2008 年次贷危机时期，为应对外部出口贸易环境的恶化，人民币汇率保持基本稳定。在 2008 年 7 月到 2010 年 6 月宣布二次汇改期间，人民币兑美元汇率升值了 0.71%；2010 年 6 月央行宣布进一步推进人民币汇率形成机制改革，增强人民币汇率弹性。之后人民币兑欧元和日元的汇率弹性显著增强，但人民币兑美元汇率仍保持单边升值的态势。从 2005 年汇改至 2011 年 9 月底，人民币兑美元汇率累计升值幅度已达到了 30.24%。

2004 年 1 月，《国务院关于推进资本市场改革开放若干问题的决定》首次提出了建立多层次资本市场的要求。2005 年，中央关于制定“十一五”规划的建议又将多层次资本市场的概念进一步扩大为多层次金融市场体系。上述变化既反映了对金融市场作用和认识的不断深化，也反映了市场在资源配置中基础作用的不断增强。目前我国已经基本形成了包括货币市场、资本市场、外汇市场与黄金市场在内的多层次市场体系。各类金融市场发展明显加速，市场参与主体不断扩大，市场基础建设不断增强，交易和监管机制不断完善。

2. 入世后金融子行业改革与发展回顾

(1) 银行业改革取得重大突破，核心竞争力显著提升

入世十年来，银行业整体实力持续增强，抗风险能力不断提高。一是资产规模迅速扩大。截至 2010 年底，银行业资产总额已达 95.3 万亿元，是入世前的 4 倍多（图 1）。二是盈利能力显著增强。2010 年我国银行业实现税后利润 8991 亿元、资本利润率达 17.5%、资产收益率 1.03%，而入世之初的 2002 年底，主要商业银行税前利润仅为 364 亿元。三是资产质量明显提高。截至 2010 年底，商业银行不良贷款余额 4336 亿元，不良贷款率 1.10%，而 2003 年底，商业银行的不良贷款余额为 2.1 万亿元，不良贷款率为 17.9%（图 2）。四是资本实力和充足水平显著提升。商业银行整体加权平均资本充足率从 2003 年底的 -2.98% 升至 2010 年底的 12.16%。2011 年，有超过 100 家银行进入“全球银行 1000 强排行榜”，更有 3 家银行同时进入全球前 10 强。

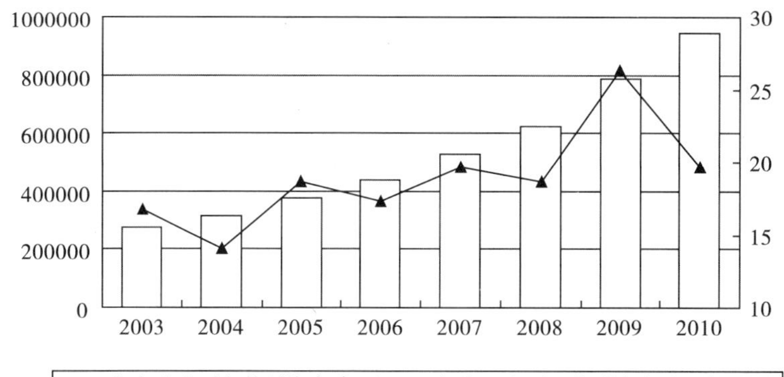

图 1 银行业金融机构总资产 2003～2010 年变化情况

数据来源：银监会，Wind。

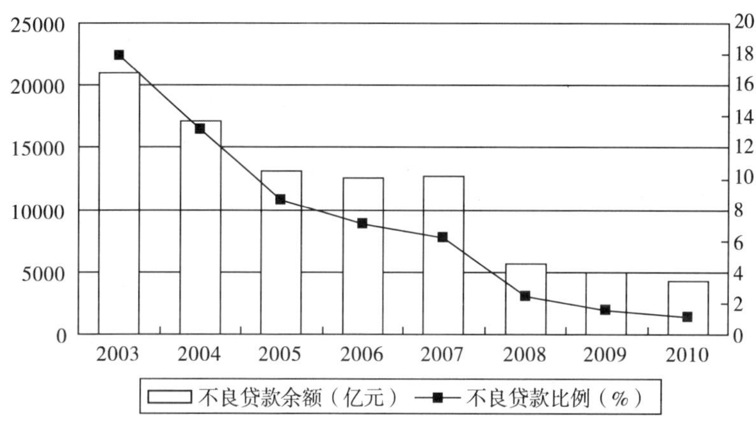

图 2 商业银行不良贷款余额和比例 2003～2010 年变化情况

数据来源：银监会，Wind。

入世以来，商业银行公司治理状况明显改善，经营管理水平显著提高。在引进境外战略投资者和相继完成财务重组后，交通银行、建设银行于 2005 年先后在香港上市。2006 年，中国银行、工商银行又分别在香港、上海两地成功上市。2007 年，建设银行、交通银行又先后顺利回归 A 股市场，为“公开发行上市”这一改革“三步走”路线画上了圆满句号。2010 年，农业银行 A 股、H 股上市。至此，大型商业银行股份制改革基本完成。随后，中国银行业的体制机制得到不断改善，经营理念和方式发生了重大变化，价值意识、资本约束意识、风险管理意识和品牌意识深入人心；建立并完善了符合现代金融企

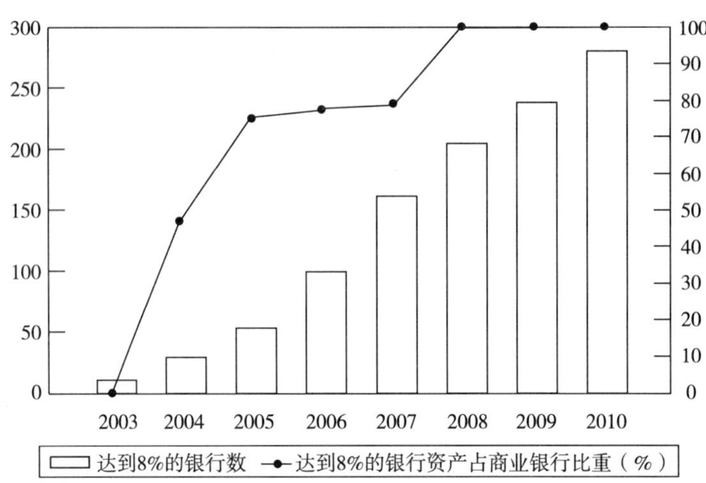

图 3 商业银行 2003～2010 年资本充足率变化情况

数据来源：中国银监会 2010 年报。

业制度要求的公司治理基本框架；按照国际先进商业银行的规范要求搭建了风险管理组织体系；初步优化和完善了业务操作流程和分级授权制度，按照巴塞尔协议要求强化了内部风险评估体系的建设。

入世后，商业银行业务转型稳步推进。一是业务结构由批发业务主导转向批发业务与零售业务并重；由单一的银行业务向证券业务、保险业务、基金业务、投资银行业务、资产管理业务等领域扩展，逐步建构起综合化的业务经营模式。二是资产结构由高风险资产向低风险资产结构转变。如在信贷资产中，逐步提高个人信贷比重，截至 2010 年 12 月末，个人贷款余额占全部贷款的 23.5%。三是在客户结构上，从优质大客户为主向优质大中小型客户并重转变。四是收入结构由利差收入主导转向利差收入与非利差收入均衡发展。2010 年上市银行手续费及佣金净收入占营业收入的比重达 12%。

（2）证券业市场化改革稳步推进，融资功能逐渐加强

加入世界贸易组织给中国证券业带来巨大挑战的原因是中国的证券市场与国际市场运作及世贸组织规则存在较大差距。为了建立符合国际规则的证券市场体系和加快证券业的发展，国务院于 2004 年 1 月发布了《关于推进资本市场改革开放和稳定发展的若干意见》，推动了中国证券业一系列改革。一是股权分置改革，为资本市场的持续快速发展奠定了制度基础。二是通过完善上市公司监管体制、规范公司治理等措施，促进资本市场持续健康发展。三是开展

证券公司综合治理工作，清理证券公司违规事项，关闭处置高风险证券公司，成立投资者保护基金，建立了证券公司市场退出的长效机制。四是深化发行体制改革，促进发行审核制度透明化，建立和完善保荐制度，强化证券发行的市场约束机制，推动发行定价机制的市场化，推动了制度安排从政府主导型向市场主导型方向转变。

监管体制也在改革中逐步完善。2004 年证监会改变跨区域监管体制，按行政区域设监管局。2007 年证券执法体系建立了集中统一指挥的稽查体制，确立了“查审分离”的模式。2002 年，中国证监会主导的基金审核制度渐进式市场化改革启动，监管部门简化审批程序，引入专家评审制度，审批过程渐趋制度化和规范化。期货业形成了中国特色的“五位一体”监管体系。通过构建第三方存管、净资本监管、分类监管、投资者适当性管理等全新的制度，证券、期货经营机构风险管理得以加强。

入世十年间证券业获得快速发展，融资功能不断增强。在积极发展壮大主板市场的同时，深交所于 2004 年设立中小企业板，并于 2009 年设立创业板。2001 年末，中国上市公司总数为 1160 家，股票总市值为 4.35 万亿元；而截至 2010 年末，中国上市公司总数已经达到 2063 家，股票总市值达到 26.54 万亿元。2001 年全年 A 股 IPO 筹资规模仅为 534.29 亿元，2010 年全年 A 股 IPO 筹资规模达到了 4882.63 亿元，约是 2001 年的 9.14 倍。2006 年代办股份报价转让系统开始进行非上市公司股份报价转让试点，服务对象为注册于国家高新技术产业开发区的创新性企业。2006 年中国金融期货交易所成立，为金融衍生品上市交易奠定了基础。

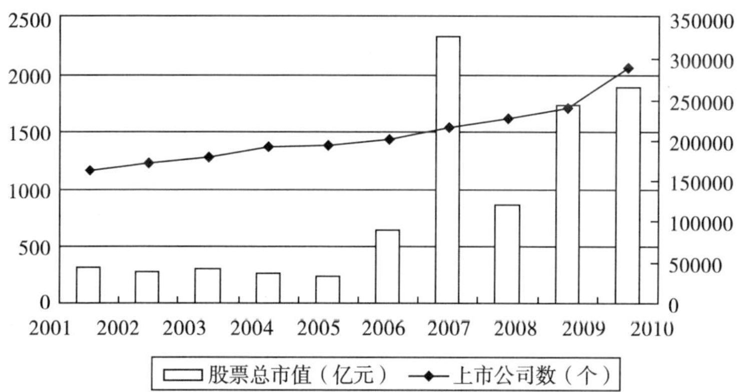

图 4 证券市场股票总市值和上市公司数 2001 ~ 2010 年变化情况

数据来源：中国证券期货统计年鉴，中国证监会网站统计信息。

入世以来，从事证券业务的证券公司、会计师事务所、律师事务所、资产评估机构不断发展壮大。证券投资基金等机构投资者逐渐成为市场的投资主体，开放式基金取代封闭式基金成为市场主流。私募基金也逐渐成为证券业的一股重要力量。

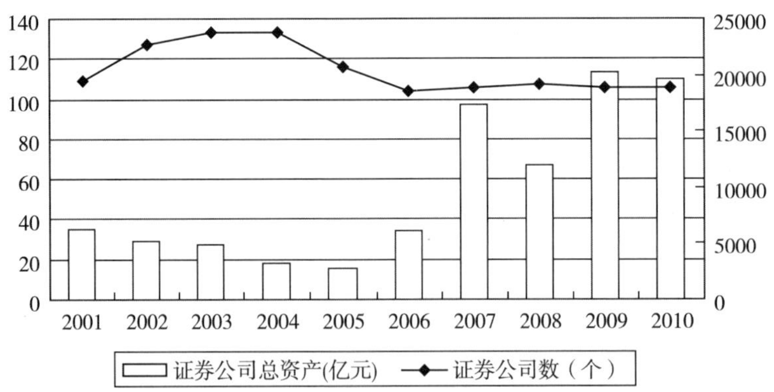

图 5　证券公司数量和总资产 2001～2010 年变化情况

数据来源：中国证券期货统计年鉴，中国证券监督管理委员会、中国证监业协会网站统计信息。

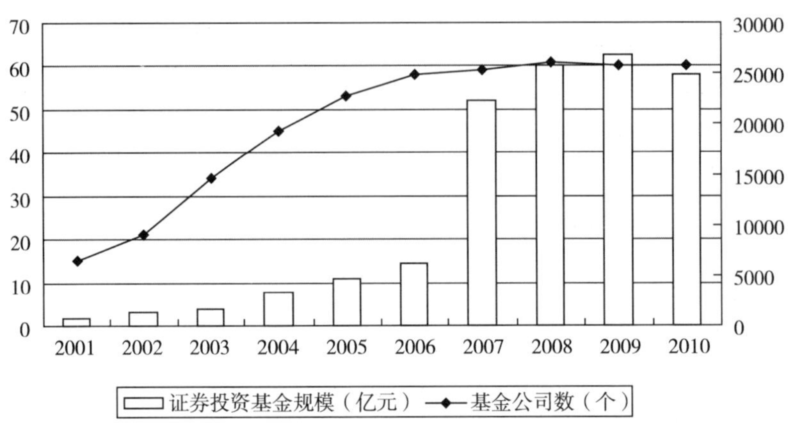

图 6　基金公司数量和证券投资基金规模 2001～2010 年变化情况

数据来源：中国证券期货统计年鉴，中国证券监督管理委员会、中国证监业协会网站统计信息。

资本市场的产品日趋多样化，陆续出现了可转换公司债券、企业资产证券化产品、集合收益计划产品、权证等新品种，以及融资融券等新业务。基金业推出了成熟市场的绝大多数主流基金产品，包括货币市场基金、分级基金、ETF 及联接基金等等，丰富了投资者的选择。我国期货市场品种基本覆盖了农产品、能源化工、有色金属、黑色金属和贵金属等国际市场主要的商品期货种类。沪深300股指期货的推出，成为期货市场发展的又一个里程碑。

（3）保险业市场体系日趋完善，服务领域不断拓宽

入世十年给中国保险业带来了新的经营理念、管理方式和保险产品，促进了保险市场的结构优化，扩大了中国保险业在国际金融、保险市场的影响力。保险业的服务领域不断拓宽，全社会的保险意识显著提高，保险业正逐步成为保障经济平稳运行、服务改善民生、服务新农村建设、优化金融结构以及参与社会管理的重要手段，较好地发挥了保险的经济“助推器”、社会“稳定器”和灾害事故“减震器”的作用。

在过去的十年间，中国的保险业经历了快速的发展时期。一是行业规模迅速扩大。入世以来，我国保费收入年均增长超过20%，保险收入的世界排名平均每年上升1位，截至2010年末，全国实现保险收入14528亿元，保险赔付金额超过3200亿元，保险公司的总资产规模突破5万亿元，保险公司数量也从2001年的35家增加到2010年的156家，中国已经成为全球最重要的新兴保险市场大国。二是现代市场体系日益完善。我国已经初步形成了多种组织形式和所有制形式并存、公平竞争、共同发展的保险市场体系，呈现出原保险、再保险、保险中介、保险资产管理相互协调，中外资保险公司共同发展的市场格局。

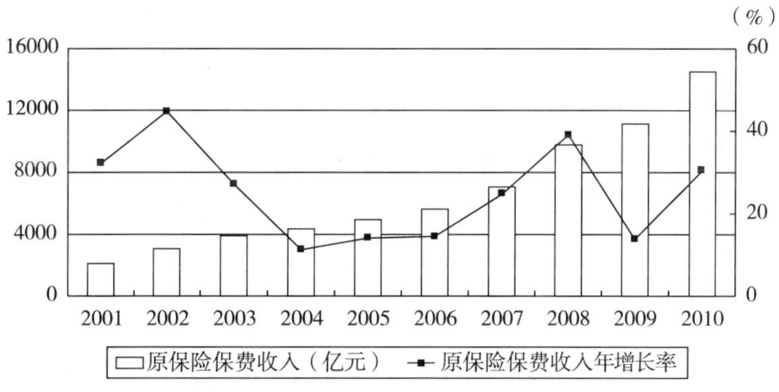

图7　保险业保费收入2001～2010年变化情况

数据来源：中国保监会网站统计信息。

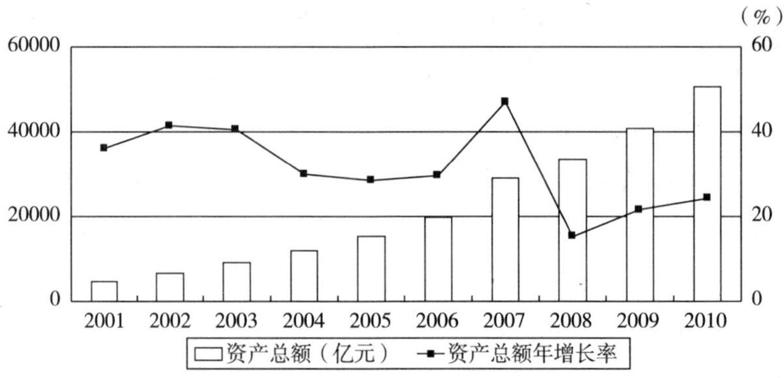

图 8 保险业资产规模 2001～2010 年变化情况

数据来源：中国保监会网站统计信息。

入世以来，保险业的体制机制、资本实力、人才队伍和技术手段等都发生了深刻变化。首先，通过对市场准入机制、行政审批制度、资金运用管理体制以及保险营销试点体制改革，释放了保险业发展的动力。其次，通过对保险公司的改革增强了公司的核心竞争力，目前我国已有 5 家[①]保险公司在境内外上市，中国人寿、中国人保和中国平安均已入围“全球 500 强”企业。第三，对外开放的稳步推进扩大了保险行业的影响力，同时保险监管也加强了国际合作，成为国际保险监管规则的重要参与者。

入世十年来，保险业积极化解了历史遗留包袱，有效地防范了各种风险。通过上市、增资扩股等方式，使得长期困扰保险业发展的利差损失、偿付能力不足等问题逐步得到解决，同时保险业也经受住了快速发展中出现的各种风险考验。2008 年底，国际金融危机爆发以后，保险业把防范系统性风险作为首要任务，完善了风险预警、识别和处置机制，有效地防范了风险的跨境传递，成功地应对了国际金融危机的冲击，维护了国家的经济金融安全。

（4）信托业进入“黄金时期”，金融租赁业快速发展

直到入世，中国信托业仍处于历时最长、力度最大的第五次清理整顿之中。经过多次整顿，全国信托公司的数量从 1988 年的 745 家锐减到 2002 年末的不到 60 家。从 2003 年开始，信托业在历经磨难和洗礼之后翻开了全新的一

① 目前，中国人保、中国人寿、中国平安、中国太平、太平洋保险集团等 5 家保险公司在境内外上市，其中，中国太平同时拥有两家在境外上市的中资企业，分别是中保国际和民安控股。

页，进入了一个高速发展的“黄金时期”。从 2003 年至 2010 年间，信托资产规模实现了从千亿到万亿的飞跃，并连续突破两万亿、三万亿关口。截至 2011 年 2 季度末，信托资产规模达到 3.74 万亿，与 2003 年末相比增长超过 20 倍，成为金融系统中 10 年来发展最快的行业。在信托高速扩张期，信托公司与银行等金融机构进行广泛业务合作，实现优势互补，银信合作类业务一度占据信托市场的大半江山。信托行业近 10 年来再未发生大规模的动荡，信托行业不良资产规模和比率持续下降，截至 2010 年末，不良资产率仅为 3.5%。信托公司逐渐回归信托主业，履行“受人之托，代人理财”的基本职能。从 2010 年起，信托业务收入在全部经营收入占比中始终保持在 50% 以上。创新能力不断增强，信托产品涉及制造业、农牧业产品生产、能源开发、民生工程建设、房地产开发、金融公开市场、文化艺术等多个领域，已经成为被社会广泛认可的金融理财产品。

入世之后，特别是 2007 年银监会颁布实施修订后的《金融租赁公司管理办法》以来，一批商业银行及其他符合条件的机构已经或正在筹备设立金融租赁公司，中国金融租赁业①进入了一个新的发展阶段。据《2010 年金融租赁行业发展报告》显示，金融租赁行业 2010 年的总资产为 3157 亿元，租赁资产余额为 2690 亿元，都达到了 2008 年的 3.9 倍。

二、入世十年后继续推进金融国际化和市场化的思考

加入世界贸易组织对中国金融业国际化和市场化起到了巨大的推动作用。入世十年后，中国金融业发展面临的环境已经发生很大变化，在继续推进国际化和市场化的进程中存在一系列不容忽视的问题需要认真思考。

1. 关于金融国际化

(1) 中国金融业的开放度

目前，外资金融机构在华设立机构、允许经营的业务领域以及股权投资等方面的门槛较低，但外国对我方金融机构在其境内设立分支机构、业务经营范

① 这里的“金融租赁行业”指银监会监管下的 17 家金融租赁公司（在 2010 年之前为 12 家）。

围、股权投资等方面的管理则要严格得多。此外，在国有银行引进境外资本和战略投资者过程中，有观点认为存在国有银行资产“贱卖”现象。加拿大西安大略大学经济研究中心主任约翰·瓦莱（John Wharley，2006）教授认为，中国最初做出开放承诺是因为中国希望融入世界，希望以外力促使国内金融业的改革和发展；为了加入 WTO，中国在金融领域的开放承诺是世界各国历史上所没有的。有观点认为，我国金融业国际化步伐过快，金融业不仅全部履行了当初的入世承诺，还做出了许多超出承诺的金融市场开放；许多加入世界贸易组织的发达国家签署了服务贸易条款，但未对外资银行开放本币业务，并对外资银行实行地域限制（白钦先，2007）。金融安全是国家经济安全的核心，必须将金融安全放在首位，避免过度开放（成思危，2007）。

我们认为，对外开放是我国的一项重要经济战略，维护国家经济和金融安全则更加重要。对外开放要真正坚持平等互惠原则，要争取外国对中国金融机构的对等开放，在外国的投资享有同等的优惠和便利，促进中资金融机构在海外市场的发展。在今后中资金融机构引进境外战略投资者过程中，要认真评估其成本与收益，审慎决策。要站在维护国家金融安全的高度，认真处理好中国金融业全面开放与金融稳定的关系，严控外资对中资金融机构投资持股的比例，将外资进入的“量”控制在国家金融安全不受影响的限度内。拉美国家和东欧一些国家在开放过程中都曾经出现跨国公司控股或持股后的金融机构因为服从和服务于跨国公司的全球整体战略，而出现在信贷和其他市场行为方面与东道国经济产业发展方向不一致，甚至与一国战略相冲突的情况。我国国有商业银行在引进境外战略投资者时对外资入股总比例和单个外资比例都做了限制性规定，保证了国有资本的绝对控股地位，但一些外资金融机构试图通过收购等手段突破持股上限的监管规定。同时，外资在入股中资金融机构时表现出强烈的控股欲望，一些虽然目前规模小但区位重要性突出、发展前景比较好的中资金融机构存在被控股的可能，这些问题都需要从国家战略需要和经济金融安全层面加以关注。

（2）对外开放与对内开放的关系

外资金融机构可以先于国内民间资本获得产业准入，并享有一定的超国民待遇（如早期在税收、收费政策、同业借款规定和会计政策方面的优惠政策），与此形成巨大反差的是，金融业对内开放步伐明显滞后，民间资本只能享受准国民待遇，监管机构对民营资本进入金融领域持十分审慎的态度，采取极为严格的管制政策。

金融业对内对外应平等开放，积极吸引优质民间资本进入金融业。金融业对内开放程度过低，内外开放不协调，容易导致对外资的过度依赖，影响金融安全，也会压缩国内民间资本扩张空间，不利于国民经济持续健康发展。一方面，大量民间资本以非正规金融形式存在，无法通过有效途径进入金融系统，形成“体外循环”，蕴含着很大的金融风险。另一方面，中小企业融资途径狭窄，很大部分只能通过非正规渠道融资。如果不尽快对内开放，不仅违背市场经济公平竞争的原则，也会削弱对外开放的程度和效果，更重要的是对国内经济结构调整、经济增长方式转变不利。总体来看，我国金融业对外开放已经达到了一定的程度和水平，扩大对内开放时机已经成熟，应该进一步加快这一步伐。

（3）国际板推出时间和资本市场开放进度

国内市场和国际市场还有很大的区别，在人民币还不能自由兑换的条件下，我们的定价水平、估值结构和估值水平与国际还存在一定的差距。如果不解决好这些问题，特别是不在加快 A 股的市场化改革步伐方面做比较充分的准备，贸然推出国际板，会对国内的 A 股市场产生重大的冲击。总体而言，国际板推出的时间已成熟，但要有一个循序渐进的过程，有一个从初期慢慢培育和发展的过程，同整个 A 股市场本身的市场化和国际化步伐要一致起来，减少对 A 股市场本身的冲击（华生，2009）。

国际板是“有限度开放”，不是“完全自由兑换”；国际板的建立能为中国资本市场带来六大新的机遇：新的投资渠道，产生新的市场供给，形成新的市场发展基础和世界性的无国界的市场发展空间，帮助中国本土资本市场做大做强做深，促进中国制造转化成中国创造，降低投资占比。使中国成为全球资本市场领先者，成为跨越全球的资本市场平台，形成领跑世界的机会。推动中国新一轮改革、开放、发展和创新，实现资本市场的持续发展。有助于人民币国际地位的提升和国际金融中心建设。对于在境外上市的本土企业而言，可以为他们提供主场优势，有助于中国金融服务业做大做强，有助于整个社会产业结构的转型（胡汝银，2010）。

我国资本市场应注重金融产品创新与市场建设的先后时间顺序，遵循

“先内后外”原则，即先推动国内的金融创新，在国内市场参与者形成足够的专业能力和国际竞争力之后，再实现国内金融市场对外全面开放（胡汝银，2009）。

我们认为，资本市场国际化步伐必须服从于我国的经济发展战略，与经济发展水平和结构优化程度相一致，并与中国的具体国情相结合。我国资本市场对外开放时要注重先“练好内功”。目前应着眼于建设成熟、完整的多层次资本市场体系，包括蓝筹股票市场、创业板市场、OTC 市场、风险投资（VC）与私人股权投资（PE），国内发行人与国际板，权益证券（股票）市场与固定收益（政府与公司债券）市场，基础证券与金融衍生品市场。同时，应加快形成完善的资本市场制度环境和游戏规则。建立完善的法治秩序，全面推进市场化改革与监管改革，建立完善的市场机制和市场导向的运作机制，形成良好的资本市场文化，倡导公正博弈精神，实现市场规则和市场机制的合理化，避免市场运作的低效率。

(4) 金融业国际化各部分之间的关系协调

从金融业国际化的六个维度[①]看，金融机构国际化的程度总体上要高于其他五个维度；自 2006 年中国履行全面开放金融业承诺之后，我国金融监管的国际化程度也在逐步提高，但仍滞后于金融机构、金融市场国际化的发展进程；在金融业务方面，由于中国的分业经营体制，使得各类金融业务经营仍存在不同程度的限制，金融业务的创新程度也远低于国际化水平，中国的金融业务国际化程度相对于金融机构、金融市场的国际化程度更低。此外，中国金融机构“走出去”时缺乏足够的跨国管理金融机构的经验、能力，擅长国际化经营的人才也不足（刘明志，2009）。

因此，应按照对外开放的基本国策，把“引进来”和“走出去”更好地结合起来，形成金融全球化条件下参与国际金融合作和竞争的新优势。要以人民币标价产品为主推动中国金融市场的国际化，这有利于避免国内货币替代现象严重化，有利于维持人民币的国际地位。要让中资金融机构在人民币跨境使用和人民币产品的跨境交易及境外交易方面发挥主导性作用，从而有利于中国

① 资本运动国际化、金融机构国际化、金融业务国际化、金融市场国际化、金融监管国际化和货币国际化。

货币当局对人民币市场进行调控。要发挥中资金融机构在联结国内外金融市场上的作用，将其培养成国内国际市场的主要联结者。要处理好中资金融机构“走出去”的步伐快慢与风险防范之间的关系，也要协调好银、证、保的开放步骤和政策措施。

(5) 推进人民币国际化的路径与模式

从跨境贸易人民币结算开始推进至今，香港人民币存款超过5000亿元人民币，人民币离岸债券市场、远期市场也都快速发展。2010年至今，人民币贸易结算的约80%是进口贸易结算。有观点认为，当前所取得“进展”的主要特征是香港的港币、美元资产转化为人民币存款，人民银行资产负债表中的外汇资产和人民币负债增加，货币当局从中承担利差和人民币升值双重损失，应该尽快结束基于套利动机的人民币外流，加快人民币汇改，形成有弹性的、双边波动的人民币汇率形成机制（张斌，2011）。

有观点认为，任何事情都有正反两面，推进人民币国际化也必然会带来成本与风险。风险主要是：迄今为止快速推进的人民币国际化主要建立在单边人民币升值预期的基础上；当前的人民币国际化格局会导致更大规模的外汇储备积累；中国政府将不得不进一步开放资本项目；离岸市场的人民币价格（包括利率和汇率）将对在岸市场的人民币价格形成机制产生冲击。人民币能否成长为国际性货币，关键在于中国经济能否在未来20年继续维持较高的经济增长，同时尽量避免出现恶性通胀与资产价格泡沫（张明，2011）。应该借鉴日本的教训，在国内金融改革实质启动并基本完成前，人民币国际化应该从激进的“贸易结算+离岸市场/资本项目开放模式”转向渐进、稳定的“资本输出+跨国企业”模式（殷剑峰，2011）。还有观点认为，应重估人民币国际化的路径与效应，人民币国际化要与解除资本管制的考虑相结合，资本项目管制是最后一道防线，资本项目放开不要有时间表（余永定，2011）。

在目前中国继续维持大量贸易顺差、人民币升值预期强烈的情况下，出现了人民币国际化不对称性的现象，但是未来随着人民币国际化程度的提升，跨境贸易人民币结算的收付比将趋于平衡。我们认为，人民币国际化应坚持审慎渐进的原则。历史经验显示，从一个国家成为全球重要经济体到该国货币成为全球储备货币，会经历很长一段时间。从中国经济金融发展状况来看，人民币国际化的内部条件尚需进一步完善，首先是国内经济基础尚待加强，目前中国人均经济数据世界排名落后，技术水平仍处于全球中低端。其次是国内金融市场基础较弱，如利率汇率市场形成机制有待完善，资本项目需进一步开放等等。目前官方并未给出明确的人民币国际化进程“时间表”。

推动人民币国际化宜采取“内外结合”的策略。一方面是完善国内经济金融基础，包括推动经济可持续稳定增长、资本项目进一步开放、推动利率汇率形成机制市场化、在岸金融市场建设不断完善、金融投资渠道不断拓宽，等等。另一方面是在国际上继续推动人民币国际化进程，同步推进人民币跨境贸易结算规模和范围（计价与结算）、人民币在岸与离岸投融资市场流通体系建设（交易与投资）、人民币进入国际主流外汇储备货币体系（外汇储备），等等。

(6) 上海国际金融中心建设的突破口

在上海国际金融中心建设过程中，要集聚和培育大型金融机构；建设金融中心的环境急需改善，要有相对特别的税收体制；在监管上应给上海一定的便利性，提供一个有利于创新的监管环境；上海急需具有国际视野、了解国际规则和上海实际结合的高级金融专业人才，上海还需要进一步创造好的环境吸引相关人才（连平，2009）。

有观点认为，目前加快人民币国际化的时机已经成熟；如果在 2015 年人民币没有变成可交易货币，到 2019 年人民币没有成为储备性货币，上海要建设成为国际金融中心会难度很大（吴晓求，2010）。在近两三年内，上海国际金融中心建设要有实质性突破，否则 2020 年要建成国际金融中心非常困难，下一阶段上海应在人民币国际化和资本项目开放两个方面有所突破（戴相龙，2011）。

我们认为，上海应以人民币国际化为契机，进一步扩大金融机构和金融市场的开放，促进大型金融机构在上海成立总部，并在金融服务体系上有所突破。国家应进一步加大对上海国际金融中心建设的支持力度，在国家层面建立更有力的组织推进体系，扩大上海金融监管局的权限，支持上海在资本项目开放和人民币国际化方面有所突破。

2. 关于金融市场化

(1) 利率市场化的推进方式

当前利率市场化逐步进入放开存款利率上限的关键阶段，利率市场化改革将关乎金融改革全局，必须突破。但是短期仍不会放开部分银行进行中短期存款利率市场化的初步试点，监管层也表示存款利率市场化目前尚无明确时间表（刘明康，2011）。此外，利率市场化不完全催生民间“影子银行”体系，影子银行虽然有助于改善融资结构，但同样也蕴藏着巨大的金融风险。

结合国际经验和中国现状，利率市场化改革需要坚持“渐进式”改革原则。“十二五”规划明确提出要在未来五年稳步推进利率市场化改革。具体来看，一是要创建公平的市场环境，推动实体经济尤其是国有企业的市场化，化解预算软约束问题，同时也要加大对市场利率违规竞争的监管力度；二是加大国有商业银行的改革力度，提高商业银行对市场风险定价的能力，并加快存贷款利率的市场化；三是推动金融产品和服务价格体系的市场化，增加可交易的金融工具，扩大利率覆盖范围，同时继续大力发展货币市场，以建设一个核心金融市场进而形成基准利率（李扬，2010）；四是进一步完善监管层市场化的监管机制，减少直接行政干预，建立起完善的市场化货币政策传导机制；五是有序发展影子银行体系，既要规范民间金融在中小企业融资领域的重要作用，同时也要坚决遏制高利贷现象的蔓延，防止其对形成合理的利率水平造成冲击。

（2）汇率市场化改革策略

人民币汇率市场化形成机制尚待进一步完善。目前，外汇市场面临成交规模较小，交易品种不足，金融创新与避险工具缺乏等一系列问题。央行和外管局强调的“双向波动、弹性增强”并不显著，单边升值的预期一直非常强烈，在很大程度上处于随中美关系而起“舞”的被动局面。

因此，人民币汇率形成机制需要坚持以市场供求为基础，适度调整一篮子参考货币权重，逐步扩大外汇市场波动区间，并综合考虑国际收支平衡状况、外资流入、国际宏观经济形势进行动态管理和调节。一是坚持主动渐进的升值策略，升值速度可以适当加快。升值幅度适度扩大有助于缓解输入型通胀压力，促进国际收支平衡和产业结构调整；二是应更多地参考一篮子货币进行调节，改变过于钉住美元的被动局面，考虑以人民币有效汇率的变化作为调整目标，逐步引导市场更多地关注有效汇率变化；三是考虑进一步扩大波动幅度，增强汇率弹性。小幅渐进的升值策略容易引发升值预期，导致“热钱”过多流入。而适度扩大升值幅度的同时增强汇率弹性，则有助于形成双边波动的格局，抑制投机资本流入。可考虑尝试人民币汇率的波动幅度从目前的千分之五扩大到百分之一。

（3）完善多层次金融市场体系的路径

完善多层次金融市场体系亟须解决一系列的问题：①多层次金融市场体系建设仍以“行政主导型”为主。这一模式主要表现为依靠国家优惠政策支持和产业培植倾斜，而非真正的市场优化配置选择，从而导致政府偏重于向中央要政策支持，而对于如何培育良好的市场环境，吸引更多投资者聚集关注不多。一旦国家的产业导向和政策倾斜变化，将可能对当地金融市场体系的持续发展产生一定的冲击。②整体市场化程度不够，金融创新工具缺乏，直接融资比例偏低。目前国内金融创新环境尚未成熟，金融产品的类型、数量、价格存在一定的限制，同时市场参与主体仍主要以大型机构投资者为主，参与主体类型有限，导致市场优化资源配置的效率不能得到完全发挥。③金融市场发展仍以保护机构为主，对中小投资者的金融抑制较深。譬如目前的股票市场较为强调融资和国企股权结构调整，而对于长期市场体系培育和投资者保护方面尚有一定的不足，这对于未来市场持续繁荣、真正优化市场结构、提高市场价格发现和发挥“优胜劣汰”机制不利。④金融监管以分业为主，与目前机构混业经营趋势不符。这一模式最主要的问题是各大金融市场并未成为完全市场化运作的体系，譬如各个金融市场分属不同行政部门管理，缺乏内在的紧密联系，各个金融市场之间也缺乏资金流动，价格关联度较低。⑤金融人才培育机制陈旧，与市场需求存在较大差异。这主要表现为目前的金融人才教育体制和实际使用应用脱节，如目前金融专业毕业的学生很多，但是能够设计金融产品的却不多，金融专业学生遭遇就业难，而金融机构却需要从理工科学生中发掘人才（李扬，2010）。

我们认为，完善多层次金融市场体系，一是可以参考新加坡模式，逐步转为“行政引导型”模式，即在承认市场基础作用的前提下，通过规划安排和软硬件环境建设吸引外部投资者聚集；通过提供公平、公开、公正与透明的制度安排，高效专业的金融服务让自身成为投资者的选择对象，从而建立真正市场化运作的金融市场体系。二是应加大金融市场创新力度，尽快推出更多适应市场需求的金融产品，丰富金融市场产品供给，增加金融市场的参与主体，开放更多的金融市场给包括个人在内的投资者，提高直接融资比例和市场的价格发现功能。三是转变传统“重融资、轻培育”的市场管理思路，改革现有的发行审批制度，推出一定的分红保障措施，切实保护中小投资者利益，增强股市的凝聚力和吸引力，稳定金融市场体系的长期发展前景，真正做到为优质企业提供长期融资服务。四是进一步加强各个监管机构之间的协作，避免条块分割带来的监管真空，增强各个金融市场之间的联系，完善金融市场体系的协同效应。同时也需要强化对股权融资、地方政府企业债融资等新兴金融模式的跟踪监督，既要保障合理金融创新的发展，同时也要防范潜在的金融风险。五是积极培育适应市场需求的实用型金融人才。改革现有的金融人才教育体制，主张学以致用，通过吸收现代金融管理体系的先进经验，为金融机构输送适应市场需求的实用型金融管理人才。

三、入世十年后金融行业发展面临的主要问题及建议

入世以来，中国金融各行业在深化改革方面取得了重要突破，也实现了持续快速健康发展。十年之后的今天，全球金融危机的阴霾还未散去，国内经济形势也错综复杂，中国金融行业的发展既有重大机遇，也面临严峻挑战。

1. 银行业

尽管入世之后中国银行业的转型发展取得了重要进展，但与成熟市场经济国家的银行相比，国内银行功能仍比较单一，注重传统业务，中间业务发展相对滞后。要改变这一状况，商业银行需要积极探索存贷业务和增值服务并重的业务发展和盈利增长模式，大力发展零售业务和中间业务，降低资金依赖型业务的比重。在客户结构调整方面，要大力发展零售和中小企业客户，对大型客户逐步从单纯的存、贷和结算业务，过渡到为其直接融资提供银行服务的综合业务经营上来。

虽然中国银行业在业务品种范围方面较之入世前有了明显的扩大，但很多机构仍停留在围绕传统业务的粗放经营状态，缺乏创新活力。在全新的国内外经济金融背景下，积极致力于金融创新是我国商业银行改革与发展的现实选择，按市场经济法则和现代商业银行运作规则，在有效控制风险的基础上，进行业务创新，提升商业银行的社会化服务功能，增进效率。

当前，中国银行业存款负债难度逐渐加大，信贷结构仍不合理。社会上合理有效的资金投放空间受整个国民经济发展的各种要素制约，一旦超过一定幅度，资产风险必将加大。存款又呈现不断活期化特征，这种存、贷款期限结构的背离将使期限错配风险加大。此外，利率市场化的进程也在加快。为此，商业银行必须探索通过发行金融债等方式进行主动负债，通过开发理财产品、投资避险性产品、年金管理产品来实施产品型负债，通过发行次级债务、资产证券化等获得资本性资金来源。

随着第三方支付企业的业务范围由刚开始的仅仅网上支付发展到线下支付，再逐渐延伸至转账还款、基金保险、缴费充值等其他金融领域，商业银行在借贷中介脱媒之后又面临支付脱媒的挑战。为应对非金融机构的挑战，当前我国商业银行发展网络金融服务的重点应包括：一是建设电子支付平台，为客户提供在线支付及清算服务，与第三方支付平台竞争；二是联合第三方支付企业或自行提供交易资金的托管业务，凭借银行的信用优势来获得电子商务交易中的主动权；三是开辟虚拟化金融空间，建立虚拟网点、虚拟经纪服务等模式，为客户提供一站式金融服务。

面对入世后外资银行的大举进入，商业银行还应积极实践创新综合经营业务，构建金融机构之间的战略联盟，培育和加强商业银行的投资银行功能，加快综合性金融控股集团的组建进程。同时，选择海外分支机构进行综合经营试点，加快海外发展步伐。

2. 证券业

尽管入世之后证券业实现了快速发展，但是总体来看，证券业规模，尤其是企业债券规模，仍然偏小，结构也有待完善。中小板、创业板尚处于发展初期，行业覆盖面较窄，代办股份转让系统还需要进一步完善，OTC 市场没有建立，还不能满足多元化的投资及融资需求。交易所交易品种较少，集中于股票、债券现货交易。期货品种结构简单，创新相对不足，金融期货、期权及其他衍生品还处于起步阶段。证券业需要大力发展债券市场，稳步发展主板市场，继续推进中小企业板和创业板建设，构建统一监管下的场外交易市场。需要建立适应不同层次市场的交易制度和转板机制，完善登记、托管和结算体系。

证券业市场机制不够健全，效率较低。从发行机制看，股票发行在一定程度上实现了市场化定价，但行政控制环节过多，审批程序复杂等问题仍然存在。不同债券产品发行审批标准不同，企业债券发行审核仍依赖行政审批，一定程度上阻碍了债券市场发展。从交易机制看，股票、债券交易成本和效率低于国外市场，尚需完善交易机制。上海、深圳交易所相对分割的登记结算体系降低了市场的整体运行效率。在退市机制方面，退市标准单一，没有针对不同市场设立不同的退市标准，不利于多层次资本市场的形成。

证券业从业机构综合竞争力较弱，大部分证券公司经营模式单一，盈利模式同质化程度高，盈利主要依靠经纪业务，对客户和产品缺乏分层和多样化服务。一些证券公司股权结构不合理，治理结构和内部控制机制不完善，缺乏有效的激励约束机制。目前，证券公司在产品创新、业务创新、组织创新等方面还受到较多限制，整体创新能力不足，创新活动中控制风险的能力也有待加强。

证券市场中个人投资者尤其是中小个人投资者比例偏高，投资者持股期限短，交易较为频繁。证券投资基金等机构投资者快速发展，但规模仍然较小。保险公司、全国社保基金、企业年金等其他类型机构投资者对证券市场参与程度不深，市场影响力不足。二级市场非公募基金发展较快，对市场影响日益增强，但在运作模式、内部控制、风险管理等方面还有待改善。

多层次资本市场法律制度还有待健全。一是《证券投资基金法》全面修订工作需要进一步推进；二是需完善期货交易法律制度，尽快出台《期货法》；三是需健全上市公司监管法律制度，推动制定出台《上市公司监督管理条例》；四是为了构建统一监管的全国性场外市场，需尽快出台《非上市股份有限公司的股份交易办法》以及《非上市公众公司监督管理办法》，确立非上市公众公司监管法律制度；五是需要加快征信立法，为征信机构的依法经营和有序竞争提供法律保证。

目前，证券业的监管在一定程度上仍依赖于行政手段。为完善监管体制，一是要简化审批，培育市场化发行和创新机制；二是要深化监管机构自身改革，加强监管队伍建设，提高监管效率；三是要加强各个监管机构间的协调与合作，防范金融风险。

3. 保险业

保险业旧有的体制机制矛盾依然存在，一些保险公司的内部治理结构还存在缺陷，完备的风险管控机制和科学的经营决策机制还没有完全建立，法律体系仍不够完善，这些都会制约保险业的科学发展。因此，应进一步深化保险改革，激发保险业发展的活力。必须更好地发挥市场机制在配置资源方面的基础性作用，实现不同保险企业在统一、规范、透明的市场规则下公平竞争。同时进一步深化保险公司体制改革，完善保险公司治理结构，完善公司运行机制，切实加强保险公司基础管理，提高制度的执行力。

在金融全球化和综合化经营的趋势下，一些新的风险因素在境内外和行业内外以新的形式传递，这对保险监管的技术和手段提出了新的挑战，目前防范风险的任务更加繁重，加强和改进保险监管愈加迫切。因此，应立足于保险业发展的现状，以新的视角研究解决保险业发展过程中存在的新问题，面临的新风险，以新的思路不断完善保险监管职能，加强监管创新，实施分类监管，为保险创新营造良好环境，努力防范风险，切实保护投保人的权益。

现阶段我国保险业的覆盖面仍然不足，市场结构分布较不均衡。和发达国家相比，我国保险业参与减灾防损和发挥经济补偿的能力还有明显差距，2010年我国保险赔偿占灾害损失比例不到5%，而世界平均水平超过30%。保险密度和保险深度同样有待提高[①]，2010 年中国保险业的保险深度为 3.65%，不到世界平均水平的 1/2；保险密度为 1083.4 元/人，仅为世界平均水平的 1/5[②]。因此，应进一步发挥政府推动和政策支持的积极作用，进一步拓宽服务领域，寻求市场机制和政府推动的结合点，形成共同推动保险业发展的合力。特别是在服务“三农”方面，积极探索不同的经营模式，扩大政策性农业保险试点范围，并利用多种资源为农村地区提供优质的保险服务。同时积极参与社会保障体系建设，扩大社会保障的覆盖范围，提升社会保障体系的运行效率。

目前，我国的保险产品品种和保险服务领域相对有限，保险创新能力有待提高。因此，必须从战略高度，坚持把推进自主创新作为转变保险业发展方式

---

① 保险深度是指一国（地区）的全部保费收入占 GDP 总额的比率；保险密度是指一国（地区）的人均保费收入。

② 数据来源：《2010－2011 中国保险市场年报》。

的中心环节，努力培育创新型企业，营造有利于发现、引进、培养和凝聚专业人才的制度环境，优化有利于创新的利益分配机制，切实保护和激发保险创新的热情，进一步增强保险业的综合竞争能力。

4. 信托与金融租赁业

尽管在过去的十年中，中国信托业实现了持续快速发展，但是以下问题仍不容忽视：①信托功能需要更好地挖掘和延伸。信托公司主要是从理财和投资的角度发挥信托功能，更多是将信托产品作为理财产品来经营。事实上，信托的功能非常丰富和灵活，并非仅限于理财产品和投资产品。信托公司可以也应该在生活保障、财富传承、教育创业、企业激励福利和公益事业等更为广泛的领域发挥巨大作用。②信托公司的资产管理能力仍要加强。鉴于历次“信托整顿”都与资产管理能力不足与制度不匹配等原因有关，加强资产管理能力仍然是信托公司的日常必修课。一方面，努力提高市场开发能力和业务创新能力，调整业务结构，不断提升产品附加值和科技含量，形成具有特色的核心竞争力。另一方面，持续强化内部控制和风险管理能力，建立和完善内部风险预警和控制机制，通过动态监控、定期敏感性分析和压力测试等手段，逐步实现信托风险的计量和监控。③全行业乃至全社会恪守的信托文化还有待真正树立。尽管近十年信托行业实现了高速健康发展，但是现代信托文化还没有在全行业内真正树立起来（周小明，2011）。现代信托文化的核心是守法合规、勤勉尽职。只有全行业恪守信托文化，中国信托业才能走出“异化—整顿—再异化—再整顿”的恶性循环。这个过程，既需要监管部门、行业协会与社会舆论的引导，更需要所有信托从业人员的共同努力。

当前，金融租赁行业有以下突出问题需要着手解决：①外部环境仍存制约因素，尚需改善。一是需要推动专门法律的立法工作，消除现有法律、法规和政策之间存在的不配套、不衔接甚至相互矛盾的现象；二是继续改善租赁行业的税收环境，比如，扩大增值税抵扣范围，明确税收政策优惠和进口货物关税减免政策等；三是要尽快建立和完善租赁物二级市场，改变租赁物的取回和处置难度较大的现状，促进融资租赁独特优势得以发挥。②单一业务模式和同质化竞争现象需要改变。为此，金融租赁公司需要找准市场定位，发挥产品优势，建立成熟有效的商业模式，创新租赁业务，走专业化、特色化的发展道路。依靠产品服务、人才结构、股东实力、客户基础等条件，寻求差异化的发展战略，建立区别于其他行业、其他公司的核心竞争力。③境内外市场存在分割的局面需要打破。目前，国内金融租赁公司由于在境外外汇融资、设立境外项目公司等方面存在政策限制，制约了以美元计价并需要在国际市场范围内进行资产配置、购买与处置的机船租赁业务发展，国内大型航空、船运企业的机船租赁市场多为国外租赁公司占据。因此，相关部门应该进一步放开政策限制，鼓励和支持金融租赁公司积极参与专业市场的国际竞争。④专业人才短缺，迫切需要加强人才培养工作。一是加大融资租赁理论研究及知识普及投入力度；二是在相关本科专业中设置融资租赁课程，并在硕、博研究生及博士后的培养上增加融资租赁方向；三是设立权威融资租赁培训机构，加强融资租赁从业人员在职培训。

四、中国金融业改革与发展趋势展望

入世十年之后，中国金融业又站在了一个新的起点。面向未来，中国将以加快转变金融发展方式、进一步发挥市场配置资源的基础性作用为主线，深化改革开放，巩固和扩大应对国际金融危机冲击的成果，继续提升金融业综合竞争力和抗风险能力，全面构建社会主义市场经济金融体制。

1. 金融业整体趋势展望

总体来看，未来十年中国金融业的改革开放将进一步深化，金融业将继续快速发展，市场在金融资源配置中的基础性作用将进一步增强。中国将更加积极、稳妥地参与金融全球化，推动国际货币、金融体系改革，以切实维护我国的根本利益。金融国际合作更加紧密，中国将在国际和区域金融领域中扮演更重要的角色。金融法律法规将更加健全，法制体系更加完善。金融监管体系将在完善功能监管的同时探索建立产权监管机制。继续深化利率、汇率等基础金融价格形成机制市场化改革。适应金融需求的多样性，建立和完善多层次的金融组织和市场体系。适应居民消费结构升级和经济结构调整趋势，创新和改善对居民消费以及经济社会发展关键领域和薄弱环节的金融服务，发挥金融对促进经济结构调整和发展方式转变的积极作用。深化金融机构改革，完善公司治理，形成一批经营稳健、充满活力、具有国际竞争力的金融机构。

未来十年，我国金融业将进一步有序对外开放，金融机构“走出去”步伐更加稳健。预计中国金融业对外开放将总体上按照主动性、渐进性、可控性原则有序推进，以资本市场开放为重点，拓宽资金有序流出渠道，主要交易项目基本可兑换。资本项目开放是一项复杂的系统工程，与一国国内外经济发展水平和国内外政治经济形势紧密相关。在人民币国际化背景下，虽暂无明确时间表，但稳步推进资本账户的完全开放是大势所趋。从发达国家的经验看，中国实现资本账户完全开放的时间区间应该在 2015 ~ 2020 年，这一时间区间与中国经济的战略机遇期正好吻合（陈雨露，2011）；渐进式的开放模式将成为中国资本账户开放的最佳模式。金融机构海外布局将稳步扩大。利用全球金融危机中国际主要金融机构业务收缩的机会，中国金融机构将采用差异化的海外发展战略，在充分评估法律风险和整合风险的前提下有重点地稳步推进海外战略布局。涉外金融服务发展重点从贸易金融向投资金融服务转变。大型跨国金融机构逐步发展，国际化经营水平大幅提高。

人民币的国际化程度和国际影响力显著提升。中国将以“实需为主、先易后难、强化监测、风险可控”为原则，积极推动人民币走出去。境外人民币回流渠道进一步拓宽。人民币跨境投融资试点展开；境外企业和机构可以来内地发行人民币计价的债券。越来越多的中国贸易伙伴更愿意使用人民币进行贸易结算，更多的对外投资将使用人民币；人民币被更多的国家接纳为储备货币，并进入 SDR 货币篮子。预计到试点满五年时，届时通过贸易结算途径将有约 3.5 万亿元人民币头寸被境外非居民持有。参照日元经验，中国可能将用约 10 年时间，使对外贸易总量中的 30% 左右用人民币进行结算（连平，2011）。

上海国际金融中心建设稳步推进，香港在内地金融改革开放中的作用进一步扩大。以加大金融对外开放和人民币“走出去”为契机，上海国际金融中心建设加快，上海在全球的人民币产品创新、交易、定价和清算中心地位基本确立；到 2020 年，上海将基本建成与我国经济实力以及人民币国际地位相适应的国际金融中心。香港在推动内地改革开放中的作用进一步发挥，人民币离岸市场发展加快，香港将成为全球人民币离岸中心。

未来十年，中国利率市场化将延续渐进式改革路径。“十二五”规划指出要加快推进利率市场化形成机制，预期“十二五”期间利率市场化将取得明显进展。采取渐进可控的利率市场化政策，适度控制存款利率放开的适用品种和上浮空间，因而不会导致经济大幅波动。同时考虑到在通胀压力较高、信贷偏紧的环境下，适度放松存款利率上限能起到类似加息的效果，同时可避免净息差大幅波动。如果未来宏观环境较为平稳和银行业经营继续稳健，2020 年前中国的利率市场化有可能基本实现。

人民币汇率形成机制将继续加强市场供求在汇率定价中的基准作用，外汇市场的交易主体和交易品种将大大增加，交易和监管更趋规范，市场价格发现能力将明显提升。在人民币国际化程度提高的同时，人民币兑主要国家货币的双向波动将趋明显，人民币汇率的弹性将增强，人民币兑美元将摆脱单边升值的局面。未来人民币将会盯住一篮子货币，美元的权重可能会有所下降。

中国多层次金融市场体系建设将进一步加快。金融市场创新能力将不断增强，直接融资比例将得到显著提高；金融市场发展将从强调融资功能转向长远规范发展；对金融市场的监管协作能力不断加强，相关部门的责权利更为清晰，股票市场的发审制度将更为完善；市场层次不断加深，创业投资和股权投资持续规范发展；各类实用型金融人才体系不断完善。

未来，金融监管体制将进一步完善，逆周期调节的金融宏观审慎管理制度有效实施。财政部、“一行三会”、发改委等在重大问题和政策法规上的协调性得到加强，信息共享和交流将常态化、规范化；财政政策、产业政策与货币政策之间的配合更加协调，金融宏观调控的有效性得以增强。在分业监管体制下，金融控股公司和交叉性金融业务的监管存在一定的缝隙，系统重要性金融机构存在“大而不能倒”的潜在系统性风险问题，因此人民银行的监管权会得到加强。在金融国际化不断推进的背景下，监管部门将更加注重防范全球性或区域性金融危机的传播和扩散。

金融立法的透明度将明显增强，相关法律法规将继续完善。未来几年将修改和完善《破产法》，建立金融机构破产制度，确立金融机构退出的方式和程序，强化机构、股东和债权人责任。继续加强相关法规、制度和组织机构建设，提高金融服务水平和质量，完善金融消费者保护的处罚机制，切实保护金融消费者合法权益。

在金融开放、“金融脱媒”、利率市场化以及人民币国际化等趋势下，规模和实力雄厚的大型金融机构将朝着综合化经营方向发展；非银行金融机构的设立与经营将趋于专业化、功能化，为金融市场的多维度细分提供更多支持。金融机构的资本来源渠道将扩大，民间投资成为新生中坚力量。金融产品和服务的多样化、个性化趋势将更加明显。我国金融业的国际化经营步伐将大大加快，国际形象与国际竞争力将在未来十年大幅提升。金融机构经营的集团化、国际化趋势对金融风险管控能力提出了更高的要求，合理、规范、透明的金融风险管理体系将逐步完善。信息技术的持续进步也将深化金融机构经营的信息化程度，新型金融经营模式将得以成长。

2. 金融子行业趋势展望

(1) 银行业资本约束加强，盈利模式有望改变

银行业监管部门将继续完善资本充足率监管和风险约束机制，建立符合国际惯例、基于巴塞尔 III 的银行业资本监管总体框架；推动部分银行实施巴塞尔新资本协议，建立健全杠杆率、流动性、动态拨备监管制度，促进银行机构的全面风险管理和巴塞尔 II、巴塞尔 III 的统筹实施；由于银行业天生的脆弱性和破产的巨大负外部性，存款保险制度将加快建设步伐并最终得以确立。未来几年将加快建立金融安全网制度，建立规范的最后贷款人制度。

新监管体系以强化资本监管为主线，如何平衡业务发展和资本约束间的关系将成为影响中国银行业持续发展的关键问题。资产高速增长的历史已成为过去，资本限制将成为银行发展的硬约束。因此，中国银行业未来会大力发展低资本占用的新型业务，有节制地发展高资本占用的传统业务，逐步走出一条资本节约式的发展道路。

未来十年，商业银行仍将积极向中间和零售业务转型。首先，银行非利息收入占比将会提高。主要原因：一是通胀背景下的存款活期化趋势以及资本市场存在的发展机会，都将有利于银行代理基金、理财、托管等中间业务的提速。二是随着资本市场的快速发展，未来几年企业 IPO、增资扩股、债券发行等将保持活跃。三是进出口国际贸易的稳步增长将拉动结算结汇业务收入的增长。四是银行卡发卡量继续增大，零售业务收入有望扩大。

为应对市场化的冲击，中国银行业将加快改变过去以过度依赖存贷利差收入的传统盈利增长模式，逐步摆脱对贷款扩张的路径依赖，通过综合化经营不

断拓展业务边界，形成多元化业务结构和具可持续性增长能力的盈利模式。

中国银行业将会利用全球金融危机后难得的窗口期，跟随客户继续稳健推进国际化经营步伐，主动适应跨市场多元化的综合金融服务需求，力争成为走出去企业跨境人民币业务主办行，在支持和促进中国跨国企业成长的同时，中国的跨国银行也会茁壮成长。

(2) 证券业对国民经济的作用更加显现，市场效率不断提升

展望未来，证券市场层次和产品种类更加丰富。股票、债券、商品期货及金融衍生品全面发展，证券市场结构趋于完善，债券市场获得长足发展，金融产品更加丰富。多层次市场基本建立，形成交易所市场与场外交易市场有机联系、相互补充的市场体系。证券市场交易成本将大幅降低，市场机制将充分发挥作用。

随着中国资本市场发展逐步成熟，证券公司的盈利模式将趋于多元化，竞争力显著增强，将出现具有国际竞争力的证券公司。以基金管理公司为主的资产管理机构全面发展，证券市场将成为以证券投资基金、保险资金、社保基金和企业年金等机构投资者为主的市场。会计师事务所、评级公司等其他证券期货服务机构也将获得进一步发展，管理更加规范，专业化服务水平显著提高。

证券业将更加开放，更多国际金融机构将在中国资本市场提供服务。国际板推出后，国外企业可以选择在中国资本市场发行上市。随着人民币国际化进程的加快以及国内企业国际业务的发展，国内证券机构也将更多参与国际证券业务。证券市场的基础设施将达到国际先进水平，在市场的广度、深度、融资成本、流动性和效率等方面将具有一定国际竞争力。

证券业对国民经济发展的积极作用将不断显现。股票及债券融资等直接融资方式将成为国民经济中主要的融资渠道，金融体系结构得以改善和优化。随着中国资本市场效率的提升，并购和重组等市场筛选机制的逐步完善，证券业将有力推动中国经济的结构调整和升级转型，促进中国企业做大做强。

未来还将改革地方负债机制，拓宽地方政府融资渠道，发挥中央和地方两个层面的作用，尝试推出地方政府发债机制；完善证券投资基金法，强化证券公司净资本监控，针对私募领域进行监管探索；完善多层次资本市场体系建设，加强投资者利益保护。

(3) 保险业继续深化改革，转变业务发展方式

未来十年，中国保险业将继续向着制度化、国际化、法律化、市场化、综合化的方向推进。保险市场将进一步开放，积极参与国际竞争。保险服务将拓展和深化，加深与金融行业其他领域的联系，促进不同资本间的融合与流动。大型保险公司集团化的趋势将进一步加强。

中国保险业将继续深化改革与机制转变，将围绕市场经济体制和现代企业制度的要求，深化集团模式下以产权关系为纽带的组织形式、管理架构、治理结构以及内部管理体制，进一步培育价格机制、供求机制、竞争机制以及风险管理机制，进一步完善保险资金运用体制，提高资金专业化和市场化的运作水平。

中国保险业将继续调整结构、转变发展方式、追求效益与质量并重；改变粗放式的发展方式，逐步向以质量和效益为特征的集约化模式、以现代信息技术、资本密集、人力资本汇集的内涵式发展方向转变；将实践保险业新型的承保和投资相匹配、业务拓展和内部管理相适应的盈利模式。

保险监管部门将全面推进保险业按照偿付能力、内部控制以及风险状况等指标进行的分类监管，完善保险违法行为处罚制度，规范互保公司、保险公司投资等保险改革创新举措。

(4) 信托业进入二次转型，金融租赁业加快业务创新

《信托公司净资本管理办法》的实施标志着信托公司外延式发展战略的终结，信托公司的业务模式将进行二次转型。未来十年，信托公司将不再依赖于规模扩张而必须权衡不同业务的风险系数和净资本收益率，由被动管理型业务模式向主动管理型业务模式转变，基金化信托产品比重将有大幅度提升，信托功能有望在经济领域、社会财富管理及公益事业方面得到更大的挖掘和延伸。随着个人财富总量的不断增加，个人财富管理的需求日益多样化，机制灵活的个人信托需求快速增长，信托制度的优越性将被最大限度地发掘。以财产保护、财产转移、财产传承、财产分割、高端投资与税收服务为目的的财富管理信托业务将拥有广阔的市场前景。信托公司的股权变动、增资扩股和并购重组等行为将成为常态，信托公司上市融资将有望取得实质性突破。监管部门将进一步完善监管体系，量化监管和定向监管会成为重要监管手段，监管政策传导的有效性将进一步彰显。

未来十年，金融租赁业将围绕金融租赁的功能加快业务创新，经营性租赁业务的比重将会上升，“准贷款”的特征将会淡化。金融租赁公司将会加快国际化进程，积极参与国际国内两个市场的竞争，更大程度地促进中国机电出口和企业海外投资。金融租赁公司与银行、信托、保险、担保等金融机构的合作将更加紧密，为这些机构提供有所有权保障的资金配置渠道和投资品种。行业内的租赁公司将形成不同的分工定位，基于各自的比较优势实施差异化发展战略。

参考文献

[1] 白钦先，常海中．中国金融业对外开放进程回顾与评述．西南金融，2007（2）

[2] 蔡鄂生．我国金融租赁业的现状与发展模式．中国金融，2011（14）

[3] 柴京．“十一五”时期的资本市场发展与改革．http：//finance. ce. cn/rolling/ 201101/17/t20110117_ 16494388. shtml，2011－01－17

[4] 曹莹．规范金融市场体系，推动金融核心区建设．浦东发展，2010（9）

[5] 成思危．必须将保障金融安全放在首位．http：//finance. sina. com. cn/g/20071126/01504213777. shtml，2007－11－26.

[6] 陈雨露．中国金融自由化的边界．http：//jjckb. xinhuanet. com/dspd/2011－02－24 content_289637. htm，2011－02－24

[7] 戴相龙．上海一定要在资本项目可兑换上有所突破．http：//money. 163. com/11/0520/16/74GSK8JO00254MG7. html，2011－05－20

[8] 胡汝银．国际板是有限度开放不是完全自由兑换．http：//stock. stockstar. com/SS2010111530081652. shtml，2010－11－15

[9] 胡汝银．资本市场金融创新应注重“先内后外”．http：//finance. stockstar. com/JL2009071300000188. shtml，2009－07－13

[10] 华生．资本市场五问题需改进 贸然开国际板冲击 A 股．http：//finance. ifeng. com/stock/zqyw/20090923/1270175. shtml，2009－09－23

[11] 姜建清．全球新格局下中国银行业发展战略的选择．陆家嘴论坛，2011 年 5 月

[12] 交通银行金融研究中心课题组．跨境人民币业务对中国金融开放的影响和对策，中国金融四十人论坛课题成果，2011 年 6 月

[13] 柯卡生．中国信托行业的监管与发展．中国金融，2011（16）

[14] 李豫．建立离岸金融市场，完善上海金融市场体系．金融理论与实践，2008（12）

[15] 连平．上海建设国际金融中心需要多方面突破．http：//biz. xinmin. cn/zhengquan/2009/05/14/1953431. html，2009－05－14

[16] 刘克崮．加入 WTO 后我国金融业面临的挑战及对策．管理世界，2002（5）

[17] 刘明康主编．中国银行业改革开放30年：1978～2008．北京：中国金融出版社，2009
[18] 刘明康．新中国银行业发展历史回顾与未来展望．中国金融，2009（19）
[19] 刘明康．我国银行业改革发展的历史性变化．求是，2007（20）
[20] 金融租赁行业发展报告课题组．中国金融租赁行业发展报告（2010）．中国银行业协会金融租赁专业委员会，2011年5月
[21] 金红，王玉珍．论加入WTO后我国金融业的发展．北京工业大学学报，2003年第3卷第1期
[22] 郭清，胡巍．入世五年后我国保险业发展战略的SWOT分析．保险研究，2007（3）
[23] 尚福林，加快多层次资本市场法律制度建设，南方日报，2010－12－06
[24] 孙飞．入世五周年中国信托业发展回顾及未来展望．金融管理与研究，2007（2）
[25] 孙蓉，杨馥．改革开放三十年：中国保险业的变迁与发展．保险研究，2008（12）
[26] 唐旭等著．中国金融机构改革：理论、路径与构想．北京：中国金融出版社，2008
[27] 屠光绍．上海金融市场体系发展面临四大机遇．http：//finance. sina. com. cn/review/jcgc/20110521/11529878720. shtml，2011－05－21
[28] 谢百三．近期推出国际板弊端极大．http：//blog. sina. com. cn/s/blog_ 46facb4d01017ylx. html，2011－06－03
[29] 邢成．我国信托公司业务模式的二次转型．中国金融，2011（16）
[30] 徐炳胜．完善上海金融市场体系的思考．经济研究导刊，2009（16）
[31] 汪戎，熊俊．中国信托业发展30年评述．云南财经大学学报，2010（1）
[32] 王子先．中国迈开开放型经济的路径选择．中国金融，2008（17）
[33] 未然．国际化：中国金融业走向世界之路——专访金融国际化专家刘明志．董事会，2009（3）
[34] 吴定富．保险业发展波澜壮阔60年．中国保险，2009（10）
[35] 吴定富．中国特色保险业发展道路的形成与实践．中国金融家，2011（7）
[36] 吴念鲁，杨海平．关于打造中国国际金融中心的评析与思考．金融研究，2008（8）
[37] 吴婷婷．中国金融国际化进程：回顾与展望．西华大学学报，2010（10）
[38] 吴晓求：加快人民币国际化时机已经成熟．http：//finance. stockstar. com/MS2011052000001244. shtml，2011－05－20
[39] 尹中立，我国证券投资基金的发展历程回顾．银行家，2008（10）
[40] 殷剑锋：反思人民币国际化的模式：日本的教训．中国金融四十人论坛月报，2011（6）
[41] 余永定．应重估人民币国际化路径与效益．http：//cd. qq. com/a/20110922/000176. html，2011－09－22
[42] 中国保险监督管理委员会．2010—2011中国保险市场年报，北京：中国金融出版社，2011
[43] 中国保险监督管理委员会．2010中国保险年鉴，北京：中国保险年鉴社，2010
[44] 中国人民银行．推进人民币汇率形成机制改革，增强汇率弹性．http：//finance. sina. com. cn/g/20100619/19298140833. shtml，2010－06－19
[45] 中国人民银行上海总部．2010年国际金融市场报告．中国人民银行，2011年3月

[46] 中国人民大学信托与基金研究所．信托业发展报告（2011）．北京：中国经济出版社，2011

[47] 中国人寿保险股份有限公司战略规划部．2011 年宏观经济展望及其对保险业的影响．保险研究，2011（2）

[48] 中国银行业协会行业发展研究委员会．中国银行业发展报告（2010－2011）．北京：中国金融出版社，2011

[49] 中国证券监督管理委员会．中国资本市场发展报告，北京：中国金融出版社，2008

[50] 张斌．次序颠倒的人民币国际化进程．中国金融四十人论坛月报，2011（6）

[51] 张明．人民币国际化：五个问题．中国金融四十人论坛月报，2011（6）

[52] 周革平．入世五周年：中国银行业回顾与展望．金融与经济，2007（2）

[53] 周家明．浅论我国金融市场体系的发展现状与建议．企业导报，2011（9）

[54] 周小川．"十一五"时期中国金融业改革发展的成就．中国金融，2010（24）

[55] 周小川．关于推进利率市场化改革的若干思考．中国人民银行网站，2011－01－05

[56] 周小明．信托业发展面临五大瓶颈．http：//www. xtxh. net/xtsl01/5459. html，2011－08－31

[57] 周行健．中国银行业未来三年的发展趋势展望．银行家，2011（3）

[58] 卓志．我国保险市场发展的研判——基于宏观经济与保险形势．保险研究，2011（1）

入世十年的中国能源

◎ 冯飞

一、入世以来中国的能源产业

入世十年来，中国的能源领域发生了三个重要的变化。

1. 市场化改革有所推进，但任重道远

应该说，能源领域的市场化改革，既有加入 WTO 后应对竞争和满足 WTO 基本要求的需要，更有国内能源领域加快改革的迫切需要，甚至后一个因素更占主导。十年来，能源领域的改革主要围绕着打破垄断和能源产品价格形成机制两条主线展开。

打破垄断的体制改革，始于上世纪 90 年代末，其中包括对石油石化行业进行重组，深化政企分开改革。近十年，最重要的是电力体制改革。2002 年 3 月，国务院批准了《电力体制改革方案》，通过实行“厂网分开、竞价上网”，以打破垄断，引入竞争。所谓“厂网分开”，就是将自然垄断的电网环节与可竞争的发电环节分开，为可竞争环节引入公平竞争创造条件。具体做法是，将原垂直一体化经营的国家电力公司管理的发电资产，重组为规模大致相当的 5 个全国性独立发电公司；将电网资产重组为国家电网公司和南方电网公司。所谓“竞价上网”，试图使多家发电企业竞争性售电，并逐步使最终用户（起码

冯飞，国务院发展研究中心产业经济研究部部长，研究员。

是大用户）有用电选择权，从而建立起竞争性的电力市场。同时，为了对自然垄断的电网环节实行有效监管、规范竞争秩序，组建了独立的监管机构——国家电力监管委员会。

电力体制改革九年来，“厂网”基本分开，但竞价上网的竞争机制未有进展，而且出现了“厂网”难以协调、煤电价格矛盾不断积累，监管机构职能不顺、难以开展有效监管等新问题，亟待深化电力体制改革。

能源产品价格形成机制的改革也始于上世纪 90 年代。1992 年，除重点合同煤之外，政府部分放开煤炭价格管制，采取由市场供求关系决定煤炭价格的定价机制。近十年来，能源价格形成机制的改革主要在石油领域展开，1998 年 6 月政府确定了中国国内的原油、成品油价格按照新加坡市场油价相应确定的原则，原油、成品油价格逐步与国际市场接轨；2001 年 11 月，国内成品油价格由单纯依照新加坡市场油价确定国内成品油价格改为参照新加坡、鹿特丹、纽约三地市场价格调整国内成品油价格。2009 年进一步改革了定价机制，原油价格由企业参照国际市场价格自主制定，购销双方按国产陆上原油运达炼厂的成本与国际市场进口原油到厂成本相当的原则协商确定，当国际市场原油连续 22 个工作日移动平均价格变化超过 4% 时，可相应调整国内成品油价格。

虽然说，能源价格形成机制改革有所推进，但总体进展不快，还没有改变能源产品主要由政府定价的局面，而且价格不顺导致的矛盾不断积累。煤电价格之争，实质上是煤炭价格的市场定价与电力价格的政府定价，两种价格形成机制的体制性碰撞；成品油价格缺乏弹性，群众抱怨多，实质上也是定价机制不当造成的；电价改革虽然明确了上网电价由市场竞价决定、输配电价实行政府监管的改革方向，但由于电力体制改革停滞，电价改革也不可能实质性推进。更为重要的是，由于能源价格改革滞后，造成整个经济系统的资源错配、结构扭曲、行为异化，制约了转变经济发展方式、调整经济结构。

2. 能源消费增长加快，资源环境压力持续加大

2010 年，中国能源消费总量 32.5 亿吨标准煤，是 2000 年的 14.55 亿吨标准煤的 2.23 倍，年均增长近 8.4%，其中，“十五”期间（2001 ~ 2005）、“十一五”期间（2006 ~ 2010）年均增长分别为 10.2%、6.6%。中国的能源消费量占世界能源消费总量的比例由 2000 年的 11.1%，2005 年的 15.7%，进一步

提高到2010年的20.3%。目前，中国超过美国成为世界第一大能源消费国。煤炭消费由2000年的14.1亿吨，提高到2010年的32亿吨（估算），占世界煤炭消费总量的48.2%，是第二大煤炭消费国美国煤炭消费量的3.3倍。石油消费由2000年的2.25亿吨，增长到2010年的4.49亿吨，2010年石油对外依存度达到44.8%，自2002年开始超过日本，成为仅次于美国的世界第二大石油消费国。

当然，中国的人均能源消费量仍低于世界平均水平，2010年人均能源消费量为2.4吨标准煤，换算成标准油不到1.7吨，低于世界平均水平的1.83吨标准油，仅为美国人均能源消费量的1/5。

表1　能源消费和电力消费的弹性系数（2000～2009年）

年　份	能源消费弹性系数	电力消费弹性系数
2000	0.42	1.13
2001	0.40	1.12
2002	0.66	1.30
2003	1.53	1.56
2004	1.60	1.52
2005	0.93	1.19
2006	0.76	1.15
2007	0.59	1.01
2008	0.41	0.58
2009	0.57	0.79

注：能源消费弹性系数是能源消费增速与GDP增速之比。电力消费弹性系数是电力消费增速与GDP增速之比。

能源消费的过快增长，使得资源环境压力持续加大。经济发展因能源产品价格（特别是国际油价）的大幅度上涨，付出了很大的经济代价；能源安全问题凸显，特别是在当前中东北非等政治动荡、地缘政治日趋复杂的背景下，能源安全的挑战十分严峻。

造成能源消费过快增长的原因，有着工业化出现重化工业加速发展的阶段性特征、居民消费结构由“吃穿用”向“住行”的升级趋势、制度不完善难以对投资和消费实行有效调节等多重原因，制度和政策的缺陷是最值得深入讨论的问题，本报告将在后面进行集中论述，在此，着重分析前两个原因。

首先，自2003年以来，工业化进入中后期阶段，并表现出了重化工业加速发展的阶段性特征，呈现出经济增长靠工业拉动、重工业在工业增加值中的比重不断提高（2010 年达到 70%）的特点。导致结构性变化的，还是居民消费结构升级和快速城市化这两个根本性原因。钱纳里、库兹涅兹、霍夫曼等经济学家对先行工业化国家进行了实证分析，大国经济体有着相似的结构性演进特征。在此阶段，单位 GDP 能耗处在高位甚至出现持续“爬升”局面（见图1）。现在看来，我国的单位 GDP 能耗在采取了一系列节能措施后，已经越过了峰值，但是在经济结构没有发生根本性变化、高耗能产业仍保持相对较高增速的情况下，单位 GDP 能耗“反弹”的力量仍然较强。

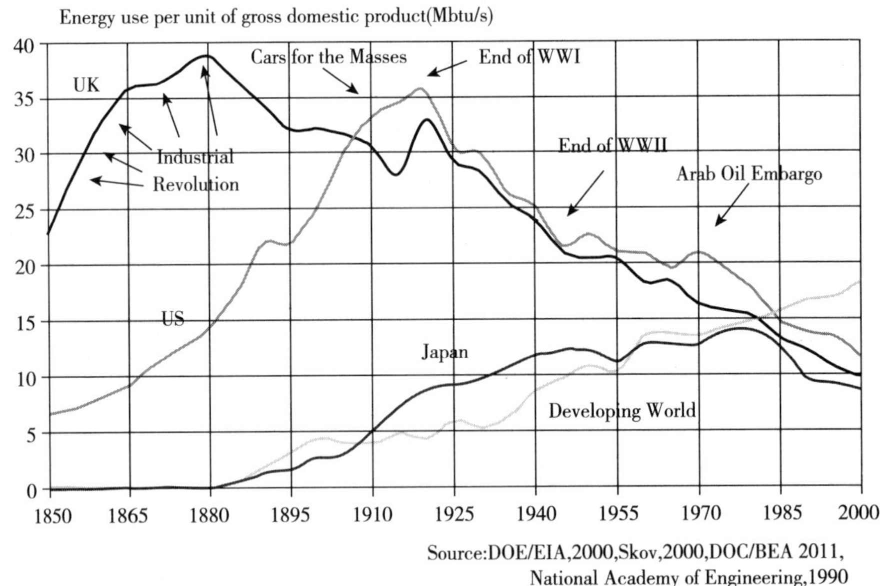

图 1　部分国家单位 GDP 能耗的变化

其次是快速城市化以及居民消费结构向“住行”的升级，使得能源消费量加速增长。消费结构向“住行”的升级，意味着对载能和耗能产品产生的大量需求，从而造成能源需求增长的规律明显高于以往。2010 年我国汽车消费总量超过 1800 万辆，跃居世界第一大汽车消费和生产国，近十年年均增长 24%，千人汽车保有量达到 58 辆，与 2000 年 207 万辆的市场规模相比，即使当时最大胆的预测，也远远超出了人们的想象，汽车消费的高速增长，也产生了能源、环境、交通等日益突出的矛盾。城市化是扩大内需的最重要方面，其潜力也十分巨大，城市化率从 2000 年的 36. 22% 提高到 2010 年的 47. 5%，快速城市化为经济增长提供持续动力的同时，也提出了一个值得深入思考和分析的问题，即什么是适合中国国情的可持续城市化道路，事实上，我们还没有找到正确的答案，甚至还在犯“明知不对”的错误，许多城市的发展越来越不可持续。

面对快速增长的能源需求，以及由此带来的日益突出的资源环境压力，能源的供给也发生了一些重要变化，突出表现在：一方面是核电发展加速，在经历了较长时间的徘徊和争论后，核电建设突飞猛进，尽管我国核电占电力装机的比例仅为1%，远低于16%的世界平均水平，但在建机组达到28台，占全球在建规模的43%，在日本福岛核事故发生后，如何保证安全高效发展核电又是一个值得深入探讨的问题。另一方面是风电为代表的可再生能源的快速发展，风电联网容量近4000万千瓦，超过美国跃居全球第一。过去五年风电机组价格每年下降10%，累计下降40%以上，风电机组的价格已降至4000元/千瓦以下。资源较好地区的风电发电成本已低于0.5元/千瓦时，全国火电的平均上网电价已达0.44元/千瓦时，风电与火电的价格已经非常接近。尽管上述的非化石能源发展很快，但由于能源需求增长也很快，能源结构并未有明显改善，依然维持着煤炭占70%作用的能源供应结构。

3. 节能减排受到空前的重视，取得了重要进展

面对“十五”时期能源消费过快增长造成的不断加大的资源环境压力，决策层提出在“十一五”期间将单位GDP能耗下降20%左右的节能目标，并将其作为“十一五”规划的约束性指标，强力执行，严格考核。为积极应对气候变化，还提出了到2020年单位GDP二氧化碳排放减少40%～45%的目标，将气候变化作为推动经济发展方式转型和经济结构调整的重大机遇。历次的五年规划（过去称计划）虽然有个别的也提出了节能目标，但作为必须致力于完成的约束性指标尚属首次。

2010年单位GDP能耗比2005年下降了19.1%。这一结果实属不易，不仅扭转了“十五”时期能源强度不断增加的不利局面，而且有了明显的下降。在快速工业化、快速城市化的过程中取得这一成绩实为罕见，比其他国家同期的情况好得多，也好于日本在石油危机发生后（在1973年第一次石油危机发生后，日本掀起全民节油运动，在其后的五年单位GDP能耗下降了16%左右）取得的成就。主要采取的措施可概括为以下几个方面。

其一，制定较为系统的综合工作方案和相关法律法规。先后出台了《节能减排综合性工作方案》、《国务院关于加强节能工作的决定》两个综合性节能减排政策性文件；同时修订或制订了《节约能源法》、《循环经济促进法》、《可再生能源法》；发布了《民用建筑节能条例》等 44 个国务院及各有关部委颁布实施的行政法规、部门规章和规范性文件则。从而为节能减排提供了法律和政策保障。

其二，加快淘汰落后产能，实施大型节能减排工程及行动。针对电力、钢铁、有色金属、煤炭、建材、轻工、纺织等产业，制定了淘汰落后生产能力的具体目标，并分解到地方政府加以落实。从实施效果来看，进展较为顺利。2006 至 2009 年共淘汰落后炼铁产能 8170 万吨、炼钢产能 5940 万吨、水泥落后产能 2.4 亿吨、平板玻璃落后产能 2500 万重量箱、关停小火电机组 6006 万千瓦。在金融危机发生后产能过剩进一步突显的背景下，加快了淘汰落后生产能力的步伐。如在原有淘汰落后钢铁生产能力的基础上，自 2009 年起的三年内还将淘汰落后炼铁能力 7200 万吨、落后炼钢能力 2500 万吨。此外，实施了以燃煤工业锅炉改造、区域热点联产、余热余压利用等为主要内容的十大节能工程。

其三，加大产业政策的调控力度，加强监管和提高监管能力。实施以节能减排为导向的产业政策，将节能减排的关口前移到项目报批核准阶段，包括制定以节能减排为导向的产业指导目录，实行固定资产投资项目节能评估和审查制度等。

其四，建立政府节能减排工作问责制。将节能减排目标分解落实到各省、自治区、直辖市，省级政府再逐级分解落实到市、县及重点企业，实行目标责任制。建立和完善国家及地方统计制度，对节能减排工作进展情况进行监测，定期公布各省（区、市）数据。中央政府对各省（区、市）节能减排工作及目标完成情况进行评价考核和监督核查。各地区的评价考核结果作为省级政府领导班子和领导干部综合考核评价的重要依据，实行问责制和“一票否决”制。

“十二五”时期，节能减排的目标更加全面甚至有所强化，其中包括：单位 GDP 能耗下降 16%，单位 GDP 二氧化碳排放下降 17%，非化石能源占能源消费的比例达到 11.4%（目前为 9% 左右）。此外，还在探讨适度控制能源消费总量及其相关政策。

“十一五”时期，我们有些经验值得继承和发扬，也出现了一些需要加以解决的突出问题，尤其是亟待改变过于依靠行政性手段的节能机制，建立起以经济激励（包括惩处）、法律约束为主的长效节能机制，由目前的行政手段为主转到经济和法律手段为主。2011 年，能源强度下降的幅度明显低于预期目标，出现了强烈的反弹，也验证了过于依靠行政手段的局限性。节能机制的转型和着眼于建立长效机制，已经刻不容缓。

二、对未来发展的展望

展望未来，需要明确在世界的绿色转型中定位中国的角色，也需要明确中国在能源领域的实践对世界可持续发展的作用。中国的经济社会发展还将继续面临持续加大的资源环境压力，同时也存在能源发展方式实现重大转型的机遇。发展转型的机遇体现在两个方面：一是能源技术创新国内外均处在活跃期，甚至正在孕育着以能源技术革命为引领的新一轮世界范围的科技革命和产业革命；二是体制机制创新，目前还存在的许多体制机制缺陷制约了能源的可持续发展，换句话说，仍有许多政策调整空间（尽管难度大），如果政策调整得好、体制机制问题解决得好，就有可能显著改善不可持续的问题，促进能源领域的绿色低碳发展。未来十年是中国能源转型发展的关键时期，尤其是“十二五”期间必须要解决好深层次的体制性矛盾，对此要有强烈的紧迫感。未来十年，应以推动能源发展方式转型为主线，紧紧围绕技术创新和体制机制创新这两个轮子，构建“安全、绿色、高效”的能源系统，建立起四个体系，即可持续的能源生产供应体系、技术创新体制、绿色消费体系、体制与政策体制。

“安全”能源系统的含义是，国际市场（特别是石油）的供应安全和运输通道安全；应对国内市场需求的显著波动（如天然气需求的季节波动）和应急状况下的能力保障；能源的安全生产（特别是煤炭与核电）。所谓“绿色”能源系统，既包括以绿色低碳为方向的能源供应结构的优化，也包括绿色可持续的能源消费方式。“高效”能源系统，既指能源利用效率高，更指能源系统的经济效率和资源配置效率高。

本报告仅针对供应结构调整和市场化改革两个问题，展开分析和讨论。

1. 致力于能源经济转型的供应侧结构调整

毫无争议的是，全球范围内正处在能源经济转型之中，绿色与低碳发展成为主要经济体致力追求的目标。推动这一重大转型的主要驱动因素有两个：一是能源安全，尤其是在中东地区一些国家发生动荡和地缘政治日趋复杂的形势下，能源安全形势更加严峻；二是环境和气候变化，发达国家在环境污染问题不突出的情况下主要是气候变化问题推动能源经济转型，而发展中国家特别是新兴经济体是环境和气候变化共同形成驱动。

金融危机发生后，能源经济转型又被赋予了新的含义，即许多国家试图加速推动新能源产业的发展，实现经济增长和创造新就业，以走出金融危机的阴霾。甚至以新能源为引领的新一轮科技革命和产业革命逐渐清晰，再加上先行工业化国家"再工业化"和"复兴制造业"的政策意图，使得新能源产业更具战略意义，新能源技术必然成为全球竞争的制高点，新能源技术的加速应用加快了能源经济转型。

中国的能源发展必须要立足于转型，能源转型发展不仅要解决国内的矛盾和问题，寻求突破资源环境制约的途径，还要抓住全球能源经济转型的历史机遇，在新一轮竞争中占有一席之地。能源技术的发展，使得这一转型不再仅是付出转型成本，而是能够带来新的发展机遇和经济增长。这就意味着，我国的能源发展还必须着眼于建立能源技术体系，而不仅是能源的供应体系和能源装备的生产体系，这三个体系的建设，对能源政策、能源装备工业产业政策、技术政策的衔接和协调提出了更高的要求，政府的能源、工业、科技等主管部门更需要协调和配合。

就能源供应结构的优化而言，需要"两条腿"走路，一方面是发展绿色低碳的非化石能源（可再生能源与核电）；另一方面是化石能源的低碳化（天然气、洁净煤）。具体来说，其一，进一步加快风能、太阳能、水电等可再生能源的发展。到 2015 年，风电装机、太阳能发电装机分别达到 1.2 亿千瓦、1500 万千瓦。理由为：在核电发展事实上出现放缓的前提下，需要风电和太阳能填补非化石能源的供应缺口；具备加快发展的产业基础，按照上述目标，"十二五"期间风电、太阳能发电每年需新增装机分别为 1600 万千瓦、300 万千瓦，而目前风电、太阳能光伏产能分别近 4000 万千瓦、800 万千瓦；抵抗国际光伏市场短期波动的冲击。要改变近年来水电发展缓慢的不利局面，加快发展水电，要高度重视小水电的发展。

其二，安全高效发展核电。福岛核事故发生后，确有必要加强核安全检查、适度调整核电发展目标、放缓核电发展的速度，但是，在当前的技术条件下，核电应是多元化能源结构的组成部分，也是实现非化石能源发展目标的现实选择。与全球442台在运核电机组、核电占发电量比例16%的世界平均水平相比，我国1%的核电比例明显偏低。为在充分保证安全的前提下发展核电，需要解决好三个问题：一是采用先进核电技术，积极应用第三代核电技术，支持第四代核电技术的研发，加快具有自主知识产权的先进核电技术（如高温气冷堆）应用示范。二是把好核电站选址关，提高核电站的选址标准和设计规范。三是加强核安全监管，我国的在建核电机组28台，占全球核电在建规模的43%，目前的核电安全监管制度不适应核电发展的需要，应组建独立的核安全监管机构，对选址、设计、核设备制造、建设、运行、乏燃料处理以及核事故处置等进行全过程监管。

其三，加快天然气开发利用，积极发展洁净煤技术。天然气在我国能源消费中的比例太低，目前的比例为4%，而世界平均水平为24%。发展相对清洁、经济的天然气是当前比较现实的选择，发达国家是在经历了天然气飞速发展阶段、天然气比例较高基础上的绿色转型，而我国则是天然气发展滞后条件下的绿色转型，对此应有清醒的认识。当然，对缺油少气的我国而言，天然气利用规模的增加，必然带来进口依存度的增加，但只要安全风险可控，适度提高天然气的进口依存度也是可接受的。此外，美国加速发展页岩气以及由此大幅度提高国内保障能力的经验，尤其值得重视。我国的页岩气资源十分丰富，据估计多于美国，页岩气等非常规天然气的开发利用应在我国能源战略中占据相当地位。

洁净煤技术必须受到高度重视，并力争尽早取得重要进展。在我国能源消费中，煤炭的比例过高是能源结构不合理的最突出表现，目前为70%，比世界平均水平高了40个百分点，从而造成了单位能源消耗所排出的气体及二氧化碳、固体污染物明显多。从未来趋势看，需逐步降低煤炭比例，但任重道远，即使到2050年煤炭的比例仍在1/3到40%，很可能仍然是占比最高的基础能源，因此高效、清洁利用煤炭就是十分重要的问题。超临界和超超临界

（SC/USC）和整体煤气化联合循环（IGCC）等技术应更大程度地得到应用，特别是 IGCC 技术进步的潜力很大，预计到 2015 年发电效率可提高到 55% ~ 60%，是发电效率最高的燃煤发电技术。应在此方面下大工夫，力争使我国的洁净煤技术开发与应用成为世界的领先者，中国不仅是全球煤炭消费最大的国家，而且是全球煤炭利用效率最高以及向全球输出洁净煤技术的国家。

其四，积极发展分布式能源，以“集中与分散”利用相结合的思路发展可再生能源。发展大电网、大电厂是一个方面，另一个方面是发展分布式能源系统，特别是要把后者放在更加突出的位置，而不能仅强调一个方面。能源的发展应该更多地关注应用端的综合效率，发展以天然气、可再生能源等作为一次能源的分布式能源系统，实现电热冷联供，大幅度提高能源系统的综合利用效率。可再生能源的发展，应体现“集中与分散”利用相结合的思路，既要发展大风场等可再生能源基地，也要推动可再生能源的分散利用，后者的发展潜力更大，长距离输送间歇能源遇到的技术难题小，当然，对体制的变革要求更高。

2. 能源领域的市场化改革需要取得突破性进展

能源领域的市场化程度不高，近一段时间，群众对行业垄断和价格（如成品油价格）的不满，也较多地集中在能源领域。可以说，能源领域的体制矛盾已经积累到了非改不可的时候了。

体制改革需要着眼两个方面，一方面是发挥市场机制配置资源的基础性作用，消除政府不当的直接干预；另一方面是形成绿色低碳转型机制，如前所述，能源安全、环境和气候变化是推动能源转型的两大驱动因素，然而这两大因素却主要体现在社会效益和环境效益的外部效应，如果这些外部效应不能转化为经济系统的内部驱动因素，即没有有效的经济激励和监管机制，那么企业和消费者就难以有转型的自觉行动。

体制改革的两个方面，前者是体制“补课”，以健全完善市场体制为目标，后者是体制“跨越”，形成促进绿色转型的体制，建立好的市场体制。两者的共同点都是要建立市场基础的机制。这也意味着体制改革需要有大的突破，系统性的变革，而不是局部调整就能推动转型的。目前的改革需集中在矛盾突出的三个方面：价格形成机制改革、打破垄断引入竞争、政府职能转变。

通过改革，形成反映市场供求关系的价格机制、促进提高效率和创新能力的有效竞争机制、明确投资责任的投资管理体制和有效的倒逼机制。

其一，能源价格形成机制改革。目前能源价格主要存在定价机制不合理、价格关系未理顺、价格监管不到位三个问题。笔者认为，价格改革的核心是改革定价机制，而不是简单化地调整某个能源产品的价格。电价、成品油、天然气等能源价格还都采取政府定价，政府定价不能反映市场供求变化，不能促进企业形成降低成本、提高效率的动力，垄断企业凭借过大的市场力量与政府博弈，甚至损害消费者利益（如减少供应）。煤电价格的矛盾，实际上是“市场煤”和“计划电”两种价格形成机制的碰撞；成品油的价格问题，实质上也是原油价格的国际接轨、市场定价与国内成品油政府定价的矛盾。这些矛盾不断积累、激化，价格刚性上涨、轮番涨价，没有通过有效竞争、市场定价形成对企业降低成本、提高效率的压力，改革定价机制的宗旨是要形成对企业的有效激励，促进效率提高，而不能仅是价格的刚性上涨。

定价机制的不合理与垄断两个问题交织在一起，加大了价格改革的难度，但会重复既有的问题，陷入轮番涨价的困境。这就需要寻找价格改革的突破口，同时推进垄断性行业的改革。电价、成品油的价格改革应该作为定价机制改革的突破口，逐步使能源价格反映市场的供求关系、反映资源的稀缺程度、反映环境损害的外部成本，并与社会承受能力相适应。电价改革就是要引入“竞价上网”机制，常规电力上网电价竞争定价，可再生能源发电由标杆电价制度逐步过渡到竞争定价；输配电价政府在明确成本规则基础上实行有效的政府价格管制，形成独立的输配电价格；销售电价在政府指导下逐步实行市场定价，理顺工业电价与居民电价的比价关系；实行大用户直购电，采取契约合同定价。成品油价格改革，首先是完善定价方法，缩短调价周期，使价格更具弹性和压缩投机空间，逐步取消调价方法，随行就市；其次，也是更重要的是政府不直接定价，调价权交给企业，政府严格监督企业的定价行为和对调价方法的执行情况；最后，政府建立信息披露制度，并要求石油企业充分、及时、准确披露信息，加强社会监督，以克服石油市场竞争不充分的弊端，加大反垄断执法，同时放开进口原油、成品油的批发权，允许企业特别是民营企业进入石油进口领域。

其二，加快推进垄断行业改革。总体来看，垄断行业改革处在胶着状态。

电力体制处在“非计划”也“非市场”，“非垂直一体化垄断”也“非竞争”的状态，损失了垂直一体化经营的“厂网”之间可内部协调的优势，也没有获得“厂网分开”后引入竞争机制的利益，是风险最大、问题突出的最不理想状态。九年虽有阶段性收效，但改革成本高、暴露的新问题多，不仅出现改革疲劳症的倾向，而且少了知难而上的改革锐气和激情，电力改革处在十字路口。电力改革是推倒重来，还是坚持既定方向并加以完善，存在着争论，即使这些争论也停留在学术层面，亟待有关部门认真总结改革的经验教训，明确下一步改革的方向。

我以为，2002年的电力体制改革方向是正确的，需要增强对非化石能源发电的竞争机制设计，做局部调整。关键是改革的时机和突破口选择。在电价受管制、行业出现亏损甚至出现电力短缺的情况下，引入“竞价上网”有引发电价显著上涨的风险，这也是九年改革未取得实质性进展的客观原因，燃油税改革也经历了十年磨一剑的过程，但僵持的局面必须要打破。当前，要积极地推进大用户直购电，打破“单一买方”（对发电公司而言）、“单一卖方”（对终端用户而言）的市场结构，形成多买方、多卖方的市场格局。同时，在总结第一阶段华东、东北电力市场试点的基础上，选择适宜的竞价模式和电力市场模式，在全国范围内开展“竞价上网”模拟运作，力争尽快由模拟运作转入实际竞争。为避免电价上涨过快，在引入“竞价上网”初期，可设置上网电价的最高上限。

石油行业的改革，以两个“放开”为重点，一是放开非常规油气的勘探开发，并加强对环境影响的监测和监管；二是放开原油和成品油的进口批发权，鼓励各类企业进入到石油的零售领域（加油站）。

其三，以加快转变政府职能为核心，形成平稳、可持续的发展方式。对能源这一极具战略性、基础性而且需要转型发展的产业，政府如何管理是十分关键也是有挑战性的课题。在目前的管理体制下，能源的供求关系经常陷入“多了少了”的怪圈，供应少了，特别是出现电力短缺时，往往为了解决电力短缺，而加快发展煤电等短期可见效的项目，无法顾及长期的能源结构调整的战略目标，以至于很早就认识到并希望解决的能源结构不合理的问题难以取得显著进展。究其原因，问题就出在了发展方式上，出在政府职能错位——越位与缺位并存上。进一步理顺政府、市场、企业的关系，关键在于转变政府职能。

转变政府职能，就是要着重解决越位与缺位问题，该管的必须管住，不该管的要坚决放开。政府对能源产业的管理，要从微观管理为主转到宏观管理为主，从直接干预为主转到间接调控为主，从行政手段为主转到经济手段为主，从经济性管制为主转到社会性管制为主，从前置性审批为主转到过程监管为主。

该放开的方面，应以投资管理体制改革为突破口，落实投资责任，放松经济性管制，形成"谁投资，谁受益和承担风险"的激励约束机制，政府对投资管理主要以社会性管制为主，市场准入的条件放在外部性（社会性）问题上，以能源效率、环境影响、安全生产作为准入条件，替代现行的以经济因素为主的准入条件，实现准入制度的转型。同时，政府致力于为全社会、各类投资者提供信息服务，为投资主体在充分信息基础上的投资决策提供服务，并引导企业的投资方向。

该加强的方面，是形成促进绿色转型的倒逼机制。一方面是形成过程监管为主的监管制度，改变现行的重前置审批，轻过程监管——以批代管的做法，对能源审计、环境监管、安全生产等内容，实行事前、事中、事后的全过程监管，尤其要加强事中监管。另一方面，健全完善法律、法规、标准，大幅度修订和提升标准，采取诸如节能领跑者标准等激励性更强的能效标准。

通过上述的放松经济性管制、外部性为主的准入条件、全过程监管、激励性强的标准法规，以及价格政策，从激励和倒逼两个方面，形成促进能源领域绿色低碳转型的长效机制。

三、以维护全球能源市场稳定为主基调的国际战略

入世十年来，中国的石油天然气进口量快速增加，能源领域中国与全球相互依存的关系更加紧密。这一状况，一方面引发国内对能源安全特别是石油安全的担忧；另一方面也令国际社会格外关注中国对全球能源市场的影响。国际上，中国掠夺全球资源、威胁国际能源市场的论调甚嚣尘上，再加上国际地缘政治愈发复杂多变，能源成为影响国际关系的焦点问题，也是极易引发矛盾的冲突点，中国的能源国际化战略面临的困难越来越大。在此背景下，引出了一个需要深入探讨的问题，也就是能否将中国对能源安全的关切与国际社会的担

忧统筹起来考虑，探索既能充分体现国家利益又能被国际社会基本接受的能源国际化战略。

笔者曾在 2007 年与美国国会有关人士就中国能源企业的海外投资问题交换看法，令人惊讶的是美方给出了总体积极的评价。美方认为，中国企业的海外投资，采取的方式大多是将生产出的石油就近销售到国际市场，而不是直接运回中国，从而增加了全球的石油投资和供给能力，缓解了趋紧的供求关系，在一定程度上对稳定国际石油市场起到了积极的作用。很遗憾，这一结论并不为大众所知晓。这一事例说明，在竞争中寻求合作，实现国内国际双赢的结合点是存在的，关键是能源国际化战略考虑的基点。

我国能源国际化战略的基点，应是致力于维护全球能源市场的稳定。这不仅是能源外交中提出更易被国际上接受的外交辞令，更重要的是符合国家利益。体现这一基点，如下的两个问题需要探讨。

其一是能源走出去战略。目前，我国的对外投资增长迅猛，已成为全球第五大对外投资国，对外投资中能源又占据了最重要的部分。从全球的角度看中国的海外投资，既增加了全球的油气供给能力，对稳定国际能源市场发挥了积极作用，又通过在非洲、中亚等地区的油气投资和开发，使全球的油气供给更趋多元化，事实上已经起到了稳定国际能源市场的作用。政府一方面要将维护国际能源市场作为开展能源外交、推进能源走出去的基调，在尊重经济规律的前提下，充分体现国家利益；另一方面应加强政策引导和协调，引导企业的海外投资与能源供应多元化的国家意志结合起来，规避、减低投资国的政治风险，降低经济代价，更加稳步地推进能源走出去。

其二是增加信息透明度。我国作为第一大能源消费国，中国因素对国际能源市场的影响巨大，加大信息透明度，对于避免国际上放大、误解甚至歪曲我国的意图，维护国际能源市场稳定十分关键。除此之外，加大信息透明度和政策的可预见性，也是更好地引导国内发展、促进能源产业稳定健康发展的需要。

参考文献

中国能源研究会．中国能源发展报告 2011．北京：中国电力出版社，2011

加入世界贸易组织十周年来的上海

◎ 王新奎　张磊

2001 年，中国正式加入世界贸易组织。这是中国融入经济全球化过程中的一个标志性事件，同时也意味着中国始自 1980 年代的改革开放踏上了新的起点。十年来，中国与世界经济一体化的进程加快，取得了举世瞩目的高速增长，已跃居成为全球第二大经济体，也是全球第一大出口国和第二大进口国，初步确立了经济大国的地位。

上海作为中国最重要的经济中心城市之一，也是中国对外开放的窗口，是 WTO 各主要成员方观察和评估中国履行入世承诺进程的重要观察点。回顾入世以来的十年，上海在按照我国对 WTO 承诺提高货物贸易和服务贸易的市场准入水平、进一步推进改革开放方面成效显著。十年中，上海经济贸易持续保持高速稳定增长，“四个中心建设”迈上新台阶，参与国际化生产能力大幅提升。当前，“创新驱动、转型发展”正成为上海未来发展的主线。

一、积极迎接入世，改革开放工作获得全面推进

上海作为当年最积极支持国家入世决策的地区之一，从中国预备入世之日起，就一直把认真履行入世承诺，提高按规则进行贸易的能力和水平作为改善上海投资环境、增强上海城市国际竞争力的一项重要战略性举措。回顾过去的

王新奎，上海市政协副主席，上海 WTO 事务咨询中心总裁；张磊，上海 WTO 事务咨询中心研究部主任、副研究员。

十年，入世有力推进了上海的改革开放。

1. 制定行动计划纲要，积极为入世作准备

为积极预备入世，上海市政府于 2000 年 8 月制定并颁布了《关于中国加入 WTO 上海行动计划纲要》，对上海市政府各部门应对加入 WTO 的准备工作提出了指导性意见。

以此为指导，从 2000 年下半年起，上海即开始按法定程序废止与世贸组织原则相抵触的部分地方规章政策。上海市还启动了“50/100 WTO 事务高级专业人才培训工程”，为来自包括政府部门、大型国有企业、专业服务机构和行业协会等方面的单位培养精通 WTO 事务的高级专业人才，为上海参与全球多边贸易体制做准备，并为全国其他省市培养 WTO 事务专业人才提供经验。针对加入 WTO 后外资企业尤其是跨国公司进驻上海的形式可能出现的变化，上海也对入世后利用外资政策做出了相应调整，提出重点引进跨国公司地区总部和中国总部，使上海逐步成为跨国公司在中国的管理中心；探索以购并方式引进外资参与国有企业，包括中小企业的改制和改组；吸引跨国公司在沪设立研究开发中心等发展目标。作为履行透明度原则的一项重要工作，以及为了保证 WTO 事务咨询工作的准确性和权威性，上海市政府还专门成立了上海 WTO 事务咨询中心。上海 WTO 事务咨询中心的专家、学者通过提供培训、咨询、法律等服务，为上海市政府、企业、个人获得简明、快捷、全面的 WTO 事务信息及咨询服务做了大量的工作。

2. 认真履行入世承诺，全面推进改革开放

(1) 政府职能向依法行政转变

入世后，上海市政府依据我国入世承诺，推进有关法规规章的清理工作。2002 年，上海成立了上海市清理地方性法规、市政府规章和其他政策措施工作领导小组办公室，上海市各部门、各区县共审核了自行制定的规范性文件约 13000 多件。经过清理和审核，作废止处理的规范性文件 4000 件左右，对部分内容进行修改的规范性文件 600 多件。2003 年，上海共修正地方性法规 24 件，并对行政许可相关的收费作了明确规定。2004 年，上海又对总计 1242 项行政许可事项进行了清理，其中，国家创设的 1039 项，占 83.7%，

本市创设的203项，占16.7%。在本市创设的203项中，取消102项，占比为50.2%[①]。

此外，根据国务院在2004年发布的《全面推进依法行政实施纲要》（以下简称《纲要》），上海出台了《上海市关于贯彻实施国务院〈全面推进依法行政实施纲要〉的意见》（以下简称《实施意见》）。《实施意见》在《纲要》的总框架内，结合时代背景、体现上海特点，以上海建设"责任政府、服务政府、法治政府"为目标，从上海市依法行政的实际情况出发，有选择地提出了在2007年之前力求完成的依法行政目标的十项任务和措施。

（2）推进法制化建设，增加透明度

入世后，上海采取一系列新举措促进民众参与立法活动。例如人大常委会会议旁听制度的建设，是完善我国人民代表大会制度的一个重要方面。此外上海也率先对一些与社会公众利益联系较密切、群众较关注的立法项目采取了在公众媒体上公开发布草案的形式来征求意见，以保证立法质量，推动民众对立法的参与。上海为进一步推行政府信息公开制度，于2004年1月20日颁布了《上海市政府信息公开规定》，并于2004年5月1日起正式实施政府信息公开制度。

（3）进一步提升对外开放层级

按照国家统一部署，上海在认真履行入世承诺的同时，进一步着眼于提高对外开放水平，修改、完善了与国民待遇相关的地方性法规和规章，并出台了一批旨在吸引跨国公司地区总部、外商投资性公司、外商研发中心等功能性外资落户上海的政策措施。2002年7月，上海市政府发布了《上海市鼓励外国跨国公司设立地区总部的暂行规定》，吸引跨国公司地区总部落户上海。2003年3月，上海市发布了上述规定的实施细则，进一步明确取得认定证书的地区总部，为其员工提供关键技能培训服务的，可以按照有关规定获得资助。2008年，为适应国家政策的调整和跨国公司发展的新需求，上海市政府又发布了《上海市鼓励跨国公司设立地区总部的规定》及其《实施意见》，进一步优化了上海发展总部经济的政策环境，为跨国公司地区总部在沪发展提供了更加良

① 资料来源：上海WTO事务咨询中心：《中国入世与上海社会经济发展报告》，上海人民出版社2004年版。

好的运营环境。

(4) 继续放宽市场准入，加大对外开放力度

中国在加入 WTO 时承诺扩大市场开放、准许外国企业分期分批取得在华的贸易权与分销权，取消外商投资企业在华的内销比例、国产化率、外汇平衡等的限制，使之参与中国国内的市场竞争。

在外贸经营权领域，在国家有关法律、法规相继出台的基础上，上海市于 2004 年 7 月 12 日发布了《上海市对外贸易经营者备案登记操作办法》，对上海市的具体操作实施进行了明确。在服务贸易领域，上海在按照国家规定对外国企业实行了国民待遇的基础上又尝试服务贸易开放进一步向纵深发展，尤其对于服务贸易中影响最大、限制最多的服务提供方式——商业存在，不断探索加大开放力度。

(5) 积极为国家提供 WTO 事务咨询

作为中国的贸易中心城市和重要的港口城市，上海积极配合国家参与 WTO 相关工作，在应对贸易摩擦、WTO 事务咨询等领域发挥了独特的作用。

入世后，尤其是在过渡期结束后，随着贸易摩擦多发期的到来，上海作为我国市场化、国际化程度最高的经济中心城市和口岸，进出口公平贸易方面的案件呈现出涉案企业多、涉案形式多、涉案金额高等“两多一高”的特点。WTO 各成员高度关注上海的进出口公平贸易工作，并作为监控我国遵守 WTO 规则、履行入世承诺的一个重要窗口。为切实加强公平贸易工作，上海市 WTO 事务联席会议于 2004 年 8 月 10 日宣告成立，以切实加强公平贸易和商务法律工作，确立全市公平贸易和商务法律工作的明确目标，并通过完善公平贸易“四体联动”（中央政府、地方政府、中介组织和企业共同推动）工作机制，不断提高上海进出口公平贸易工作水平。

上海是中国较早研究全球多边贸易体制的基地之一。入世后，依托既有研究力量，上海也积极参与了我国的贸易立法和决策咨询工作，包括全程参与修订《中华人民共和国对外贸易法》等法律法规的专家咨询、积极参与解决反倾销措施中我国“非市场经济地位”问题的专家咨询、积极参与 WTO 多哈议程谈判议题中国谈判预案的专家咨询、积极提供应对美国针对原产于中国进口产品反倾销措施和过渡期纺织品保障措施监控预警服务等工作。

2010 年，举世瞩目的上海世博会正式开幕。7 月 22 日，上海世博会世界

贸易组织荣誉日在世博中心隆重举行。与世博会主题“城市，让生活更美好”相契合，“贸易，让城市更美好”成为该荣誉日的主旨。作为世贸组织首次在中国举办的荣誉日活动，从侧面反映出当今的中国已经成为世界经贸舞台上的重要角色和力量。

二、入世十年，上海经济社会发展成绩斐然

入世十年来，在改革开放工作不断获得推进的基础上，上海在宏观经济、外经贸领域取得了令人注目的成就，“四个中心”建设再上新台阶，融入经济全球化的程度大幅提高。

1. 经济贸易迅速增长，吸引外资大幅增加

入世后，不断扩大的对外开放促进了上海经济中心城市潜力的发挥，进而显著推动了上海总体经济的增长。2001 年，全市实现生产总值 4950.84 亿元，至 2010 年，上海全市实现生产总值 16872.42 亿元[①]。按可比价格计算，在中国入世后的十年中，上海历年的生产总值基本保持了 10% 左右的增长速度。

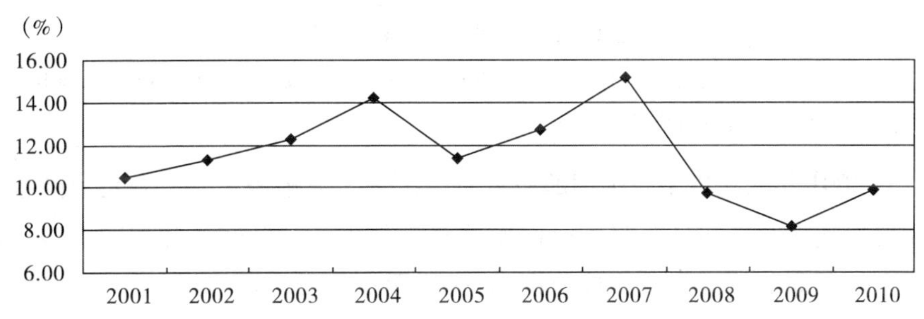

图 1　上海市生产总值增长率

资料来源：上海市统计局：《上海统计年鉴 2010》，中国统计出版社。2010 年数据摘自 2010 年上海市国民经济和社会发展统计公报。

比经济增长表现更为显著的是外经贸领域取得的巨大成绩。自 2002 年 1 月 1 日起，中国正式履行加入世界贸易组织承诺的关税减让义务。此后，上

① 数据来源：2010 年上海市国民经济和社会发展统计公报。

海通过重点推进外贸经营权审批制度改革、跨国采购中心的引入和“大通关”工程的建设等措施，大力拓展国际市场，使上海的外贸进出口步入了快速上升通道。2001 年，上海市外贸进出口总额 608.98 亿美元，其中进口 332.70 亿美元，出口 276.28 亿美元，至 2010 年，上海市外贸进出口总额已达到 3688.69 亿美元，其中进口 1880.85 亿美元，出口 1807.84 亿美元[①]。十年中，上海外贸进出口基本保持了 20% 左右的增长速度。在入世后的 2003 年，上海外贸进出口甚至出现了增长 54% 的井喷状况。始于 2008 年的金融危机导致 2009 年上海外贸出现负增长。伴随全球经济的复苏，2010 年上海外贸出现显著恢复。

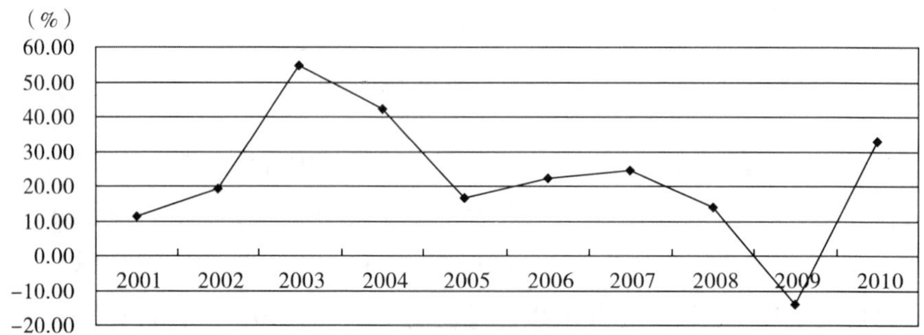

图 2 上海市进出口总额增长率

资料来源：上海市统计局：《上海统计年鉴 2010》，中国统计出版社。2010 年数据摘自 2010 年上海市国民经济和社会发展统计公报。

自 2001 年入世以来，中国的服务贸易出现了大幅增长。上海是中国服务业相对发达地区，并且在服务业市场开放中存在着“先试先行”的优势。根据商务部服务贸易进出口统计数据[②]，上海服务贸易进出口近年来增长迅猛，进出口总额占全国的 1/4 左右。受金融危机影响，2009 年上海服务贸易进出口额首次出现下降，但其幅度小于上海货物贸易进出口下降幅度，表现了一定的抗跌性。

---

① 资料来源：上海市统计局：《上海统计年鉴 2010》，中国统计出版社。2010 年数据摘自 2010 年上海市国民经济和社会发展统计公报。

② 商务部从 2006 年起公布我国居民与非居民间服务贸易统计数据，即服务贸易进出口数据，并于 2007 年起向各省市反馈地方数据。

表 1　　上海服务贸易进出口发展状况

年　份	上海服务贸易进出口		上海服务贸易进出口额占全国服务贸易进出口总额比重（%）
	总额（亿美元）	增长率（%）	
2007	610.9	18.7	24.3
2008	792.4	29.7	26.0
2009	747.3	-5.7	26.1

资料来源：上海商务委员会，《2010 上海服务贸易发展报告》，上海三联书店。

最后，在吸引外资领域，上海抓住入世和全球产业结构调整的机遇，紧紧跟踪研究产业变动的态势，不断改善投资环境，使上海市吸收外资也保持了良好的增长势头。2001 年，上海年实际吸引外资金额为 74.1 亿美元，2010 年为 111.21 亿美元①。

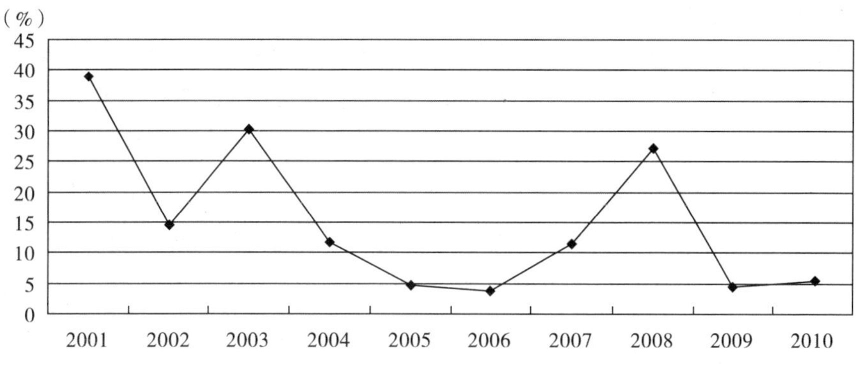

图 3　上海吸收外资实际到位金额增长率

资料来源：上海市统计局：《上海统计年鉴 2010》，中国统计出版社。2010 年数据摘自 2010 年上海市国民经济和社会发展统计公报。

2. “四个中心”建设迈上新台阶

入世十年来，上海“四个中心”建设也步入了快速发展期。2001 年国务院批复《上海城市总体规划》，明确上海要建设国际经济、金融、贸易、航运中心。此后，伴随入世后改革开放工作的不断推进，上海“四个中心”建设不断迈上新台阶。2009 年 4 月，国务院发布《国务院关于推进上海加快发展

① 资料来源：上海市统计局：《上海统计年鉴 2010》，中国统计出版社。2010 年数据摘自 2010 年上海市国民经济和社会发展统计公报。

现代服务业和先进制造业 建设国际金融中心和国际航运中心的意见》，明确提出“推进上海加快发展现代服务业和先进制造业，加快建设国际金融中心、国际航运中心和现代国际大都市”。

上海是我国金融最早开放的城市。改革开放以后，特别是 2001 年加入世界贸易组织以来，随着我国金融对外开放不断扩大，外资金融机构加快向上海集聚，上海金融中心建设的国际化水平明显提高。从外资金融机构数量看，截至 2011 年末，21 家外资银行将其在我国境内的法人总部设在上海，占全国外资法人银行总数的 68%，并表资产占全国外资法人银行总资产的 85%。7 家转制后的外资法人财产险公司落户上海，占全国外资法人财产险公司总数的 63.6%。合资基金公司 22 家，占全国合资基金公司总数的 63%。主要外资股权投资企业如佰仕通、凯雷，在我国的总部也都设在上海。

上海港年货物吞吐量已从“十五”期末的 4.45 亿吨增长至 2009 年的 5.92 亿吨，其中集装箱吞吐量从 1808 万标准箱增长到 2500 万标准箱。自 2005 年以来连续 5 年货物吞吐量排名世界第一。国际著名航运企业云集上海，全球前 20 家班轮公司分公司或办事机构入驻上海。在上海注册的国际航行船舶从“十五”期末的 223 艘，总吨位 493 万吨，增长到 2009 年的 291 艘，总吨位 678 万吨。上海浦东、虹桥两机场旅客吞吐量和货邮吞吐量由“十五”期末的 4134 万人次和 221.3 万吨增长至 2009 年的 5700 万人次和 298.3 万吨，浦东机场连续三年货邮吞吐量位居全球机场第三，国际航空货运枢纽地位得到进一步巩固。

3. 融入经济全球化的程度大幅提高

加入 WTO 后，中国的市场准入进一步放开，外资企业尤其是跨国公司进驻上海的形式开始出现变化。为此，上海在入世之初就提出的调整利用外资政策的战略，着重强调引进跨国公司地区总部和中国总部，使上海逐步成为跨国公司在中国的管理中心。此后，自 2002 年上海推出跨国公司地区总部政策以来，截至 2011 年 7 月，落户上海的跨国公司地区总部达 341 家，其中投资性公司 165 家，管理性公司 176 家，外资研发中心 330 家。“财富 500 强”企业中共有 78 家在上海设立地区总部，前 10 位企业中有 3 家在上海设立地区总部，前 100 位企业中有 11 家在上海设立地区总部。这使上海成为中国内地吸引跨国公司地区总部最多的城市[①]。中国欧盟商会2011年发布的《欧盟企业总部调查报告》也显示，上海已成为与新加坡、香港比肩的跨国公司在亚太地区设立地区总部最具吸引力的城市，上海的主要优势在于靠近市场，区位优势明显，人力资源丰富。

当前，跨国公司对世界经济的主导作用进一步加强。尽管中国尚未拥有真正意义上的跨国公司，但在过去的十年中，中国在重视“引进来”的同时，“走出去”也进步显著。这为中国本土跨国公司的发展奠定了基础。根据统计，2010年中国对外直接投资流量达到688亿美元，连续九年保持增长势头，年均增速为49.9%[②]。根据联合国贸发会议《2011年世界投资报告》，2010年中国对外直接投资占全球当年流量的5.2%，位居全球第五，首次超过日本、英国等传统对外投资大国。其中，上海“十一五”时期对外投资总额达到58.4亿美元，其中中方对外投资为52亿美元，为“十五”时期的3.4倍。特别是在2008年国际金融危机爆发以来，上海企业抓住机遇，加大了海外投资、并购力度。上海境外投资的领域不断拓展，从以制造业为主开始向研发、投资性公司、资源能源、酒店管理等领域拓展。企业通过境外投资延伸产业链、扩大营销网络、提升技术和管理水平、提高跨国经营能力的作用明显。

回顾过去十年上海经济社会的发展历程可见，入世有力地促进了上海的改革开放和社会经济发展。与此同时，也存在若干经验教训值得我们反思。

从改革开放到中国入世前的相当长时期内，我们一直把经济全球化视为只是一种可供利用的外部发展机遇，而未充分认识到经济全球化是社会生产力发展的必然，中国融入经济全球化和接受多边贸易制度安排也是一种历史的必然。基于上述认识，许多人认为，入世只是一种阶段性的策略选择，而并非改变经济发展方式的战略调整。由此，在履行入世承诺的过程中，基本上把出发点都放在了“应对”上，并且往往把这种应对限制在经济领域，甚至是贸易领域。这导致本世纪前十年借助入世推进国内市场化改革和政府职能改革的动力不足。

---

① 资料来源：上海市委研究室等：《关于进一步吸引跨国公司在沪发展地区总部及功能型机构策略和政策的调研报告》，2011年9月。

② 资料来源：商务部副部长王超在“中国与WTO的未来——纪念中国加入世界贸易组织十周年学术会议”上的致词，北京，2010年9月16日。

其次，作为中国经济最发达地区之一，上海目前正在推进经济结构向服务经济转型。吸引服务业外国投资，促进服务贸易发展成为当前上海对外开放的迫切需求。而我们的研究则表明，中国的服务业市场在具体履行入世承诺过程中尚存在大量的问题需要解决，许多服务行业在开放实践中普遍存在着“大门开放而小门不开”的情况。这一现状已严重制约了上海服务经济的发展，迫切需要突破若干政策瓶颈。

三、上海经济社会发展面临的新挑战与“创新驱动、转型发展”的新要求

新中国成立以来，上海城市发展经历了两个重大历史阶段：建国后 30 年，上海从远东最大的工商业城市转变为典型的工业城市，其主要特征是形成了具有门类齐全的产业配套功能的综合性工业基地；改革开放后 30 年，尤其是在入世后的 10 年中，上海从全国最大的工业城市转向经济中心城市，其主要特征是通过完整而强大的市场体系，吸引与集聚了国内外大量资源要素，使城市规模迅速扩张。当前，上海城市发展正在进入第三个重大历史阶段，实现从国内最大经济中心城市向国际化大都市和全球城市的历史性跨越。针对经济社会发展面临的新挑战，上海明确提出“创新驱动、转型发展”的发展战略，要继续充当国家改革开放排头兵。

1. 上海经济社会发展面临新的挑战

从外部环境而言，当前的国际国内环境都发生了深刻变化。一方面，当前世界经济逐步复苏，全球产业分工格局、贸易格局、经济力量对比和治理结构进入重大调整期，各国争夺未来全球经济发展主导权的竞争日益激烈。上海肩负着代表中国参与全球竞争、争夺全球经济话语权的历史重任，必须转变经济发展方式，着力建设“四个中心”，进一步提升国际竞争力。另一方面，目前我国正在进入转变经济发展方式的关键时期和攻坚阶段，经济社会发展面临的资源、环境和社会稳定等方面的压力持续加大，各种结构性、深层次矛盾进一步凸显。上海作为我国经济基础最好、发展水平最高的中心城市之一，迫切需要走科学发展的道路，实现“四个率先”，充分发挥对全国转变经济发展方式

的示范和引领作用。

从内部现状来看，目前的上海正在进入转型发展新阶段，其经济和社会发展显示出一些新的阶段性特征和挑战：

一是上海发展动力亟待重塑，经济增长处在投资驱动向创新驱动转变的关键阶段。目前，投资和初级生产要素对上海经济增长的拉动效应开始逐步递减。特别是随着世博后大规模城市基础设施投资高潮的消退，以及土地、资源、环境压力日益加重，上海原有主要依靠资源消耗和投资拉动的增长方式已难以为继，经济增长的动力源亟待转换。

二是上海经济结构面临转型，经济形态处在从制造经济向服务经济转变的关键阶段。上海“十一五”期间也已显示出服务经济快速发展的态势，不仅服务业产值和就业比重加速提升，而且制造业服务化和产业融合发展步伐明显加快。在未来一段时期，随着上海人均生产总值从 1 万美元向 2 万美元跨越，经济增长引擎将加快从“制造产业”向“服务产业”转变。能否推动产业服务化和融合化，强化产业发展的高端环节，将是优化和提升上海经济结构的关键因素。

三是上海城市功能尚待突破，城市发展处在从传统经济中心城市向全球城市转变的关键阶段。金融危机后，随着世界经济格局的调整和世界经济秩序发生重大变革，世界经济地理格局正在加速重组，全球经济重心不断向亚洲地区转移，中国等新兴国家成为世界经济引擎之一。在此背景下，上海有可能崛起成为新的全球城市。因此，上海必须进一步提升城市功能，实现从重规模向重流量、重集聚效应向重辐射效应、重资源和机构集聚向重管理控制能力的提升转变。

四是上海对外开放有待深入，开放格局处在从外向型向开放型转变的关键阶段。金融危机后，跨国公司纷纷调整国际化战略，加快对全球资源和供应链的整合。贴近目标市场、简化管理程序和区域产业集聚正在成为跨国公司战略布局的新趋势，跨国公司高端制造活动的跨境转移、研发与服务外包的国际化趋势将进一步加强，拥有快速扩张的大市场与配套产业齐全的低成本制造双重优势的中国，对全球高端产业活动的吸引力大幅上升。作为对外开放门户和连接国内外市场桥梁的上海，面临着引进高端产业活动、加快建立服务经济为主产业结构的新机遇。必须进一步加大对外开放力度，着力打造和优化具有国际竞争力的投资环境，大力吸引高端产业活动与生产要素集聚，促进经济发展模式从外向型经济向开放型经济全面转型。

2. “创新驱动、转型发展”成为上海未来发展主线

面对复杂多变的国内外形势和上海自身发展面临的阶段性挑战，上海明确提出了“创新驱动、转型发展”的发展思路。

以“创新驱动、转型发展”作为发展主线，首先是上海适应国内外发展新形势的必然要求。从国际上看，国际金融危机影响深远，世界经济格局正在发生深刻的复杂变化。从国内来看，我国过度依赖出口的发展模式面临调整，转变经济发展方式已刻不容缓。同时，中央进一步提出要加快推进新能源、新材料、信息网络等战略性新兴产业，这些产业的兴起将成为推动我国经济发展进入下一个周期的主力军。上海必须适应国内外形势的新变化，找准国际产业发展新方向，抓住新机遇，以创新为主要驱动力，推进发展转型，在新一轮全球化竞争中赢得主动。

其次，以“创新驱动、转型发展”作为发展主线，也表明了上海迈向国际大都市的目标要求和作为经济中心城市的发展特征。“创新驱动、转型发展”不仅包含了实现创新推动和集约发展的要求，而且包含了全面优化经济结构和提升城市功能的要求；不仅意味着要转变经济和社会发展方式的内涵，而且也表明要转变城市发展模式、优化城市形态布局和创新城市管理体制的内涵。它以转变发展方式为突破口，以推进城市全面转型为目标，根本目的在于提高城市竞争力，是新形势下进一步提升城市综合竞争力和国际竞争力的具体抓手和重要路径。由此，在未来一段时期，上海将以提升国际竞争力为根本出发点，努力实现各项领域的转型发展，力争把上海建成全国转变发展方式和落实科学发展观的示范区①。

最后，以“创新驱动、转型发展”作为发展主线，也体现了上海作为中国最发达城市之一的历史重任。当前的上海由于地缘位置、经济外向度、产业结构和社会结构的差异，在增长动力、资源环境、社会和谐、体制机制等方面面临着更多约束，且这些瓶颈约束在国内均具有一定的代表性和超前性。由

---

① 上海市人民政府发展研究中心课题组：“上海十二五发展主线与目标探讨”，载于《科学发展》，2011 年 1 期。

此，“创新驱动、转型发展”的发展主线实际上也体现了上海在引领全国转变发展方式上的“率先”和“示范”作用，体现了国家对上海未来发展的战略要求，反映了上海作为中国经济最发达的国际大都市所承担的历史重任①。

3. 继续争当国家改革开放排头兵

上海要实现“创新驱动、转型发展”，就必须深入推进改革开放，把改革开放作为转型发展的强大动力。在入世十年既有成绩的基础上，未来上海应将继续争当国家改革开放排头兵，深入推进重点领域和关键环节的改革，着力提高开放型经济水平。

（1）深入推进重点领域和关键环节改革

纵观30年改革开放的历史进程，我国的改革经历了不同阶段，驱动力也各不一样。改革开放之初，改革的动力主要来自于对计划经济体制积弊的深刻反思。加入世界贸易组织之后，改革的一个主要动力主要来自于对世界贸易组织规则优势的全面认同。但是，正如上文所言，由于在履行入世承诺过程中，人们往往把出发点放在“应对”上，而且经常把这种应对限制在经济领域，甚至是贸易领域，这导致入世对国内改革的推进作用，尤其是对政府职能改革的推进动力不足。

入世之初，国内曾有人提出了“中国入世政府先入世”的观点，并且将WTO规则对政府职能转变的要求概括为“一视同仁，公平竞争”，“公开透明，统一管理”，“开放市场，企业本位”，“减少干预，市场主体”及“灵活例外，合理保障”五个方面②。回顾过去的十年，我们依然发现相关改革还有很长的路要走。

当前，上海的发展面临着国际经济不确定性加大、环境资源矛盾增强、结构性调整压力增大等国内外因素的倒逼。这在客观上要求上海进一步解放思想，不断增强改革的活力。

过去20年中，上海抓住浦东开发开放和综合配套改革试点两次重大战略机遇，在政府职能转变、市场体系完善、国资国企改革、“引进来”和“走出

---

① 上海市人民政府发展研究中心课题组：“上海十二五发展主线与目标探讨”，载于《科学发展》，2011年1期。

② 刘光溪：“入世后的行政法治建设与政府职能转变”，《社会科学论坛》，2003年5期。

去”等方面取得了积极进展。但是，在国资有序进退、中小企业发展、城市建设与管理社会事业与管理、城乡一体化等领域的改革依然滞后，促进经济发展方式转变的体制机制尚未完全建立，没有形成通过改革来营造体制机制系统优势[①]。

目前，上海各类单项改革往往突破显著，但涉及多部门的综合性改革往往进展相对不大，改革呈现改进化、改良化、碎片化的特点，改革的系统性、科学性和指向性不强。改革推进上也存在自上而下的部门化趋向，尚未形成上下联动的统筹协调机制[②]。这都需要上海依托地方综合配套改革，争取更多的中央支持，全面推进改革工作。

在未来一段时期，上海将继续以浦东综合配套改革为先导，争当改革攻坚的排头兵，特别要在“四个中心”建设的先行先试、行政管理体制改革、国有企业改革等方面力争取得重大突破，切实以改革推动上海转型发展；按照市场化、国际化、法制化取向，坚持开创性、坚韧性、操作性相结合，着力破除转型发展的深层次问题和结构性矛盾。探索综合性改革、专项改革试验，加快形成有利于科学发展的体制机制，进一步增强发展的动力；以政府职能转变为核心，以政府管理创新为重点，以决策、执行、监督为关键环节，加快行政体制改革，建设服务政府、责任政府、法治政府、廉洁政府，把上海建设成为全国行政效能最高、行政透明度最高、行政收费最少的行政区之一[③]。

（2）创建对外开放新局面

上海在中国对外开放的历史中向来具有举足轻重的地位。回望改革开放30 年上海对外开放走过的历程，1984 年上海被列入 14 个沿海开放城市，对外开放开始探索阶段；1990 年中央开发开放浦东，为上海对外开放带来了百年不遇的大好机遇；入世后国内市场全面开放，上海继续向“四个中心”的发展目标稳步迈进。

目前，上海开放经济在“创新驱动、转型发展”中正在实现着两个转向，

---

① 上海市人民政府发展研究中心课题组：“重塑改革创新动力，再造转型发展优势”，载于《科学发展》，2011 年 2 期。

② 上海市人民政府发展研究中心课题组：“重塑改革创新动力，再造转型发展优势”，载于《科学发展》，2011 年 2 期。

③ 资料来源：《上海市国民经济和社会发展第十二个五年规划纲要》，2011 年。

一是由出口导向型转向资源配置型的开放增长模式；二是由外币本位思维转向本币思维，搭建人民币国际地位提升背景下的资金、技术、信息、人才等要素配置平台[①]。这都要求上海要继续抓住经济全球化格局变化的新机遇，实施更为积极的开放战略，在入世既有承诺的基础上，重点强调主动实现市场开放，形成外资外贸发展新格局。

为此，上海下一步将围绕建设“四个中心”目标，积极稳步推进金融市场对外开放。鼓励外资在国际航运枢纽港、国际航空枢纽港建设、口岸环境和现代国际航运服务环境打造中发挥作用；进一步深化总部经济发展，充分发挥外资企业在跨国公司全球架构调整中提升上海作用的积极性，推进跨国公司将高附加值业务在沪布局；利用外资促进形成以服务经济为主的产业结构，着力吸引外商投资金融、航运物流、现代商贸等重点服务业；引导外商投资战略性新兴产业，以产业链高端和技术创新环节作为引资重心，着力引进产业国际龙头企业，带动产业链中关联企业入驻。鼓励跨国公司与国内企业合作，提升先进制造业产业能级；鼓励上海有条件的企业采用收购兼并、股权置换、绿地投资等方式“走出去”。重点培育一批具有一定规模实力、品牌优势和市场基础的本土跨国公司，提升上海产业的国际竞争力。

最后，面对国际金融危机对我国现阶段过分依赖外需的产业所造成的严重影响，上海也必须把加快转变外贸发展方式作为发展主线。坚持扩大开放，充分利用国际国内两个市场、两种资源，通过不断适应国内外市场需求变化，着力提高自主创新能力，抢占未来技术和产业制高点，促进对外贸易持续健康发展；逐步提升贸易价值链，进一步增强对外贸易的话语权和影响力。注重对外贸易从量的扩张向质的提升转变，注重从国际分工的低端向中高端转变，注重从价格的接受者向价格制定者转变，注重从接受既定规则向更多主动参与制定规则转变；依托国际贸易中心建设，打造新的竞争优势。力求在制度模式创新、集成辐射市场、提供综合服务等方面取得新的突破，加快发展与贸易相关的物流、会展、金融、信息、营销等专业增值服务，大力培育新兴服务业态，努力拓展贸易服务新领域[②]。

---

① 孙福庆等：“构筑后危机时代上海对外开放新格局—— 2010 年上海对外开放形势研究报告”，《科学发展》，2010 年第 1 期。

② 资料来源：《上海市国民经济和社会发展第十二个五年规划纲要》，2011 年。

十年一剑，霜刃谁试。过去的十年是上海坚持开放，深化改革，全面融入经济全球化的十年；是上海社会经济顺利发展，城市竞争力显著提升的十年。上海的实践经验再次深刻表明，入世有力促进了国家改革开放和经济社会的发展。当前，上海城市发展即将进入历史新阶段，面对新挑战与新要求，上海将继续发扬当年迎接入世的勇气、魄力与决心，努力开创改革开放新局面。

中国入世十年深圳 WTO 事务工作回顾与展望

◎ 张金生

中国入世十年是深圳深化改革、扩大开放、经济社会发展取得重大成就的十年，深圳十年来的发展证明中国入世的决策是正确的。深圳之所以十年来取得这些成就，除了中国入世带来的大环境的机遇以外，很重要的一个方面是深圳比较重视和开展地方 WTO 事务工作。可以说，地方 WTO 事务工作的有效开展，加快了深圳对外开放的进程，加快了深圳各级政府职能的转变和经济管理体制的改革，加快了深圳市场经济体制的完善，加快了深圳开放型经济体系的建立。同时也增强和拓展了各级政府、企业的开放合作意识和国际视野，从而在国际舞台上充分利用中国加入 WTO 所带来的机遇和权益，遵守并运用国际规则，取得了改革开放的新成就。本报告力求从深圳开展地方 WTO 事务工作的实践和它对深圳经济社会等各个方面发展所起的作用，以及从深圳的探索和实践出发探讨进一步加强和做好全国的地方 WTO 事务工作。

一、中国入世十年深圳社会经济发展概述

加入世贸组织十周年，是深圳深化改革开放，经济社会各个方面发展取得重大成就的十年；是深圳积极参与经济全球化，融入主流世界，完善开放型经济体系的十年。深圳入世积极效应显现，经济社会运行呈现出健康稳定的良好发展态势。

张金生，深圳市世贸组织事务中心主任、研究员、博士生导师。

1. 社会经济发展跃上新台阶

(1) 经济总量平稳较快增长，经济发展质量进一步提高

2010 年深圳全市国内生产总值（GDP）达到 9510.91 亿元，比 2001 年的 2482 亿元增长 283%。地方财政一般预算收入达到 1107 亿元，比 2001 年的 262 亿元增长 323%。中国社科院发布的《2011 年中国城市竞争力蓝皮书》显示，在 294 个城市中，深圳综合竞争力排名第四，位列广东省第一。

2010 年，深圳每平方公里产出 4.77 亿元 GDP 和 0.55 亿元地方财政收入。万元 GDP 能耗、水耗分别为 0.51 吨标准煤和 20.3 立方米，分别比 2005 年下降 14% 和 40%，处于全国领先水平。

(2) 对外贸易持续增长，经济结构不断优化

2010 年深圳外贸进出口总额达到 3467 亿美元，比 2001 年的 686 亿美元增长 405%。其中，出口总额达到 2042 亿美元，连续 18 年居全国大中城市首位。

2010 年，深圳第三产业增加值占 GDP 比重达到 52.4%，比 2001 年提高了 6.6 个百分点，初步形成二、三产业协调推动经济发展的良好态势。高新技术产业、现代金融业、现代物流业和文化产业四大支柱产业支撑能力明显增强，占 GDP 比重超过 60%。自主创新的优势更加突出，成为全国首个国家创新型城市试点，PCT 国际专利申请量连续七年居全国首位，全社会研发投入占 GDP 比重达到 3.64%，具有自主知识产权高新技术产品产值占比超过 60%。

(3) 社会建设和文化建设取得新进展，城市发展再上新水平

社会民生不断改善，就业、社会保障、教育、医疗卫生、文化等加快发展。居民生活水平明显提高，2010 年居民人均可支配收入达到 3.22 万元，比 2001 年提高 1.1 万元。城镇居民登记失业率控制在 3% 以内，零就业家庭户数保持动态归零。社会保障体系日益健全，在全国率先实现“全民医保”，社会福利、社会救助和优抚安置三大体系基本建立。

深圳实施“文化立市”战略，文化建设力度进一步加大。文化体制改革试点任务完成，公共文化服务体系不断完善，文艺精品集中涌现。

城市重大基础设施加快建设，交通、资源、能源和信息化基础设施建设加快推进，城市功能明显提升。环境保护工作从传统的治污保洁向推动生态建设

和低碳发展提升，人居环境质量不断改善，成为“创建国家生态园林城市”示范市和首批国家生态文明建设试点地区。

2. 社会主义市场经济体制不断完善

中国加入世贸组织以来，深圳在国家统一部署下，按照国际市场经济运行规则逐步实现对外开放，分阶段开放了金融服务、保险、电讯、零售与批发、旅游、专业服务、医疗服务等领域。并按照 WTO 相关规则要求，深圳完善并确保贸易政策法律法规透明和公平；对所有成员实行非歧视待遇，给予外国货物、服务和知识产权国民待遇，实现对外国服务及投资的国民待遇；提倡公平贸易和公平竞争，制止恶性竞争，并有效地管理贸易自由化带来的风险和压力，使得货物、服务、知识产权方面的政策措施逐步规范，并使其更趋于合理化。从而在整体上实现了改革与开放的良性互动和对内改革与对外开放的相互促进。

入世后，深圳作为经济特区所特有的政策优势减弱，2009 年《深圳综合配套改革总体方案》获国务院批准，这是对深圳推进改革开放、实现科学发展具有方向性意义的重要文件。为了落实该方案，深圳进行了以下几个方面的改革：一是深化行政管理体制改革，以转变政府职能为核心，完善大部门管理体制，推进城市行政区划及管理体制改革，继续实施公务员分类管理和聘用制改革，深化事业单位改革，严格依法行政；二是全面深化经济体制改革，完善要素配置的市场机制和财税、金融、土地、投融资等制度，继续推进企业改革，深化市场监管体制改革；三是积极推进社会领域改革，不断深化教育、医疗卫生、就业、社会保障、收入分配、住房、文化制度改革，创新社会管理体制，培育发展社会组织，积极推进依法治市；四是完善自主创新体制机制，构建开放型创新体系，促进国家与地方创新资源高效配置，完善创新服务体制和人才管理体制，深化知识产权管理体制改革；五是以深港紧密合作为重点，全面创新对外开放和区域合作的体制机制，创新外经贸发展方式，主动应对开放风险，率先形成全方位、多层次、宽领域、高水平的开放型经济新格局；六是建立资源节约环境友好的体制机制，探索建立环境资源的综合管理机制、资源节约环境友好的激励约束机制和适应经济增长的生态发展模式，加快建设国家生态文明示范城市。深圳通过扎实推进行各个领域的改革创新不断地完善了社会主义市场经济体制。

3. 开放型经济体系不断完善

开放是深圳的立市之基，发展之源。入世以后，深圳一批本土企业大胆“走出去”，瞄准国际、国内两个市场，参与国际竞争，开展跨国经营。目前，深圳企业业务已遍布世界 100 多个国家和地区，经营层次不断提高，从设立海外销售网点和营销机构，逐渐发展到以境外生产、研发、服务、资源开发、资本运作等某一种形式为主或多种形式混合的经营方式。深圳已经进入加快开放型经济体系建设的新的历史阶段。

开放型经济体系是各经济要素之间、要素与外部环境之间是互相联系、互相制约的整体。深圳开放型经济的发展，既吸引外资，也对外投资。与此同时进一步开放市场，减少对资本、劳动、技术等要素流动的限制。境外的服务业诸如银行、保险、零售百货业等早已经在深圳登陆，并发展成为深圳经济主体中不可或缺的部分。深圳经济发展也是与经济全球化紧密联系在一起的，通过充分利用自身比较优势，持续扩大对外开放，推动了各种国际要素资源的快速聚合。

深圳经济结构外向型特征明显，经济开放度居全国前列。2010 年，深圳外贸依存度达到 233%。其中出口占全国出口总额的 12.9%，占全省出口总额的 45.1%；目前有 90 多个国家和地区的外商来深圳投资，累计实际利用外资 374.3 亿美元，世界 500 强企业有 161 家落户深圳。同时，入世以来，深圳企业积极“走出去”，参与全球竞争。2001 年深圳在境外直接投资的企业和机构只有 81 家，到 2011 年 8 月，深圳境外直接投资共 1057 家，其中企业 914 家，机构 143 家，累计协议投资总额为 47.45 亿美元，累计中方协议投资额为 42.83 亿美元。走出去的目的地国家和地区也由 2001 年的 17 个增加到 2010 年的 100 个国家和地区。在国际市场的竞争过程中，涌现出华为、中兴等一批跨国企业。

4. 不断促进国际化先进城市建设

中国社科院《2011 年中国城市竞争力蓝皮书》显示，在 294 个城市中，深圳综合竞争力排名第四，位列广东省第一。《全球城市竞争力报告（2009 ~

2010)》对全球 500 个城市进行的综合比较中，深圳排在前 100 名内，位列第 64 名，在中国城市中，排在香港、上海之后，北京、广州、澳门之前，在世界城市中，排在美国的底特律、凤凰城，日本的大阪、京都，比利时布鲁塞尔，瑞士日内瓦，丹麦哥本哈根，意大利罗马，西班牙巴塞罗那等世界历史悠久的发达城市之前。

入世前，深圳已确立建设现代化国际化城市的战略定位。1998 年亚洲金融危机后“抛弃论”曾笼罩深圳。入世后，中国参与区域经济合作的步伐加快。2003 年，中央政府与香港特区政府签署的《内地与香港关于建立更紧密经贸关系的安排》（简称“CEPA”）一期协议，成为内地第一个自由贸易安排。深圳由于地理经济文化综合优势，深港经济一体化合作进程由此大大加快。CEPA 签署后一年，深港签署“1 +8”合作文件，此后双方逐步形成了深港结成战略联盟共建国际大都市的共识。入世十年来，多边与区域开放的互动，进一步拓展了深圳的对外开放能力和空间，特别是与香港的战略合作大大提升了深圳的国际竞争力和影响力。

二、地方 WTO 事务工作对深圳发展的积极作用

2001 年中国加入世界贸易组织，WTO 事务工作作为一项全新工作领域顺势而生，从中央到地方，开始了相关工作的探索和实践。

深圳积极抢抓历史机遇、主动应对入世挑战，在全国比较早地成立了负责深圳 WTO 事务的专门工作机构——深圳市世贸组织事务中心。十年来，深圳在 WTO 事务工作中积极探索、大胆创新，开创了一条“贴近产业、服务企业”的地方 WTO 事务工作模式。为深圳在更大范围、更宽领域、更高层次上参与国际经济合作与竞争，全面提高深圳市的对外开放水平和国际竞争力，促进开放型经济体系建设发挥了重要的促进作用。

1. 颁布应对入世指导性文件，转变政府职能

2003 年，在深入研究 WTO 规则以及我国入世承诺基础上，深圳较早地颁布了地方应对入世的综合性指导文件——《深圳应对入世行动纲要》，因地制宜，提出十五条具有前瞻性和可操作性的应对措施，从而把 WTO 规则与深圳

经济社会发展紧密结合起来，把WTO事务综合性应对工作与深圳产业经济发展规划与重点协调起来。

2005年，根据入世“后过渡期”的形势和挑战，深圳市又出台了《深圳市应对入世后过渡期行动纲要》，提出了入世“后过渡期”应对工作的总体思路，即：遵守WTO规则和运用WTO规则相结合，履行义务与享受权利相结合，扩大开放和维护产业安全相结合，迎接挑战，积极应对，在更大范围和更高层次融入世界经济体系；抓住机遇，加快发展，在WTO多边体制下推进深圳国际化进程。

两部《纲要》因应我国加入WTO后的新形势对政府职能转变的要求，对深圳应对入世工作内容进行了详细分解，将工作落实到具体部门，通过具体工作的开展落实，有效地促进政府职能的转变。两部《纲要》的颁布以及提出的具有前瞻性、创新性、针对性和可操作性的措施，成为全国各地学习的楷模，并受到国内外多方的关注与肯定。

2. 积极推进政策法规与WTO规则的接轨，优化外经贸发展环境

深圳一方面贯彻落实中央的要求和部署，全面清理与WTO规则不相符法规、规章和政府文件；另一方面对深圳拟出台政策和规范性文件，开展与WTO规则一致性的审核工作。

2001年初，深圳市专门成立了“入世清规”小组，对法规规章进行清理。2002年，对初步清理出的与WTO有关的24件法规、规章，作出废止和修改的决定。

深圳建市以来至2001年间，共颁布了2500余份文件，经过清理，初期对以市政府名义制定的310份文件及以市政府各部门名义制定的568份文件予以废止，对1700份文件逐一筛选，同时对与WTO规则和入世承诺不符之处加以修改或排除。

自2004年起，深圳市政府授权世贸组织事务中心对深圳特区法规、较大市法规、政府规章和各级政府及其部门的规范性文件，开展了WTO规则一致性审核工作。几年来先后对90余部拟出台的规范性文件进行审核并提出建议，尤其是2005年，在全国率先进行地方财政补贴政策梳理，对深圳有关补贴措施提出修改建议，有效保证了深圳市新出台的法规、规章、政策及规范性文件

与 WTO 规则的一致性。

3. 积极有效应对贸易摩擦，提升企业国际竞争力

深圳一直是贸易摩擦的重灾区，几乎所有针对中国的贸易摩擦的出口产品在深圳都有涉及。深圳 WTO 事务专门工作机构充分发挥其维权服务职能，并联合全市有关部门、行业协会和相关企业，力求对贸易摩擦做到“早发现、早应对、早化解”，做到事前预警、来案发布、组织研究、分析案情、跟踪服务、协调应对、事后总结、经验推广等，从而帮助企业走出积极运用规则维护自身权益的道路，从开始对有关贸易救济措施等国际规则的不了解到后来的了解，从开始对国际贸易摩擦案件的回避到后来的积极应对，从开始对国际市场的被动放弃到后来的积极保持维护国际市场份额，很多企业在积极化解贸易摩擦案件后，品牌价值提升，国际竞争力增强。如入世胜诉第一案的信义汽车玻璃（深圳）有限公司，外贸出口 10 年增长 11 倍，产品在欧美的市场份额逐年提高；遭遇多种贸易限制措施的深圳燕加隆实业有限公司，在取得反倾销、反补贴、337 等一个个案件的胜诉后，外贸出口 10 年增长 116 倍，产品已遍布五大洲。深圳 WTO 事务工作在贸易摩擦应对中创造了多个全国第一，有力地服务于“保市场、保份额”的大局。

4. 建立贸易安全与产业损害预警机制，防范国际贸易风险

2004 年，深圳市政府批准建设“深圳市反倾销与产业损害预警系统”项目，并于 2005 年底开始投入运行。预警系统的建立和运行，旨在构建一个防范国际贸易风险的快速反应机制，从而实现贸易风险防范和产业保护的前置化。先后发布 30 份预警、监测报告，实现了对贸易摩擦热点预警的前置性，具有较强的针对性、引导性和可操作性。每期预警、监测报告都立足实际深入分析，提出具有可操作性的建议措施，上报领导和有关部门，并通过开展有针对性的宣讲、培训、咨询等工作落实到相关企业和行业，做好预防与应对。

5. 开展贸易壁垒调查与申诉工作，维护企业合法权益

深圳决定在世贸组织事务中心加挂“贸易壁垒申诉与调查服务中心”的牌子，这在全国地方还是首例。该中心通过收集、整理深圳企业在国际贸易、

对外投资过程中所遭遇的壁垒情况，进行对策研究，上报国家商务部等有关部门，通过国家对外谈判等层面解决深圳企业在国外遭遇的贸易和投资壁垒。同时，根据WTO规则和我国法律法规，指导和协调企业向商务部提出贸易壁垒调查申诉，配合商务部进行壁垒调查，维护企业在开拓海外市场过程中的合法权益。如配合商务部对“欧盟贸易救济工具绿皮书”进行评论，提出建议；开展境外技术性贸易措施调查，反映深圳企业的意见，由商务部在双边或WTO框架下进行交涉；承担商务部课题，开展《欧盟壁垒调查案例研究》和《欧盟反倾销调查“替代国”问题研究》，为中欧双边谈判提供研究依据。针对深圳朗科科技有限公司专利在海外受到侵权，积极帮助企业研究相关法律问题、整理事实依据并通过商务部在有关场合进行交涉，协助企业维权，该案件成为国内企业在存储领域首次起诉美国企业侵犯我知识产权维权成功的典型案例。此外，深圳还积极配合商务部就贸易调整援助制度、产能过剩、“走出去”等问题开展调研。

6. 参与政策审议，配合国家层面WTO事务工作

深圳积极履行WTO规则关于透明度的要求，积极通报有关贸易政策法规，增加透明度。与此同时，还积极配合做好WTO对我国每两年一次的贸易政策审议工作，一方面开展企业调研，向商务部提交有关资料，另一方面分析WTO成员方对我国尤其是对地方政府经贸政策等方面提出的问题，提出有关应对措施供本市企业和有关部门借鉴。

政府采购协定（GPA）作为WTO的一项诸边协议，我国正在与有关方面开展谈判。深圳高度关注我国加入GPA的谈判进程，世贸组织事务中心先后完成了《深圳市地方政府采购体制研究》和《加入GPA与深圳市产业竞争力评估及其研究》等多个课题研究。从维护深圳产业安全与提升产业竞争力相结合的角度，提出在加入GPA条件下提高产业国际竞争力的政策建议。此外，该中心还紧跟我国区域合作和自贸区谈判和建设情况，及时将有关谈判成果通报企业，并提供有关自贸区原产地规则、贸易壁垒应对、争端解决等方面的专业服务。

7. 持续开展调研、培训，培育国际化专业人才

深圳每年都定期、不定期地组织政府相关部门赴企业、行业协会、各区和

有关单位开展调研。在调研中掌握第一手资料，并将应对贸易摩擦的有关知识编印成手册，如《应对反倾销手册指引》、《深圳企业应对国外贸易摩擦典型案例精选》、《主要贸易市场贸易救济法律法规研究》等等进行送发。通过调研，在调研中及时解答有关问题，宣讲 WTO 知识，使企业和有关方面真正理解 WTO 事务是关乎每个企业、关乎就业、关乎千家万户的工作。同时，世贸组织事务中心还承接商务部、广东省、深圳市的课题研究，已先后承接近百项课题，有些课题获得商务部、深圳市的奖项。

深圳一直坚持开展 WTO 事务培训与宣传。平均每年举办各类培训 20 余场，培训人数 3000 余人。在培训的内容上，既有 WTO 规则普及、热点问题的研究等内容，更要针对性强的企业赴境外参展法规培训、企业应对国外技术性贸易壁垒等内容；在培训对象上既有针对企业、行业协会的培训，也有针对政府部门的培训；在培训方式上，既注重实务性，如开展国际进出口职业资格认证（IIEI）考试培训等，为企业培养专门的外经贸实务型人才，也注重广泛性和理论性，通过论坛、年会、刊物等多种形式就 WTO 领域新趋势、新问题广泛研讨。

"WTO 与深圳国际化"论坛每年通过邀请来自 WTO，以及国内外的嘉宾，在 WTO 规则及其发展、世界经济和国际贸易等领域谈经论道，相互交流。据不完全统计，9 年来，出席年会和论坛的先后有 3 位 WTO 副总干事，8 位 WTO 下设机构高级官员，13 位驻 WTO 大使，以及来自美国、英国、欧盟等国的商务官员和协会负责人。这凸显了深圳对改革开放的高度重视和勇于学习先进经验、敢于在国际舞台展现城市风貌的勇气和信心。

8. 建立 WTO 事务工作机制，提供 WTO 事务公共服务

几年来，深圳 WTO 事务工作以专门工作机构为核心，在具体工作开展中不断建立和完善工作机制，逐步建立了"多体联动"的工作机制。

深圳创造性地设立"WTO 事务工作站"，先后在政府相关部门、主要行业协会和商会、专业服务机构和重点企业建立了 46 个 WTO 事务工作站，密切了相关政府部门、行业协会、企业的沟通协调。

为加强对 WTO 事务工作的统筹协调，市政府批准设立了"深圳市 WTO 事务工作领导小组"，现更名为"深圳市 WTO 事务工作联席会议"，全面领

导、组织、协调我市 WTO 事务工作。出台了《关于建立深圳市 WTO 事务工作市区联动机制的实施意见》，进一步完善了深圳 WTO 事务在市、区的工作机制。深圳正是通过不断建立和完善 WTO 事务工作机制，不断为企业提供着 WTO 事务的政策服务、维权服务以及信息服务等公共服务，不断增强主动服务意识，创新服务方法，拓展服务领域，优化服务内容。

伴随着中国入世十年，深圳通过有效地开展 WTO 事务工作，积极地推进全方位的对外开放，提高对外开放水平和质量，有力地促进政府职能的转变和经济管理体制的深化改革，有效维护产业安全和企业的合法权益，提高企业的国际竞争力，加快了深圳国际化城市建设步伐。

三、深圳开展地方 WTO 事务工作的启示

地方 WTO 事务工作是一项全新的工作，是一项极具探索和创新的工作，深圳通过十年来开展地方 WTO 事务工作的探索和实践得到如下启示。

1. 地方 WTO 事务工作内涵

从中国的国情和工作实际来看，WTO 事务工作可以分为中央层面和地方层面的 WTO 事务工作。

中央层面的 WTO 事务工作涵盖的内容，主要承担多边、双边经济合作以及自贸区谈判、贸易争端和有关 WTO 争端解决、贸易政策审议、通报与咨询、贸易壁垒调查、进出口贸易预警机制建设、贸易摩擦应对、产业损害调查、贸易救济援助、服务贸易、依法调查对外贸易中的垄断行为，并采取必要措施消除危害等职能。

地方层面的 WTO 事务工作，一方面是承接中央层面的 WTO 事务工作并在地方上落实；另一方面要根据本地方经济社会发展实际提供优质高效的 WTO 事务公共服务。包括三方面内容：

（1）WTO 政策服务职能

主要包括作为地方政府履行我国入世承诺，确保各项经贸政策的透明度、统一性以及与 WTO 规则的一致性，参与并接受贸易政策审议，反映地方利益，提供事实依据，参与我国多双边经贸规则的制定等。包括为社会各界提供关于

WTO 规则等国际经贸规则的指导、咨询服务等内容。

(2) WTO 维权服务职能

主要包括贸易救济措施的应用、产业损害调查与维护产业安全等内容；维护公平贸易环境，组织、指导应对各类贸易摩擦，维护本地区企业的合法权益，提高国际竞争力。从中国入世以来的 10 年间，深圳企业直接遭遇的 75 个贸易救济调查案件中，95% 以上的案件都进行了应诉并取得较好的应诉效果，既保住了出口市场，还维护了深圳企业的形象。如 2006 年美国数字万用表 337 调查案，中心组织 6 家深圳企业联合应诉，与起诉方达成和解，国内外市场稳定发展；2007 年美国闪存控制器 337 调查案，深圳企业取得胜诉，对美出口稳步发展；2010 年欧盟对我无线宽域网络调制解调器进行反倾销、保障措施、反补贴调查，深圳华为、中兴两家企业在积极应诉的同时，按照包容发展的理念，成功地让欧委会撤销调查，保住了巨大的欧洲市场。

(3) WTO 信息服务职能

主要包括提供 WTO 规则及有关热点、难点问题的培训、辅导、咨询服务；收集、整理并长期跟踪评价 WTO 有关成员方贸易、投资政策信息，对本地区的重点出口市场、重点敏感产品进行监测、分析发布预警信息等职能。

中央层面的 WTO 事务工作和地方层面的 WTO 事务工作是相辅相成、彼此关联的。地方 WTO 事务工作是中央政府相关工作的延伸、基础和重要补充，是国家整体 WTO 事务工作的不可或缺的重要组成部分并发挥着不可替代的重要作用，也是地方各级政府为社会各界提供公共服务的重要内容。

2. 开展地方 WTO 事务工作的必要性和重要性

(1) 做好地方 WTO 事务工作有利于提高对外开放的水平

加入 WTO 以来，中国参与国际分工的广度和深度不断加大，只有充分利用 WTO 这个多边贸易体制和舞台，做好地方 WTO 事务工作，才能更好地服务于加快经济发展方式转变，促进外经贸发展，加快企业“走出去”步伐。只有充分参与并利用 WTO 等国际组织在国际市场上的话语权，做好地方 WTO 事务工作，才能更进一步利用国际产业转移的机会，真正利用“两个市场、两种资源”拓展区域经济的发展空间，为本地区的发展提供持久可靠的市场和资源保障。

（2）做好地方 WTO 事务工作有利于促进转变政府职能，促进深化经济管理体制改革

入世要求政府从计划经济的管理理念和方式转变到市场经济和世贸规则的政府管理上来，在与国际规则接轨中不断转变政府职能，深化经济管理体制的改革。WTO 事务工作涉及制定、协调全球经济贸易活动的“游戏规则”并按规则办事，充分发挥市场在世界经济体系和贸易自由化中的作用，鼓励公平竞争，致力于建立“开放、公平、无扭曲”的市场竞争秩序。这就要求地方政府要改革传统的经济管理模式和方法，如在产业政策的制定上一定要符合 WTO 规则，避免授人以柄。这就要求我们的政府工作人员要有遵守和运用 WTO 规则的能力和水平。开放型经济越发展，对政府服务职能及其服务水平的要求越高，对政府创新管理机制的要求越迫切。加入 WTO，我国经济与世界经济深度接轨，与之相应地，必须创新政府管理机制，在管理理念上从计划经济的政府管理转变到市场经济和世贸规则的政府管理上来，改变目前存在的大量的越位、缺位、不到位的情况。

（3）做好地方 WTO 事务工作能有效地应对贸易摩擦，维护产业安全，提高企业的国际竞争力

随着中国国际地位的日益提高，WTO 事务工作面对的形势越来越复杂，应对工作也越来越艰巨。这就要求地方政府在工作中，不断提高 WTO 事务公共服务的水平和能力，在企业遭遇贸易摩擦和壁垒时，提供 WTO 事务维权服务，组织和指导企业积极有效地应对；在企业实施走出去战略过程中，通过提供 WTO 事务政策服务，帮助企业掌握和运用国际规则，了解有关市场准入、投资、税收、法律、贸易摩擦与争端解决、双边协定等方面的政策，提升企业国际竞争力。

（4）做好地方 WTO 事务工作有利于建立开放型经济体系

WTO 规则要求各级各地政府都必须在提高透明度、确保国家贸易政策的统一实施方面，符合市场经济和 WTO 规则的要求，要推进行政管理体制改革，建立健全统一、规范、公开透明、顺畅高效的政府管理体制和服务体系，这也是我们完善市场经济体制建设所需要的。建设开放型经济体系是一个经济体由

政策性开放走向制度性开放、经济管理和运行机制与国际通行规则接轨的系统工程，这一体系涉及市场经济体制、政府管理机制、经济竞争基础、贸易发展战略、国际规则运用及经济安全保障领域等多方面内容。WTO 事务工作不仅是发展开放型经济的应有之意，而且在以上领域促进我们的开放型经济在更大范围和更深程度上融入国际市场体系，是当前开放型经济发展不可或缺的重要内容。

3. 必须高度重视和发挥地方 WTO 事务专门工作机构的作用

WTO 事务工作关系到政府各个部门、各行各业、乃至个人的切身利益，需要政府、企业、行业协会等组织高度关注和共同参与。地方 WTO 事务工作涉及的事务十分广泛，不仅仅是反倾销、反补贴等应对贸易摩擦的事务，也不仅仅是外经贸领域的工作，而是一项涉及政府各相关职能部门，如财政、金融、税收、海关、工商、质检、法制等等，以及各类中介组织、相关产业和企业的综合性的、系统的工作，需要做大量的协调、组织与指导工作；WTO 事务工作也不仅仅是货物贸易领域的工作，同时涉及服务贸易、与贸易有关的知识产权等领域。所以，地方 WTO 事务工作大量的综合性、协调性、基础性工作需要有这方面的专门工作机构。

目前从全国来看，国家层面在商务部设有世贸司、公平贸易局、产业调查局、国际司、条法司、服贸司、谈判代表秘书局等司局专门从事或涉及 WTO 事务的相关工作。但在地方层面，WTO 专门工作机构的设置上配备不足且尚欠规范。各省市大都只有公平贸易局（处），只能承接商务部公平局的部分业务，而且大都在法规部门挂牌运作，所配人员很少，其他司局的业务基本没有机构来承接，形成缺位。所以重视和加强地方政府 WTO 事务专门工作机构的建设和规范是一个亟待研究和解决的问题。

四、未来地方 WTO 事务工作任重道远

入世十年来，我国从世贸组织的新成员正逐渐成为成熟成员，经历了学习规则、熟悉规则到掌握规则、运用规则，参与规则制定的过程，在多哈回合中积极参加了各领域的谈判，代表性和话语权得到明显提升。在地方层面，由于

各地 WTO 事务工作的有效开展，使得各地区在开放自身市场的同时，也获得了更加开放的国际市场，赢得了更多的发展机遇。站在我国加入 WTO 十周年的新的起点上，依然要看到地方 WTO 事务工作面临的新的形势和挑战，要充分认识到地方 WTO 事务工作在我国将是一项长期的、复杂的、艰巨的工作。展望深圳 WTO 事务工作将面临如下几个方面的新形势、新挑战和新内容。

1. 深圳 WTO 事务工作面临的新形势

从国家层面来看，中国不再被作为加入世贸组织时的新成员来看待，在 WTO、G20 等多边场合，中国日益成为关注的焦点，面临承担超越自身能力的更多国际责任压力。一些发展中国家和新兴经济体在出现利益分化情况下，对中国承担更多义务的要求也越来越高。中国已成为国际贸易保护主义的主要对象，“中国制造”遭遇的贸易限制不断增多。中国已成为遭受反倾销和反补贴调查最多的世贸组织成员国，这也反映了影响中国社会经济发展的全球性因素具有长期性和复杂性。据 WTO 统计数据显示，中国已连续 16 年成为遭受反倾销调查最多的成员，连续 5 年成为全球遭遇反补贴调查最多的成员。据世界银行统计数据，2010 年全球 47% 新发起的贸易救济调查和 82% 已完成的案件都针对中国。一些国家还针对中国商品直接采取了贸易保护措施，在 2010 年全球新启动的 15 项贸易保护措施中，针对中国的商品占 10 项，占比高达 67%。近年来，主要集中在以下几个方面：一是外贸发展的环境越来越趋向于涉及人民币汇率问题，压力也会越来越大，这仍然有可能是我们在贸易摩擦领域的一个焦点。二是国际经贸关系更趋复杂化。一方面随着我国经济实力的上升，发达国家会联起手来进行应对；另一方面新兴发展中国家由于发展和竞争产生的问题，与我们的摩擦也会加剧。三是贸易摩擦的政治化倾向将增强。一些国家将贸易摩擦和政治挂钩，增加对中国的要价筹码，加大我们应对的难度。四是我们的产业转型升级会受到更多来自外部的打压。我们的经济在转型期间，受到越来越多来自国外的限制，这种竞争从市场份额到核心技术，对我们高端产品的限制也来源于此。五是“碳关税”限制贸易。气候问题与贸易的关联性越来越紧密，气候变化超越自然本性被赋予了关乎国家经济、政治的魔力，国际贸易格局正在孕育重大的变化，全球产业结构的形态和布局、各国的国际分工地位正在被重塑。这些影响中国社会经济发展的全球性因素必须给予充分重视和长期的应对准备。

深圳是中国最早建立的经济特区，也是中国开放程度较高的地区之一，对外贸易和投资非常活跃，是很多 WTO 成员方的主要贸易伙伴关注的地区，深圳 WTO 事务工作面临的形势将更加严峻，任务更为复杂。主要表现在如下方面。

(1) 贸易摩擦数量增多，形式多样

在中国贸易摩擦形势严峻的大环境下，深圳在遭遇贸易摩擦的数量、类型、频率、强度等方面，在全国都具有典型性和代表性。呈现出以下几个显著特点：

一是贸易摩擦类型趋于多样化，出现多种摩擦形式的围追堵截。据不完全统计，入世至 2011 年 10 月底，深圳遭遇各类贸易摩擦共 89 起，各种类型的贸易摩擦深圳都有遭遇。尤其是近年来出现了一个企业或行业同时遭遇两种以上贸易救济措施调查的情况，如一家企业同时遭遇反倾销调查、反补贴调查、美国 337 调查，或者某一产品遭遇反倾销调查、反补贴调查、保障措施调查，或者某些企业在多个市场先后遭遇贸易摩擦等等。这种贸易摩擦多样化趋势和多种形式贸易摩擦的叠加使用，打击力度更甚，应对难度巨大。应对工作实践表明，多种贸易救济措施同时使用在一个出口产品上，其应诉依据将是互为关联，影响此消彼长，国内的政策和制度安排将被迫充分暴露，为新的贸易摩擦埋下伏笔，其他关联市场和产品也将仿效，围追堵截的情形更为严峻。

二是贸易摩擦指向支柱产业和高新技术企业。以往，贸易摩擦主要集中在传统的劳动密集型产业。近年来，占深圳外贸出口产品绝对比重的机电和高新技术产品逐步成为贸易摩擦的主要领域，一些深圳新兴产业和高新技术企业频频遭遇贸易摩擦。如数据自动化产业、LED 产业、通信产业等等。

三是反补贴调查成为热点，地方政府的政策成为切入点。中国已成为全球反补贴调查的最大目标国，在反补贴调查中，地方政府的政策成为切入点，涉及的地方性政策越来越多。2009 年初，美国、墨西哥等 WTO 成员将中国与“中国世界名牌”和“中国出口名牌”产品有关的补贴政策诉诸 WTO 争端解决机制，涉及中国各级政府的补贴政策一百余项。该案影响面之广、影响程度之深都是前所未有的。而在 2010 年 WTO 对中国的第三次贸易政策审议中，地方政策成为主要成员方的关注重点，提出 1500 多个问题。

除以上几个方面外，深圳企业在成功应对贸易摩擦后，该产品也屡屡遭遇域外司法诉讼案件，如汽车挡风玻璃反倾销案胜诉后，竞争对手在美国提起知识产权司法诉讼；复合木地板在加拿大和美国反倾销、反补贴、337 调查案胜诉后，竞争对手在欧洲又发起多个司法诉讼，这种现象非常值得关注。这也从一个方面验证了 WTO 事务工作的复杂性和艰巨性。

(2) 技术性贸易措施已成为产品出口受阻的主要障碍之一

当前深圳面临的国外技术性贸易壁垒数量逐年增加，2010 年深圳企业由于遭受国外技术性贸易措施的直接损失额约为 47.57 亿美元，新增成本约 57.17 亿美元。2010 年深圳受国外技术性贸易措施影响的出口企业比例，占企业总数的 40.40%，其中，农食产品行业、机电仪器行业、纺织鞋帽行业、橡塑皮革行业、玩具家具行业分别为 56.25%、40.27%、41.61%、28.81%、50%。在受到国外技术性贸易措施影响的总数中，机电仪器行业所占比例最高，约为 27%，其他依次为纺织鞋帽行业 26%，玩具家具行业 16%，农食产品行业 8%、橡塑皮革行业 8%。其中出口企业受到进口国家（地区）的技术性贸易措施影响的比例分布参考值为：欧盟 25.18%、美国 19.84%、日本 10.43%、东盟 3.29%。受到国外技术性贸易措施影响主要表现在有毒有害物质限量要求、认证要求、技术标准、标签和标志要求、包装及材料的要求、产品人身安全要求和环保要求等。

近年来，国外技术性贸易措施主要集中在以下几点：一是欧美等发达国家继续加紧制修订最低能效和能效标签法规标准。二是欧盟修订了废弃电子电器设备（WEEE）指令和有害物质限量（RoHS）指令，进一步扩大了指令调整产品范围。三是欧盟化学品注册、评估、授权、限制法规（REACH）完成了首批物质的注册。四是新兴市场继续加大实施技术性贸易措施力度。五是把提供碳排放和减排量信息作为供应商选择条件的数量大幅增加。

(3) 与贸易有关的知识产权纠纷令出口企业望洋兴叹

欧盟和美国一方面设立技术壁垒，要求进口国企业的产品要达到其设定的技术水平或技术标准；另一方面又把该标准中的技术核心申请了专利。这就形成技术壁垒与专利壁垒的交叉使用，这种办法可以最大限度地保护本国企业的利益，如果别国企业想出口这样的产品，就要给对方交纳极高的专利使用费，出口利润不但大打折扣，甚至成本问题就使该产品很难再走出国门。近年来，美国 337 调查也是深圳企业遭遇最多的与贸易有关的知识产权纠纷。与反倾销等贸易救济措施相比，美国 337 调查的杀伤力更大。按 337 调查程序，一旦被认定侵权，便可被采取有限排除令或者普遍排除令，即部分或者全面禁止侵权产品进入美国市场；同时，也可以被采取禁止令，即禁止从事与侵权产品有关的行为。受到美国 337 调查的深圳企业既有木地板等传统产业，也有闪存芯片等高新技术产业，还涉及 LED 等新兴产业，涉及面非常广泛。

(4) 反垄断、“安全门”或将成深圳企业出口面临的又一障碍

《反垄断法》被西方国家誉为经济宪法，本以维护公平竞争为己任。但近年来，随着贸易保护主义的重新抬头，各国的反垄断法有明显的奖出、限入的痕迹，成为变相的贸易保护措施。比较典型的是，在贸易摩擦加剧的情况下，一些出口企业为减少被他国提起反倾销调查而主动采取措施，协调出口行为，但却因此遭遇反垄断调查。目前深圳出口企业接受反垄断调查的案例不多，但随着深圳外贸出口的进一步扩大，再加上“两反一保”应诉工作的成功，深圳出口企业极有可能被施以反垄断调查。

一些国家以安全为借口对我企业在海外并购设置了多重防线。如从 2005 年的中海油收购美国优尼科石油公司案、2007 年的华为联合美国贝恩资本收购 3Com 公司案、2010 年华为竞购摩托罗拉等，中国企业在走出去时屡屡受阻，特别是一些涉及高科技和能源的并购案，中国企业多数以失败而告终。由于担忧中国的崛起，近年来，美国对中国企业在美并购设置了多重防线，特别是在高科技领域，如今已上升到采取“国家安全审查”手段来打压中国企业，这成为贸易保护主义的新动向。欧盟、印度等市场也屡屡出现以安全为借口对我企业在海外并购活动设置障碍。

2. 深圳 WTO 事务工作面临的新挑战

(1) 产业竞争力仍显薄弱，贸易安全潜在风险增加

在国际市场的打拼中，深圳部分产业和企业的竞争实力明显提升，抵御外部冲击的能力也得以增强，但随着对外交往的进一步加深和扩大，深圳企业面临的潜在风险也在增加。

一是产品附加值偏低，抗风险能力较差。研发设计和市场营销等高端生产性服务业严重滞后，使深圳制造业仍有相当部分仍处在国际价值链的低端，企

业的抗风险能力较低。

二是企业的风险意识不强、风险管理水平较低。积极“走出去”参与国际市场竞争的企业，大都是深圳发展势头较好的企业，但目前大部分“走出去”的深圳企业风险意识普遍不强，风险管理水平普遍不高，对东道国法律、金融、投资、税收等政策了解不够，对国际市场变化也不敏感。

目前，国际企业纷纷把进入深圳市场作为抢占国际市场的重点地区之一，这难免对深圳一些产业构成冲击，尤其是部分新兴产业、成长型产业以及弱势产业。综合运用贸易救济措施维护深圳产业和企业自身利益，是政府、行业协会和中介组织以及企业共同面对的新课题和新难题。

(2) 企业开展对外贸易和跨国经营的理念存在差距

随着对外贸易的不断发展和企业“走出去”步伐的加快，企业的国际竞争越来越激烈，贸易摩擦也在不断增加。究其根源，除了存在贸易保护主义因素之外，企业对外贸易、参与国际竞争的战略也存在问题：

一是国内出口企业间的无序竞争。为了获取订单，企业竞相压价，形成恶性循环，最终导致出口产品价格极低，这不仅使产品或服务购买方“渔翁得利”，同时也为国外发起贸易摩擦提供了口实。

二是跨国竞争中缺乏互利共赢的理念。企业在开拓国际市场过程中，必然会与竞争对手的利益产生冲突，遭到反击自在情理之中。我们的企业要有“互利共赢”考虑，在跨国经营中要有长远眼光，要从战略和全局高度，统筹制定市场开拓计划，多顾忌对方的感受，多以合作求发展，并寻求可持续发展之路径。

(3) 政府的管理体制和机制建设有待完善

长期以来，深圳在转变政府职能、创建服务型政府方面走在了全国的前列，但仍然存在有待改进和完善的地方。

一是政府服务意识有待加强。囿于过去政府职能的传统做法，政府机构仍然习惯于“管理”经济，往往表现为重审批、轻服务，主动为企业服务的意识淡薄，政府的公共服务职能仍有待增强。

二是政府服务方式有待转变。政府部门习惯于通过资金支持的方式到服务企业，企业也习惯于从政府争取这些有形资源。而随着企业实力的壮大，这种有形资源的支持效应逐步递减，甚至微不足道，企业最看重跨国经营的政策指导，投资国政策环境、贸易环境、风险防范以及纠纷和争端解决等服务却往往得不到政府的有效支持。

三是政府服务机制有待理顺。过去用于招商引资、鼓励出口创汇的外经贸管理体制和工作机制在新形势下面临挑战，尤其是在企业应对贸易摩擦和争端的过程中，由于涉及的相关部门众多，政府相关部门支持企业应对贸易摩擦的工作机制不顺、反应不够及时。

(4) 运用规则和参与规则制定的能力仍显不足

入世以来，中国认真履行入世承诺，在遵守 WTO 规则方面做出了积极努力，但在运用规则方面，与 WTO 发达成员相比，仍有较大差距。因此一是要学习和熟悉规则。不断加强对 WTO 等国际通行规则的学习和研究，要站在经济全球化的高度，并结合本地区经济社会发展的特点，提高我们的政策制定水平，提高贸易争端的抗辩和应对能力。二是要运用规则并参与规则的制定。当前在多边、诸边以及双边谈判中，地方政府需要配合中央政府为谈判提供第一手的资料和数据，发挥基础性作用；同时，地方企业和产业也需要政府积极参与谈判，反映本地区的诉求，通过中国对外谈判解决本地区企业“走出去”等方面的问题，维护企业的权益和利益。深圳在配合中央政府的对外谈判中做了大量工作，但由于各方面对规则的掌握和学习不足，运用规则和参与规则制定的能力与实际需求之间还有很大的差距。

3. 深圳 WTO 事务工作的新领域

(1) 承担反垄断调查工作，地方 WTO 事务工作新任务

反垄断法是市场经济国家保护市场竞争、维护市场秩序、发挥市场配置资源基础性作用的重要法律。在当前经济全球化条件下，世界各国非常重视利用反垄断法律制度，防止和制止各种垄断行为，维护市场秩序，维护经营者和消费者的合法权益，促进技术创新和技术进步，提高企业竞争力，保证国民经济的健康、持续和协调发展。

深圳目前开展的反垄断调查工作主要是配合国家商务部完成本市有关企业经营者集中审查工作，积极探索反垄断预警工作。反垄断工作是一项全新的工作，涉及面广，影响大，开展反垄断预警工作意义重大，联合政府相关部门开展反垄断摸底调研，对可能实施的经营者集中企业以及政府垄断、行业垄断进

行重点监控，主动预警；加强地方反垄断工作人员的业务学习和培训。积极开展反垄断法和相关知识的宣传研究和实践，为国家进一步完善反垄断法律体系提供参考和支持；推动地方反垄断工作协调机制的建立，建立适应深圳市发展需求的职责明确、分工合理的反垄断工作新机制。

（2）参与 GPA 谈判，地方 WTO 事务工作新内容

中国政府于 2007 年底正式启动了加入《政府采购协定》（GPA）的谈判程序，作为出价的重要组成部门，地方政府采购实体出价在中国谈判中的地位十分重要。深圳市政府采购改革在全国起步较早，1997 年初开始了政府采购改革探索，至今已走过 12 个年头，形成了为人称道的"深圳模式"。但由于改革配套制度不完善等诸多方面的原因，深圳在实行政府采购也还存在不少困难和问题，很大程度也是全国各地方政府采购实际运作中遇到的困难和问题。因此，认真研究深圳地方政府采购问题，对如何进一步完善政府采购立法，更好地发挥政府采购的作用，实现国家的经济和社会发展政策目标，是十分重要的工作。同时指导企业积极准备、积聚力量参与其他国家的政府采购，这些也正是地方 WTO 事务工作的新领域。

（3）推进区域合作，地方 WTO 事务工作新空间

目前中国正在与 31 个国家和地区进行自由贸易区谈判，已签署协议如：中国—东盟自贸区协定、中国—智利自贸协定、中国—巴基斯坦自贸协定、中国—新西兰自贸协定、中国—秘鲁自贸协定、内地与港澳更紧密经贸关系安排等等，这些自贸区大多与深圳有着密切的地缘优势和经济联系，也是深圳企业走出去的重点地区。在这些达成的自贸区协定中，涵盖的领域，如货物贸易开放、服务贸易开放、贸易投资便利化以及贸易救济措施等等，与 WTO 规则体系涵盖的领域有类似性。尤其是深圳在国家新一轮对外开放中的战略定位是"与香港功能互补、错位发展，推动形成全球性的物流、贸易、创新和国际文化创意中心"等等。因此，深圳 WTO 事务工作一项重要的工作任务就是密切跟踪了解国家进行自由贸易区谈判的情况，及时研究提出深圳的意见和建议；加强对自由贸易区优惠政策的研究和宣传，落实自贸区谈判成果，帮助企业用好用足自由贸易区优惠政策；在深港着力共建国家化大都市中，发挥深圳 WTO 事务工作在深港联合应对国际贸易摩擦、扩大服务业对外开放以及利用 CEPA 等多样化渠道全面推进深港经济合作等功能。

(4) 环境保护壁垒，地方 WTO 事务工作新重点

以技术、气候、碳关税等为由头的新贸易壁垒已成为当前国际贸易保护主义的又一新特征。环境壁垒包括环境技术标准、多边环境协议、环境标志、环境管理体系标准、绿色补贴等方面的内容。特别值得一提的是，美国 2009 年提出“碳关税”。深圳正处于产业结构升级的关键时刻，克服资源短缺，发展节约型经济和绿色环保产业，一定要正确认识“环境保护壁垒”的两面性，努力提高企业“研究标准、建立标准、运用标准”的水平和能力。

(5) 关注贸易救济调查，提高地方 WTO 事务工作新能力

贸易救济调查是国家或者行业联合或者应诉方对本国同行业的出口规模以及遭受制裁将会受到损失和损害的评估过程，是为应对反倾销应诉的摸底调查和证据搜集整理以及展开互助的过程。但随着金融危机对实体经济的冲击日益加剧，许多国家在贸易救济措施的立案、调查和裁决中都出现了一些滥用贸易救济措施的现象；各成员调查机关的政策取向加严、目的导向性明显，案件调查过程中主观性、歧视性做法明显增多；部分国家充分利用“非市场经济”等不利条款，在反倾销调查中频繁使用“替代国价格”进行裁决，在反补贴调查中屡屡引用“外部基准”，导致针对产品的高税率，带有明显的不公平性和歧视性。深圳应密切关注国外贸易救济调查新动向，对滥用贸易救济调查的行为要指导企业积极采取措施予以反制。

综上所述，深圳抓住中国入世的契机，主动探索开展地方 WTO 事务工作，采取有力措施积极应对入世后的形势发展，充分发挥了加入 WTO 对深圳国际化先进城市建设和开放型经济体系建设的促进效应。深圳的实践证明，做好地方 WTO 事务工作，是提升外经贸工作质量和水平的重要手段，是政府为社会各界提供公共服务的重要内容，是提升企业和产业国际竞争力的重要支撑，是进一步深化改革扩大开放、完善市场经济体制和建立开放型经济体系不可或缺的重要内容。中国入世十年对中国经济、社会各个方面的影响是巨大的、积极的，虽然到目前我们受到的冲击并不像入世之初预测的那么严重，但决不能因此而掉以轻心。入世对我们的影响将是长期的、广泛的，有些可能出乎我们的预料，所以要有长期思想上和工作上的准备。实际上，近几年随着中国国际地位的日益提高，地方 WTO 事务工作面对的形势越来越复杂，工作任务也越来越艰巨。做好地方 WTO 事务工作是一项长期、复杂、艰巨的系统工程。面临

新的形势和要求，必须进一步开拓新思路、探索新领域、实践新方法、创新新机制，更加扎实有效地开展地方 WTO 事务工作。

参考文献

[1] 深圳市统计局. 深圳统计年鉴 2011. 北京：中国统计出版社，2011

[2] 深圳市国民经济和社会发展第十二个五年规划纲要. 2011

[3] 珠三角地区改革发展规划纲要（2008 ~ 2020）. 2008

[4] 深圳市综合配套改革总体方案. 2009

[5] 深圳市世贸组织事务中心. 加强我市 WTO 事务工作加快开放型经济体系建设. 2010

[6] 张金生. 运用世贸规则，应对贸易摩擦. 求是，2009（22）

[7] 郑新立. 建立和完善深圳开放型经济体系. 北京：研究出版社，2010

[8] 中国社科院. 2011 年中国城市竞争力蓝皮书. 2011

下　篇
加入世界贸易组织十周年
中国与世界

入世十年与中国对外贸易发展

◎ 裴长洪　王宏森

本报告将重点回顾中国加入世界贸易组织十年来中国对外贸易发生的变化，并对这种变化进行分析和评估；对未来十年中国对外贸易的发展趋势进行展望，并分析这个趋势中的关键问题和需要做出的努力。

一、入世十年中国对外贸易的发展成就

中国加入世界贸易组织十年来，积极顺应全球产业分工不断深化的大趋势，充分发挥比较优势、承接国际产业转移，大力发展对外贸易并积极促进双向投资，开放型经济实现了跨越式发展。对外贸易规模不断扩大，贸易质量不断提高，外贸依存度（商品和服务进出口总额占 GDP 的比重）从 2001 年的 44%，增至 2010 年末的 57%[①]。

1. 全球货物贸易大国的兴起

入世十年是中国的货物贸易迅猛发展的黄金时期。2001 年中国加入世贸组织之际，中国贸易额约为 5100 亿美元，其中出口 2661 亿美元、进口 2436 亿美元，占 GDP 的比重分别为 20% 和 18%，占世界总贸易额的 4.4%，是世界上第六大出口国。在此后的十年间，中国出口和进口分别以年均 18.3% 和

裴长洪，中国社会科学院经济研究所所长、党委书记、研究员；王宏森，中国社会科学院经济研究所副研究员。

① 外贸依存度 1978 年不足 10%（9.8%），1990 年为 35%，2006 年达到历史最高点 72%。

17.6%的速度增长，远高于同期世界8.9%和9.0%的年平均增长速度，也远远高于中国GDP的增长速度。

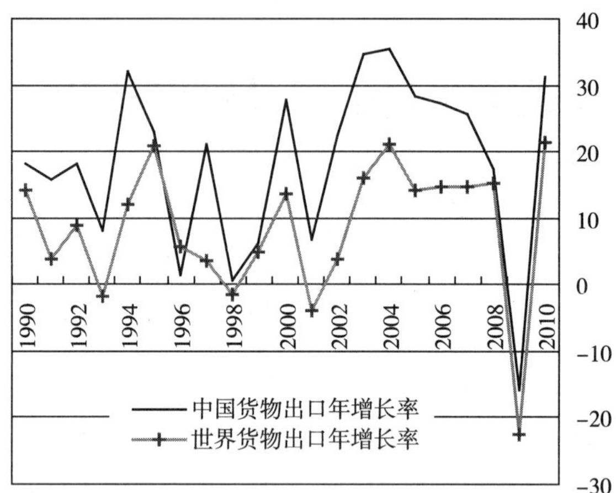

图1 货物出口增长速度——中国与世界

数据来源：中国商务部、海关；世界银行数据库。

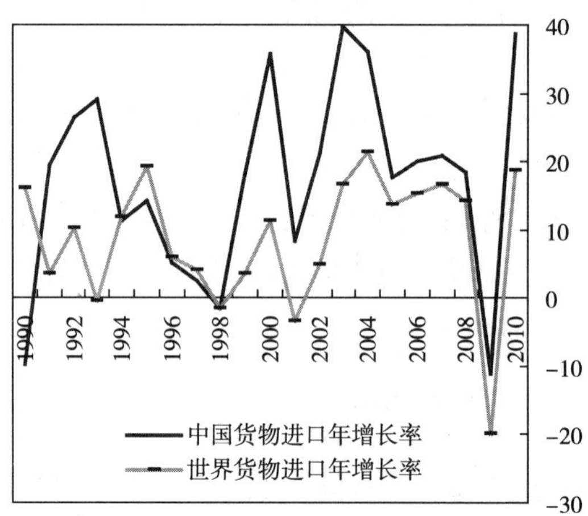

图2 货物进口增长速度——中国与世界

数据来源：中国商务部、海关；世界银行数据库。

十年来中国GDP增长了3.4倍，货物出口额比入世之初增长了4.9倍，货物进口额增长了4.7倍，是建国以来特别是改革开放以来增长最快的时期，出口对国内经济增长的年均贡献率达20%。如今中国已经跃居全球GDP第二大国、第一大出口国、第二大进口国。2010 年中国 GDP 约为 5.88 万亿美元，占全球的 9.3%；货物出口约为 1.58 万亿美元，约占全球的 11%；货物进口接近 1.4 万亿美元，占全球的 9.2%。合计来看，十年间货物贸易进出口规模从 2001 年的 5098 亿美元增至 2010 年的近 3 万亿美元，增长 4.8 倍，在全球进出口贸易中的份额上升了约 5.5 个百分点，不仅是美国、欧盟第二大贸易伙伴，是日本、韩国、东盟，澳大利亚，南非等国家和地区的第一大贸易伙伴，也是最不发达国家最大的出口目的地（占其出口总额的 23%）。中国作为一个全球货物贸易大国兴起于世界舞台，在为全球消费者提供物美价廉商品的同时①，自身经济实力也与日俱增。

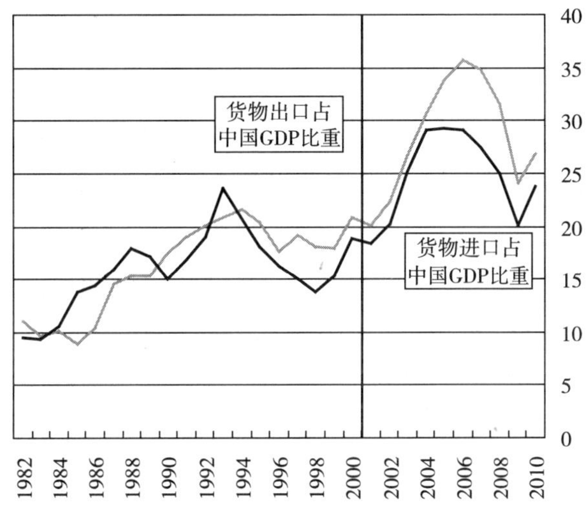

图 3　中国商品贸易占 GDP 的比重

数据来源：国家统计局、世界银行数据库。

入世十年来，中国的商品贸易结构得到了优化。从出口商品看，2001 年工业制成品在总货物出口的比重为 90.1%，2007 年达到约 94.8%，并在最近四年维持了这一高水平，相应地，初级品在货物出口中的比重则在 2001 ~ 2010 年间从 10% 下降至 5.2%。在近年中国政府推动的结构转型和外贸增长方式转变中，汽车、船舶、飞机、铁路装备、通讯产品等大型机电产品和成套设备的

① Sara Bongiorni, A year without "made in China": one family's true life adventure in the global economy, John Wiley & Sons, Inc. (Hoboken, New Jersey)

出口均有突破，高能耗、高物耗，两高产品的出口也得到了有效的控制。十年来机电产品出口增长了近 8 倍，机电产品比重由 10 年前的 44.6% 提高到 59.2%，包括电子产品、纺织服装等在内的数百种产品的国际市场份额居全球首位，汽车、船舶、铁路机车、飞机、卫星等技术含量和附加值较高的产品成为新的增长主体。值得关注的是，入世十年来高技术产品出口呈现出较快势头，其占货物总出口的比重由 2001 年的 17.5%，达到 2007 年的 1/4，2010 年的 31.2%。从进口方面看，先进技术、设备、关键零部件的进口增长和大宗资源产品进口规模不断扩大。机电产品进口在十年间增长 10.9 倍，原材料进口额由 2001 年的 20.3% 提高到 2010 年的 28.7%。进口结构的变化满足了国内经济发展的需要，同时也对缓解世界金融危机影响作出了巨大贡献。

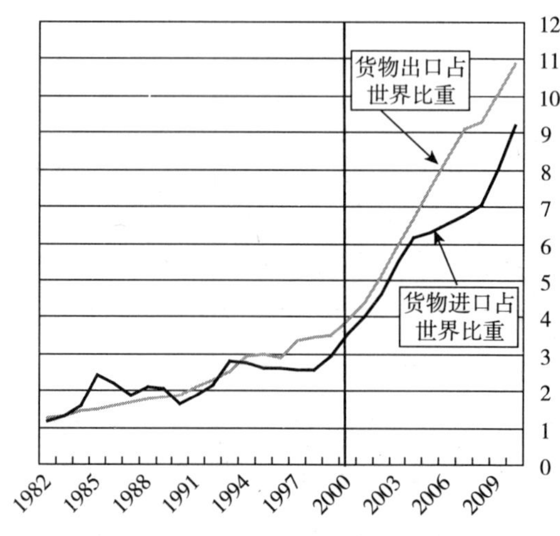

图 4 中国占世界商品贸易的比重

数据来源：国家统计局、世界银行数据库。

2. 服务贸易稳步提升

加入 WTO 以来，我国服务贸易规模迅速扩大。2001～2010 年，中国服务贸易总额从 719 亿美元增加到 3624 亿美元，增加了 4 倍多。其中，服务贸易出口额从 2001 年的 333.4 亿美元，增至 2010 年的 1933 亿美元，年均增长 18.38%；服务贸易进口额从 2001 年的 392.7 亿美元，增至 2010 年的 1712 亿美元，年均增长 19%。中国服务贸易出口及进口在世界的排位，从 2001 年的第十二位及第九位，快速提升至2010年的第四位和第三位。服务贸易的较快发展，深化了与贸易伙伴的经贸关系，也引进了国外先进的技术、管理方法与经验，对我国的经济发展起到一定的推动作用。

新兴服务贸易部门出口增速加快，服务贸易结构实现优化，服务贸易竞争力逐步提高。我国传统服务贸易额比重下降，通讯、保险、金融、专有权利使用费和特许费、计算机和信息服务、咨询、广告等服务进出口迅速发展。2001年，运输、旅游和其他商业服务的出口及进口占我国服务贸易出口及进口的比重分别为88.6%及82.4%，2009年则分别降至76%及70%。虽然商业存在形式的服务贸易仍为我国服务贸易的主要内容，但2009年我国金融服务及计算机和信息服务进出口额占比已提高到42%。2010年，旅游、运输和建筑服务出口额占服务出口总额的比重为55.5%。高附加值服务贸易出口增势强劲，2010年计算机和信息服务、专有权利使用费和特许费、咨询和广告宣传出口占服务出口总额的比重为21%，比2001年上升15个百分点。2009年，我国服务贸易领域利用外资378.7亿美元，占同期利用外资总量的42%；服务业对外投资236.4亿美元，占当年中国对外直接投资总额的67%。

主要服务贸易伙伴相对集中。截止到2010年，我国前五大服务贸易伙伴依次为香港地区、美国、欧盟、日本和东盟，与该五大伙伴之间的服务贸易额占服务贸易总额的68%。从主要领域的进出口情况来看，香港地区及美国分别为我国运输第一及第二大出口市场，所占比重约为50%；旅游出口市场集中于香港地区、中国台湾、韩国、日本等亚洲国家和地区，上述四地占有近六成的份额；美国为我国计算机和信息服务最大的出口市场，其次是东盟，2010年我国对该两大市场计算机和信息服务出口额合计占该行业出口总额的一半；香港地区是我国咨询第一大出口市场，其次是欧盟和美国，占比均超过20%。

服务外包成为新增长点。入世以来，我国服务贸易的一个重要亮点就是服务外包的迅猛发展。尤其是近5年来，随着服务外包成为全球经济的新增长点和新引擎，我国的服务外包也在世界经济的版图中逐渐崛起。近5年来，中国服务外包产业年复合增长率超过25%，截至2010年底，全国服务外包企业超过1万家，国际外包合同执行额403.3亿美元，离岸服务外包合同执行金额156.8亿美元，经认定的技术先进型服务企业近800家，服务外包从业人员达到232.8万人，已涌现出一批营业额超亿美元、人数超万人的服务外包领军企业，“中国服务”正逐渐迈向世界。虽然与欧美等服务贸易大国还有一定的差距，但在国际服务贸易中的地位已不容忽视。

3. 加工贸易不断转型升级

我国对外贸易的迅速发展，与大量吸收外商直接投资是分不开的，外商投资企业的进出口额在我中国对外贸易中占有很高份额。1980 年外商投资企业出口额还只占我国出口总额的 0.044%，1989 年提高到 9.353%，1994 年再提高到 28.7%，2005 年达到 58.3%，2006 年达到最高点，接近 60%；之后虽有所降低，但 2010 年外资企业出口额仍然占我国总出口规模的 54.7%。在改革开放的头 20 年，特别是最初十年，我国居民收入水平低，国内产业不配套，外商投资企业在华生产不仅需要进口原材料和零部件，而且需要利用国外市场来销售产品，因此，加工贸易方式成为外商来华投资生产的主要商业模式。直至 2001 ~ 2010 年，外商投资企业加工贸易进出口额仍占全国加工贸易的 81.57%。2010 年，中国外商投资企业以加工贸易方式进出口 9709 亿美元，占同期全国加工贸易进出口总值的 84%，占全国货物进出口总量的 1/3。

同时，加工贸易的发展又恰逢上世纪最后 20 年的世界经济潮流的历史性机遇。全球生产和贸易的飞速发展，使国际分工与贸易的内涵发生了显著变化，其中最重要的变化就是越来越多的国家和地区通过垂直型的分工链，利用本国在生产要素禀赋和生产技术上的比较优势，专门从事某种产品某一工序的生产，从而形成了相互联系、相互影响的全球垂直专业化分工体系。许多有影响的西方学者认为，近 30 年世界贸易增长的 70% 来源于这种垂直专业化分工的蓬勃发展。在这个发展机遇中，中国成功地利用了加工贸易方式，使本国的加工能力和比较优势进入了全球专业分工的价值链，从而实现了对外贸易的快速发展。随着我国产业配套能力的和国际经贸联系的增强，我国对外贸易借助加工贸易方式开拓国际市场的依赖程度已经大大弱化。入世十年来，中国一般贸易进出口额平均增速达到 23.3%，大幅超过了加工贸易 19.3% 的平均增速。2010 年中国一般贸易进出口比 2001 年增长 5.6 倍，占进出口总额的比重由 2001 年的 44.2% 提高到 50.1%。加工贸易的出口比 2001 年增长 3.9 倍，占出口总额的比重由 2001 年的 47.4% 下降到 39.7%。而且，加工贸易本身也在不断进行转型和升级。

在当代国际贸易中，加工贸易是产业内贸易和公司内贸易的一种重要形式，尤其在经济全球化和生产国际化带动下，加工贸易成为跨国公司主导的、实现全球资源配置的主要贸易形式。我国改革开放初期，为了促进对外贸易，特别是出口贸易，加工贸易被赋予了海关保税和特殊监管的优惠政策的特殊性，由于海关监管的便利，加工贸易集中在沿海口岸周边地区。加工贸易分为来料加工装配和进料加工两种形式。区别在于：前者是非法人的加工装配生产线、全部来料和部件都由境外获得并都保税、该生产线不支付来料和部件的货款，但也只得到“工缴费”的收入。后者是企业法人，境外来料和部件保税，但要支付货款；企业可以在境内采购部分原料和部件，也可以作为下游企业的供应商，国家对境内采购的中间品和原料实行出口退税。很明显，后者在境内有带动产业配套、增加附加价值的功能，而前者没有，只具有劳动力就业和出口的功能。一直以来，加工贸易转型的最主要表现是大量来料加工装配生产线转为企业法人，即由前者转为进料加工贸易，从而带动了境内产业配套和增值活动。我国加工贸易发展早期是以来料加工为主，直到 1989 年进料加工进出口额首次超过来料加工贸易额，达 53.1%。此后进料加工一直是加工贸易的主要形式。2001 年来料加工装配出口占全部加工贸易出口的 28.6% 下降为 2010 年的 15.2%，再下降到 2011 年前 10 个月的 13.2%。

表 1　　加工贸易内部结构的变化（2001～2011）　　单位：亿美元；%

	加工贸易出口总额	进料加工出口额	来料加工装配出口额	来料加工出口占比
1995	737.0	530.4	206.6	28.0
2000	1376.5	965.3	411.2	29.9
2001	1474.5	1052.2	422.3	28.6
2002	1799.4	1324.6	474.8	26.4
2003	2418.5	1875.2	543.3	22.5
2004	3279.9	2594.2	685.7	26.4
2005	4164.8	3325.1	839.7	20.2
2006	5103.7	4158.9	944.8	18.5
2007	6176.5	5016.1	1160.4	18.8
2008	6751.8	5646.6	1105.2	16.4
2009	5869.8	4935.6	934.2	15.9
2010	7403.4	6280.2	1123.2	15.2
2011.10	6846.1	5945.5	900.6	13.2

资料来源：各年《海关统计》。

进料加工出口贸易不仅占比重提高，而且其国内深加工结转率也明显上升。在2004～2008年间，其国内深加工产值达到加工贸易进出口额的20%以上，平均结转2～3道左右；进料加工贸易的国内增值率从54%提高到95.9%，这个数据的经济含义可以解释为，与四年前相比，进料加工贸易对国内产业的带动作用大大增强。据有关专家研究，1993年我国进料加工方式加工贸易的国内配套值为41.6亿美元，2004年国内配套值已达到776.89亿美元。1993年来料加工方式加工贸易的国内配套值为25.1亿美元，2004年这一数字已提高到126.21亿美元。2005年全国深加工结转1392亿美元，增长24.2%，相当于加工贸易进出口的20%，平均结转2～3道左右。如按照当年价格与汇率估算，2004年进料加工贸易带动国内产业配套的产值约为3678亿元人民币，2008年超过万亿元人民币。

在应对国际金融危机冲击中，许多进料加工贸易企业开始探寻加工贸易产品转内销的途径，国家对这种探索采取了只补交较低关税的优惠政策，支持转内销的改革。2010年，广东加工贸易转内销已达11000亿元人民币。随着内销的增加和进口关税的进一步降低，加工贸易企业更加适应内外贸一体化的商业环境后，我国长期实行的加工贸易进口料件保税和海关特殊监管政策将逐步弱化直至退出，从而使我国的加工贸易与国际通行的加工贸易形式基本一致。

加工贸易的升级也出现了多种形式：第一种是在一个区域中，通过产业系列扩张，即从加工劳动密集型产品向加工技术含量较高的产品方向拓展中实现的升级，这使许多企业的技术、设备和经营能力增强；到2006年，加工贸易机电产品、高新技术产品分别出口3913.2亿美元、2458.4亿美元，占加工贸易出口的比重分别为76.7%和48.2%，占全国同类产品出口的71%和87%，轻纺类产品仅占加工贸易出口的13%。第二种是在一个企业内部从简单的委托加工（OEM）升级为设计加工（ODM），这在广东已经大量出现。前两种升级已经使进料加工贸易的境内增值率大幅度提高，从2001年的1.62提高到2010年的1.97。第三种是贸易企业升级为品牌加工（OBM）供应商，这种升级现象虽然很少，但也已经发生。

4. 贸易顺差从激增转向回落和平稳

在对外贸易迅速发展的同时，贸易顺差也出现了从扩大到逐步平衡的发展过程。2004年外贸顺差出现激增，并带来了外汇储备及货币供应量的被动增长，在2007年前后达到顺差的历史高位。为此，中国主动积极地推进“贸易平衡战略”，在全球有效需求不足的情况下，承担了向全球输出总需求的重要角色，为全球经济增长提供了重要支撑。作为其结果，近年来由于进口增速快于出口增速，进出口开始趋向于平衡。2010年贸易顺差1831.0亿美元，比2009年下降6.4%，比2008年下降38.6%。这是继2008年外贸顺差达到历史高点后连续第二年下降，外贸顺差过大的矛盾得到进一步缓解。受国际金融危机影响，2009年世界总需求下降了0.6%，而中国实现内需增长13%，为全球经济增长贡献了1.6个百分点，中国靠自身结构的转变正成为推动全球再平衡的重要力量。

值得关注的是，近三年来服务贸易逆差明显减少，国际竞争力逐步增强。加入WTO以来，由于运输、旅游、金融、专利使用和特许等行业一直呈现逆差状况，我国服务贸易整体仍处于逆差格局。但随着商业服务、建筑服务、计算机和信息服务及咨询等领域出口的强劲增长，逆差状况明显收窄。“十一五”期间，我国建筑服务出口增长了4.6倍，顺差增长8.7倍；计算机和信息服务、咨询出口分别增长了4倍和3.3倍，年均分别增长38%和34%。2010年，商业服务、建筑服务、计算机和信息服务及咨询四项顺差分别为184亿、94亿、63亿和77亿美元，分别增长2.1倍、1.6倍、92%和47%。此外，文化、广播影视、教育、中医药服务等具有中国特色的服务出口迅速增加也是造成逆差收窄的主要原因。

二、入世十年来中国对外贸易领域的体制改革和政策调整

十年来，中国在坚定不移地推进对外开放，与世界贸易组织成员共赢互利的同时，还在清理法律法规、市场准入、保护知识产权等方面信守入世承诺，逐步扩大了农业、制造业和服务业的市场准入，开放外贸经营权、降低关税并取消非关税限制。通过入世，中国不仅建立起符合WTO规则的涉外经贸体制，更重要的是促进了国内经济体制的改革，并逐步发展成为制定“国际游戏规则”的参与者和推动者①。

① 崇泉，2011：“入世十年：中国开放型经济的发展、挑战与未来”，6月18日在“中国留美经济学会2011年中国年会”上的演讲。崇泉时任中国商务部副部长、国际贸易谈判副代表。

1. WTO 框架下外经贸等体制的进一步改革

透明度与政策的可预见性是 WTO 的基本原则之一，并通过贸易政策审议机制对各国贸易政策进行定期监督。这不仅要求成员国的贸易政策是透明的，而且要求经贸政策符合国际规范。中国入世成为世贸组织的一员，意味着中国要信守一系列重要承诺，公开其经济体制，改革其经济体制[①]。以 WTO 规则为新的基础和准则，十年来与中国外贸相关的法规和体制调整主要包括：①在非歧视原则、自由贸易原则和公平竞争原则下调整和修改不符合 WTO 规定的政策法规，从中央级的法律到30 个政府部门的3000 多个法规规章、19 万个地方规章制度得到了清理和调整，开展了大规模的法律法规清理修订工作，通过将世贸组织所倡导的统一性、透明度和公平贸易等基本原则转化为国内法律，提高了经济活动的平等与开放，促进了政府行为的公开、公正与透明，保障了经济体制改革的进一步深化和市场经济体系的完善。②转变外贸主管部门职能，从以行政领导为主转变为以服务为主，逐步公开国际贸易和国家投资体制。③加快外贸主体多元化步伐，允许私营外贸企业迅速发展。2004 年 7 月 1 日国家实行对外贸易法，允许居民个人及企业经备案登记后可自由开展对外贸易。④由地域的全方位开放走向产业的全方位开放。特别对一般具备竞争性的行业实行全面的开放，允许外国商品和资本在一定的条件下进入，开放了 100 多个服务的部门，提高了中国市场化程度，更多的企业在竞争中生存和发展，生产和资本国际化程度不断提高。⑤减少各类出口补贴，降低进口税率，消除非关税壁垒。

2. 各类外经贸政策的调整

十年来，中国也比较大幅度地按 WTO 规则对相关补贴进行了调整，总体趋向是降低出口生产者补贴。

出口退税政策[②]。出口退税是将出口企业产品价格中所含的流转税（即增

---

① 2006 年、2008 年和 2010 年，世贸组织曾先后三次审议中国贸易及相关政策。

② 出口退税（Export Rebates）是将出口企业产品价格中所含的流转税（即增值税）或称间接税按规定税率退返出口企业，这种仿效欧洲一些发达国家的做法使中国的出口产品具有价格优势。中国的出口退税政策始于 1985 年 4 月 1 日。其后在 1994 年 1 月 1 日起《中华人民共和国增值税暂行条例》得以进一步确定，当时规定对出口产品实行零税率（但并未完全实行）。

值税）或称间接税按规定税率退返出口企业，因此可以明显降低企业成本、使中国的出口产品具有价格优势，从而起到鼓励出口作用。虽然出口退税政策为不少世界贸易组织成员以不同退税方式所通用，并且不被世界贸易组织所限制，但这一政策随着中国入世处于不断下调之中。①入世之初，中国延续了1998 年来的提高出口退税率政策，在促进了外贸出口的同时，也累积了中央财政的较大负担，2002 年底形成了财政对出口企业 2477 亿元的欠税。②2003 年起国家对出口退税政策进行重大调整，自 2004 年 1 月 1 日实行新出口退税政策，依照“新账不欠，老账要还；完善机制，共同负担；推动改革，促进发展”的原则，改革出口退税机制。同时为平衡贸易顺差，抑制“两高一资”产品出口过快增长的势头，我国自 2004 年后全面下调出口退税，其后又进一步下调或取消部分产品出口退税，不过在出口促增长的“黄金期”2005～2007 年退税比率仍达到了 5.53%。③2008 年下半年以来随着美国次贷危机升级为国际金融危机，我国从 2008 年 8 月至 2009 年 7 月，连续 7 次大规模上调纺织服装、机电、钢材、化工等产品的出口退税率。④随着出口恢复增长、经济复苏，从 2010 年 7 月 15 日起，取消部分钢材、有色金属加工材、农药、医药、化工产品、塑料及制品、橡胶及制品、玻璃及制品的出口退税，共涉及商品品种 406 个，共六大类商品。

随着货物出口的恢复增长，2010 年中国出口退税额仍高达 7327 亿元，比上年多退 841 亿元，增长 13%，不过占出口总额的比重从上年的 7.9% 下降至 6.8%。累计来看，2001～2010 年间，中央财政中的累计出口退税额达到 4.2 万亿元。无论从出口恢复，还是从税率及减轻财政压力的角度看，未来下调出口退税率都有较大空间。

出口信贷补贴。我国出口贴息主要体现在出口信贷上，这项业务主要由进出口银行作为官方出口信贷机构来承担①，并以人民币出口卖方信贷为主，以接受国家财政的利差补贴为主要特征，较商业贷款有较大的利率优惠，因此其补贴特征比较显性化。入世后，我国承诺遵守 WTO 规则，并在有关的文件上对政策性银行（包括进出口银行）的信贷业务做了相应的说明，即政策性银

① 目前办理出口信贷融资业务的除官方的专门机构中国进出口银行外，还有中国银行等国有商业银行。各家银行提供的出口信贷主要都是为促进我国资本性货物船舶、机电产品和高新技术产品的出口。

行贷款不接受国家的财政补贴，贷款基本上按商业贷款利率，而进出口银行的业务主要是以出口信贷担保为主，少部分采用直接贷款。2007 年 5 月 8 日，我国宣布取消由中国银行实施的出口贷款补贴。

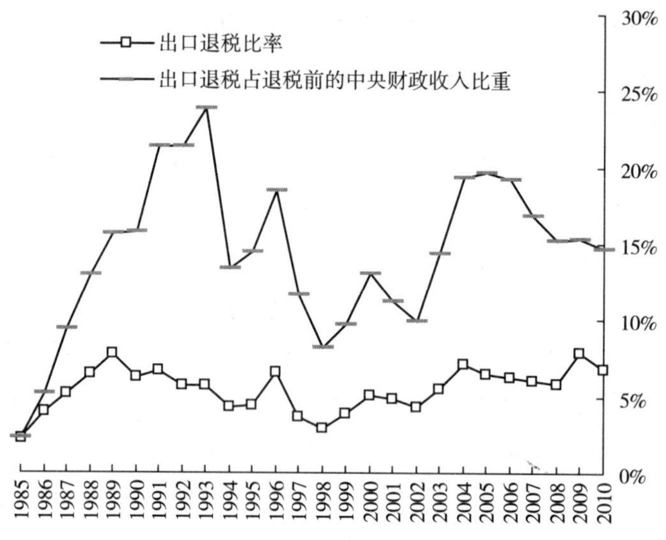

图 5　历年出口退税比例

数据来源：《中国统计年鉴》；根据年度平均名义汇率折算。出口退税比率 = 出口退税额占中国商品出口额的比重。

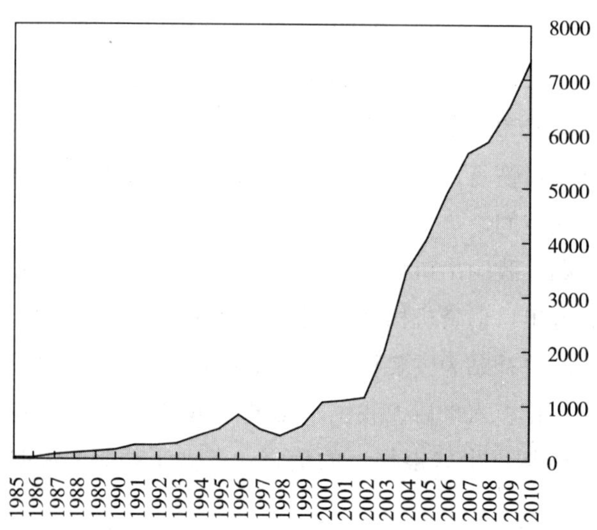

图 6　出口退税额（亿元），1985～2010 年

数据来源：中国海关；《中国统计年鉴》。

人民币汇率升值和汇率形成机制改革。1994年，中国实行人民币汇率改革，实现了人民币汇率的单轨运行，有管理的浮动汇率成为人民币汇率形成机制的改革目标。2005年7月21日，中国人民银行正式宣布开始实行以市场供求为基础、参考一篮子货币进行调节、有管理的浮动汇率制度。当天人民币对美元汇率由8.2765上调至8.1100，上调2.1%，从此人民币汇率不再盯住单一美元，逐渐形成更富弹性的汇率机制。2008年下半年至2010年6月，受到金融危机的影响，人民币停止了升值走势。2010年6月19日，中国重启人民币汇率形成机制改革，以增强人民币汇率弹性。2011年9月21日美元对人民币汇率中间价冲破6.7关口，自2005年汇改以来人民币名义汇率已累计升值近20%。

外资税收等优惠政策的调整。为了吸引外商直接投资，我国给予了外资企业众多的税收优惠（如外商投资企业征收18%甚至更低的企业所得税，并实行所得税“两免三减”的优惠等），一些地方政府从扶持本地企业和吸引外资的角度出发，也出台了不少税费减免政策（如省以下各级政府通常采用先征后返的方法实行优惠），为外商投资创造优惠条件，在土地、劳动力价格，在厂房、设备作价，在税收、资金等政策方面，在审批的手续、时间等程序方面的“外资优待”非常普遍。在WTO框架下，为推进内外资的统一国民待遇，2008年内外资的所得税实现了“两税合一”，税率调整为25%。

3. 市场准入、进口关税及相关政策调整

加入世贸组织后，中国全面履行加入世贸组织承诺，逐步扩大农业、制造业、服务业市场准入，放开外贸经营权，并且进一步简化进口管理，进一步完善进口促进体系，大幅降低关税，关税总水平由2001年的15.3%降至2010年的9.6%，农产品平均税率由18.8%调整至目前的15.6%，工业品平均税率由14.7%调整至目前的8.7%。2010年降低鲜草莓等6个税目商品进口关税后，中国加入世界贸易组织承诺的关税减让义务全部履行完毕。十年间，中国还不断削减非关税措施，取消了424个税号产品的进口配额、进口许可证和特定招标，分批取消了800多个税务商品的管理，贸易投资自由化、便利化程度显著提高，进口格局也发展到逐渐平衡。

表 2　　中国的关税型式（2009）：关税概况与税率范围

概况		总计	农产品	非农产品	成为 WTO 成员的时间		2001
简单平均的最终约束税率		10	15.7	9.2	约束范围	总计	100
简单平均的最惠国适用税率	2009	9.6	15.6	8.7		非农产品	100
贸易加权平均进口税率	2008	4.3	10.3	4.0	农产品：关税配额（占比%）		5
进口额（亿美元）	2008	10，357	536	9822	农产品：特别保障措施（占比%）		0

概率分布			免税	0≤5	5≤10	10≤15	15≤25	25≤50	50≤100	>100	非从价关税占比（%）
			关税税目与进口值所占比例（%）								
农产品	最终约束税率		6.0	7.0	25.8	25.7	26.2	7.0	2.3	0	0
农产品	最惠国适用税率	2009	5.9	8.1	26.3	24.6	25.2	7.2	2.6	0	0.5
农产品	进口值	2008	0.7	46.1	31.2	6.7	4.3	10.7	0.4	0	2.0
非农产品	最终约束税率		6.5	18.4	47.1	14.5	12.0	1.4	0	0	0
非农产品	最惠国适用税率	2009	7.8	19.9	46.5	14.3	10.5	1	0	0	0.5
非农产品	进口值	2008	48.4	18.2	27.8	2.9	2.5	0.2	0	0	0.1

资料来源："WTO Tariff_ Profiles 2010"。

根据中国政府在议定书中的承诺①，中国在加入世贸组织后 1～6 年内逐步开放服务业市场。2005 年以来，中国服务贸易领域的开放进一步加快，对一些敏感行业，包括商业、通讯、建筑、分销、教育、环境、金融、旅游和运输等 9 个领域，约 90 多个分部门作出了开放承诺。过渡期结束后，中国全部的市场准入承诺的平均数为 57.4%，平均比例为 38%；在国民待遇方面的承

① 在《中国加入 WTO 议定书》中，中国政府承诺全方位、有步骤地开放服务业市场。在列入服务贸易开放减让表的 33 项内容中，包括一般商品的批发、零售、进出口贸易和物流配送在内的商业分销服务，会计、审计、法律服务等专业服务，以及教育服务等领域的开放度较大；电信，售后服务，视听服务中的电影院建设和经营，燃气、热力、供排水等城市管网首次列为开放的领域；银行、保险、证券等领域行业也进一步放宽了限制。在分地域开放的领域，如金融、保险、电信增值等，经济比较发达的东南沿海地区和内陆中心城市都列入了开放名单，广州和上海成为第一批开放的城市之一；在不分地域开放的领域，如运输、文教等领域，对外资的市场准入程度也大大提高。总体看来，我国对服务贸易的开放承诺水平较高，关于跨境支付、境外消费几乎很少有限制，对几乎所有部门都作出了局部承诺，但在自然人移动、商业存在方面则有所限制。在服务贸易 12 个领域中，针对 9 个领域做了具体承诺。在 160 个细分领域中，针对 102 个做了具体承诺，明显高于一般发展中国家的承诺水平。

诺的平均数和平均比例分别为57.4%和45%，皆高于其他国家。

为了使中国的服务贸易融入世界服务贸易之中，也为了使中国的服务贸易得到更好的发展，依据WTO的《服务贸易总协定》成为中国构建服务贸易制度的基础。国务院办公厅于2001年11月转发了国家计委关于《“十五”期间加快发展服务贸易若干政策措施的意见》，提出了加快服务贸易发展的政策措施。其后，中国政府在关于服务贸易的12大领域中，先后颁布实施了一些政策法规，开放服务贸易市场。截止到2010年，在按WTO规则分类的160多个服务贸易部门中，中国已经开放了100个，并承诺将进一步开放11个分部门，涉及银行、保险、电信、分销、会计、教育等重要服务部门，远高于发展中国家平均水平，为外国服务提供者提供了广阔的市场准入机会。

4. 参与世贸谈判、政策审议与争端协调

加入世贸组织以后，中国全面享有了世贸组织成员的各项权利，为深度参与全球化提供了稳定、透明、可预见、非歧视的多边贸易体制保障，营造了更加开放的国际市场环境。入世伊始，中国就积极参加世贸组织举行的各种推动谈判的会议，提出议案。如：2003年9月的坎昆贸易部长会议，2004年7月的日内瓦小型部长会议，2008年7月日内瓦世贸小型部长会议，2009年11月世贸组织第七届贸易部长会议。此外，中国主办了世贸大连小型部长会议，2005年12月香港承办第六届世贸组织部长会议。中国以积极务实的态度参与多哈回合谈判，在农业、非农和服务贸易市场准入等谈判中，为推动谈判早日取得进展作出了建设性贡献。

十年来，中国坚持履行规则与享有权利相结合，维护和拓展经济发展空间。积极参加对华贸易政策审议活动，认真回答和澄清了成员提出的3500多个问题，使世贸组织成为让世界了解中国的窗口之一。中国参与WTO争端解决机制经历了三个阶段：规则学习（2001年底入世至2006年3月），规则参与（2006年3月至2008年9月）第二阶段则是尽量利用现有规则服务于自己的利益；规则建议（2008年9月至今），开始对规则提出自己的解释，如国有企业是否是公共实体、双重救济等。通过完善贸易救济相关制度，逐步积累了运用世贸组织争端解决机制解决国际经贸纠纷的宝贵经验，为产业发展提供了公平的竞争环境。

三、中国对外贸易发展面临的挑战及未来发展展望

入世十年，中国取得的成就是巨大的，但未来十年，中国对外贸易面临的挑战也是严峻的。地区差距扩大、污染严重、贸易摩擦加剧、国际收支顺差过大、人民币升值、货币供应量被动增长、投机性资本涌动及与之相关的国内资产价格及国际能源价格大幅波动等重大外部冲击，都在不断挑战中国长期以来以招商引资、加工出口为主要特征的开放型发展方式。2008 年 9 月后随着国际金融危机的升级和扩散，珠三角、长三角的进出口、就业和经济增长都产生严重困难，高度依赖国际市场的脆弱性在危机中已被人们认识。

从外部环境来看，世界经济在经历了国际金融危机的巨大冲击之后，尚未健康恢复，美、欧、日等发达经济体又全部陷入债务危机之中。随之而来的是贸易保护主义加剧，国际竞争更为激烈，大宗商品进入新一轮上涨周期，国际实物供给者与货币供给者的分离，要求全球货币金融体系进行深刻调整。不过，在没有大的政治军事冲突前提下，国际相互依赖格局和经济全球化趋势不会发生根本逆转。伴随发达经济体缓慢复苏和新兴经济体的快速发展，贸易和投资或将在 2015 年前后进入新一轮繁荣，区域一体化更加多元发展，从制造业到服务业整体产业链的全球化和国际分工将进一步深化，跨国并购将出现新的高涨。总之，世界经济中的诸多挑战和不确定因素将不可避免地影响到中国对外开放的发展，但危机中也蕴含着重大机遇。在面临国内转变发展方式和国际环境压力不减的大背景下，随着推动中国持续高增长的“要素红利、市场化改革红利和全球化红利”逐步衰减，中国亟须谋变应对各种挑战。

1. 促进进口贸易更快增长，是未来中国对外贸易发展的重要政策目标

2011 年 3 月全国人大会议通过的中国“十二五”规划纲要提出，未来中国在全球分工中的定位是，在继续提高“世界工厂”地位的同时，要把中国市场规模培育为位居世界前列的大市场。这意味着中国将采取更多的政策措施促进进口便利化，采取更多的措施培育中国的消费市场。

未来的贸易政策要高度重视进口对促进国民经济发展的重要作用，要优化进口结构，积极扩大先进技术、关键零部件、国内短缺资源和节能环保产品进

口，适度扩大消费品进口，发挥进口对宏观经济平衡和结构调整的重要作用。

表 3　　1995～2011 年中国进口贸易结构变化　　单位：亿美元；%

年　份	进口总值	资源品（%）	中间品（%）	资本品（%）	消费品（%）
1995	1320.8	16.2	34.9	39.9	6.3
2001	2436.1	18.3	30.4	43.9	6.2
2002	2952.0	16.0	29.7	46.4	6.7
2003	4128.4	16.8	27.3	46.7	8.0
2004	5614.2	20.0	24.9	45.0	8.9
2005	6601.2	21.7	24.1	44.0	9.2
2006	7916.1	23.0	22.0	45.1	9.0
2007	9558.2	24.5	22.0	43.2	9.2
2008	11330.9	30.9	20.0	39.0	8.6
2009	10055.6	27.8	21.9	40.0	8.5
2010	13948.3	30.2	20.1	39.4	8.1
2011 前 7 月	9731.7	33.5	19.3	36.4	7.3

资料来源：海关统计各年 12 月，2011 年第 7 月；进口结构分类根据海关统计中进出口商品构成，以 0 类、2 类和 3 类作为资源性产品；以 5 类和 6 类作为中间产品；以 7 类（机器设备）作为资本品；以 8 类作为消费品。

以上可以看出，中国的进口结构基本上还是生产型的，消费品在进口中的比重一直不高，但十多年来，无论是比重，还是绝对值还是有所变化。特别是进入新世纪以来，随着中国居民富裕程度的提高，消费品进口有很大幅度增长，对比 1995 年，2010 年中国消费品进口增长了 12.7 倍；对比 2001 年，增长了 6.5 倍，已经成为具有千亿美元以上规模的进口大市场。在 2005 至 2007 年间，消费品进口比重曾达到 9% 以上，显示了中国消费品市场的潜力。

中国进口结构的生产型特征，表现为为生产服务的进口商品比重始终占压倒地位。资源性产品、中间产品和资本品这三大类商品一直是中国进口商品的主要品种。但是其内部结构也有变化。在 2004 年以前，资源性产品的进口比重还不是很高，2005 年以后有较大幅度提高，这说明中国经济对外部资源的依赖逐渐加深，特别是 2008 年以来，随着美元汇率不断呈现弱势走向，以石油、矿物原料和粮食为代表的国际大宗商品价格不断上涨，从而相应不断推高了中国资源品进口的价值量，导致资源品进口比重的显著上升；中间品的比重一直呈现下降趋势，说明随着中国工业生产国际化水平的提高，工业配套能力逐渐增强，对外部工业产品的配套需求在下降；资本品进口的比重从上升转向下降，说明中国工业生产结构已经从加工制造为主向加工制造与装备制造并存的方向扩展，对从外部进口机器设备的需求下降了。其趋势是，中国的生产型进口结构正在经历着从制成品为主向资源品和制成品并重的方向转变。随着中国工业经济的发展，中国的进口结构中，资源品和机器设备将始终成为重要的进口品种。

以生产型为主要特征的中国进口结构何时能够转变为生产型与消费型并重的结构？这主要取决于中国人均收入水平达到与之相适应的水平，但关税结构的改革也具有促进意义。目前，中国关税结构的改革仍然是有潜力的。

表 4　按产品分类的进口关税税率（2008 年最惠国适用关税）

产品分类	平均值	产品分类	平均值
资源品		中间产品	
石油	4.8	汽车零部件	9.8
煤炭	4.5	半导体器件	0
铁矿砂	0	化学制品	6.6
铜矿砂	0	消费品	
铝	9	载人小汽车	25
谷物及相关制品	24.3	服装	16
咖啡、茶	14.9	皮革、鞋类等	13.2
糖类	27.4	香烟	30.7
资本品		酒	23.1
电气设备	8.8	化妆品	10.4
拖拉机	6.7		
载货车	19.4		
装卸车	9.6		
工厂及实验室设备	12		

资料来源：“WTO Tariff_ Profiles 2010”。

上表可以看出，中国的关税结构中，消费品的关税率较高；在资本品中，某些产品的关税水平也偏高，如果进一步降低这些产品的进口关税，对促进进口贸易的增长和扩大肯定是有意义的。可以肯定，未来十年，中国的消费品进口仍然将保持持续增长的态势，即便其比重仍然只能达到10%左右，但其绝对值规模也将达到两千亿美元以上。

2. 促进国际收支平衡的努力方向将从贸易转向资本领域

入世以来我国贸易规模不断扩大，同时贸易顺差也逐年扩大，2005年开始超过1000亿美元，2008年达到创纪录的2981.3亿美元。虽然中国进口增长很快，2001～2010年累计增长达473%，但出口增长更快，2001～2010年累计增长达492%。近年来，由于中国外贸顺差不断扩大，外汇储备不断累积，对人民币升值的压力不断加大。虽然外汇储备的增加还有包括热钱流入在内的很多其他渠道，但外贸顺差的持续增长无疑起了基础性的作用。2001年到2010年，累计外贸顺差已经达到13309亿美元，占同期外汇储备增量的49.6%。未来十年，中国在货物贸易领域仍将保持顺差状态，但顺差的规模不可能再有大幅度上升的趋势，特别是从2010年以来，中国国际收支的顺差已经预示从贸易型向资本型转变；2011年前7个月中国货物贸易顺差只有760亿美元（一季度逆差10亿美元），但前7月外汇占款新增2万亿人民币，即新增外汇收入3000亿美元。这说明，未来中国的国际收支平衡，包括经常项目的收支平衡，已经很大程度上不取决于货物贸易的收支平衡，而取决于资本项目和非货物贸易的收支平衡。这预示着未来中国促进国际收支平衡的努力方向将从贸易领域转向资本领域，一方面要通过政策扶持和外汇管理体制改革的措施继续推动企业“走出去”；另一方面要通过资本项目管理的改革，在继续推动资本项目开放的同时防范国际资本违规流入。

3. 通过产业技术升级，提升国际分工地位以提高贸易收益

产品大进大出、出口导向的经济发展模式，主要特点就是从国际上获取我国紧缺的资源，利用我国丰富的劳动力资源，加工形成产品后再出口到国外。这种传统的经济发展方式在很大程度上依赖于我国廉价资源和廉价劳动力。中国人均资源本来就少，资源利用率又低，再输出一部分资源，还通过产品加工

造成更大的环境污染，这种状况必然不可持续。十年来，这种方式不仅没有改善，反而有所强化。由于中国出口产品中很大一部分属于资源密集型的初级产品和低附加值、低技术含量的工业制成品。这种模式一方面导致出口商品对资源的过度依赖，资源利用率很低，另一方面也导致了对资源的掠夺性开采和对环境的破坏，造成了严重的资源浪费、环境污染以及发展后劲的削弱。而且，这种方式在出口中获取的贸易利益却很少。通过对中国贸易条件的测算表明（王宏淼，2008）①，2006 年之后，汇率升值并未能抵消进口价格上涨压力，价格贸易条件与收入贸易条件均出现恶化，尽管出口数量上升，但相对收入却下降了。高敬峰（2011）通过计算世界平均出口收入指数和各国在其中的相对份额也证实②，中国外贸出口的相对贸易利益虽然在 2001 ~ 2009 年期间呈现出一定的上升趋势，但与发达国家相比仍存在着很大的差距。2009 年，中国外贸出口规模居世界首位，但出口收入份额仅排名第 37 位。以美国为例，中国出口收入份额在 2009 年时仍比美国低 4.51 个百分点。对中国制造业分行业出口收入份额的分析显示，中国能够获得较高贸易利益的行业，集中在世界平均出口收入指数相对较低的行业，依靠的是在世界市场中较高的出口份额，这在一定程度上反映了中国主要在低技术行业依靠出口规模而获取贸易利益的现实情况。中国制造业出口型企业技术提升的速度缓慢，虽然外贸出口额高速增长，但出口产品的技术含量并没有得到大幅度提高。在高技术行业，中国获得的市场份额和贸易利益都很少。与世界其他国家相比，中国出口产品在世界市场上仍处于低端地位，向全球价值链高端攀升还面临着较大的挑战。

我国经济、贸易发展的诸多不平衡问题归根结底是因为制造能力与创造、服务能力的不平衡。在国际贸易领域，我国服务贸易相对于货物贸易仍较落后，进出口额仅为货物贸易的 13%，远低于全球平均水平（29%）。而“服务立国”是发达国家经济发展的重要特征之一。在全球近 200 个国家和地区中，服务贸易居前 20 名的国家和地区主要是发达国家，美国、英国、德国、法国、意大利、比利时、日本等国的服务贸易出口额已占各自国家 GDP 的 10% 以上。

① 王宏淼：《经济开放与可持续增长：中国对外开放 30 年的经验、路径及其转型》，载《宏观经济蓝皮书：中国经济增长 2009 ~ 2010》，社科文献出版社 2011 年版。

② 高敬峰：“中国出口贸易利益测算与行业差异分析——基于出口收入指数的方法”，《经济评论》，2001 年第 4 期。

多年来，以欧美发达国家为主的跨国公司主导了“微笑曲线”两端的服务环节，攫取了较多附加值，在与以发展中国家为主的制造业企业之间的博弈中处于优势地位，使“微笑曲线”的曲率越来越大，中国处于国际分工的低端，不得不面临被剥削的境地。这表现在服务贸易逆差主要集中于运输服务、保险服务、专有权利使用和特许费及旅游等服务类别。随着主要大国的逐步复苏，经济贸易领域的国际竞争焦点更为激烈，国家间的实力竞争更突出地体现为知识和服务领域的竞争，以低碳经济、电子信息、航天科技、生命科学、环境科学、物流商贸、人文产品、智能化服务等新技术新服务为主要内容的国际服务贸易将成为经济全球化的新载体。国际金融危机造成的贸易暂时收缩和停顿，给我们带来压力，同时也为调整贸易发展方式提供了机遇。在制造业与货物贸易已为服务经济发展奠定一定基础的情况下，延伸产业链条，加快发展服务业和服务贸易发展，是中国提升产品和贸易的附加值、在全球产业链上占据有利位置的必然途径。特别是在危机压力下跨国公司急于寻找相对便宜的服务供应，这为我国服务型企业打开国际市场，通过承接服务外包等方式进入高端产业提供了契机。在国内服务业发展仍较缓慢的情况下，通过财税等政策的结构性倾斜，通过优先培育服务贸易的出口国际竞争力，同时兼顾进口以促进国内经济转型升级，或许可以取得以服务贸易开放促进服务业发展，实现产业结构升级的效果。

4. 应对国际贸易保护主义，宜通过对 WTO 规则的合理运用和市场转移来消减不利影响

世贸组织的数据显示，中国已连续 15 年成为遭受反倾销和反补贴调查最多的世贸组织成员国，全球约 35% 的反倾销、71% 的反补贴涉及中国①，中国作为最终产地承受了美国、欧洲及一些发展中国家的巨大压力。尤其在 2008 年国际金融危机以来，各国政府都对贸易政策进行调整，陆续出台了贸易促进和具有明显的贸易保护倾向的政策，这成为后危机时代世界经济的

---

① 我国商务部公平贸易局有关统计表明，截至 2010 年 7 月，美国已裁决正在实施的累计对华贸易救济措施多达 104 起，涉及产品 80 多种；欧盟对华已裁决正在执行的贸易救济措施产品达 59 种。2010 年全年中国遭遇贸易摩擦 64 起，涉案金额约 70 亿美元，涉及领域包括制鞋、五金、日杂、罐头、家具、造纸、陶瓷、化工、纺织等多个领域。《2010 全球贸易摩擦研究报告》显示，53% 以上的反倾销调查涉及化工、轻工和纺织产品；50% 以上的反补贴调查涉及冶金、化工和机械产品。

重要“遗产”[①]，而经济大国对全球贸易政策的演化具有举足轻重的影响力，其贸易保护倾向对全球贸易保护主义加强的影响更大，特别是 G20 成员中的多数使用贸易防护措施，其采取的具有贸易限制和扭曲性质的政策措施要高于其他国家[②]。如果债务危机背景下各国失业率进一步增加，贸易保护主义压力和国际摩擦可能会随之扩大，而一旦贸易保护主义融入国家政策主体就可能形成路径依赖，要扭转可能需要数十年时间。在贸易保护主义潮流中，由于受到贸易保护影响的主要还是传统上受保护的行业和产品，如农产品、钢铁、汽车、消费类电子产品、纺织服装及鞋类产品、化学制品和塑料等，而产业转型非一日之功，中国在今后相当长的时期内仍不得不继续面临贸易摩擦与争端的挑战。更值得关注的是，美欧等发达经济体不仅以市场经济地位、特保条款、出口限制、知识产权保护等作为手段保护本国产业、扼制中国发展，而且长期利用贸易顺差和人民币汇率对我国施压，人为制造“汇率战”，使日益严重的贸易保护主义呈现出明显的政治化倾向，不仅对我国相关产业安全构成威胁，而且也间接影响了我宏观经济政策的稳定性和可持续性。

不过与上世纪 30 年代大幅度、全面提高关税的“高强度”贸易保护主义做法相比，当前更多的仍是在符合 WTO 规则前提下提高贸易壁垒。比如：在约束关税范围内提高适用关税水平（或称在法定限制范围内提高关税水平）、更多地发起贸易救济调查、提供出口补贴、增加使用非关税壁垒（如采取非自动的进口许可证、增加进口的繁琐的行政程序、实施更为严厉的动植物检验检疫和技术性贸易壁垒）等。因此，中国从政府到企业，都应当加快学习和熟悉国际游戏规则，学会合理运用国际规则保护自己权益；同时要加强质量管理，强化环保意识和知识产权保护。实施市场多元化战略，在巩固美国、欧盟和日本等传统市场的同时，大力开拓南亚、中亚、中东、非洲、拉美、中东欧

① 英国伦敦的经济政策研究中心（CEPR）发布的“全球贸易预警（Global Trade Alert）”报告统计表明，自 2008 年 11 月华盛顿 20 国集团（G20）峰会到 2009 年 11 月的一年中，各国政府出台的贸易保护措施累计达 297 项，平均每个工作日就有一项以上的措施被提出。自 2009 年 11 月 20 国集团首尔峰会以来，世界各国总共采取了 194 项贸易保护主义措施，其中 4/5 由 G20 国家发起，并且近一半直接损害中国利益。

② 如 2009 年 10 月 14 日，WTO 总干事拉米在华盛顿全球服务峰会演讲中指出，尽管 G20 保证不采取贸易抵制措施，但它们实际采取的贸易限制措施是贸易促进措施的 2 倍。

等新兴市场，以及开辟国内市场，逐步摆脱劳动密集型产品对发达国家市场的严重依赖。通过转移生产或和国外企业进行合作的方式，改变原产地、绕开配额限制来参与国际竞争。通过这种压力逼迫下的“走出去”，可以有效缓解贸易摩擦，也可转移低端生产，转移贸易顺差。

四、总结性评论及对未来十年的贸易预测

贸易打造了今日的世界格局，贸易也改变了中国。在关贸总协定（GATT）和世贸组织（WTO）门前，从“等待”到“进入”，中国的复关和入世谈判“从黑发人谈到白发人”，经历了漫长的15年，山重水复，一路曲折。入世十年来，中国获得了更加广阔的对外贸易成长空间，走出了一条以开放促改革、以开放促发展的道路，完成了从世贸组织的新成员、参与者，逐渐成为推动者的角色转变，站在新高度的中国以自己的努力重塑了世界的关系。中国入世十年，可以得出的结论是：第一，中国加入世界贸易组织，这是近代史以来我国从闭关自守走向对外开放的里程碑。十年来，中国以入世为新起点，开放型经济格局不断完善，对外贸易高速发展，迅速崛起为全球货物贸易大国和引资大国，为进一步提升在全球分工中的地位奠定了坚实的物质技术基础。第二，更重要的是，加入世贸组织后，中国信守其规则和入世承诺，大范围修订了法律法规，构建了开放经济的体制机制，有力地推进了国内经济体制改革。同时，树立了规则意识，为进一步扩大开放提供了人才、观念和体制基础，为中国长期发展奠定了物质、人才、思想和法制基础。第三，近十年的对外贸易发展总体上是成功的，但它仍然是粗放的、不平衡的，在国际摩擦增大、外需不稳以及内部改革等因素的制约下，加快外贸发展方式转变需要注入更丰富的内涵。

展望未来，中国还将在对外开放的道路上继续前行。我们有理由相信在下一个十年，随着中国经济的持续改革和稳定增长，随着海峡两岸、沿海到内陆、大中华经济圈以及太平洋贸易圈的经济合作的深入，中国还将在世界贸易组织以及全球经济的舞台上，通过中国制造和中国服务，带给世界更多的欣喜和和谐。

根据我们的预测，到2020年，中国的商品和服务的进出口总额将达到

16.7 万亿美元，占世界比重将达到 19.5%；其中，商品出口将达到 7.58 万亿美元，占世界比重为 22.3%；商品进口将达到 7.3 万亿美元，占世界比重为 20.3%。到那时，中国既是出口贸易大国，也将实现中国市场规模位居世界前列。服务贸易进出口总额将占世界 11.5%，其中，服务贸易进出口额将占中国商品服务进出口总额也将接近 11%，中国服务将为转变外贸和经济发展方式作出更大的贡献。

表 5　　未来十年中国贸易量及占世界贸易的份额预测

年份			2010	2011	2012	2013	2014	2015	2016	2017	2018	2019	2020
世界商品和服务进出口（亿美元）	世界商品和服务进出口总计		370529	403000	438323	476747	518547	564019	613485	667299	725842	789530	858818
	出口	商品和服务	182926	198940	216358	235302	255906	278317	302692	329204	358041	389407	423522
		商品	144878	157772	171814	187105	203758	221892	241640	263146	286566	312071	339845
		服务	38048	41168	44544	48197	52149	56425	61052	66058	71475	77336	83677
	进口	商品和服务	187603	204060	221965	241445	262641	285701	310793	338094	367800	400123	435295
		商品	152017	165698	180611	196866	214584	233896	254947	277892	302903	330164	359879
		服务	35586	38362	41354	44579	48057	51805	55846	60202	64898	69960	75416
中国商品和服务进出口（亿美元）	中国商品和服务进出口总计		33372	39204	46056	54107	63566	74680	87739	103083	121113	142299	167195
	出口	商品和服务	17491	20464	23943	28014	32776	38348	44867	52495	61419	71860	84076
		商品	15779	18461	21600	25272	29568	34595	40476	47357	55407	64826	75847
		服务	1712	2003	2344	2742	3208	3753	4392	5138	6012	7034	8229
	进口	商品和服务	15881	18740	22113	26093	30790	36332	42872	50589	59694	70439	83119
		商品	13948	16459	19421	22917	27042	31910	37653	44431	52429	61866	73002
		服务	1933	2281	2692	3176	3748	4422	5218	6158	7266	8574	10117

续表

年份			2010	2011	2012	2013	2014	2015	2016	2017	2018	2019	2020
中国贸易差额（亿美元）		商品和服务	1610	1725	1831	1921	1986	2016	1996	1906	1724	1421	958
		商品	1831	2003	2179	2355	2526	2685	2822	2926	2979	2961	2845
		服务	-221	-278	-348	-434	-540	-669	-827	-1019	-1254	-1540	-1888
中国占世界贸易比重（%）	中国商品和服务进出口总计		9.0	9.7	10.5	11.3	12.3	13.2	14.3	15.4	16.7	18.0	19.5
	商品进出口		10.0	10.8	11.6	12.6	13.5	14.6	15.7	17.0	18.3	19.7	21.3
	服务进出口		5.0	5.4	5.9	6.4	6.9	7.6	8.2	8.9	9.7	10.6	11.5
	出口	商品和服务	9.6	10.3	11.1	11.9	12.8	13.8	14.8	15.9	17.2	18.5	19.9
		商品	10.9	11.7	12.6	13.5	14.5	15.6	16.8	18.0	19.3	20.8	22.3
		服务	4.5	4.9	5.3	5.7	6.2	6.7	7.2	7.8	8.4	9.1	9.8
	进口	商品和服务	8.5	9.2	10.0	10.8	11.7	12.7	13.8	15.0	16.2	17.6	19.1
		商品	9.2	9.9	10.8	11.6	12.6	13.6	14.8	16.0	17.3	18.7	20.3
		服务	5.4	5.9	6.5	7.1	7.8	8.5	9.3	10.2	11.2	12.3	13.4

[说明]

①根据世界银行数据计算得到2001～2010世界的商品出口、服务出口、商品进口、服务进口的年均增长率分别为8.9%、8.2%、9%、7.8%。以2010年为基点，按上述增长率分别计算2011～2020年世界贸易各相关数据。

②中国入世以来（2001～2010年）的商品出口、服务出口、商品进口、服务进口的年均增长率分别为18.3%、16.4%、17.7%、17.8%，考虑到未来发展趋势以及中国外贸平衡的紧约束，适当调低未来十年中国的出口增长速度，调高进口增长速度，以商品出口17%、服务出口17%、商品进口18%、服务进口18%的年均增长率预测2011～2020年的中国贸易各相关值。

③预测结果：按目前趋势发展，2020年中国贸易占世界的比重为：商品出口22.3%、服务出口9.8%、商品和服务总出口19.9%；商品进口20.3%、服务进口13.4%、商品和服务总进口19.1%；商品进出口21.3%、服务进出口11.5%、商品和服务进出口19.5%。

④未来十年中国的商品进出口顺差基本上控制在2000亿美元左右，2020年为2845亿美元；服务贸易逆差略有上升，2020年为1888亿美元，由此2020年中国总贸易顺差降至1000亿美元以下，为958亿美元（如按此趋势，则2020年后顺差还会逐年下降）。

参考文献

[1] Bongiorni. Sara. 2007: A year without "made in China": one family's true life adventure in the global economy, Hoboken, New Jersey: John Wiley & Sons, Inc.

[2] Branstetter, Lee and Nicholas Lardy. 2008: "China's Embrace of Globalization", in Loren Brandt and Thomas G. RAWSKI eds., China's Great Economic Transformation. New York: Cambridge University Press, pp. 633 ~ 682

[3] 高敬峰. 中国出口贸易利益测算与行业差异分析——基于出口收入指数的方法. 经济评论. 2011 (4)

[4] 李仲周. 入世十年回眸. WTO 经济导刊. 2011 (8)

[5] 裴长洪, 彭磊, 郑文. 转变外贸发展方式的经验与理论分析——中国应对国际金融危机冲击的一种总结. 中国社会科学. 2011 (1)

[6] 孙振宇. 中国入世十周年之际的回顾与展望. 国际经济评论. 2011 (4)

[7] 王宏淼. 经济开放与可持续增长: 中国对外开放 30 年的经验、路径及其转型, 载《宏观经济蓝皮书: 中国经济增长 2009 - 2010》. 北京: 社科文献出版社, 2008

[8] 姚景源. 入世 10 年: 成就、问题及展望. 红旗文稿. 2011 (15)

[9] 张汉林. 入世十年看中国经济发展. 武汉理工大学学报 (社会科学版). 2011 (1)

加入世界贸易组织与外商直接投资

◎ 张小济

我国加入世界贸易组织已经十年了，所承诺的义务，包括有过渡期的义务基本上都履行了。究竟应该如何评价这一历史事件，就外商直接投资方面，仍然是众说纷纭。人们往往是从市场开放的角度来评价，比如援引过去10年利用外资的数量、结构，服务业的开放等。给予积极评价的认为我国利用外资规模扩大，结构提升、多样化，对经济发展作出了重要贡献。但也有很多人对此持不同看法，认为外资大量涌入造成外汇储备增加、资金过剩，外资垄断危及产业安全，“以市场换技术”是失败的政策，外资不仅没有带来核心技术，相反，使我国产生技术依赖、固化我国与发达国家的分工。

其实，世界贸易组织框架下有关投资的协议并非强求其成员实行跨国投资自由化，而是强调公平竞争、非歧视、透明度和经济发展原则。我国入世与投资有关的承诺主要是有关法律法规的修订，向外资开放服务业是通过双边谈判承诺的义务。因此，从外商直接投资角度评价入世的影响，应该基于入世时的预期，即“为国民经济持续快速健康发展注入新的活力，与我国改革开放和建立社会主义市场经济体制的目标是相一致的”。最重要的是看按照 WTO 的原则履行承诺，修订相关法律法规，是否改善了我国的投资环境。

张小济，全国政协委员、国务院发展研究中心对外经济研究部研究员。

一、外商直接投资准入条件和投资环境的改善

1. 中国入世承诺与外商直接投资的有关内容

与利用外资有关的承诺主要涉及《服务贸易总协定》、《与贸易有关的投资措施协议》和《与贸易有关的知识产权协定》，按照 WTO 非歧视原则、市场准入原则、灵活适用原则、透明度原则、公平解决争端原则，我国对相关法律法规做出适应性修改，按照承诺的义务逐步对外国投资者开放市场。

《与贸易有关的投资措施协议》是乌拉圭回合多边贸易谈判的一个重要成果。我国利用外资法规、政策中有关当地成分要求、出口实绩要求、外汇平衡要求、进口条件要求、技术转移要求，与该协议内容不符。根据协议条款的相关规定，我国需承诺审查各项投资措施、在协议生效之日起 90 天内通知成员国全体，并在此之后的 5 年内将其全部取消，同时及时公布与投资有关的法律法规和政策。

《服务贸易总协定》要求各成员就开放服务贸易做出承诺。我国服务业开放承诺主要体现在“商业存在”形式，即对外商以设立商业实体形式进入我国服务市场的开放承诺。对外资进入服务业的开放主要通过逐步放宽直至取消外资股权限制、地域限制、经营业务范围限制来实现，并有严格的时间进度安排，即从入世之时至入世后 6 年内不等。

我国对一些重要的服务贸易领域，还是保留了限制。譬如，在较为敏感的电信服务领域，外资股权比例还是受到严格限制，增值电信和寻呼服务外资比例不能超过 50%，移动话音和国内服务外资比例则不能超过 49%。银行业承诺允许外资银行向所有中国客户提供外汇服务，加入后 5 年内允许外资银行逐步在全国向所有中国客户提供本币服务。允许外资非银行金融机构提供汽车消费信贷。保险业允许设立外资比例不超过 50% 的合资寿险公司；加入后 2 年内允许设立独资非寿险公司；3 年内取消地域限制；4 年内取消强制分保要求；5 年内允许设立独资保险经纪公司。在法律服务领域，更是严格禁止外国法律服务提供者从事中国法律业务。

我国就《与贸易有关的知识产权协定》的相关内容做出的承诺也涉及外商投资企业。因有其他专项研究，本部分不讨论知识产权问题。

2. 相关法律法规的修订

我国加入世界贸易组织前后，经历了历史上最大的清理法律法规工作，涉及3000多个中央一级法律法规和部门规章，19万件地方性法规规章。其中，直接关系外商直接投资的法律修订是对《中华人民共和国中外合资经营企业法》、《中华人民共和国中外合作经营企业法》、《中华人民共和国外资企业法》及实施条例、细则有关内容的修改。主要有以下四个方面。

“外汇平衡”：如原合资经营企业法实施条例第75条规定：“合营企业的外汇收支一般应当保持平衡。根据批准的合营企业的可行性研究报告、合同，产品以内销为主而外汇不能平衡的，由有关省、自治区、直辖市人民政策或者国务院主管部门在留成外汇中调剂解决，不能解决的，由地外经济贸易部会同中华人民共和国国家计划委员会审批后纳入计划解决。”

“出口实绩”：要求三资企业的产品主要用于出口，限制其产品进入国内市场，如原合资经营企业法实施条例第60条规定：“中国政府鼓励合营企业向国际市场销售其产品。”合作经营企业法实施细则第38条规定：“国家鼓励合作企业向国际市场销售其产品。合作企业可以自行向国际市场销售其产品，也可以委托国外的销售机构或者中国的外贸公司代销或者经销其产品。”

“产品内销”：原外资企业法实施细则第45条规定：“外资企业在中国市场销售其产品，应当依照经批准的销售比例进行”，“外资企业超过批准的销售比例向中国市场销售其产品，须经审批机关批准”。原合资经营企业法实施条例第57条规定：“合营企业所需要的机器设备、原材料、燃料、配套件、运输工具和办公用品等（以下简称物资），有权自行决定在中国购买或者向国外购买，但在同等条件下，应当尽先在中国购买。”

“经营期限”：原合资经营企业法做出了限制，原合资经营企业法实施条例第100条规定：“合营企业的合营期限，根据不同行业和项目的具体情况由合营各方协商决定。一般项目的合营期限原则上为10年至30年。投资大、建设周期长、资金利润率低的项目，合营期限也可以在30年以上。”

《中华人民共和国中外合资经营企业法》、《中华人民共和国中外合作经营企业法》、《中华人民共和国外资企业法》是我国保护、规范、约束外商直接投资的基础法律，修改法律和实施条例、细则，取消了上述四种限制，政府、部门相关法规也做出相应修改，外商投资企业在原材料采购、产品销售、外汇平衡和经营期限上不再受到歧视，与内资企业享有同等待遇。

3. 对我国投融资体制改革的影响

对外开放也是改革，对外开放也要对内开放。入世对政府部门的管理理念、管理模式是巨大的冲击。可以说，社会主义市场经济的体制框架就是在入世前后 10 年里形成的。入世对企业改革特别是国有企业改革起到极大的推动作用，正是在入世的压力下，上个世纪 90 年代末，国有企业全面实行下岗分流、减员增效、剥离不良资产，建立现代企业制度，竞争力得到明显增强。实践证明，我国履行加入世界贸易组织所做出的承诺，成为经济发展和改革开放的主要动力。

我国的投资环境与十年前相比，在法律法规、市场准入、基础设施、劳动力素质等方面已经有了明显改善。这与我国履行加入 WTO 的承诺有密切的关系。在这一点上，所有外资企业、本地企业都给予积极的评价。

我国入世的一项重要承诺是法规政策的公开、透明。这推动了政府行政体制改革，是在“革政府的命”。如果没有入世承诺的压力，不能断言政府不肯自我改革，但步伐肯定要慢很多。2003 年制定的《行政许可法》，对政府行为的透明度提出了更加严格、具体的要求，限制了需要行政许可的投资活动的范围。中央政府加大了在各级政府和政府部门推行政府信息公开的力度，完善了相关制度。

关于投融资体制改革，2004 年《国务院关于投资体制改革的决定》出台，推动落实企业投资决策自主权，简化投资审批程序。当年，国家发改委发布《外商投资项目核准暂行管理办法》。

投资审批制度改革的主要内容是，国内企业投资项目除使用国家资金实行核准制和备案制，企业不需要再提交可行性报告，政府部门也不承担项目的风险和责任。这减少了政府监管对企业投资活动的干预，为投资者提供了便利。

在金融监管体系方面，国有商业银行股份制改革取得阶段性进展。对电力、电信、民航、铁路等传统垄断行业实施改革，主要涉及：政企分开、公司化改造、市场准入、价格制定、对外合作、竞争以及按现代监管理念建立监管机构。

2007 年我国实行企业所得税“两法合并”改革，将内外资企业的税率统一为 25%，有利于为各类企业创造一个公平竞争的税收法制环境。改革的依据之一就是“加入世贸组织后，国内市场对外资进一步开放，内资企业也逐渐融入世界经济体系之中，面临越来越大的竞争压力”①。

在投资领域一些市场经济的新理念由此深入人心。平等竞争、自主决策、自担风险、法治经济概念等被普遍接受。这都有利于我们建立和发展社会主义市场经济。

二、入世 10 年外商直接投资的发展

入世前，我国承诺向外资开放更多的投资领域，不少人担心“狼来了”，而迄今为止并没有出现外国企业对本地企业构成毁灭性冲击的现象。实际上，所谓“狼来了”本身就是对企业之间竞争的片面理解。首先，在一个主权独立、法制健全的国家，不会出现跨国公司垄断的情况。其次。入世推动投融资体制改革，本地企业、居民是最大的受益者，大量本地企业得益于改革开放，竞争力明显提高。由“羊”变成了“狼”。第三，开放市场迫使本地企业“与狼共舞”，在公平竞争的环境中，本地企业向外资企业学习，本土优势得到充分发挥。在企业调查中，外资企业普遍反映，来自本地企业的竞争压力越来越大。

总体来看，过去 10 年，外商投资总量增加、投资结构、经营方式变化为我国经济发展注入了活力，也推动了经济体制的改革。

1. 外商直接投资总量稳定增长

我国成为 WTO 成员，与主要贸易伙伴之间的关系相对稳定，大大增强了投资者的信心。我国履行入世承诺，取消了有关外汇平衡、“当地含量”、出口业绩要求和企业生产计划备案等要求，市场准入进一步放宽，投资环境得到明显改善。良好的市场前景、高素质的劳动力、较强的制造业配套能力，吸引

① 财政部部长金人庆：关于《中华人民共和国企业所得税法（草案）》的说明。

越来越多的跨国公司向我国转移生产能力。

根据商务部的统计，2001 年中国入世当年，吸收外资是 470 亿美元，2010 年是 1057 亿美元，年均增长 9.5%。10 年共批准了外商投资企业 36 万家，吸收外资 7637 亿美元①。

根据联合国的统计，2000 年，我国吸收外商直接投资存量为 1933 亿美元，到 2010 年为 5788 亿美元。2010 年我国吸收外商直接投资在全球排名第二，仅次于美国，在过去 10 年里一直是吸收 FDI 最多的发展中国家。

从全球视野观察，过去 10 年里，我国吸收外商直接投资保持稳定增长，没有出现大起大落的情况。这与外商对我国的投资绝大多数是绿地投资、利润再投资有密切关系，而全球跨国投资中并购方式占有很高的比重，特别是在发达国家之间以及服务业领域并购方式占主流地位。跨国并购投资相对于绿地投资伴随经济周期的波动幅度较大。

从我国吸收外商直接投资的来源分析，来自自由港的投资比重增加，这种“迂回投资”（Round - trip investment）有一部分是国内居民的投资。

有人认为，目前我国经济发展对外商直接投资的依赖程度太高了，而且外商直接投资对国内本地企业的发展产生了“挤出效应”。从 1994 年以来，我国年度外商直接投资占全社会固定资产投资的比重呈现逐年下降的趋势。入世 10 年以来，实际利用外资占我国固定资产投资的比重，从 2001 年的 10.4% 逐步下降至 2010 年的 2.6%（见图 1）。

再看外商投资企业工业产值占全国工业总产值的比例，在过去 10 年里，一直占 30% 左右。2000 年占 31.3%，2003 年最高曾经占 35.9%，此后这一比例逐步下降，2009 年为 27.8%②。

我国大规模吸收外商直接投资只有 10 多年时间，积累的资本存量占全球的比重只有 3%，占发展中国家吸收 FDI 的比重不到 10%，比入世之前还下降了（见表 1）。实际上，从全球范围内看，中国经济发展对外商直接投资的依赖程度并不高。因此，所谓外资大量涌入，对本地企业产生“挤出效应”的说法是没有事实根据的。

---

① 商务部：投资指南网。

② 国家统计局历年统计年鉴。

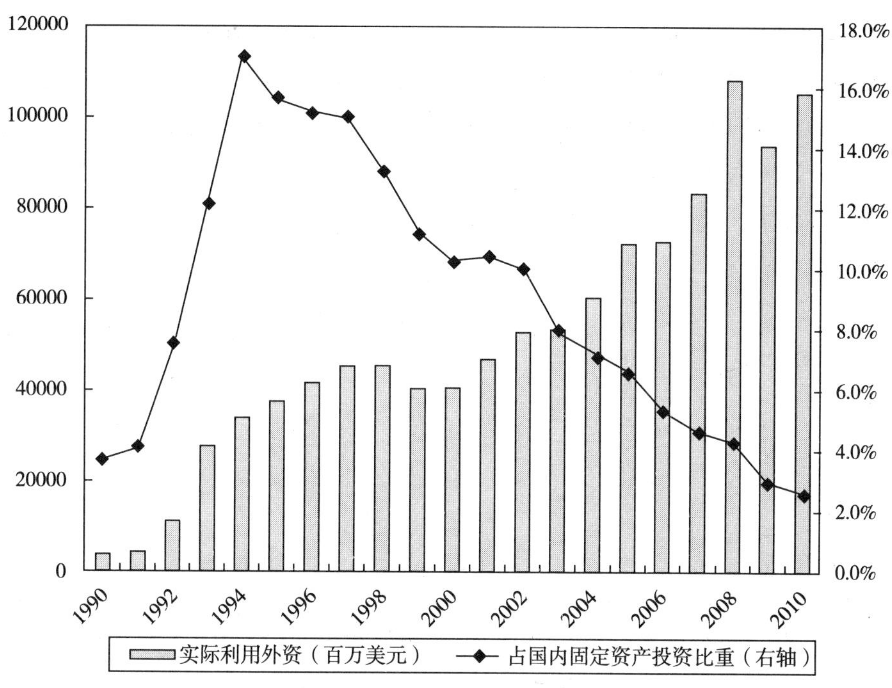

图 1 1990～2010 年 实际利用外资占固定资产投资的比重

资料来源：国家统计局、商务部。

表 1 1990～2010 年 中国占全球外商直接投资存量的比重 单位：百万美元

年 份	1990	2000	2010
中国吸收 FDI 存量	20691	193348	578818
发展中国家吸收 FDI 存量	517322	1731604	5951203
中国占比（%）	4	11	9.7
全球吸收 FDI 存量	2081299	7445637	19140603
中国占比（%）	1	2.6	3

资料来源：联合国贸发会议。

2. 外商投资服务业没有对本地企业构成冲击

外商投资产业构成显著改善，第三产业投资比例大幅度提高。2001～2010 年，第三产业外商投资金额所占比重逐步提高，由 23.9% 上升至 47.3%；第二产业所占比重则逐步下降，由 2001 年 74.2% 下降至 2010 年的 50.9%（见

图 2）。虽然服务业总体比重上升，细分行业则主要集中在房地产、交通运输、批发零售、金融、租赁和商务服务等 5 个子行业，2010 年占当年服务业利用外资总额的 84.2%，其中房地产占 49.3%。外商投资服务业比重上升与入世服务业开放有很大关系，具体投入的领域则取决于承诺开放的条件以及中国服务业市场发展，例如，过去 10 年房地产业的发展吸引外资大量流入这一领域。

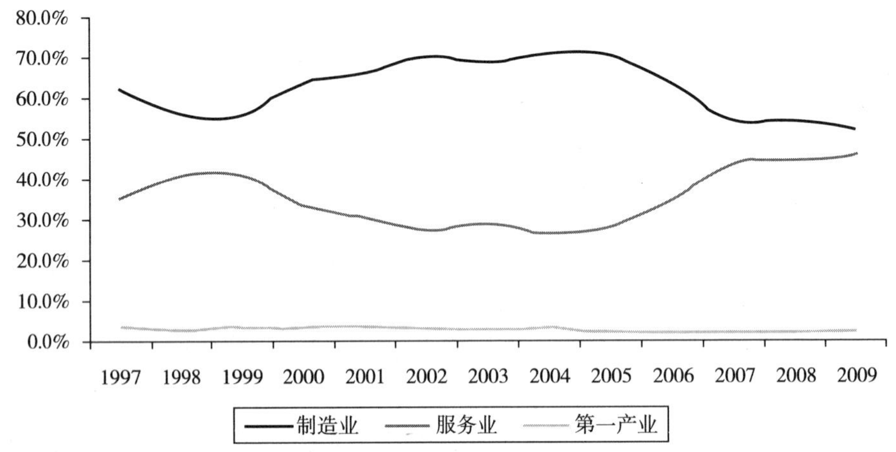

图 2　中国吸收外商直接投资产业分布

在所有 WTO 统计的 160 个服务贸易领域，中国承诺开放的领域占总量的 91%。经商务部服务贸易司初步推算，2006 年中国境内非金融类服务业外国附属机构境内销售收入达到 913.2 亿美元，同比增长 23.5%；中国非金融领域服务业外国附属机构为 44128 家①。

入世之前，人们普遍认为银行、保险行业是发达国家占据绝对优势领域，开放市场，外国银行和保险公司将长驱直入，给我国金融机构带来巨大的竞争压力。然而，事实证明，在过去 10 年里，外资银行和保险公司在中国的市场份额不但没有急剧扩大，相反还在缩小。在保险行业，一些外国公司由于“水土不服”，已经退出中国市场。

截至 2010 年末，在华外资银行资产总额 1.74 万亿元，占全国金融机构资产总额的 1.85%；各项贷款余额 9103 亿元，占全部金融机构各项贷款余额的 1.79%。

① 商务部网站。

截至2010年底，外资保险公司总资产为2621亿元，占全部保险公司总资产的5.19%，同比上升0.14个百分点。

2010年，外资保险公司原保险保费收入634.3亿元，占市场份额为4.37%。其中，外资财产险公司原保险保费收入为42.83亿元，市场份额为1.06%；外资寿险公司原保险保费收入为591.47亿元，市场份额为5.63%。在北京、上海、深圳、广东外资保险公司相对集中的区域保险市场上，外资保险公司的市场份额分别为16.31%、17.94%、7.88%、8.23%[①]。

我国在分销领域对外资开放是最彻底的，基本上实行国民待遇。国外商业巨头如沃尔玛、家乐福、麦德龙等都已经在我国布开网点，与本地企业激烈竞争。

2010年，中国连锁百强企业销售规模达到1.66万亿元，同比增长21.2%，2010年连锁百强企业销售额占到社会消费品零售总额的11%。2010年中国连锁百强企业中，外资企业共有21家，其中超市12家、百货5家、家电和餐饮等连锁企业4家。2010年，该21家企业共实现销售收入3539亿元，占中国连锁百强的21.3%[②]，外资企业虽然抢得了部分市场，但并没有出现本地企业大量倒闭的情况，国际先进经营理念、经营业态、管理模式的引入，促进了我国分销领域的发展，广大消费者从中受益。

3. 外商独资企业的发展

入世之前，我国对跨国公司设立独资企业有较多的限制，一般来说，只有产品全部出口或者引进先进技术的企业才允许外方拥有百分之百的股权，2002年外商独资企业在我国吸收外资累计金额中所占份额为37%。

入世之后，外商独资企业在每年实际吸收外资金额的比重一直保持在50%以上，2006年上升到73.8%，2010年达到76.6%。截至2010年，外商独资企业在我国吸收外资累计金额中所占份额上升到58%[③]。

对于跨国公司来说，绿地投资采取独资或控股的方式，便于对品牌、技术、销售权的控制。我国除个别行业外，对制造业外商独资和控股没有限制，由于合资双方在利益和文化上的差异，加之投资者对中国市场由陌生到熟悉，

---

① 人民银行：《国际金融市场报告》。

② 中国市场情报中心。

③ 商务部：《2011中国外商投资报告》。

政策环境由紧到松，跨国公司现在更倾向于建立独资企业，或者通过增资扩股在合资企业中取得控股权。

从全球跨国投资方式的发展看，过去 20 年，跨国并购案件数量和并购额均呈现出上升的趋势，2007 年全球并购交易额达到 1.02 万亿美元，占当年全球跨国投资总量的 50% 左右。跨国并购 80% 发生在发达国家之间，60% 左右发生在服务业。跨国并购伴随经济周期的波动性非常大，全球金融危机期间，2009 年跨国并购金额大幅下滑，仅相当于 2007 年的 1/4①。

外商对我国的投资主要采取绿地投资方式，并购占全部投资的比例不到 10%。这与外资偏重投资我国制造业有关，但入世以来，外资流入服务业的比重上升，依然很少采用并购方式。一方面，我国服务业总体上是供给不足，为绿地投资留有较大的市场空间。另一方面，虽然我国鼓励内资和外资采取并购方式，在制造业和服务业对原有的资产进行重组，但实际上，政府部门和社会舆论往往对并购活动，特别是外资的并购，持有戒心。例如，近年来关于徐工、汇源果汁等企业的并购案，炒得沸沸扬扬。发改委也认为，“部分行业龙头企业被外资并购情况增加，个别领域出现外资垄断或垄断迅速扩大的苗头，可能对国家经济安全特别是产业安全形成威胁”②。反过来，当我国企业在海外并购遇到阻力，舆论又会批评是投资保护主义。这种矛盾的心态和政策，也是影响外资通过并购方式进入我国市场的原因之一。

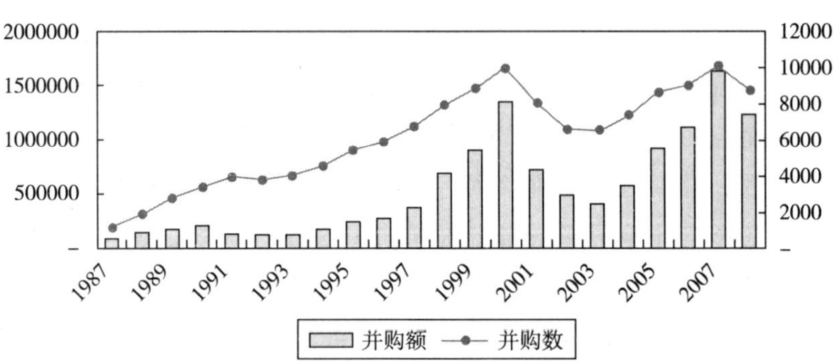

图 3　1987 ~ 2008 年全球并购情况（百万美元，件）

数据来源：UNCTAD cross - border M&A database。

① UNCTAD：《World Investment Report，2011》。

② 国家发展和改革委员会：《利用外资“十一五”规划》。

4. 跨国公司在华机构经营管理模式的变化

随着跨国公司投资规模的扩大和经营业务的多样化，原先分散投资、分散管理的模式已不适应其发展战略的需要，跨国公司开拓中国国内市场客观要求将运营管理中心转移到中国。例如，外商累计在上海设立投资性公司已达223家，跨国公司地区总部326家，外资研发中心323家。外资总部经济机构在中国内地省市居首位[①]。

投资性公司主要指外国投资者在中国以独资或合资形式设立的从事直接投资的公司，这些公司虽然是中国企业法人，但是其投资企业享受外资待遇。投资性公司一方面具备管理协调服务在华投资企业的职能，另一方面兼有不断扩大在华投资的功能。在华的投资性公司主要来自美、日、欧等发达国家，投资规模较大，为了增强在全球范围内的竞争力，降低采购成本，许多跨国公司开始在华设立全球采购中心。

目前，跨国公司在华设立的研发中心已超过1400家。外资研发中心中，从事先导技术研究的近50%，已超过从事市场调试型研究的比重；60%以上的研发中心将全球市场作为其主要服务目标。

商务部修订外商投资设立投资性公司的规定，鼓励跨国公司在华设立地区总部和研发、采购、利润核算中心等功能性机构。

5. 跨国公司在中国经济发展中作用的评价

外商投资企业已成为我国社会财富的重要创造者和就业的重要吸纳渠道之一，其创造的工业产值、税收、进出口额分别达到全国的28%、22%、55%左右，直接吸纳就业约4500万人。作为富有活力的市场主体，外商投资企业有效促进了市场竞争和市场体系的完善，其技术和管理模式的溢出效应大幅提升了相关行业的发展水平。外资带来的先进理念和国际规则，有力推动了我国经济体制改革的进程，也深刻改变了中国社会的面貌。

然而，国内对外资作用的评价存在很大的分歧。关于外商投资对经济增长、出口、税收和就业的贡献，多数人可以认同。但说到在外资在引进技术特

① 资料来源：解放日报。

别是技术创新方面的作用，可能多数人都不认同。“十一五”计划提出，“使利用外资的重点从弥补资金、外汇不足切实转到引进先进技术、管理经验和高素质人才上，更加注重生态建设、环境保护、资源能源节约与综合利用，切实把利用外资同提升国内产业结构、技术水平结合起来”。许多学者认为，“我国早期‘以市场换技术’的战略没有完全达到目的”，“FDI 的大量引进并没有带动中国科技创新的质的飞跃，反而使中国企业陷入‘跟随陷阱’，难以实现技术创新的重大突破”，“利用外资的创新导向不明确，仍未实现从‘资本引进’向‘技术引进’的根本转变”①。

按照国家统计局资料，2007 年我国外商投资企业（不含港、澳、台商投资企业）R&D 人员全时当量为 12.87 万人年，港澳台投资企业 R&D 人员全时当量为 7.16 万人年，合计占全国的 23.35%。外资企业与港澳台投资企业 R&D 经费分别为 432 亿元和 183 亿元，合计占全国的 29.12%；发明专利申请数分别为 5034 和 3299 件，合计占全国的 23.1%；拥有发明专利数 7899 和 6197 件，合计占全国的 32.3%。外商投资企业（含港澳台企业）已经成为我国研发创新活动的重要力量②。

2009 年上半年，国务院发展研究中心对外经济研究部课题组对外商投资制造业企业和外商投资研发中心（机构）进行了问卷调查，分别回收有效问卷 553 份和 200 份。基于企业与研发机构的问卷调查，课题组考察了外商投资企业开展研发创新活动的现状及对自主创新的作用。在接受调查的制造业企业中，没有设立研发机构的比重仅 10%。超过 60% 的受调查外资制造企业的研发投入强度超过 3%，研发投入强度超过 10% 的企业也占到了 10.33%（见图 4）③。

据课题组的企业问卷调查，外商投资企业本身已经成为其新技术新产品的主要来源，其次是其母公司。从获取新技术的方式看，独立开发是最主要的方式，其次是合作开发。

---

① 刘建丽、王欣：“我国利用外资‘十一五’回顾与‘十二五’展望”，《财贸经济》，2010 年第 11 期。

② 张小济、隆国强：《外商投资与自主创新：政策与案例》，对外经济贸易大学出版社 2011 年版。

③ 张小济、隆国强：《外商投资与自主创新：政策与案例》，对外经济贸易大学出版社 2011 年版。

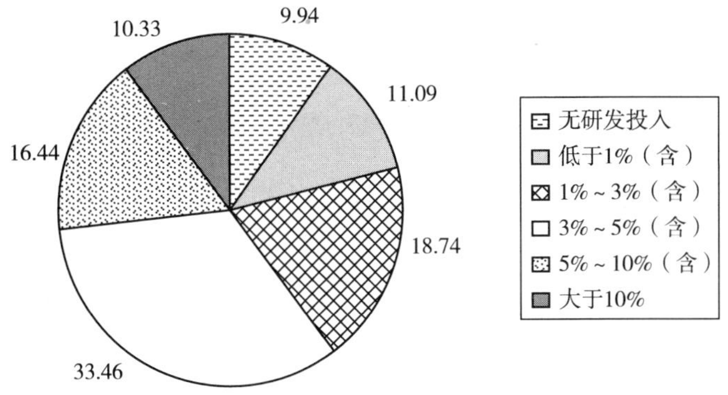

图4　外商投资企业研发投入强度的分布（%）

跨国公司在华开展研发活动，大大提升了我国整体的研发能力与水平。外资研发机构引进与培养了一大批高水平的研发人员，有些外资研发机构与本土机构合作，加速了自主技术标准的产业化进程，提升了本土研发能力。总体看，跨国公司研发机构的水平与能力明显高于本土企业与研发机构，由于多方面的原因，其技术溢出作用远未充分发挥出来①。

三、全球外商直接投资发展的新趋势

20世纪90年代以来，世界经济呈现较快增长，全球贸易投资自由化步伐加快，全球跨国直接投资进入快速增长阶段。2000年全球跨国直接投资达13929.6亿美元，达到30年来的顶峰。但受“IT泡沫”破裂影响，2001年以来全球跨国直接投资连年下降，2003年跌至5600亿美元的“谷底”。随着世界经济形势的好转，从2004年起全球跨国直接投资一路上行，2007年达到19710亿美元的顶峰（见图5）。然而由美国次贷危机引发的金融海啸使全球跨国投资连续两年大幅下挫，2010年投资金额虽然比上年增长5%，达到12440亿美元，但这主要是发展中国家跨国投资增加的贡献。

① 张小济、隆国强：《外商投资与自主创新：政策与案例》，对外经济贸易大学出版社2011年版。

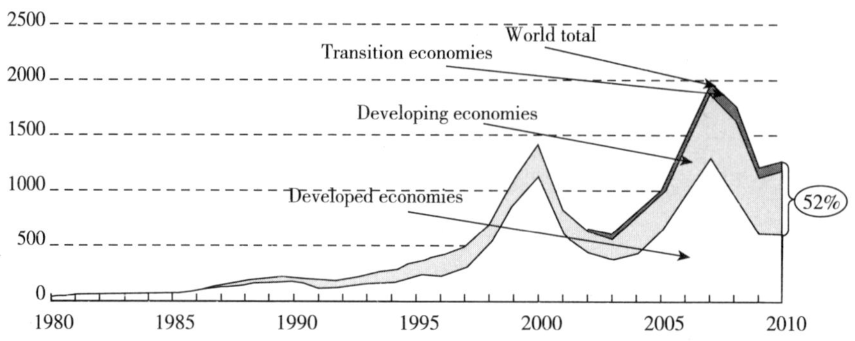

图 5 1980～2010 年 全球和按经济分类的 FDI 流入量（10 亿美元）

资料来源：UNCTAD, based on annex table l. 1 and the FDI/TNC database（www. unctad. ort/fdistatistics）.

展望未来全球外商投资发展前景，有几个问题需要深入分析。

全球跨国投资能否重新回到原有的上升通道。全球金融危机爆发后，各国政府联手出台刺激措施，经济迅速回升，2010 年全球工业产出和进出口贸易总量已经恢复到危机前的水平。但全球跨国投资落后于经济和贸易复苏，据联合国贸发会议的统计，2010 年全球 FDI 流入量仍然比危机爆发前三年的平均水平低 15%，比 2007 年的峰值低 37%（见图 6）。

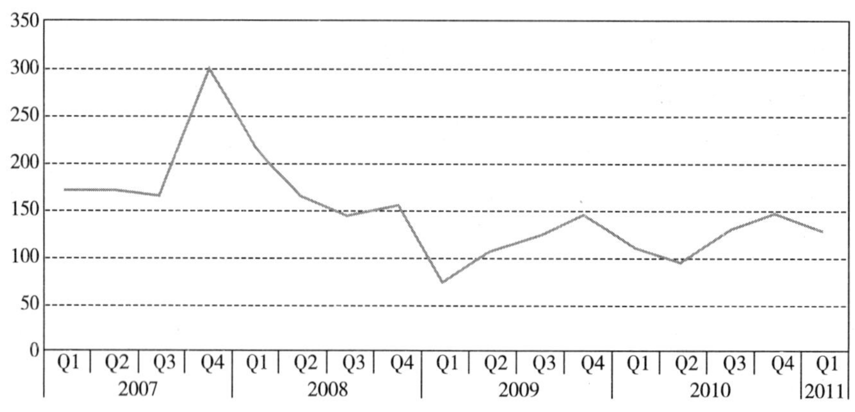

图 6 贸发会议全球 FDI 季度指数（2007～2011）

资料来源：UNCTAD.

联合国贸发会议 2011 年 7 月底分布的报告预计，如果全球经济不遭受其他意外冲击，全球外国直接投资将在今年内恢复到危机前平均水平，增至 1.4

万亿至1.6万亿美元，2012年达到1.7万亿美元，2013年达到1.9万亿美元(见图7)[①]。这一预测可能过于乐观，从短期看，欧盟、美国正在受到主权债务危机的困扰，解决金融和财政不平衡问题有可能延缓经济复苏的步伐，改善全球治理依然困难重重，发展中国家也面临通货膨胀问题。这些因素有可能阻碍全球跨国投资的复苏。

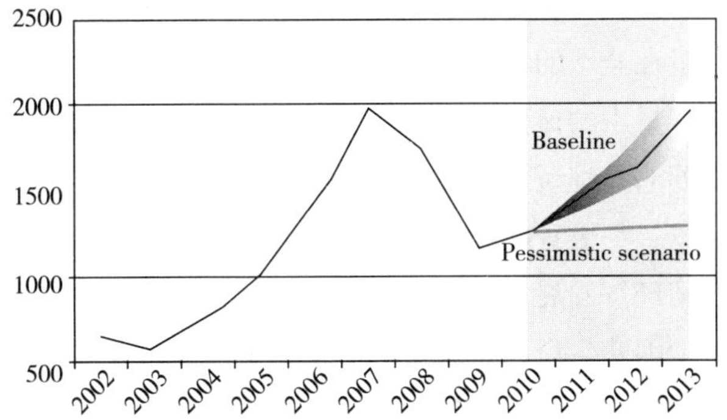

图7 对2011~2013年全球对外直接投资的预测（10亿美元）

资料来源：UNCTAD:《World Investment Report, 2011》.

从长期看，与经济全球化相关的一些深层次问题，可能会影响跨国投资的发展。2011年世界贸易组织和国际劳工组织联合发布的一份报告，就全球化与就业、工资、收入不均等社会问题关系进行了研究。值得注意的是发达国家公众对经济全球化的看法正在转向负面。例如，2007年“德国马绍尔基金”的一项调查显示，欧盟和美国有大约一半的人认为自由贸易带来的是工资机会减少而不是增加。其他的一些调查也表明，在发达国家越来越多的人，甚至可能是多数人认为，全球化给大公司带来了利益，企业不仅把制造业转移到国外，追求高效益，而且服务业也大量离岸外包，白领甚至受过高等教育的技术人员的工作机会也在减少。全球金融危机造成发达国家失业率大幅攀升，特别是年轻人失业率在一些国家高达20%以上，即便经济复苏之后，就业情况依然没有好转。这加剧了发达国家内部的社会矛盾，反全球化的思潮进一步蔓延，给各国决策者带来很大的压力[②]。

① UNCTAD:《World Investment Report, 2011》.

② WTO, ILO: Making Globalization Socially Sustainable Socially Sustainable, 2011.

全球跨国投资的重心是否会转向发展中国家。发达国家在全球跨国投资中从来处于绝对优势地位，无论是投资流出还是投资流入。2010 年，当年流入发展中国家和转型经济国家的投资历史上第一次超过发达国家。这仅仅是后金融危机时期暂时的特殊现象还是全球经济格局发生变化的一个重要标志？实际上，进入本世纪以来，一些新兴经济体实行更加开放的政策，积极参与全球化的生产活动，在对外投资和吸收外资方面都很活跃。在过去 10 年里，发展中国家吸收外资存量在全球的比重已经由 2000 年的 25% 上升到 2010 年的 35%，在全球对外投资存量中的比重从 10% 上升到 20%①。后危机时期，发达国家经济百病缠身，复苏的进程缓慢、脆弱，握有大量现金的跨国公司，无论从追求效率还是追求市场，都更青睐经济快速增长的新兴经济体。当然，发展中国家在地区和国别之间经济发展情况非常不平衡，例如，流入非洲和一些欠发达国家的投资在减少。因此，全球跨国投资活动未来可能主要向亚太地区和新兴经济体转移。

跨国投资是否仍然是全球经济发展的重要动力。过去 30 年里，跨国公司一直被视为经济全球化的主导力量。这些在资金、技术、人力资源方面具有优势的企业，在全球范围内配置资源，组织国际生产和销售，在最有效率的国家和地区建立分支机构，形成全球生产的供应链和销售网络。尽管席卷全球的金融海啸对跨国公司的投资和经营活动构成巨大冲击，但实体经济恢复远比金融市场来得快。跨国公司是全球生产和贸易增长最大的受益者，据联合国贸发会议估计，2010 年，跨国公司在全球的分支机构的销售额和增加值分别达到 33 万亿美元和 7 万亿美元。跨国公司出口额超过 6 万亿美元，大约占全球出口额的 1/3。跨国公司在国内外创造的增加值接近 16 万亿美元，大约相当于全球 GDP 的 1/4②。由于跨国公司的很大一部分利润来自海外分支机构，它们扩大对外投资包括利用分支机构利润再投资的愿望强烈。中国欧盟商会最近的调查也表明，20% 左右的在华企业获取的利润占母公司全球收入的 25% 以上（见图 8）③。因此，尽管在本国和东道国存在反全球化的声音，但资本追求利润的冲动仍然促使跨国公司继续向外扩张（见图 9）。

---

① UNCTAD：《World Investment Report，2011》.

② UNCTAD：《World Investment Report，2011》.

③ 中国欧盟商会：《商业信心调查，2011》。

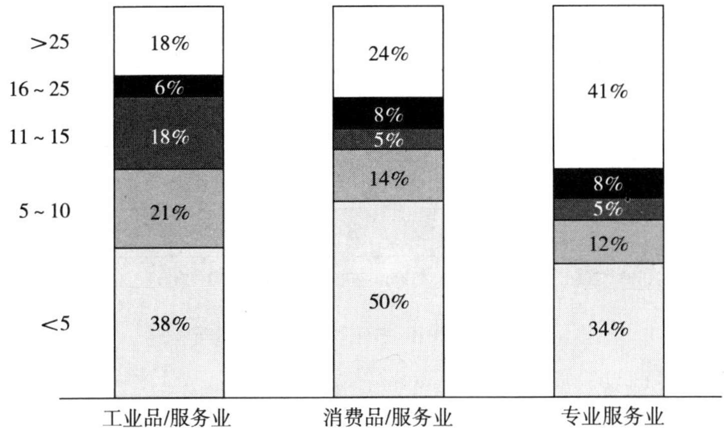

图8 2010年按行业划分在华利润的贡献（%）

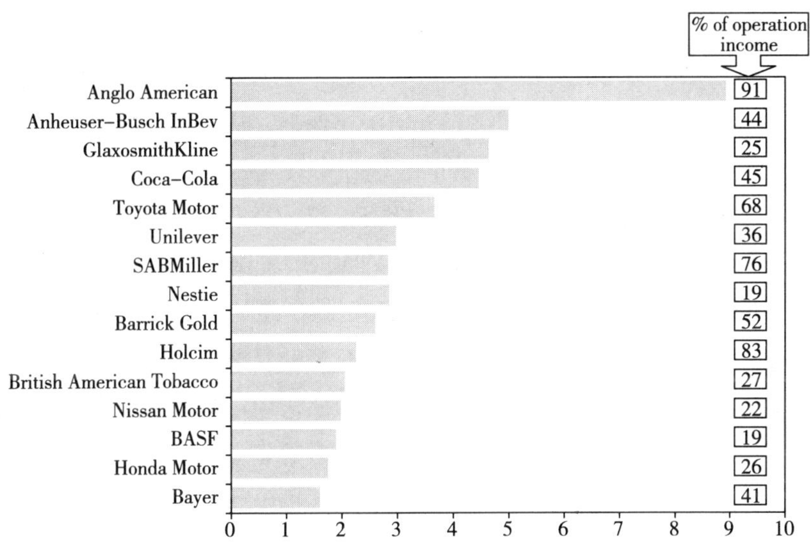

图9 全球最大的跨国公司从发展中国家获取的经营利润

（10亿美元，占全部利润的%）

资料来源：UNCTAD：World Investment Report，2011.

跨国投资的政策环境趋于改善还是恶化。尽管全球金融危机爆发后投资保护主义有所抬头，但据联合国贸发会议统计，各国新公布的政策，对外资实行开放和促进的仍然占多数，对外资加强约束和限制的占32%（见图10）。

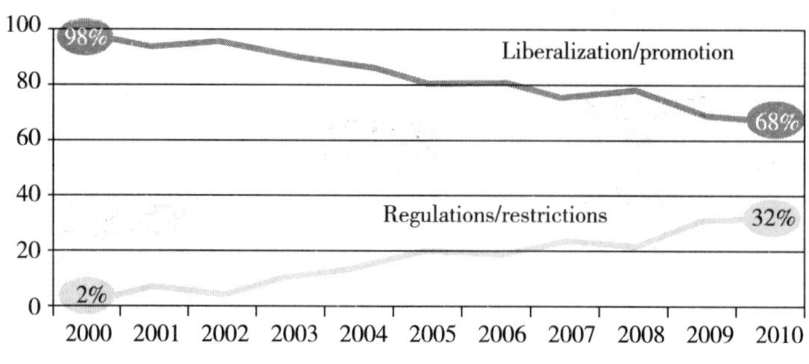

图 10　2000～2010 年各国有关规制的变化①

资料来源：UNCTAD，Investment Policy Monitor database.

WTO 框架下的《服务贸易总协定》、《与贸易有关的投资措施协议》曾经对促进跨国投资发挥了积极的作用。但进入本世纪以来，多哈回合谈判停滞不前，各国越来越多地通过双边或区域的投资协议来促进、保护跨国投资。协议通过双方相互给予投资者国民待遇、最惠国待遇和投资公平公正待遇，提高投资相关法律法规的透明度，为双方投资者创造一个自由、便利、透明及公平的投资环境，并为双方的投资者提供充分的法律保护，从而进一步促进双方投资便利化和逐步自由化。

至今全球已经有接近 6100 个国际投资协议，而且，数量还会继续增加。据联合国贸发会议估计，地区经济集团、FTA，以及国际投资协议覆盖的跨国投资存量占全球存量的 68%②。如同双边和区域贸易协议一样，众多的国际投资协议到底会促进跨国投资，还是可能造成政策的复杂、扭曲，对投资产生消极作用，学者们争论不休。然而，政治家必须面对周边国家投资协议可能产生的排他影响，由此形成了国际投资协议越来越多的多米诺效应。

东道国吸引外资政策与产业政策之间的关系也是国际投资环境中的重要问题。东道国一般愿意根据本国的经济发展战略、产业升级、地区发展政策，有选择地引进投资，制定鼓励或限制外国投资的准入、经营以及优惠政策。在双边或区域 FTA、投资协议谈判中，东道国也会在市场准入问题上贯彻产业政策，要求对某些产业实行例外。

总体上看，尽管存在反全球化倾向，但跨国投资仍然是各国竞争的重要对

① UNCTAD：《World Investment Report，2011》.

② UNCTAD：《World Investment Report，2011》.

象，未来5~10年，流入发展中国家特别是新兴经济体的资金有可能增加，新兴经济体也会成为对外投资新的来源。各国的跨国投资政策，包括国际政策和国内政策，对国际资本的流向具有重要影响。

四、中国能否保持吸引国际投资的优势

当前，中国在吸引外国直接投资方面确实面临一些挑战。劳动力过剩的情况正在改变，劳动力成本上涨是长期趋势。中国作为全球低成本加工制造中心的吸引力大不如前。中国政府希望引导外资更多地投向高技术产业、现代服务业，通过产业结构升级来推动比较优势的提升。在吸引外资的政策逐步转向中性的情况下，我国是否对跨国公司仍然具有吸引力？根据国务院发展研究中心对外经济研究部的调查，答案应该是肯定的。

首先，劳动生产率提高有可能快于成本上升。尽管中国的要素成本上涨很快，但劳动生产率提高同样快。据国务院发展研究中心专家测算，2005~2010年出口价格指数上涨了7.1个百分点，其中，中间生产成本贡献9.7个百分点，劳动力成本贡献6.7个百分点，利润率贡献2.7个百分点，但广义技术进步贡献-12.1个百分点，不仅消化了劳动力成本的上涨，还部分抵消了中间生产成本，而中间品成本本来可以在跨国公司内部消化（任泽平）。随着中国产业结构和技术升级，未来中国的劳动生产率仍会以较快速度上升。而且，中国巨大的规模效应、完善的基础设施和配套能力、较高的行政效率和“亲商型”的经营环境，是很多发展中国家所不能比拟的。另外，中国地区差异非常大，尽管东部沿海地区成本上升很快，但广大内陆地区各种要素成本仍然较低，可以成为新的加工制造基地。很多有远见的外国投资者已经开始把生产能力转向内陆地区。

其次，服务中国本地市场已经成为跨国公司的首要目标。随着中国经济持续快速地发展，庞大的国内市场的吸引力日益凸现，越来越多的跨国公司把中国作为一个目标市场进行投资，而不仅仅是高效率的加工制造基地。根据国务院发展研究中心对外经济研究部于2009年进行的跨国公司在华投资企业问卷调查结果，受访企业打分最高的前五个因素依次是“国内市场潜力”、“完备的基础设施”、“劳动力成本”、“外资准入程度”和“产业集群与配套能力”。

市场吸引力已经成为中国吸引跨国公司的首要因素。这与中国美国、中国欧盟、日本贸易振兴机构的类似调查相吻合①。

第三，跨境直接投资的新趋势与中国经济结构和政策调整的方向高度一致。近年来，国际产业转移和国际分工形式呈现出向高端化发展的趋势。在制造业领域，产业转移和生产外包继续沿价值链梯度进行，其中高技术产业的劳动密集型环节加速向外转移。在服务业，受技术进步和贸易自由化的影响，服务当中的可贸易环节越来越多，服务外包迅速发展，成为新世纪以来国际产业转移重要内容之一。而近年来研发活动的全球化成为国际产业转移的新特点。跨国公司纷纷在其他国家建立研发中心，通过争夺和利用当地人才和资源，直接为本土市场和全球战略服务，使产业转移进一步向价值链高端延伸。

表2　2010年 在华外商投资企业仍然看好中国市场②

占接受调查企业的比例（%）	美国企业	欧盟企业	日本企业
中国经济发展前景乐观	88	79	80
服务中国市场为战略目标	61	61	90
盈利增加	63	66	是
大规模增加对中国的投资	55	59	是

不过，跨国公司在华投资企业对中国投资环境负面评价，除了成本上升外，还包括：在市场准入和经营方面仍然存在歧视；透明度和可预见性不够，特别是法规出台前征求意见时间短、政策与法律执行不力；本地融资困难；劳动力素质有待提高；知识产权保护需加强等。这表明，我国要继续保持对外商投资的吸引力，还需要进一步推进相关领域的改革。

① 根据中国美国商会：《2011年白皮书》，中国欧盟商会：《2011年商业信心调查》，日本贸易振兴机构：《日本企业对华投资》中数据编辑。

② 根据中国美国商会：《2011年白皮书》，中国欧盟商会：《2011年商业信心调查》，日本贸易振兴机构：《日本企业对华投资》中数据编辑。

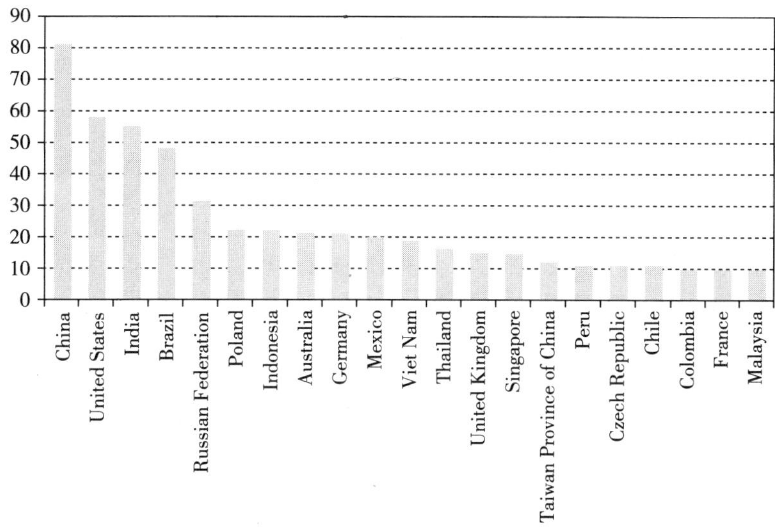

图 11　2011 ~ 2013 年对外商直接投资最具吸引力的经济体

资料来源：UNCTAD, forthcoming a.

五、未来我国利用外商直接投资的政策取向

自我国实行吸收外商直接投资政策以来，围绕吸收外资一直存在争论。这些争论在一定程度上反映了不同利益集团的声音，以及政府不同部门在利用外资问题上不同的政策取向。不过，利用外资作为我国对外开放的重要内容，中央政府的基本方针政策不会改变。

对外开放是中国经济发展必须长期坚持的政策。经过 30 年的改革开放，“中国的发展离不开世界”，“闭关锁国”必然导致经济落后，必然挨打。这些观念已经深入人心，因为老百姓从改革开放中得到了实惠。在 20 世纪 80 年代，邓小平就曾指出：“对内经济搞活，对外经济开放，这不是短期的政策，是个长期的政策，最少五十年到七十年不会变。为什么呢？因为我们第一步是实现翻两番，需要二十年，还有第二步，需要三十年到五十年，恐怕是要五十年，接近发达国家的水平。两步加起来，正好五十年至七十年。到那时，更不会改变，即使是变，也只能变得更加开放。否则，我们自己的人民也不会同意。”

我国 GDP 总量虽然已经位居全球第二，但人均收入、产业竞争力、技术

水平、体制完备程度、资源配置效率与发达国家相比，仍然存在很大差距。扩大内需与开发国内市场的战略不是改变了对外开放战略，相反，要求我们深化体制改革，更加有效地利用国际国内市场和资源。

对外开放有利于市场经济体制的完善。20 世纪 90 年代中期，我国在加入世界贸易组织问题上也存在争论，但决策者最终的判断是，“我国加入世贸组织有利有弊，但总体符合我国的根本利益和长远利益”，“加入世贸组织是我国改革开放和经济发展的自身需要”，“将进一步加强我国与世界各国各地区经贸联系，为我国的对外开放扩展新的空间，将有助于推进我国社会主义市场经济体制的完善，为国民经济持续快速健康发展注入新的活力，与我国改革开放和建立社会主义市场经济体制的目标是相一致的”①。实践证明，过去 10 年，我国履行加入世界贸易组织所做出的承诺，成为经济发展和改革开放的主要动力。

“十二五”规划开始强调“走出去”和“引进来”并重。规划纲要关于对外开放的表述是，“适应我国对外开放由出口和吸收外资为主转向进口和出口、吸收外资和对外投资并重的新形势，必须实行更加积极主动的开放战略，不断拓展新的开放领域和空间，扩大和深化同各方利益的汇合点，完善更加适应发展开放型经济要求的体制机制，有效防范风险，以开放促发展、促改革、促创新”。

“十二五规划”对外商直接投资的导向是：“优化结构，引导外资更多投向现代农业、高新技术、先进制造、节能环保、新能源、现代服务业等领域，鼓励投向中西部地区。丰富方式，鼓励外资以参股、并购等方式参与境内企业兼并重组，促进外资股权投资和创业投资发展。引进海外高层次人才和先进技术，鼓励外资企业在华设立研发中心，借鉴国际先进管理理念、制度、经验，积极融入全球创新体系。优化投资软环境，保护投资者合法权益。做好外资并购安全审查。”这表明，政府意识到，在实现经济结构升级和工业现代化的进程中，仍然需要利用外资的技术、管理和经验。

更加开放的利用外资政策有利于推动改革和实现资金的有效配置。有人认为我国已经积累了 32000 亿美元的外汇储备，没有必要再大量吸引外资。在工

① 人民日报：《中国改革开放进程中具有历史意义的一件大事》，2001 年 11 月 11 日。

业化、城市化高速发展阶段出现流动性过剩的现象确实不正常。表面上看，这是国家收支长期顺差的结果。深入分析，是体制改革停滞，造成投融资渠道不畅，资金配置不合理，利用效率不高。一方面，大量居民储蓄和外汇储备用不出去，另一方面，企业自有资金不足，企业特别是中小企业的贷款需求、个人消费贷款需求、社会保障资金缺口依然较大。

跨国投资是推动经济全球化的重要因素，国际直接投资（FDI）伴随着国际产业转移，搭载着技术、管理、人才、品牌、市场等要素，为在全球范围内优化资源配置带来机会，因此，越来越多的国家希望吸收更多的FDI，即使是资本大量输出的发达国家，也实行投资促进政策，吸引外来资本以提升和优化本国的产业结构。

对中国来说，重要的是实现储蓄向资本形成的转换，把外汇储备转化为合理的资本装备和高技术进口，转化为有效的对外投资，为长期发展创造基础。这又进而涉及到国内企业投资能力的提高和投融资机制的完善。由此，实行更加开放的利用外资政策，本身就是投融资体制改革的内容，引入竞争，有利于激活市场潜力，拓宽资金的出路。

我国投融资领域仍然有必要进一步深化改革开放。在过去10年里，我国投融资体制改革虽然简化了政府审批程序，但政府对企业的投资活动仍然干预过多，企业作为市场主体，投资自主权仍然没有完全落实。相关法规、政策修订滞后，不透明、不公平的问题仍然存在。这主要表现在以下几个方面。

首先，现行的投融资体制是根据2004年的文件建立的，政府核准的投资项目目录涵盖的范围几乎涉及所有基础设施、公共服务、基础产业，给国有大企业提供便利，对外商投资实行单独的产业指导目录，企业境外投资都需要核准。银行贷款与政府审批、核准、备案挂钩，企业投资自主权一直没有得到真正落实。

其次，2000年10月31日修改后的《中华人民共和国中外合资经营企业法》、《中华人民共和国中外合作经营企业法》、《中华人民共和国外资企业法》，不仅继续对所有外资企业实行审批制度，而且实施条例规定的审批内容广泛、具体，其中有些可能已经不适应全球跨国投资发展的趋势，不适应我国利用外资的新形势。例如，“国家鼓励举办产品出口企业”、“不需要国家调拨原材料，不影响能源、交通运输、外贸出口配额等全国综合平衡”等内容已经与我国的实际情况不符。

第三，我国法律规定“禁止或者限制设立外资企业的行业，按照国家指导外商投资方向的规定及外商投资产业指导目录执行”。然而，至今还没有一部可以统一适用于内外资的产业目录。这说明，我国给予外商投资企业什么样的国民待遇问题，实际上是我国政府有关部门对本地企业包括国有企业、民营企业的各门各类产业准入没有真正一视同仁，或者没有明确加以界定。这就是外资企业、民营企业反映的市场准入当中的“玻璃门”、“弹簧门”问题。另一方面，地方政府在招商引资的时候，又往往会给予外商投资企业一些优惠政策。这说明我国投融资管理体制仍然存在不透明、不公平的问题。

第四，我国对外商投资实行产业指导，仍然存在“进口替代”的倾向，市场饱和的行业往往列入限制投资的清单。实际上，我国很多产业、行业中的产能过剩问题不是因为竞争过度而是因为竞争不够充分。这与政府过分强调“有序竞争”、“产业安全”有直接关系。产能过剩、兼并重组搞不下去，往往是准入门槛高（包括中央和地方政府设置的种种限制）的行业，一些新兴行业投资一哄而上，背后往往有政府的推手。

第五，入世 10 年我国服务业开放有所进展，但在许多领域仍然存在竞争不充分的情况。我国服务业发展缓慢，服务贸易没有完成“十一五”规划，原因之一就是政府限制过多，不仅包括对外资的限制，也包括对国内投资特别是民营投资的限制。

第六，虽然政府文件写入“鼓励外资以参股、并购等方式参与境内企业兼并重组”，但现实中各级政府仍然偏好新建投资，吸引外资中 90% 以上是绿地投资。这一方面是因为我国在许多领域仍然存在发展空间，另一方面，对外资并购在法律、政策和舆论导向方面仍然存在障碍。

实行更加开放的外资政策面临着新的考验。随着入世“后过渡期”的结束，开放促改革的“入世效应”正在逐步衰减。另一方面，在应对入世过程中，一些部门步步为营，以法律法规的方式强化了自身的权利。经验告诉我们：改革的最大困难来自于既得利益产生的体制惰性。我国入世承诺为市场化改革设定了具体内容和时间底线，这就为克服由保守思想和既得利益产生的体制惰性提供了极其强大的动力。目前，我国的投融资体制和外资政策仍然面临来自外部压力的考验。

一是加入政府采购协议（GPA）的谈判。加入 GPA 谈判，是继加入 WTO 后，我国在对外经贸领域开展的又一项重大谈判，对我国经济社会发展将产生广泛和深远的影响。

GPA 是 WTO 框架下的一项诸边协议（不是加入 WTO 时必须签署的协议），由 WTO 成员自愿加入，只对签署方具有约束力。在入世文件中，中国承诺“尽快”加入《政府采购协议》，目前是该协议的观察员，已经启动加入 GPA 的谈判。2007 年、2010 年，中国分别提交了出价清单和修订后的出价清单，但在开始实施的期限、覆盖范围等问题上仍然与协议国之间存在很大的分歧。

政府采购是一个巨大的市场，据外国公司按照 OECD 对全球公共采购占本国 GDP 的平均比例测算，我国公共采购市场规模在 7 万亿元，占 GDP 的 20%。按照我国 2003 年颁布的《政府采购法》的定义是指各级国家机关、事业单位和团体组织，使用财政性资金采购依法制定的集中采购目录以内的或者采购限额标准以上的货物、工程和服务的行为。该法律约束的市场规模官方估计为 7000 亿元。外国公司认为，中国的《政府采购法》不适用国有企业利用公共资金开展的项目或提供的产品，如基础设施项目、公用事业行业的产品和服务供应，如交通、能源、电力、水资源、邮政和电信等。这些领域的市场至少占公共采购的 90%，其交易由 1999 年国家计委颁布的《招投标法》规范，在外国公司看来该法律的相关内容对外国公司更为苛刻。

大多数国家的政府采购都会对本国产品给予优惠待遇，我国一般认定在境内增值 50% 的产品为本国产品，只有当本国产品价格高于外国产品 20%，政府机构才可以购买外国产品，购买外国产品一般又按照中国企业控股、外资企业、进口的优先顺序。

尽管谈判尚未结束，但谈判的内容和进程已经对我国改革和完善政府采购体制产生推动作用。

二是对外商直接投资企业实行什么样的“国民待遇”。我国入世承诺“对外商投资企业逐步实行国民待遇”。但这一承诺是原则性的、单方面的，主要在服务贸易领域。尽管外商投资企业至今仍然抱怨，在经营范围和经营活动方面受到歧视，但对政府管理部门并不构成太大的压力。

世界贸易组织对国际投资方面的规制十分有限，多哈回合谈判旷日持久，即便达成协议，在投资自由化领域也难以突破。近年来，在国际经济合作中最引人注目的动向之一，是区域性或双边自由贸易协定（FTA）的发展。其内容已不单是贸易自由化方面的安排，而是包括贸易、投资、服务、劳动、环境、竞争等诸多因素在内的综合性制度安排。其中，投资自由化是重要内容之一。此外，如前所述，双边和区域的投资协议覆盖的跨国投资存量占全球存量的68%，而且这一趋势还在继续。

国际上大多数投资协议均规定了国民待遇，但各国根据自己的国情，对国民待遇的适用范围采取了不同的规定。主要可分为准入后（post - establishment）国民待遇和准入前（pre - establishment）国民待遇两大类。有限的准入前国民待遇，东道国对于自由化的程度和步伐以及准入的条件仍保留着某种程度的控制权。例如，“肯定式清单”（positive list）方法。除非经东道国特别同意，其产业和活动在准入前阶段不适用国民待遇。全面的准入前国民待遇，即除通过“否定式清单”（negative list）方式来保护某些产业及活动外，在准入阶段给予国民待遇的承诺原则上扩及所有的外国投资者。这种方法在相当程度上限制了东道国控制外资准入裁量权①。

我国法律对外资准入的国民待遇未做承诺。相反，我国以“产业目录”的方式，对限制或禁止外资进入的产业领域做出了规定。我国已经签订双边投资协议、FTA 协议中有关投资协议，国民待遇仅限于准入后的经营活动。

目前，我国正在与日本、韩国谈判投资协议。由于 2002 年日本与韩国间签订的双边投资协定，相互给予另一方投资者及其投资以不低于其本国投资者及其投资在类似情况下所享有的待遇。同时，日、韩协定列出不适用于国民待遇的行业以及相关措施的清单（否定式清单）②。在中日韩投资协议谈判中我方面临的压力可想而知。未来，我国在与其他国家谈判 FTA 和双边投资协议时，类似的情况仍然存在。

这涉及我国相关法律的修订和投资体制的改革。跨境投资的自由化对我国经济体制改革的要求远比加入世界贸易组织更高。如果我国在国际投资协议、自贸区协议中能够与协议方相互承诺给予对方企业投资（无论是准入前还是准入后）国民待遇，无疑将大大推动投融资体制的透明和公平，同时能够为

---

①② 余劲松：“中国发展过程中的外资准入阶段国民待遇问题”，《法学家》，2004 年第 6 期。

我国企业境外投资争取到公平竞争的条件。相反，如果我国在国际投资自由化问题上长期止步不前，有可能在区域经济一体化进程中被边缘化。

我国正处于工业化和工业现代化的高速发展阶段，从长远观点看，投资无论是国内投资还是跨国投资，都是经济发展、产业结构升级和技术进步最重要、最活跃的因素。政府对投资的管理和引导应该更多地采取中性政策，即对各种投资主体赋予自主权，采取一视同仁的政策。除了保护国家经济安全、反垄断等需要外，应该尽量减少对企业投资活动的干预。国际投资自由化对深化我国经济体制改革提出了更高的要求，我国应该认真总结入世 10 年利用外商直接投资领域的成功经验，正视投融资体制和利用外资政策存在的问题，继续利用改革开放这一利器，实施“引进来和走出去”比重的战略，保持经济长期发展的活力。

参考文献

[1] 人民银行．国际金融市场报告

[2] 国家发展和改革委员会．利用外资“十一五”规划

[3] 张小济，隆国强．外商投资与自主创新：政策与案例．北京：对外经济贸易大学出版社．2011

[4] 刘建丽，王欣．我国利用外资“十一五”回顾与“十二五”展望．财贸经济，2010（11）

[5] 余劲松．中国发展过程中的外资准入阶段国民待遇问题．法学家，2004（6）

[6] 中国欧盟商会．商业信心调查，2011

[7] 中国美国商会．2011 年白皮书

[8] UNCTAD. World Investment Report，2011

[9] WTO，ILO. Making Globalization Socially Sustainable，2011

[10] Mihir A. Desai. Securing Jobs or the New Protectionism?：Taxing the Overseas Activities of Multinational Firms. Harvard University and NBER，2009

[11] David M. Marchick，Matthew J. Slaughter. Global FDI Policy. COUNCIL ON FOREIGN RELATIONS，2008

加入世界贸易组织与中国企业对外投资

◎ 张燕生

当年，我国把加入 WTO 作为积极参与经济全球化，融入世界经济体系的一项重大战略决策。10 年后，我们听到最多的一句话是中国企业通过对外投资运用全球市场机制实现产品价值链的全球配置，全球化和国际化开始融入了中国。从中国申请加入 WTO 的 15 年，加入后的 10 年到未来 10 年，加入 WTO 对企业对外投资产生了什么影响，是本报告讨论的重点。

一、加入 WTO 对中国到底意味着什么

这里需要回答三个问题，一是当年加入 WTO，说得最多的是“狼来了”，然而，中国市场的大门打开了，为什么预想的“狼冲击”却没有到来？是加入 WTO 扩大开放对中国企业没有产生预想的冲击，还是开放的冲击被提前释放了。二是加入 WTO 后的 10 年，中国经济和社会面貌发生了巨大变化，这个发展业绩是怎么得来的？三是加入 WTO 对中国的冲击是过去 10 年更大还是未来 10 年更大呢？当年认为是弱势产业的农业、银行、汽车等，经受住了过去 10 年的冲击，那么，能否经受住未来 10 年的冲击呢？

1. 加入 WTO 以来中国经济和社会发展情况

加入 WTO 后的 10 年，中国的进步和变化是有目共睹的。从 2002 到 2010 年，GDP 从 12 万亿增加到 39.8 万亿，年均增速 10.7%；出口从 3256 亿美元

张燕生，国家发展和改革委员会学术委员会秘书长、研究员。

增加到 15779 亿美元，年均增速 22. 9%；实际利用外资从 535 亿美元增加到 1057 亿美元，年均增速 9. 8%。我国对外直接投资的规模从 2005 年的 122. 6 亿美元增加到 2010 年的 678 亿美元，年均增长 40. 8%。

未来的 10 年，WTO 对中国经济的影响将显著大于过去的 10 年，依然是福祸相依。不仅要求中国更好地履行 WTO 现有规则和承诺，而且要求中国承担进一步开放和扩大进口的大国责任。这将对中国未来发展的外部环境和规则、体制和战略调整带来新的挑战。应对挑战，取决于中国能否实现从“摸石头过河”向基于规则行事的模式转变；从政府推动经济建设向提供公共服务和完善法治的功能转变；从经济管制向让市场竞争机制起作用和保护企业家及创新精神转变；从“让少数人富起来”向“共同富裕”的战略转变；从“顺周期调节”的本国责任向“逆周期调节”的大国责任的角色转变；从低成本竞争优势向高增值竞争优势的结构转变。推动这些转变对扩大中国企业对外投资具有重要的基础性支撑作用。

2. 加入 WTO 的战略决策与当时对所处国际环境的两个重要判断

一是经济全球化是我国经济发展的重大战略机遇期。经济全球化是各国经济和社会越来越开放和市场化的趋势[①]。它往往会伴随着开放所带来的竞争压力，催生了世界性科技革命成果扩散所带来的学习效应，带来了有利于发挥后发优势的趋同效应。在世界历史上，经济全球化往往是后进国家实现“弯道超车”的最佳时机，也是加速发展的重要战略机遇期。

如美国和德国就是把握住 1870 ~ 1913 年人类历史上第一次经济全球化的重大机遇由弱而强。同时，英国则由于忙于海外扩张而忽视投资第二次产业革命的契机而由盛而衰。日本和东亚“四小龙”也是把握住 1950 ~ 1973 年贸易和投资自由化的重大机遇而快速崛起，创造了“东亚奇迹”。而绝大多数发展

---

① 经济全球化更多地被描述为经济和贸易自由化、一体化和相互依赖的世界趋势。首先，全球化是自由贸易或贸易投资自由化蓬勃发展的时期，如 1866 年欧洲国家推动的大幅削减关税和取消非关税措施等开放措施，1950 年以后 GATT/WTO 推动的贸易自由化等。其次，全球化往往伴随着与开放相适应的国际货币体系，如 1870 年的国际金本位制，1944 年的布雷顿森林体系等。再次，全球化往往伴随着运输和通讯科技革命，如 19 世纪后期的第二次产业革命带来的内燃机、汽车和电报、电话等，1950 年发展的汽车、远洋运输、飞机等的发展，20 世纪 90 年代以来的 IT 革命以及综合物流和供应链管理革命等。

中国家都选择了进口替代工业化发展战略，坐失了外部环境有利于开放和发展的历史良机。20 世纪 90 年代以来，世界经济再次进入现代全球化的快车道。中国能否把握住这个新的重要战略机遇期，事关复兴之大业。

二是经济全球化还往往是各种复杂矛盾和风险的凸现期。如 1870～1913 年经济全球化的终结源于新老列强之间的矛盾激化，最终引爆了两次世界大战。1950～1973 年世界贸易和投资自由化浪潮的终结也源于资本主义世界生产体系内在矛盾的激化，最终导致了布雷顿森林体系破产、两次石油危机以及“滞胀”的困境。这次现代经济全球化目前正走在一个十字路口。是坚持多边的开放主义和市场配置资源的基本原则，还是进入排他性的集团化、区域化和集团化及贸易保护主义？是坚持世界和平与发展，还是回到战争、恐怖主义和大国之间冲突激化？是坚持 WTO、IMF、UN、WB 等国际治理框架，还是超越 WTO 搞单边主义？

当今世界进入了福祸相依的“地球村”时代，却没有建立起与之相一致的合理有效的全球治理机制。贸易和投资全球化建立了全球生产体系，同时也带来全球经济失衡。金融全球化带来全球金融市场一体化，同时也带来金融货币特权滥用及国际金融危机。科技全球化加速了世界科技革命及扩散，同时也带来网络社会自由化、黑客和有毒程序全球化。价值观冲突激烈化。金融创新、云计算、自然灾害等对经济全球化的影响是“双韧剑”。如日本大地震和泰国洪水就导致一些日本电子产品供货中断及通用公司欧美工厂的停产①。

3. 加入 WTO 对中国的影响是福祸相依推动与国际通行规则接轨进程

10 年前，我国加入 WTO 可能承受的利弊影响以及应对之策国内外都有过大量研究②。

① 同样，移动电话和互联网的迅猛发展，在大大改变人们的生产和生活方式的同时，也会由于技术标准一体化和同质化，增大了非传统安全风险。地震、海啸、核扩散、局部战争等不可预见性风险也同样迅速影响到全球，然而国际社会对日本大地震所表现出来的“一家有难，大家支援”的互助精神，也传递出“地球村”积极向上的信息。

② 当时我和丛亮曾共同完成了一篇上级部门交办的对加入 WTO 利弊影响评估的内部报告。当时是按照 GDP 的创造和转移效应、就业的创造和转移效应、国际收支的创造和转移效应、主要产业增加值的创造和转移效应展开了实证分析。结论是综合的创造效应显著大于转移效应，该报告受到有关方面的重视并上报。

中国加入WTO大大加快了体制机制与国际通行规则接轨的进程。一是加快了我国企业“干中学”进程，缩小了我国与世界知识积累和技术进步的差距，开了十三亿中国人发展市场经济、国际化和现代化的“窍”。二是推进了市场经济体制的不断完善和规范。从1986年正式提出加入GATT/WTO的申请到2001年12月正式加入的15年，我国经济体制与国际通行规则接轨的过程显著加快。三是促进中国经济与世界经济的相互融合与互动。2001年美国IT泡沫破灭直接导致当年全球直接投资大幅下跌了53%，这个跌势一直持续到2004年。然而，全球投资者看好加入WTO后的中国经济前景，对华直接投资大幅增加，使当时的中国经济成为拉动世界经济增长的重要引擎之一。

“狼来了”是当年加入WTO最担心的事。当时担心我国弱势产业很难承受外来竞争压力的冲击，如农业、汽车、金融服务业等行业；担心加入WTO后可能造成我国大面积的企业破产、转产、停产，工人大量失业进而激化社会矛盾；担心世界大跨国公司的大量进入可能形成对国内资源、市场、技术和产业的全面控制、成长压制；担心国内有限的高端人才将大量流失。然而，事实证明我国的弱势产业并非不堪一击，农业、汽车、金融服务业等行业在过去10年不仅没有出现预期的破产潮，反而是赢得了更广阔的发展空间。我国政治、经济、社会、文化等各方面的发展都上了一个大台阶。我国成功地跨越了低收入陷阱，成为世界第二经济大国和第一出口大国。

4. WTO是外部规则压力，从“摸石头过河”向“基于规则行事”转变才是根本

当年对于加入WTO之后取得如此显著的发展业绩的主因，在我们内部曾有过一个争论，怎么看待加入WTO开放与改革之间的互动关系呢？我们的一项研究说明①，加入WTO以前（1994年为基期），我国的贸易自由化程度就明显高于日本，略低于美国。所以，在加入WTO之前，我国对外贸易的实际开放程度就远高于名义值。因此，加入后并没有出现人们普遍预期的“狼吃羊”剧烈外部冲击的场景。其原因之一是开放效应在加入WTO之前就已经预先释放了。那么，为什么加入WTO后会带来如此显著的经济和社会进步呢？

① Zhang Shuguang, Zhang Yansheng, Wang Zhongxin,《Measuring the Costs of Protection in China》, Institute for International Economics, Washington, DC, November 1998.

主因是在扩大对外开放基础上，申请加入 WTO 的 15 年是按照国际通行规则逐步深化体制改革和战略调整的过程。如汽车行业在加入 WTO 后扩大了对内市场准入，诞生了一批新生的自主品牌汽车企业，如奇瑞、吉利、比亚迪、长城等。与此同时，广汽、上汽等合资品牌在更开放和市场化环境中开始探索自主品牌的发展道路。这是加入 WTO 所带来的可喜变化。

但从中国内地与港澳签订的 CEPA 实践评估结果来看，始终解决不了“大门打开、小门不开”的问题，其瓶颈主要在两地之间市场化和国际化发展差距大，规则和标准不对接，政府作用不同而带来的。长期以来，中央政府支持港澳长期繁荣稳定的大政方针从来都没有改变过，接连出台积极推动两地之间货物贸易零关税、服务业市场准入、贸易和投资便利化的开放措施，但评估的结果并不完全令人满意，原因之一是整体的改革措施没有跟上。今后，两岸四地合作首先要把 CEPA 和 ECFA 建成高标准的 FTA，其中最关键的环节是推进市场化规则与国际进一步接轨。因此，开放促改革与发展，与改革深化开放和发展之间是一种互动关系。前者是外因，后者是内因，内因变化不能仅依靠外因施加压力，而应内外联动互动。

5. WTO 对中国的真正冲击将发生在未来 10 年，中国做好准备了吗

在当时（加入 WTO 之前），我们内部还有另一项争论，即 WTO 带来的真正挑战和冲击可能发生在过渡期内还是过渡期结束后。事实上，由于长期准备、积极应对和全民参与，加入 WTO 后我国经济保持了快速增长。2001 年以来 GDP 保持了 10.7% 左右的增速，其中在“十一五”期间保持了 11.2% 的年均增速，然而，真正的国际挑战和外部冲击将来自于经济全球化内在矛盾，来自于中国经济与世界经济未来关系，来自于“中等收入陷阱”的应对体制、战略和结构。这说明，中国体制机制、战略和结构的改革和调整一步都不能停，否则，最终会陷入全球化的矛盾和风险陷阱之中。

一是“未来仍是可以大有作为的重要战略机遇期”，但大国之间的动态博弈和对抗的概率明显上升。当前，中美之间的竞合关系更像新一轮 WTO 冲击中的“与狼共舞”。如 2009 年以来美国高调推动 TPP（跨太平洋战略经济伙伴关系协定），企图主导亚太和东亚经济一体化进程。又如美国近来针对中国国有企业的影响力而制定的“竞争中性”原则，即“限制政府利用优惠待遇补

贴国有企业战胜私人企业的能力”多边化。再如美国针对中国汇率操纵提出的“汇率法案”，一旦变成法律将会引发贸易战[①]，等等。美全国商会会长多诺霍说，“世界三大引擎要合作不要对抗，否则都是输家”[②]。大国之间的较量主要在规则、战略和责任、资讯上，中国如何赢得未来10年发展的重要战略机遇期，既是机遇也是挑战。

二是“发展仍是解决所有问题的关键”，但过去成功的发展模式已经不能再继续下去了。首先，外向型模式不能再继续下去了。即使是前30年证明出口导向和招商引资双轮驱动的外向型经济是成功的发展战略，但它毕竟是小国战略。未来的调整方向是实施扩大内需战略与经济国际化战略互动。其次，不平衡战略不能再继续下去了。从“先让少数人富起来”，走向实现“共同富裕”；从先让东部沿海地区率先基本实现现代化，走向顾及中西部发展的另一个大局，实现东中西区域协调发展；从先让经济建设率先搞上去，走向经济建设、社会发展和生态环境保护之间的协调发展。意味着前30年不平衡发展的钟摆是偏向效率，未来将实现公平与效率在更高层次上的统筹协调和平衡。再次，政府作为经济建设的主要推手的模式也不能再继续下去了。政府职能从经济建设为中心回归到公共服务、法治和基于规则行事的体制基础上来。然而，市场经济中形成的特殊利益机制严重阻碍着深层次改革。

三是建立趋于平衡的国际收支机制。当年，我们没有预见到加入WTO后迅速增加的经常项目顺差和外储余额，形成了巨量贬值的对外金融资产和升值的对外金融负债所导致的系统性风险；没有预见到亚洲金融危机和美国金融危机两次大的外来突发性事件改变了中国资本项目开放、人民币汇率市场化改革、金融市场化改革进程；没有预见到国民收入初次分配结构持续恶化的局面。未来的10年，完成上述三大方面的调整是一个复杂的系统工程，如何做到趋福避祸、化弊为利呢？中国企业对外投资就是其中一个重要选项。企业把产品价值链扩展到境外，最有效地利用世界具有比较优势和竞争优势的人才和经济要素，加快推进中国人才国际化、资本国际化、产业国际化、市场国际化

① 国家发展和改革委员会宏观经济研究院对外经济研究所张哲人初步模拟了中美贸易战的长期动态影响，如假定美国开征10%的进口附加税，在今后若干年内将使中国减少1244万就业，美国减少181万就业。

② 多诺霍，中美工商领袖与前高官对话会上的发言，2011年11月16日。

进程，提升企业国际竞争力。

二、中国企业对外投资及政策导向变化

1. “走出去”与企业对外投资

2001 年，中国在“十五”首次提出了“走出去”战略，开始了由“引进来”向“走出去”的战略转变。2011 年，“十二五”规划提出了加快实施“走出去”战略。这反映中国对外开放从鼓励出口和“引进来”，进入到出口和进口并重、“引进来”和“走出去”并重的新阶段。企业对外投资的重点从“十五”时期发展境外加工贸易和合作开发国内短缺资源；转变到“十一五”时期促进原产地多元化和参与境外基础设施；再到“十二五”时期创建国际化营销网络、品牌，重视当地民生和履行社会责任。

在过去的 30 年，中国“引进来”的重点经历了从“引资本”、“引智力”再到“引制度”的目标模式变迁。而“走出去”对外投资，企业面对着一系列新情况和新问题需要研究解决。如重点是资本“走出去”、劳动力“走出去”还是技术“走出去”？换回来的是能源和资源、市场和渠道还是长期合作伙伴？企业对外投资的模式是“逐利型”的、“共享型”的还是“绿色型”的？这涉及到 WTO 给未来中国带来的一个真正的挑战，即我们用什么模式融入世界和世界用什么方式融入中国。这既事关科学发展和发展方式转变的大局，也涉及中国从世界大国走向强国的战略转变。

2. 中国企业对外投资的发展历程

1979 年 8 月，国务院提出了“出国办企业”，第一次把鼓励中国企业对外投资作为国家政策。但在 90 年代中期以前，由于中国经济始终面对着外汇短缺和资本短缺的约束，企业对外投资的规模和项目数量很有限。但一些有条件的企业开始率先探索对外投资。其中，家电行业，如海尔，开始了对外投资进入美日欧市场的“三步走”战略，即投资进入当地主流产品领域，投资进入当地主流渠道，并成为当地品牌和名牌。通讯行业，如华为，开始了“农村包围城市”的对外投资战略，即从发展中国家市场和中低端市场投资起步，

逐步投资进入发达国家市场和中高端市场。

2001 年 12 月中国加入 WTO 以来，随着我国住宅、汽车、通讯等领域的消费需求持续高涨，带动了重化、装备、建材等产业的发展，进而拉动能源和资源进口和对外投资的快速增长，形成了中国企业对外投资的新一轮热潮。在“十一五”期间，中国境外直接投资（含金融）总计 2200 亿美元，是“十五”的 7 倍多，年均增长 40.8%；对外工程承包和劳务合作分别累计 2971 亿和 380 亿美元，是“十五”的 4 倍和 2 倍多，年均增长率分别是 33.4% 和 13.2%。2010 年，我国对外直接投资累计已过 3000 亿美元，在 177 个国家（地区）设立境外企业 1.3 万家；对外工程承包和劳务合作累计完成营业额 5092 亿美元，累计派出各类劳务人员 543 万人。

3. 中国企业对外投资的主要类型

第一类是中国有明显比较优势并成功转化为竞争优势的企业。如家电、轻纺和成衣、食品加工和轻工业产品、一些质量价格比有明显优势的机电产品。企业对外投资把国内过剩的生产能力、原材料及零部件带到国外市场，形成跨国经营的供应链和产品增值链。

第二类是资本或资源密集型行业。由于国内需求增长强劲，带动中国企业对外投资建设境外能源和资源的长期供应地，如油气、矿产、木材及纸浆生产基地。这类项目建设不仅会涉及采掘、加工、运输、仓储、销售、融资等系统性投资问题；还会涉及国际政治、经济、技术和生态环境等因素。目前，中国企业对外投资主要在东南亚、非洲、拉美等地。

第三类是具有一定技术门槛、研发和创新能力的企业对外投资，如中兴通讯、华为、海尔、海信、联想、TCL 等企业。这些企业以国际竞争优势为基础，通过对外投资把产品增值链的关键环节，如资讯、研发和设计等环节，销售渠道、售后服务和全球维修体系，加工制造基地等实现全球配置。这些企业正在成长为中国的跨国公司集团。

第四类是从事银行、非银行金融机构、贸易、综合物流和供应链管理、分销和售后服务、资讯和咨询等服务型企业，通过对外投资实现跨境服务的“商业存在”。目前中国的商业银行、政策性银行、人民币离岸市场以及各种离岸贸易、运输、仓储、物流、电子商务等企业开始进入对外投资行列，正在涌现一批跨境服务的专业化跨国公司，为企业对外投资提供专业服务。

4. 中国企业对外投资的主要方式及全球投资趋势

企业对外直接投资主要有绿地投资和跨国并购两种形式。前者主要是新建投资，项目从征地、七通一平、盖厂房、安装设备、招聘工人和管理人员，到产供销、内外贸体系的建成。后者主要是通过收购和兼并境外股权实现的，企业通过股权并购实现全球强强联合，打造全球行业内的巨无霸。然而，全球范围内的跨国并购成功率很低。麦肯锡公司曾研究了 1990～1995 年的 150 起并购案例（个案金额都在 5 亿美元以上），发现并购后管理不善、交流沟通不够、留不住骨干人员、组织调整失效、企业文化差异大，是导致并购失败的主因。世界上企业并购成功率约 34%。如日本企业曾大举进军美国，收购了美国洛克菲勒中心、哥伦比亚影业、7－11 连锁便利店等，在美国引起巨大恐慌。但是，20 年过去，日本企业的对外投资损失惨重。

全球直接投资增长的两个创纪录年份是 2000 年和 2007 年。2007 年全球直接投资总额达到 1.833 万亿美元，超过 2000 年 1.411 万亿美元的历史记录。其增长主因是跨国公司并购活动明显增多。2006 年全球 FDI 资本流入量 1.306 万亿美元，跨国并购额为 8800 亿美元。其中金融保险业成交额 1564 亿美元，增长 43.8%；电子通讯 1090 亿美元，增长 49.5%；矿业 604 亿美元，增长 4.4 倍。发展中国家的跨国并购成交额为 1595 亿美元，增长 71.9%。

联合国贸易和发展组织（UNCTAD）的《2010 年世界投资报告》显示，随着美国金融危机爆发，2009 年全球资本流入量降至 11140 亿美元，其中跨国并购仅 2500 亿美元，降幅达 34%，大于绿地投资 15% 的降幅。制造业跨境并购下降 77%，初级部门和服务业分别下降 47% 和 57%，其中金融并购额下降 87%。2009 年，发展中和转型中经济体 FDI 资本流入量降至 5480 亿美元，下降 27%。2000 至 2009 年，投资政策中的限制性措施比重从 2% 上升到 30%，投资自由化和促进措施从 98% 下降到 70%。

5. 案例：中国企业对印尼的投资和贸易是威胁还是机遇

2011 年，我和一批国际专家到印尼进行了调研。从调研情况看，印尼中央和地方政府、企业、社区和学者认为，中国与印尼之间的贸易和投资发展，对双边都是机遇。但也反映了以下意见：一是中国来印尼投资的激励，不能仅仅是为了利润，应增加对当地就业和税收的贡献，促进本地可持续发展和保护环境、社区文化和传统文化。二是与世行、亚行在印尼的投资项目相比，中国企业对外投资的环境和自然保护、社会责任的标准更低。一些按亚行标准环境和社会标准很难执行的项目，中国公司接手投资，如水坝项目。三是中国在印尼投资开发能源和资源的同时，能否帮助当地建一些医院、学校等社会公益项目，以争取当地公众的支持。四是中国投资的环境评价要有公众或社会团体代表参与，否则，当地政府同意，民众反对，会发生复杂的利益冲突。五是建议中国遵守现有的国际标准和认证体系，如国际采矿和金属协议（ICMM，FSC，MSC)、投资的赤道原则、国际木材贸易标准等。尤其在环境和社会标准较低的发展中国家，至少采用中国标准。

6. 案例：中国对委内瑞拉投资的领域和潜力①

2011 年，我还和另一批中国专家到委内瑞拉调研。一些中国石油和矿业专家认为，委内瑞拉具有建设数个世界级石油天然气化工基地的条件和能力。除石油之外，委内瑞拉还具有世界级的铁矿、铝土矿、金矿的资源条件，拥有比较丰富的煤炭资源。这将涉及到综合交通运输网络建设，如公路、铁路、港口、水运、航空、城市交通体系的发展；涉及火电水电开发、电网建设等电力基础设施投资建设；涉及其他非油产业发展等方面的全面合作。在这种情况下，我国对外投资既是企业和市场行为，也涉及到国家、企业和个人之间的合作；既要规避对外投资的市场风险，又要规避非经济风险，尤其是政治风险。

三、企业对外投资对改善国际收支状况的影响

1. 企业对外投资有利于改善中国对外金融资产结构

在中国 2010 年 4.13 万亿美元的对外金融资产中，直接投资（股权投资）的比重仅为 7.5%，外汇储备资产的比重高达 71%。与之相比，在全球三大生

---

① 此部分是刚刚完成的调研，资料尚不能公开。

产网络中，北美（美加墨）所持有的东业（东盟加中日韩）对外金融资产结构中，股权投资占70%以上，外汇储备资产约2%。而东亚所持有的北美对外金融资产结构中，股权投资仅占14%左右，外储高达40%以上。一般而言，所持有的外汇储备资产的资产收益率很低，如果购买10年期美国国债，不算通胀通缩损益和贬值升值损益，名义回报率仅3%左右。而在我国对外金融负债中，三资企业直接投资的比重占60%，其资产净收益率不仅远远高于我国外储资产收益率，而且平均高于外资企业在世界其他地方投资的平均收益率。因此，中国企业通过对外投资，不仅有利于微观效率改善，更有利于开放条件下宏观资源合理配置。

2. 多种对外投资形式相互配合和促进

中国企业对外投资的重要方向之一，就是通过进一步扩大对外直接投资的比重，促进资本组合多样化：①有条件的企业开始把产品价值链、供应链、资本链延伸扩展到境外，到海外建立加工组装基地；境外分销、售后服务和全球维修体系；全球综合物流和供应链管理体系；研发、设计及创新中心；境外能源和资源储备和供应保障体系等。②国家通过制定不同阶段对外金融投资、对外股权投资、对外战略性资源储备（流量换存量战略）的发展战略，逐步把中国企业对外投资调整到一个合理有效的水平和层次上来。③研究制定建立我国全球和区域生产体系的路线图和战略规划，培育一批具有国际竞争力的跨国公司集团，为通过对外投资创造新的出口需求潜力和网络提供必备的物质和技术条件。④鼓励政策性金融“走出去”带动中国企业对外投资，通过货币互换、人民币优惠贷款、出口信贷、对外人民币援助，如中国与委内瑞拉建立了总额为100亿美元和700亿人民币的中委大额融资基金以扩大两国的贸易往来。同时，研究建立中委货币互换协议和人民币作为委储备货币的可行性。利用人民币贷款，扩大中国技术设备、日用消费品和劳务出口。

3. 企业扩大对外投资将改变我国国际收支长期双顺差的局面

一是我国未来的贸易收支将趋于平衡，资本净流入将进一步收窄。首先，外商来华投资自2005年以来已经由外销为主转为内销为主，预计“十二五”末，外资企业的出口增速明显放慢和进口增速显著加快，进而加快贸易顺差趋于平衡的进程。其次，加工贸易自2007年以来对外转移的步伐已经显著加快，预计“十二五”末，随着中国成本快速上升，欧美企业回归本土及周边地区以及外销性产业对外转移加快，将进一步降低加工贸易在总贸易中的比重。再次，我国传统出口竞争优势下降的速率将明显快于新国际竞争优势形成的速率，预计“十二五”末，一般贸易的逆差将进一步扩大，对外投资带动出口原产地多元化等结构变化将加快贸易顺差趋于平衡的速度。第四，影响我国外汇储备余额变化的主要因素是短期资本流动，预计“十二五”末，人民币汇率弹性明显提高，资本流动的自由化程度显著提高，央行货币政策的独立性逐步增强，国际收支与国内经济之间的互动将趋于合理均衡水平，对外金融风险显著上升。

二是外经贸领域的激励导向将转向加快转变对外经济贸易增长方式上来。一方面，通过加快推进人才国际化、资本国际化、产业国际化、市场国际化进程，提升我国企业扩大对外投资的质量和效益；另一方面，通过统筹协调对外投资规划，带动进出口贸易方式转变，逐步实现原产地多元化、市场多元化和资产组合多元化的发展目标，改变长期困扰我国宏观经济的“双顺差”局面。

4. 企业对外投资将加快推动外汇储备结构的战略性调整

当前，我国外汇储备余额高达3.2万亿美元。其利在于增强信心①，其弊在于经济和社会福利损失。我们的一项研究成果认为（2007），中国外汇储备的合理规模应保持在6000亿~8000亿美元左右，多余的部分应逐步从央行资产负债表中剥离出来，按照“藏汇于民”的原则多元化管理和运用。除用于金融投资组合之外，更多地用于支持国内企业对外直接投资；加大战略性资源储备；扩大有利于加快转变经济发展方式的关键技术、设备和人才的进口；深化在岸、离岸、转口转运出口需求，促进国内结构调整等②。

然而，国际上始终存在着中国为什么不扩大进口，人民币为什么不升值，为什么愿意承受巨额贬值资产和升值负债所带来的福利净损失和系统性风险，

① 查尔斯·恩格尔认为，危机时，外储对维系信心和防范挤兑是重要保障，这是亚洲金融危机后，各国增加外储的主因。见“汇率政策”，《比较》，2010年第4期。

② 张燕生、张岸元、姚淑梅：“现阶段外汇储备的转化与投资策略研究”，《世界经济》，2007年7月。

甚至有可能成为“中国威胁论”的一种说辞。因此，通过扩大企业对外投资，既可以实现外汇储备资产合理多元化管理与使用，又可以创造多元化的出口需求，把境内供给和境外需求内生化在中国企业跨境资本链和产业增值链内部，是一个一举多得的战略举措。

在 1985 至 1995 年期间日美贸易摩擦及日元大幅度升值以后，日本是采取了通过资本输出建立了不受汇率波动影响的生产和贸易体系。如日本对美国的出口，70.8% 是通过在美国当地建立分公司的方式实现的，其中有 50% 是通过在美国投资建立销售性分公司的方式实现的。通过美国当地贸易代理的方式创造的出口需求只占 10.4%，通过日本综合商社的渠道创造的出口需求只占 7.6%。日本对中国的出口，60% 是通过在中国当地建立分公司的方式实现的，其中 35% 是通过在中国投资建立生产性分公司的方式实现的。通过中国当地贸易代理的方式创造的出口需求占 14.2%，通过日本综合商社的渠道创造的出口需求只占 13.5%。日本在中美投资之区分在于，在中国建立生产性分公司的方式创造出口需求的比重大于在美国的比重，这反映了日本对华中间产品出口比重较大，对美出口终端产品比重较大的结构特征①。

5. 企业对外投资与 FTA 建设

一是企业对外投资跟随国家自由贸易区战略“走出去”。截止 2009 年底，我国正与五大洲的 31 个国家和地区研究推动 14 个自贸区（FTA）建设项目，签署自贸协定 8 个，其中已实施的有 7 个。中国内地和港澳签订的《更紧密经贸关系安排》，2010 年 6 月底中国大陆与台湾签订的《海峡两岸经济合作框架协议》，2010 年中国与东盟自贸区协议全面实施。企业对外投资跟着国家自贸区战略走是一种选择。

二是大力发展境外投资与经贸合作平台。我国海关特殊监管区域，如综合保税区、保税港区、出口加工区、保税物流园区等，转型升级为真正意义上的“境内关外”的自由贸易园区。下一步则通过资本输出和企业“走出去”，进一步转型为境外的出口加工区、境外保税物流园区、或境外综合保税区，成为建立我国区域和全球生产体系的重要部分。

---

① 伊藤隆敏等，“日本企业的计价货币选择和汇率风险管理”，《比较》，2010 年第 4 期。

三是积极发展跨境服务贸易和投资。如广东根据《珠江三角洲地区改革发展规划纲要》，提出深化粤港合作，重点发展金融、旅游、物流、会展、专业服务、服务外包、文化创意、工业设计八大服务行业，实现环境和规则与港澳对接，共同打造世界级都市圈。上海根据《国务院关于推进上海加快发展现代服务业和先进制造业建设国际金融中心和国际航运中心的意见》，提出2020年基本建成与我经济实力相适应的国际金融中心；具有全球航运资源配置能力的国际航运中心。这为企业对外投资提供跨境服务提供条件。

四、WTO与中国企业对外投资前景

1. WTO与中国企业对外投资前景

目前，WTO继续向前推进贸易和投资自由化可谓举步维艰。一是新一轮多哈回合谈判已经陷入僵局。多哈回合曾被国际社会称为“发展回合”，人们期望其进一步推动开放和自由化的结果能够显著改善全球经济福利，造福于全球穷人、穷国和贫困地区。然而，事实说明要让世界主要大国在金融危机后为了世界各国的共同利益，尤其是发展中国家的利益而让渡部分经济权利和利益更加困难。二是美国在金融危机爆发以来正在积极寻求超越WTO为危机后国际贸易新规则建章立制的新平台。2009年以来，美国高调推动TPP（跨太平洋战略经济合作伙伴关系协定）。按照美国设想，TPP的进入门槛将很高，将有更严格的劳工和环境标准，更高的知识产权保护标准，更高的服务市场开放要价，10年内将实现跨境货物贸易零关税等。美国要把这套规则体系推向实践并变成国际标准，努力打造一个高标准的FTA的“范本”。其目的是要用美国主导的贸易规则来打造TPP，然后通过TPP来打造未来全球治理的新格局。三是这次金融危机爆发以来，欧美开始大力推动“再工业化”或“重振制造业”战略，以解决进入服务经济以来产业日益空心化的结构矛盾。然而，这个战略转变所伴随着的是贸易保护主义抬头。欧美目前出现了日益明显的逆WTO贸易和投资自由化趋势，转向排他性的本地化、区域化和集团化的新动向。同样，全球化所打造的北美（美加墨）、欧洲（欧盟27国加瑞士）、东亚（中日韩加东盟）三大生产网络的格局也正在改变，为本地生产和创造区域最终消费市场的趋势越来越明显。

美国作为曾经大力推动经济全球化的大国，却评估说多哈回合目前所达成的协议使其受益不多。实质上，美国主导是希望按美国化和美元化模式推进全球化，而不仅仅是为了增进全球经济福利；美国主导是为了使自己成为全球化红利的最大受益者，而不仅仅是与新兴市场和最不发达国家分享和共享。金融全球化可以“免费”调动各国金融资源；科技全球化可以“免费”利用各国科技资源（如云计算）；民主全球化可以“免费”提供各国模仿和追随的政治模式，然而，一旦逐利过度，美国却陷入了自己制造的金融危机、科技泡沫和寻租失控的冲击。当前经济全球化的调整，很大程度上反映了美国希望从“过度”回归“均衡”，那么，谁来承担经济全球化调整的责任和代价呢？

在这个背景下，中国企业的对外投资面对着更加复杂的外部环境。一方面，中国要更加坚持推进 WTO 和经济全球化；推进“基于规则”的改革进程，像当年加入 WTO 那样，在“与狼共舞”中建立法治和规则的崇高地位。中国要更加坚持全球自由化与发展间的均衡，在推动开放和市场化的同时，推进全球包容性发展的多边制度安排，共同而有区别的责任。另一方面，在全球经济进入长期低增长的环境中，中国企业对外投资将会面对越来越多的贸易和投资保护主义以及不公平对待。为此，中国企业要学会应用现有国际规则和法律手段保护自己，积极参与新规则制定过程以维护自己的核心利益。并与国家一道，在多边机制中建立国际最广泛的统一战线，坚定地反对国际贸易和投资保护主义倾向。

2. 新时期对中国企业对外投资提出的新要求

中国企业对外投资的社会责任之一，是逐步实现投资企业与东道国在投资开发过程中共享绿色发展、包容性发展和平衡性发展。一是坚持共享绿色发展是我国企业对外投资的基本方式和特色。我国对外投资的重点之一是合作开发境外能源和资源。在资源和能源开发过程中，投资企业要逐步形成共同的促进绿色转型的“中国标准”，承担新兴大国的投资促进当地经济社会发展的“中国责任”，树立有当地民众参与并共享的“中国形象”。二是坚持共享包容性发展是我国企业对外投资的主题和基本着力点。我国企业对外投资当前面临的一个严峻挑战，就是要用行动和事实证明我们不是逐利型的新殖民主义，而是具有社会责任和共享发展的“中国资本”和“中国企业”。三是坚持共享平衡性发展是我国企业对外投资的基本原则和工作重点。在调查研究中可以发现，我国一些企业在新兴市场上的对外投资，与当地的中小企业存在着竞争关系，有时会抢了当地低素质就业岗位，损害了当地弱势人群的切身利益。因此，强调平衡性发展不仅仅是保持贸易收支平衡，而且包括投资权益与效益在投资国和东道国之间的平衡，真正实现投资国和东道国之间的共享发展。

3. 走向大国经济的中国企业对外投资

一是走向大国经济的中国企业要通过对外投资学习并逐步取得定价权和话语权。经济意义上的开放大国是世界主要价格的决定者，而不是价格的追随者；是国际重要规则制定和修改的决定者，而不是规则的接受者；是国际重大责任的承担者或逆周期调节者，而不是责任推卸者或顺周期参与者。中国企业在价格决定、游戏规则影响力、责任担当等方面，依然是一个世界市场的追随者而不是引领者。如我国钢铁业成为世界铁矿石市场上最重要买家，然而铁矿石的定价机制却从长期合同价格变成季度定价、月度定价以及现货定价。为此，中国企业首先要学会“一致对外”，建立和完善对外投资的内部协调机制。其次要学会“两面下注”，通过对外投资建立资产组合多样化以对冲开放中的系统性风险。再次要做好战略储备，通过对外投资建立能源和资源的存量战略储备和全球供给网络的控制力和协调力。最后要学会“统一战线”，在国际上建立最广泛统一战线，得道多助是取得定价权和话语权之根本。

二是走向大国经济的中国企业要通过扩大对外投资增强研发和创新国际合作能力。目前，全球研发和创新活动主要分布在美日欧大三角区域。无论是国际前沿的基础性研究、应用性研究还是开发性研究，其创新的主体都主要是国际大跨国公司以及由世界最优秀的研究型大学、科研院所组成的国家创新体系。与美日欧之间有着巨大差距。我国也有三个创新层次，即宏观层面的重大技术创新体系，如“两弹一星”；大企业层面的重点技术创新体系，如大飞机、高铁技术创新体系；小企业层面的技术创新体系。但是，我国创新活动的三大瓶颈主要是企业技术创新能力很弱，创新环境对企业创新活动的支撑很弱，引资的直接技术外溢效果很弱，这是我国与欧美在知识和技术进步上的最重要差距。中国企业通过扩大对外投资，把研发、设计、创新基地建立在具有全球优势的美日欧大三角地区，变中国企业比较劣势为竞争优势，是下一步发展的主要方式之一。

三是走向大国经济的中国企业通过扩大对外投资担当国际责任。中国要提高全球公共产品提供及软实力的持续影响力，企业在其中担负了重要角色。如积极推动国际贸易、金融和货币改革，努力纠正全球化过度强调贸易投资自由化和便利化忽视“经济发展”，从而造成全球公共产品供给不足，贫富差距扩大和穷国消费力严重萎缩等社会问题。

四是走向大国经济的中国企业通过对外投资赢得自立于世界民族之林的能力。独立自主、不依赖外援，曾是中印等大国“一五”时期发展的指导思想，也是金砖大国进口替代导向的工业化发展战略。但是，工业化发展战略的内向型倾向最终使中印等新兴大国错失了 1950 至 1973 年的重要战略机遇期。改革开放以来，中国企业有两种不同类型，一是通过代工方式参与美欧工序分工体系的模式。二是以自主生产参与国际差异化分工和交换的模式。未来 10 年，欧美经济将进入长期低迷时期，为欧美代工的模式将受到严重打击和影响。而同时，中国经济和新兴市场仍将保持较快增长。从代工到自主生产，从立足国内发展到“走出去”对外投资，从价格竞争到差异化竞争，从简单模仿到创造性模仿，从逐利型模式到担当社会责任的发展方式转变，中国企业正在进入国际竞争的大舞台。

4. 把建设高标准 FTA 作为新一轮深化规则、战略和体制的改革动力

从中国加入 WTO 的经验看，申请加入 WTO 的 15 年，是深化改革取得进步的 15 年。然而，加入 WTO 后，深化改革的动力则有所减弱。从中国内地与港澳地区签署 CEPA 的发展实践看，所谓“大门打开、小门不开”，是指市场开放“打开大门”后，由于没有进行相应的体制机制和结构的调整，市场规则不对接，仍然很难取得开放的预期效果。在未来的国际竞争中，无论是申请加入 TPP 还是签订中日韩 FTA，都面临着建设高标准 FTA 所提出的挑战。如中国企业对外投资的劳工和环境标准、投资保护协议、知识产权保护条款等，有着更高的标准和要求。因此，早改革、早主动，把深化改革摆在首位，完善公司治理和企业对外投资方式，具有重要意义。

一是继续深化和完善 CEPA 和 ECFA，将其提升为高标准的区域自由贸易

协定。重点应放在两岸四地境外投资的绿色转型标准（如生态环境和节能标准等）、社会责任（如劳工标准等）、商品安全（市场秩序和安全标准等）、知识产权保护（知识产权制度等）等重点领域的规制和标准对接上来。经过努力，把两岸四地之间的市场化、国际化、法治化水准大大提高一步，从而形成中国规制的新国际竞争优势。

二是适时推动中日韩合作推动高标准 FTA 建设。在 CEPA 和 ECFA 试点的基础上，推动中日韩 FTA，尤其尝试建设高标准 FTA，对深化东亚区域经济一体化，具有重要意义。这涉及中日韩在农业、制造业和服务业的竞争力差异，相互投资和贸易结构，各自损益考量及平衡机制。对此，中日韩之间需要建立战略互信，包括政府、企业和民间之间多层次交流与相互认同。这就为推动中国企业与日韩企业之间的区内投资和贸易提供了更有利的环境和条件。

三是加快研究论证中美建立 FTA 的可能性、方案比较及利弊影响。首先，中美之间是世界上最大的相互贸易和投资伙伴国，最大的能源消费国和温室气体排放国，最大的终端消费市场和结构互补大国，中美 FTA 协议有利于建立中美战略合作的长期预期和制度回报。其次，中美 FTA 一定是高标准的，这对中国市场化改革、国际化应对、法治化建设都是一把双刃剑。中国会再次踏上“狼来了”、“福祸相依”、“与狼共舞”的新阶段。这对于中国加快推动经济体制、发展战略、结构调整的转变，形成能够突破“中等收入陷阱”的体制能力有重要推动作用。最后，建立基于规则的贸易体系是中国下一步的发展方向。美国的贸易规则体系是世界上最复杂、最规范、最灵活的，其中充满了保护本国核心利益，限制他国进入的内容。在建立中美 FTA 过程中，全面透彻了解美国商业、法律、政治、社会和文化，在“干中学”和战略较量中提高本国战略、规则、资讯综合运作能力，是中国走向大国经济的关键一步。

参考文献

[1] 国际货币基金组织．世界经济展望报告．2011 年 4 月

[2] 查尔斯·恩格尔．汇率政策．比较，2010（4）

[3] 刘厉兵．新国际分工理论综述．2010

[4] 张燕生．跨越中等收入陷阱阶段的外部环境变化与国际收支调整．2011

[5] 张燕生，张岸元，姚淑梅．现阶段外汇储备的转化与投资策略研究．世界经济，2007（7）

加入世界贸易组织与中国海外工程承包

◎ 霍建国

今年是我国加入世贸组织十周年，实践证明，加入世贸组织促进了中国市场化的进程，加快了中国外向型经济的发展，对国民经济的发展作出了突出贡献，大大提升了我国的国际经济地位。加入世界贸易组织在我国扩大对外市场开放的同时，中国也更大程度地享受到世贸组织各成员市场开放所带来的便利，从而带动了我国各行业的国际化进程。在我国建筑市场及承包工程市场领域对外开放的同时，国外市场也向我国企业开放，我国企业在国际工程承包市场上从而获得了更大的发展空间。总体看，加入世贸组织后，是中国对外承包工程行业实现跨越式发展的十年。我国对外承包工程整体呈现出模式不断创新发展，产业分工体系深化，国际承包商综合实力不断增强等趋势，这些都为对外工程承包转型升级奠定了坚实的基础条件。未来，我国应利用中国加入WTO政府采购协议的契机，准确把握全球工程承包市场的脉搏，继续发挥我对我承包工程的比较优势，并不失时机地推进对外工程承包的转型升级，开创下一个十年对外工程承包事业的新局面。

一、制度性开放提升我工程承包竞争力

在加入 WTO 谈判中，我国从发展中国家这一基本点出发，坚持互惠

霍建国，商务部国际贸易经济合作研究院院长、研究员。

互利、争取双赢的基本原则，一方面承诺我方应当履行的义务，实现我国施工承包行业逐步的、分阶段的对外开放，另一方面也把加入 WTO 变成我工程承包企业地参与海外经济利益分配的重要途径。作为国际经济活动的一个重要平台，WTO 相关机制实质上是一种权力的分配与安排：WTO 通过调整有关国家权力的让渡和利益的获得，对各个相关国家在市场开放方面可以拥有哪些权力和不能拥有哪些权力做出明确的规定；通过规范自身的原则和决策程序，直接或间接在施工承包领域中建立与国际市场对接的有关规则，总体上有利于行业的发展。从内容上看，WTO 涉及货物贸易、服务贸易和知识产权等，而恰恰国际工程承包又是包含货物贸易、服务贸易和技术贸易的综合载体，从实践来看，对我企业而言，加入 WTO 至少有以下两个方面的重要意义：

一方面，在我国企业进行海外工程承包的过程中，WTO 相关规定作为投资环境的一部分，为法律的稳定性和透明度提供了必要的保障。比如，在建筑等施工领域的双边谈判中，最终的谈判结果主要反映在《中华人民共和国加入 WTO 议定书》以及议定书附件 9《服务贸易具体承诺减让表》、《中国加入工作组报告书》。根据国际法原则，这一揽子协议是中国施工企业法制改革的方向和标准。同样，其他国家承包施工行业对 WTO 也有类似承诺，WTO 成员间的彼此承诺很大程度上可以减少由于其行业准入不确定性对海外承包工程的不利影响，增加进行承包工程和投资的可预见性。同时，在我国企业承包工程的过程中，WTO 机制可以保证成员间相互投资或承揽工程享受一定的国民待遇标准。根据《服务贸易总协定》第 2 条规定，有关协定的任何措施，每一成员方给予任何成员方的服务或服务提供者的待遇，应立即、无条件地给予不低于前述待遇给予任何其他成员及相同的服务或服务提供者。作为 WTO 的成员国，我国的建筑施工企业可以与其他的成员方企业一样拥有同等的权利，并享有同等的关税减免待遇。在加入 WTO 后，我国还充分利用 WTO 的多边磋商机制，加强政府谈判力度，为我国企业进入国际市场排除障碍，特别是在歧视性待遇和技术性壁垒方面。

另一方面，中国加入世贸组织，使中国工程承包企业享受到了市场相互的好处。加入 WTO 后，我国建筑业对 WTO 成员的外国公司进入中国市场有四项承诺①，在中国开放市场的条件下，世贸组织的成员方也向中国开放市场，从而在一些国家大大消除市场准入方面的障碍，使得中国的工程公司和设计公司更多地走向国际市场。同时，由于中国产品出口关税壁垒的减少，带动更多的施工设备和材料出口，进一步提升了包括建筑企业在内的各施工企业的国际竞争力。另外，根据 WTO 规则，我国及时整理、修订相关法规，加速建立健全对外工程行业法制进程，制定配套的法律、规章，使国际工程承包产业管理纳入法制化、规范化的轨道。

事实上，在加入 WTO 十年后，以中国建筑业为代表的中国工程承包企业的国际竞争力有了长足的进步。入世十年来，我国建筑服务贸易的竞争指数由负转正，竞争优势逐渐增大；显性比较优势指数也显示，我国建筑服务行业的国际竞争优势已从有一般的竞争优势，变为有极强的国际竞争优势（见表1）。

表1　加入 WTO 中国建筑服务贸易国际竞争力指数②（2000～2010）

年　份	2000	2001	2002	2003	2004	2005	2006	2007	2008	2009	2010
TC 指数	-0.25	-0.01	0.13	0.04	0.05	0.24	0.17	0.3	0.4	0.23	0.48
RCA 指数	0.99	1.23	1.54	1.35	1.18	1.58	1.31	1.82	2.55	2.63	3.33

数据来源：作者根据 WTO 统计数据库计算整理。

二、对外承包工程实现跨越发展

加入 WTO 十年来，我国对外承包工程行业持续发展，经历了从弱到强，从低端市场到高端市场，从简单的劳务分包、工程分包、工程施工到设计采购

① 包括：(1) 允许外国投资者在中国境内设立合资或合作的工程承包公司、房地产开发公司、建设监理公司、工程造价咨询公司等。(2) 允许境外企业在中国境内承包、联合承包或分包全部由外国投资或赠款建设的项目；国际金融组织贷款，采用国际公开招标的工程项目；国内企业在技术上难以承包的中外合资建设的工程；国内投资的建设工程，如确有特殊项目国内企业难以单独承包的，经省级建设行政主管部门批准后，允许境外企业与中国建筑企业联合承包。(3) 允许境外监理工程师对中国境内建造的国外贷款工程及国外投资工程进行监理。(4) 允许境外建筑企业及其他企业在中国境内派驻代表机构。

② 一般认为，若 TC＞0，表明该国建筑服务的生产效率高于国际水平，具有贸易竞争优势，且数值越大，优势越大；若 TC＜0，表明该国建筑服务贸易的生产效率低于国际水平，处于竞争劣势。若 RCA≥2.5，则具有强的竞争力；若 1.25≤RCA＜2.5 则具有较强的竞争力；若 0.8≤RCA＜1.25，则具有一般的竞争力；若 RCA＜0.8，则具有弱的竞争力。

施工 EPC 项目总承包模式，从工程承包到 BOT/PPP 投资模式的转变，对国民经济社会发展的带动性不断增强，同时对外承包工程管理服务政策体系不断完善，给我国对外承包工程的快速发展提供了坚实的制度支撑。

1. 对外承包工程行业持续发展壮大

中国加入 WTO，给我国对外工程承包企业在市场准入和避免歧视性待遇等方面创造了一个良好的国际环境，随着中国外向型经济的快速发展，在国家“走出去”战略的指引下，中国对外承包工程在加入 WTO 后十年中获得了长足发展：业务规模和领域及市场覆盖面不断扩大，经营企业实力不断增强，在国际工程承包市场的地位不断提高，取得了令世界瞩目的业绩。

第一，行业总规模持续扩大。加入 WTO 十年来，中国对外承包工程业务规模整体呈上升的态势。2010 年，新签合同额 1343. 7 亿美元，相比加入 WTO 之初的 2001 年，增长了 7 倍之多，年均增速 23. 7%；完成营业额 921. 7 亿美元，相比 2001 年 121. 4 亿美元增长了 7. 6 倍，年均增速 22. 5%（见图 1）。尤其是在“十一五”期间，中国的工程承包更是呈现出跨越式发展的势态。

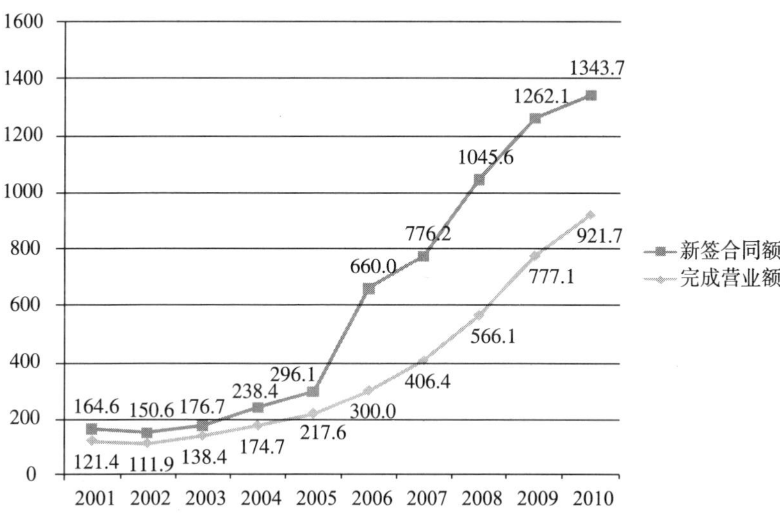

图 1　2001～2010 年中国对外承包工程合同额（亿美元）

第二，市场覆盖面不断扩大。中国对外承包工程从 WTO 初期的以东南亚为主的格局，扩展到目前 180 多个国家和地区，多元化市场格局已经形成。总体来看，亚洲和非洲是中国对外承包工程的主要市场，对业务总量的贡献率为80%左右，主要分布在伊朗、印度、沙特、阿联酋、越南、利比亚、尼日利亚、安哥拉、阿尔及利亚、苏丹等国家。中国在欧洲和美洲的对外承包工程所占份额还很小，但已成为不少大型对外承包工程企业下一步市场开拓的目标。

第三，行业领域不断拓展。中国对外承包工程涉及行业广泛，几乎涵盖了所有的行业类别。尤其是通过最近十年的发展，中国对外承包工程企业已经在房屋建筑、交通运输、水利电力、石油化工、制造加工、通信等领域具备了一定的优势。比如，伴随着国际市场需求的增大和国内相关产业实力的增强，电子通讯已逐渐成为中国有比较优势的新产业，成为对外承包工程业务中新的增长点，电子通信类营业额的比重已经从 2001 年的 3.6% 上升到 2010 年的 10.25%（见图 2）。近年来，高技术领域如环保、航空航天、医疗卫生等行业也成为了中国对外承包工程企业业务增长的新亮点。

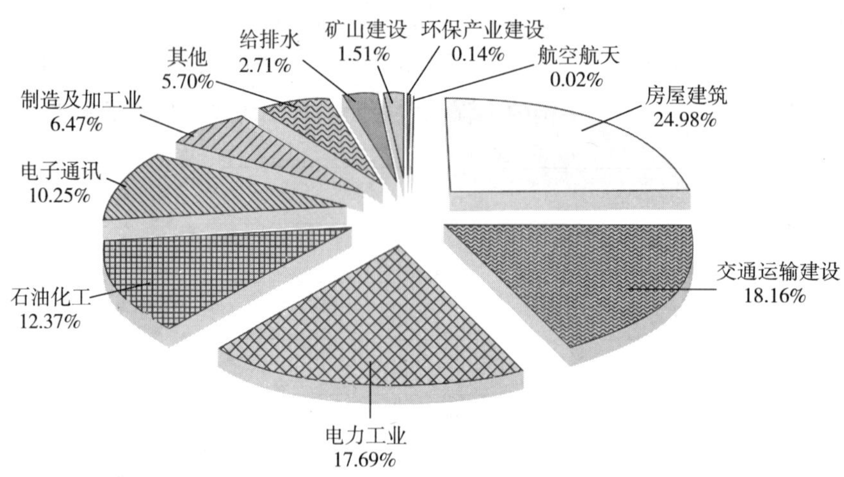

图 2　2010 年中国对外承包工程完成营业额行业结构图

第四，项目承揽方式更为丰富。中国初期对外承包工程主要以土建为主，承揽方式是分包和施工总承包。面对国际工程承包市场的巨大变革和列强逐鹿，转变对外承包工程方式已成为中国公司新的战略选择。目前，不少企业在海外的工程项目已经开展了工程总承包（EPC），并开始涉足特许经营（BOT）、公私合营（PPP）和项目管理承包（PMC）等高附加值的项目类型。比如，2010 年，我国某建筑企业通过少量投资参股带动工程总承包的方式，成功获得巴哈马近二十亿美元的大型海岛度假村总承包合同；某企业与南非标准银行合作承建300亿美元的高速铁路项目；某企业与越南新造能源集团合作投资建造20亿美元的燃煤电厂EPC（设计—采购—施工）项目等。

第五，中国企业国际竞争力不断提升。加入WTO十年来，经过在国际承包工程市场上的拼搏，中国企业越来越熟悉国际市场的规则，了解国际市场的惯例，积累了丰富的经验，加上中国企业不断提升自身技术实力，提高管理水平，有效控制了成本，使得中国企业的总体实力不断增强，在国际市场上的竞争地位发生了巨大的变化。2010年，中国跻身世界最大225家国际承包工程商的企业数量由去年的50家增加到54家，而且大部分企业排位相对去年有所上升。其中，中国石油工程建设（集团）公司、上海城建（集团）公司、中国石油天然气管道局和中国环球工程公司的排名分别上升了54位、53位、44位和38位。另外，2010年有6家中国企业首次入选225强，它们分别是泛华建设集团有限公司、南通建工集团股份有限公司、江苏南通三建集团有限公司、云南建工集团有限公司、上海隧道工程股份有限公司、江苏南通六建集团有限公司。

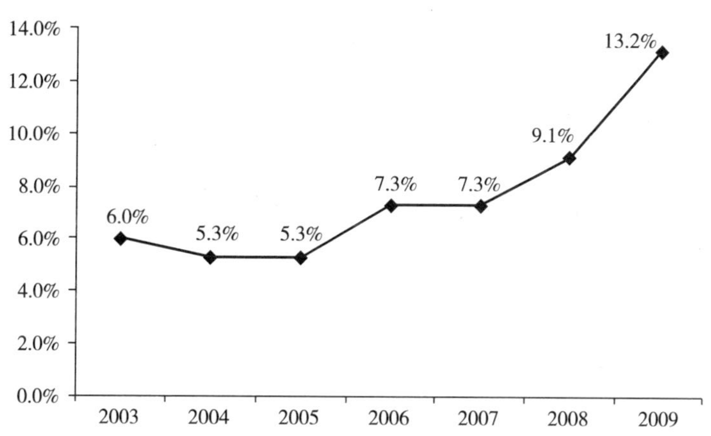

图3　中国企业占全球最大225家国际承包商总营业额比重（2003～2009）

第六，大项目和大企业仍是对外承包工程主要推动力。近年来，中国对外承包工程企业在工程施工与配套能力上有了新的突破，在独立承揽超大型项目上有了较大水平的提高。2010年新签合同额中，金额在5000万美元以上项目488个，合计金额1069亿美元，占新签合同总额的79.5%。相比加入 WTO 之初的 2001 年，中国对外承包工程新签合同额在 5000 万美元以上的一共仅有 41 家。

表 2　新签合同额单笔超 10 亿美元项目（2010 年）　单位：万美元

排序	国家	项目名称	合同额	承揽单位
1	印度尼西亚	印尼苏达纳煤炭运输项目	480000	中国中铁股份有限公司
2	土库曼斯坦	土库曼南约坦气田建设项目	312800	中国石油集团川庆钻探工程有限公司
3	印度	KRISHNAPATNAM 12X660MW	276789	上海电气集团股份有限公司
4	沙特阿拉伯	沙特扎瓦尔 2400MW 电站	250000	山东电力建设第三工程公司
5	阿尔及利亚	阿铁 175 公里电气化新线	228102	中国土木工程集团有限公司
6	厄瓜多尔	科卡科多 - 辛克雷水电站	197970	中国水利水电建设集团公司
7	阿根廷	布市地铁项目一期（G 线）	161763	中铁国际经济合作有限公司
8	印度	贾苏古达 3x660MW 电站 - 2	149700	山东电力基本建设总公司
9	刚果（布）	刚果（布）1 号公路二期合同	147989	中国建筑工程总公司
10	土耳其	安卡拉伊斯坦布尔高铁二期	127000	中国铁建股份有限公司
11	伊拉克	艾哈代布油田地面设施	110278	中国石油工程建设公司
12	缅甸	中缅油气管道项目	105600	中国石油天然气管道局
13	哈萨克斯坦	阿特劳炼厂芳烃项目	104000	中国石化集团炼化工程有限公司
14	委内瑞拉	新中心燃气电站项目	103871	中国水利水电建设集团公司

资料来源：商务部《中国对外承包工程、劳务合作业务统计年报》。

另外，最近十年来，我国对外承包工程业务有一半左右的合同额掌握在排名前20名企业的手中，体现出明显的大企业特征，说明我国对外承包工程公司的业务集中度较高。

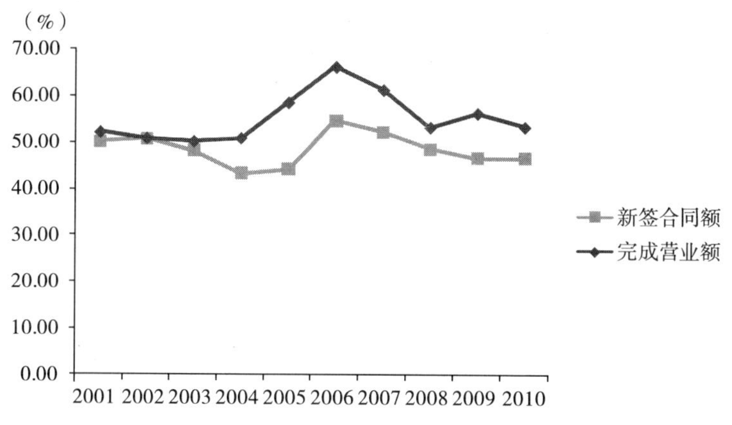

图4　排名前20家企业营业额占总业务比重

2. 对外承包工程带动经济社会发展

第一，为中国企业拓展国际承包工程市场树立了优秀的品牌。中国对外承包工程企业通过在国际承包工程市场中利用自身技术与成本优势，成功完成了一大批高质量的精品工程，不少项目已成为标志性的建筑。如：中国港湾工程有限公司承建的澳门国际机场成为世界上第二座填海造地建成的国际机场；中国建筑工程总公司承建的泰国拉玛八世皇大桥成为印在泰国钱币上图案；中国公司参建的阿联酋棕榈岛是世界上最大的人工岛，成为世界现代十大建筑奇迹之一。中国在亚非国家已建成的很多关系当地国计民生的重点工程，履约能力和工程质量经历了时间的检验，项目工期和质量上都受到广泛好评，在国际上产生了重要的影响，赢得了信誉和市场，吸引了越来越多的国家与中国进行基础设施建设的合作。许多发达国家，也逐渐摒弃了对中国承包企业的偏见，主动与中国企业沟通，寻找合作机会。

第二，积极推动东道国和地区经济发展。加入WTO十年来，中国企业在海外完成了一大批关系民生大计的重大国际工程项目，如国家公路、铁路和通信网改造、社会住房、发电厂、水库大坝、医院和学校等等。对提高当地基础设施水平、改善民众生活条件、推动项目所在国与周边国家的经贸往来以及促进当地经济发展具有重要意义。中国企业在境外严格遵守所在国法律法规和税收政策，向东道国缴纳了大量税费，改善了当地政府的财政状况。同时，企业雇佣项目所在国工人的数量逐年攀升，且比例不断提高，一些项目甚至达到了90%以上，据商务部统计，2010 年中国对外承包工程业务解决项目所在国就业岗位 41 万个，有力地促进了所在国的就业。

第三，有效带动了国内相关产业发展。对外承包工程是货物、技术和服务贸易的综合载体。中国商务部《“走出去”对出口拉动作用课题》最新研究成果显示：对外承包工程每完成 1 美元的营业额可带动货物出口 0. 37 美元，据此计算，2010 年中国对外承包工程业务拉动出口 341 亿美元；与此同时，中国的对外承包工程也促进了民航、金融、保险、邮电等服务产业的发展。在不断与世界建筑市场接轨的过程中，中国企业承接的工程从传统工业和民用建筑领域向新能源、环保等领域发展，有力地促进了国内光电转化材料和设备、电子信息和网络通讯设备、环保监测等新兴产业的发展。对外承包工程带动工程项下的对外劳务合作也为国内创造了大量境外就业的机会。2010 年，中国对外承包工程项下派出劳务人员 22. 4 万人次，年末在外总人数 37. 6 万人。

3. 对外承包工程政策体系逐步完善

加入 WTO 十年来，各级政府进一步加大了协调和服务力度，完善了财政、金融等相关政策与法规，大力支持有比较优势的企业开拓国际市场，取得了显著成效。可以说，加入 WTO 十年来，中国对外承包工程事业蒸蒸日上，相关部门在不断完善促进政策、规范行业发展上功不可没。

第一，一系列促进政策法规陆续出台。2000 年国务院转发了原外经部等部门起草的《关于大力发展对外承包工程的意见》，在这个文件的指导下，有关部门协调配合，设立了对外承包工程保函风险专项资金，使用了对外承包工程项目贷款贴息等支持手段，并出台了《关于支持中国企业带资承包国外工程的若干意见》。中国进出口银行、出口信用保险公司对对外承包工程给予了大力支持，中小企业国际市场开拓资金对境外投（议）标项目也给予了很大的支持。2004 年《国务院关于加强对发展中国家经济外交工作的若干意见》，为对外承包工程的进一步发展提供了更大的机遇。之后几年如《关于鼓励和规范我国企业对外投资合作的意见》、《对外承包工程管理条例》、《对外承包工程经营资格管理办法》以及《对外承包工程国别产业导向目录》等一系列优化经营主体，培育国际化的大型承包工程企业的政策出台，对对外承包工程的快速发展起到了推动作用。目前，对外承包工程的各项政策支持体系基本建立并日趋完善。

第二，各种财政金融支持政策不断细化。企业从政府获得的财政支持项目日益增多，包括实行对外承包工程项目流动资金贷款贴息；设立保函风险专项资金，为企业开具保函提供支持；设立中小企业国际市场开拓资金，支持中小企业“走出去”。此外，还通过提供对外援助、对外优惠贷款、优惠出口买方信贷等方式，支持工程企业对外开展业务等。中国资金的优势已经成为对外承包工程发展的重要因素之一。

第三，各级相关部门出台各种促进措施，为地方对外承包工程企业的业务发展提供了有力支持。北京市下发了《关于鼓励境外投资和对外承包工程与劳务合作意见的通知》，制订了《北京市对外经济技术合作专项资金管理暂行办法》；河南省与国家开发银行河南省分行签订了为河南省企业“走出去”提供金融支持合作协议，并制订了《关于优先扶持重点对外承包工程企业加快发展的意见》；山东省出台了“推动全省建筑企业‘走出去’的指导意见”和《山东省承包工程保函风险专项资金管理办法》等。这些都为地方企业赴海外开展工程提供了强大的制度保障。

三、对外承包工程市场面临的机遇与挑战

总体来看，目前全球经济尚在缓慢复苏，地区政治形势复杂多变，特别是2011 年初以来发生的中东、北非的政局动荡，以及欧债危机等重大事件，给世界经济复苏增添了新的难度。国际竞争更加激烈，贸易保护主义上升，大国博弈突显，全球经济治理面临新的矛盾和挑战。反映在国际承包工程市场上就是当前及未来一段间这个市场将处于波动上升时期。同时，目前我国政府正在同 WTO 相关成员国就加入政府采购协议（GPA）进行艰苦的博弈和谈判。如果在未来的一段时间，谈判有了初步成果，必然对我国对外工程承包行业产生重大的影响。我国对外承包工程企业必须考虑这种制度性因素、国际市场态势

以及分工格局的变化，正确面对各种机遇和挑战，制定科学的发展战略，力争继续保持较快发展。

1. 发展的内生动力不断增强

经过 30 年的成长与发展，尤其是经历了中国加入 WTO 十年来的发展，中国对外承包工程企业拥有的整体优势日趋明显。在业务规模快速增长的基础上，亚洲、非洲市场优势进一步得到巩固，欧美市场取得突破；水电等技术应用在国际上处于领先水平。在当前整个国际经济错综复杂的情况下，中国对外承包工程行业应紧紧抓住市场机遇、积极探索升级转型，实现可持续发展。

第一，中国对外承包工程业务将继续保持较高速度的增长。中国承包商的目标市场主要在发展中国家，这些国家对基础设施的升级有刚性的需求；中国企业成本和技术上的优势短期内仍将保持，在中国政府“走出去”战略和财政、金融政策的支持下，中国对外承包工程业务仍有望保持较快发展速度。

第二，在巩固亚、非市场的同时，应力求对新市场的开拓取得更多突破。近几年，中国承包商加强了对拉美、东欧等市场的开拓力度，并通过与设计咨询部门相结合、与融资部门相结合和与投资主体相结合等多种方式探讨区域开发、公私合营等运作模式，预计南美、东欧、大洋洲都将成为新的增长点。

第三，企业竞争实力整体大幅提升。中国对外承包工程企业在多年的发展中已经积累的大量的资金、技术和经验，很多企业正在努力向国际知名承包商看齐，进一步改进管理和业务发展模式，更多的企业更加注重国际化人才的培养，注重企业社会责任的履行，中国对外承包工程领域的知名跨国企业正在形成。未来，我国将有越来越多国际承包工程商从施工企业向现代企业进而向国际化企业发展转变。同时，以较多海外市场网络和商务人员为主要特征的商务型承包企业和以较多设计经验和设计人员为主要特征的设计型承包企业将占据更多的市场份额。

2. 国际市场发展空间更加广阔

第一，国际承包工程市场仍会保持增长，但行业和地区市场发展并不均衡。近年来，在全球金融危机以及欧盟债务危机的影响下，全球承包工程市场的格局得以重新调整。未来十年，国际承包工程市场仍会保持增长，但行业和地区市场发展并不均衡，市场冷热不均的现象将持续较长一段时间：新兴国家市场会成为全球建筑业增长的重要引擎，但欧、美市场受债务危机等因素的影响减小公共开支将可能使得这些区域的市场持续不景气。道路、桥梁、铁路、电力、电信等基础设施和公共项目获得各国政府的青睐，但私人领域的项目资金依然不足。对比西欧和北美，“金砖五国”、东欧、南美等成为承包商关注的重点，受各种不稳定因素影响的中东北非地区的承包市场仍存在着不确定性。

第二，未来国际项目要求低碳高效、清洁环保是一大趋势。低碳交通基础设施领域正在逐渐被放在优先发展的位置；与住宅类项目相比，电力、交通等基础设施领域也被列入各国的优先发展规划。预计水电、太阳能、风能等清洁能源项目将在全球得到快速发展。其中，水电站建设尤其在经济转型国家或拥有丰富水电资源的国家，将拥有巨大的潜力和市场前景。

第三，融资因素将成为推动我企业国际工程市场发展的关键增长环节。由于国际基础设施的标底越来越大，单个银行的资金能力受到内外部条件的限制，融资的银团化和综合化程度将越来越高。除了结算、资金、利率等问题，项目的融资方案将更多的牵涉汇率、风险规避等内容。中国承包工程企业在实现快速“走出去”过程中，也将进一步挖掘这一方面的潜能，更多的与金融机构、设计咨询企业、供应商等形成战略合作伙伴关系，即可达到快速增强国际竞争力的目的。

3. 政府采购协议是下一个制度推力

《政府采购协议》（GPA）作为 WTO 框架之内的多边贸易协定，是为了在全球范围内规范各国（地区）政府或其代理人的政府采购行为而缔结的协议。GPA 的基本目标，是建立有效的多边体制，增强政府采购行为的透明度，促进政府采购的经济性和高效率，实现世界贸易的扩大和更大程度的自由化。在加入 WTO 时，中国政府作出了加入 GPA 的承诺，同时，中国政府还进一步承诺，最迟于 2020 年开放政府采购市场。为了履行承诺，2007 年 12 月 28 日，中国政府向 WTO 提交了加入 GPA 申请书和加入 GPA 的初步出价清单，这标志着中国正式启动了加入 GPA 的谈判。对于中国而言，加入 GPA 的谈判不仅涉及市场的开放程度，更多的体现为法律规则的调整和对接。对于施工企业而言，过去由于中国不是 GPA 成员，中国企业没有资格进入 GPA 成员政府投资工程市场，只能得到部分非政府采购项目，总体上在 GPA 成员市场所占份额较少。全球政府采购市场规模巨大，GPA 成员占到八成以上的份额。如果我国加入 GPA，将为国内工程承包企业国际化带来巨大的发展机遇。

4. 政府和企业应积极应对挑战

国际经济体系深度调整为我“走出去”企业参与新一轮全球分工、承包境外工程创造了难得的发展机遇。从国内看，国内经济保持平稳较快发展也为我企业对外承包工程提供了诸多有利条件，但是一些新旧问题不断出现，对外承包工程仍旧面临着一些挑战。

第一，国际市场竞争加剧。在我国传统的非洲、中东、东南亚市场，承包商之间的竞争达到了白热化，部分承包商通过降低利润的方式来赢取承接工程的机会，如在阿联酋迪拜，来自印度、马来西亚等国的一些承包商以接近甚至低于成本价的价格参与竞标；部分承包商还不惜接受业主苛刻的合同条件来承接工程，如承诺带资承建、允许业主可以延期付款等。

第二，对于服务贸易的各种有形或无形的壁垒有增无减。未来，国际承包工程市场仍会保持增长，但行业和地区市场发展并不均衡。同时，全球经济还处于艰难的复苏阶段，在国际工程承包领域，各种保护主义在一些国家和地区有所抬头。一些国家出台的经济振兴方案和投资计划以刺激本国经济、扩大就业为目的，所以很多大型公共项目优先交付本国企业。比如，很多国家为保护本国建筑企业和增加就业，如在国际招标项目已经不允许外国公司单独投标，外国公司必须与当地公司联合投标、并要求以当地币作为结算货币；还有个别国家限制外国企业进入某些行业领域、要求外国企业大量雇用当地劳动力以及加大外籍人员入境签证难度等，这些都给我国企业开拓国际工程承包市场带来更多障碍。加之我国在技术和法律方面仍未与国际市场完全接轨。国内的设计标准，设备材料标准自成一体，尚未与国际市场接轨，这些都给我企业赴海外承揽工程带来一定的困难。此外，欧美等发达国家普遍实施专业执照或企业许可、人员注册资格等制度往往制约了我企业进入市场。另外，一些国家以安全、技术和卫生为由虽没有设置准入障碍，但同样加大了开拓市场的难度。如，印度政府明文规定对来自中国的投资提案要接受印度内阁安全委员会的安全审查。2006年，其Vizhinjam港口项目已经完成招标，但中标的中国港湾工程公司未能获得印度政府的“安全许可”。

第三，“走出去”承揽境外工程的龙头企业发挥效果相对减弱，培育出全球一流的承包工程主体，实现做大做强的目标，还有很长一段路要走。2010年，尽管有54家中国承包商进入了美国评选的225强名单当中，比2009年增加了四家，这显示出中国军团在国际市场的竞争力继续巩固。但我们从中国军团的内部来看，大型龙头企业的影响力有减弱的趋势。以新签合同额为例，中国对外承包工程前50强企业占我国全部新签合同额的比重由2007年的78.2%下降至2010年74.6%，完成营业额也从67.8%下降到65.0%；如果以前5强企业计算，新签合同额占比则由2007年的28.8%下降至21.1%，完成营业额占比则由31.6%下降至24.3%。这些数字一方面显示出我国“走出去”承包工程的主体增加，承揽业务有分散化的趋势，事实上，这正是参与国际工程承包的业务范围狭窄，公司同质化现象显著，行业内竞争加剧的综合体现。中国公司在国际工程承包市场上所占份额主要是施工分包和劳务输出，难以扩大工程咨询、工程设计和工程管理等技术密集型业务份额，参与项目的融资能力更是薄弱。同时工程总承包、特许经营、项目管理承包等高端实施能力不强，也使得我企业间的竞争长期以来都建立在低层次的价格竞争上，竞争层次难以提升。总之，大型境外承包工程企业在我国全部“走出去”境外承包工程企业中的影响有下降趋势，说明我们培育出全球一流的承包工程主体，实现做大做强的目标，还有很长一段路要走。

第四，各种风险和不确定性加大。目前，中东、北非爆发的动荡和骚乱是政治风险上升的集中体现，而且将在一定时期内给国际工程项目的安全构成重大威胁。此外，据估算，人民币每升值2个百分点将给境外工程承包行业带来直接损失30~60亿元人民币。另外，由于各种危机影响，业主支付能力下降，部分地区在建项目工程款付款延迟的情况仍未见好转，甚至还有部分业主资金断裂，使得应收账款短期内无法回收，给企业流动资金造成很大压力。比如，由我国某建筑企业承建的“欧洲第一高楼”——俄罗斯联邦大厦项目就曾因业主资金断裂而被迫停工，造成大量工程款无法回收。总体看，未来我国对外工程承包面临的市场和政治风险明显增多。

第五，部分政策促进、管理服务和安全保障措施滞后。鉴于一些项目所在国家未与我国签订税收协定，即使已经签订税收协定，大多数协定中没有税收饶让条款，企业实际可以享受的优惠较少。比如融资担保难的问题。项目融资尽管在国内已经起步，但是其对企业，尤其是民营企业完全发挥作用，估计还需时日；国家设立的对外承包工程保函风险专项资金规模相对较小也影响到企业“走出去”效能。另外，近来我国金融机构缩紧银根的种种举措，也使得对外承包工程企业的资金使用成本大幅提高。此外，当前及未来一段时间，全球部分地区安全形势严峻，中国在这些地区的承包企业工程技术人员人身安全保障问题和境外资产保全迫在眉睫。目前，以施工总承包为对外工程承包的主要方式的中国企业，在劳动力和有形资产方面更容易遭受安全威胁。不久前利比亚动荡引发的我国大规模撤侨，给中国在利比亚承揽工程造成巨大损失：中国铁建在利比亚承揽的合同总额约为 279 亿元，未完成约 233.8 亿元，中国建筑合同总额 176 亿元未完成近 80 亿元。当前，叙利亚局势动荡不安，已有部分华侨先行撤回，也给我在叙利亚承揽工程造成损失。

四、未来十年我国对外承包工程发展重点

未来，大力发展我国的国际工程承包产业，有利于加快我国从贸易大国向贸易强国发展的进程；有利于有效利用国内外两种资源和两个市场，转移国内富余的工程建设能力；有利于推动我国企业“走出去”，融入经济全球化浪潮，培育我国的跨国公司，增强国际竞争力。做好对外承包工程的相关工作，可谓一举多得。加入 WTO 十年来，我国对外承包工程作为中国“走出去”战略的重要抓手，取得不菲的成绩，展望下一个十年，对外承包工程的总体任务是：顺应中国加入《WTO 政府采购协议》的大势，积极培育自身竞争力，力争在政府采购市场有更大作为；进一步建立完善的政策促进体系和安全保障体系，优化经营主体结构，培育更多具有相当规模和较强国际竞争力的大型企业。深化工程建设的产业合作。拓展对外承包工程方式和领域，鼓励有条件的企业以特许经营、项目融资等国际通行方式开展国际承包工程，承揽附加值高、影响力大的交通、能源、通信等基础设施项目，增强工程带动成套设备与大型装备出口的能力。以工程咨询、前期规划、设计为龙头，发挥我国工程技术的综合优势，全面推动我国工程标准、技术装备和人才“走出去”。

1. 全面提升企业对外承包工程的竞争力

第一，进一步提升国内施工企业的国际化水平，积极培育企业跨国经营能力，为应对加入 WTO 的政府采购协议准备。加入 GPA 必将对我国工程市场产生一定的影响，企业应从全局的角度来考虑这个问题，努力提升自身的国际化水平。加入 GPA 将使我国工程建筑市场开放水平大大提升，国内市场竞争加剧。目前，外商投资建筑企业所占我国建筑工程市场份额仅有 1%，对我国建筑工程服务市场的影响微乎其微。一旦加入 GPA，来自其他成员的建筑企业将有权利进入占我国建筑业投资总额 31% ~61%①的市场，开放水平大大提升。即便我国政府可采取减少对外开放实体、进一步提高门槛价格的方法来保护一部分国内市场，但无论如何都会大大超越现有的开放基础，进而对我国施工企业也产生较大冲击。对于这一点，企业应该有充分认识，提前做好准备，与其坐以待毙，不如主动出击，积极在全球范围内寻求市场机遇。

第二，面对内外部环境，我国对外工程承包工作同样面临着转型升级，要进一步发挥我国传统支柱产业、新兴战略性产业的优势，推动对外承包工程向石化、电信、交通、冶金等高附加值产业发展，优化产业结构。同时，兼顾关注矿产资源开发、商业房地产开发、高档酒店、连锁超市等领域。将加大引导，促进有条件的企业发展成为工程咨询设计和规划公司、工程管理公司、特许经营项目发起人和 EPC 总承包商。鼓励承包企业更多地与金融机构、设计咨询企业、供应商、贸易商等形成战略合作伙伴关系，实现优势互补、风险共担，达到双赢或多赢的合作目的。进一步提高对外承包工程项目的中标率和履约率，改变单一价格竞争的格局，提高融资和技术在项目运行中的影响力。

第三，适度提高产业集中度，将分散的国际工程承包市场开发、经营和施工力量整合在一起，改变以前企业规模偏小、分散经营、单打独斗所形成的成本、资金、人力资源的劣势，构建我国对外承包工程企业的整体竞争力，实现我国企业由内部竞争走向分工与合作并存的发展模式。应支持合并、重组，着力发展大型工程承包企业，促使大型承包商向 EPC、PMC、BOT、BOOT 等高端市场和高附加值的环保、通讯、资源开发利用等领域发展。通过大型建筑企

① 按门槛价 500 万 SDR 至 1000 万 SDR 计，总体开放度将达到 60% 以上；按门槛价 5000 万 SDR 计，开放度为 31%。

业搞工程总承包，搞项目管理，再将中小建筑企业带出去。

第四，鼓励企业摆脱单一工程承包发展方式，实行多元化经营，形成优势互补、信息和资源共享的发展模式。随着国际工程承包业的利润重心向产业链前端和后端转移，BOT 等集工程建设和项目运营类于一身的项目大幅增长。我国工程承包大型企业要认清形势，集中力量进入高端市场。未来，企业应多地域相互支撑，避免单一项目、单一领域、单一行业前期投资大的风险。同时，企业应结合自身特点，积极创新对外承包工程经营模式，积极承揽技术含量高、资本密集的境外总承包项目、BOT/PPP 项目、EPC 项目、FEED 项目等，改变目前主要承揽 TP、EPCM 等利润较低项目的局面。

第五，鼓励企业灵活运用多种模式向外拓展业务。鼓励企业结合自身的能力和特点，寻找适合自己的市场发展模式和方向。对于仍处于从事传统承包方式的企业而言，应充分利用中国政府的政策性融资和对外贷款的优势，以竞投国际金融组织和工程所在国政府资金支持的项目为基础，加大对中国政府政策性融资和对外贷款项目的开发使用力度。对于刚进入国际工程承包市场的企业，应尽量争取多承担一些我国对外援助项目，以积累实施国际工程项目的经验。对于已经向高端产业链进军的企业，可由 EPC/DBO 工程总承包模式向“工程加融资”、“工程加投资”方向发展。对于想进入占据了国际工程承包市场半壁江山的欧美高端市场，面对较高的进入壁垒，并购和重组欧美当地企业是跨越门槛的一种必然选择。而面对国际工程市场大项目，综合型项目越来越多的发展趋势，采用联合体、项目公司等方式，多家公司各自发挥优势联合开发项目，获得项目占领市场又成为一种选择。

第六，调整外派人员结构，从成建制外派劳务逐步向外派工程技术人员为主转变。鼓励企业整合国际市场资源，增加雇佣项目所在地员工，实现属地化经营和管理，融入当地社会。大力加强人才队伍建设，对于公司派遣的员工，需要给予他们更加规范化、人性化的关怀，以增强企业归属感。

2. 完善科学合理的政策促进体系

未来，应树立对外工程承包质量效益型增长的新目标，探索机制体制、政策体系和管理以及经营模式创新的新思路，以有效防范各类风险。

第一，未来，政策重心将落在有助于对外承包工程业务转型升级上，措施将向高附加值产业和业务流程倾斜，鼓励工程咨询设计、工程管理、交钥匙工程、BOT 等经营模式的发展。相关部门应注重完善对外承包工程统计制度，按照对外工程承包的功能，逐步完善考核评价体系，比如，可按照货物贸易、服务贸易和技术贸易等细化考核指标，引导企业转型升级。

第二，进一步完善《对外承包工程管理条例》等政策法规。中国企业成本和技术上的优势短期内仍将保持，中国政府将加大对外承包工程的引导力度，引导和促进对外承包工程转型升级，我国政府主管部门将进一步完善国务院《对外承包工程管理条例》的相关法规和制度，加大法规和制度的贯彻力度，并重点在承包资格、项目核准、外派劳务、行业自律、履约守信、总分包管理、质量安全等方面加以落实。

第三，进一步提升中介机构的服务水平。近年来，中介服务诸如注册会计师行业、律师事务所行业服务和支持企业“走出去”，尤其是对外承包工程企业，已有许多成功的经验。比如，中石油等数家大型央企多次聘请国内会计师事务所到海外工程项目进行海外资产和财务审计。未来，应进一步发挥中介机构为中国企业对外承包工程提供海外投融资审计、企业集团境外分支机构延伸审计、管理咨询、税务服务、会计外包、中外准则转换相关鉴证和咨询等专业服务。

3. 建立安全高效的风险防控体系

“风险控制”将成为今后我国对外承包工程的关键词，地区性政治风险、法律税收、汇率和价格风险等因素的叠加，考验着成长中的中国承包商。未来，应进一步完善有利于对外承包工程转型升级的风险预警、应急处置、善后处理全链条的风险防控体系。

第一，企业应加强自身风险防控制度建设。当前，国际承包工程市场需求量上升，但国际形势错综复杂，区域性风险加剧，这些都对海外工程承包公司提出更高的要求。风险防范首先是企业的责任，企业应特别注重建立完善风险防范机制，加强前期对项目的市场研判以及项目可研的分析，并对可能产生的各类风险做好预案。

第二，政府和行业主管部门要加强组织领导，健全承包工程海外利益协调保障的海外网络组织；更好发挥领事保护作用，建立健全领事保护预警机制，重点提升领事保护应急保障能力，重点提升领事保护在危机恢复过程中所发挥的效能，重点增加对中长期风险评估的财政支出，增强防范短期、中期和长期风险的评估能力。

第三，要补充修订投资保护协定，进一步补充和完善关于代位求偿权的有关规定；不断完善双边税收协定，进一步拓展税收协定的签订范围，探索采用综合限额抵免法、全面的税收饶让等，加强双边税收合作。

中国外向型经济正处于快速发展阶段，海外工程承包行业将继续发挥巨大的拓展优势，相信在政府、行业协会以及企业的共同努力下，我国的对外工程承包企业将不断提升竞争力，为我国的经济社会发展及国民经济建设作出更大的贡献。

中国在 WTO 中的角色

——以开放促进改革，反对贸易保护主义

◎ 林桂军　汤碧

一、中国在 WTO 中的角色变化

世界贸易组织是一个以规则为基础的多边贸易体系，其基本目标包括：在确保可持续发展和环境保护的前提下，提高人民的生活水平，实现充分就业，确保发展中国家在全球贸易中拥有合理的份额[①]。WTO 特别强调不断开放和扩大的全球贸易对于实现上述目标是至关重要的[②]。经过从 GATT 到 WTO 多年谈判的实践，WTO 成员逐渐认可以下五个原则：①非歧视性原则，包括最惠国待遇原则和国民待遇原则；②互惠互利原则；③关税降低的约束和履行义务；④贸易政策透明度原则；⑤为保证公共利益和国家安全，确保公平竞争，防止国际收支危机和保护幼稚工业的目的，准许设置安全阀门的原则。

长期以来，GATT/WTO 由以美国为首的发达国家所主导，它们以自由贸易的捍卫者自居，从本国内部集团的利益为出发点，主导 WTO 规则的制定、谈判的议程及内容，狭隘地把 WTO 作为扩大本国出口和境外投资的工具。发达国家对 WTO 的长期控制引起了发展中国家对 WTO 体制前景的担忧，WTO 成员内部也由此分裂为发展中国家阵营和发达国家集团。

1986 年我国向 GATT 提出恢复成员国地位的申请，当时国内的体制改革正处在建立有计划的社会主义商品经济阶段，这一决定实际上已经较当时国内经

林桂军，对外经济贸易大学副校长、教授；汤碧，对外经济贸易大学国际经济学院副教授。

① 见 Preamble of the Agreement Establishing the WTO（Marrakesh Agreement）。

② 对于贸易自由化是否 WTO 目的的问题上，存在着不同的观点。一部分人认为，WTO 的基本目标是以贸易自由化、私有化和全球化来推动贸易的发展。另一部分人则认为贸易自由化是实现人民生活水平提高和扩大就业的工具，并批评 WTO 自成立起本末倒置，使 WTO 成为一个实现贸易自由化的组织，偏离了提高各国人民生活水平、扩大就业的基本宗旨。

济体制改革的步伐超前，因而，对以后的经济体制改革产生了深远的影响。通过加入世界贸易组织，我国主要可以实现以下目标：第一，通过谈判，可以降低各国对我出口产品的歧视，为我国出口提供更广阔的市场；第二，以入世承诺作为压力，锁定经济体制改革的基本方向；第三，提升发展中国家在多边贸易体制谈判中的地位，为建立新的世界经济秩序做出贡献。

2001 年 12 月 11 日，中国成为 WTO 第 143 个成员国。当时，全球经济正开始发生深刻的变化。上世纪 90 年代以来，以生产的垂直专业化分工为本质特征的经济全球化开始快速发展，发展中国家纷纷走上对外开放的道路，各国对于外资的态度也发生了实质性的变化，开始积极引进外资。21 世纪起，中国和泰国等亚洲发展中国家开始更深地参与经济全球化，不再只是从事简单的出口加工贸易，开始向其他国家提供大量的中间投入，亚洲生产网络开始形成。

在世界贸易体系史上，从来没有一个像中国这样对世界贸易如此重要但体制却与 WTO 不符的国家被允许加入 WTO。回首中国入世十年的历程，中国学会了利用 WTO 规则开拓市场，保护自身权益，中国在经济制度和经贸发展方面发生了巨变，成为全球最开放的市场之一[①]。第一，在货物贸易领域，中国关税平均水平从加入前的 15.3% 降低到 2009 年的 9.8%，其中，农产品平均关税为 15.2%，工业品平均关税为 8.9%。除此之外，还按所承诺的时间表全部取消了进口配额和进口许可证等非关税措施，彻底放开对外贸易经营权。第二，在服务贸易领域，在按世界贸易组织规则分类的 160 多个服务贸易部门中，中国已经开放了 100 个，涉及银行、保险、电信、分销、会计、教育等重要服务部门，为外国服务提供者提供了广阔的市场准入机会。第三，在贸易体制方面，中国经历了历史上最大的清理法律法规工作，涉及 3000 多个中央一级法律法规和部门规章，19 万件地方性法规规章。截至 2010 年，中国加入世界贸易组织的所有承诺已全部履行完毕，基本建立起了符合规则要求的经济贸易体制。从事实（de facto）开放角度衡量，中国已成为全球最开放的市场之一。

在中国加入 WTO 的进程中，贸易改革和入世承诺对于中国融入全球贸易体系发挥了重要性作用[②]。入世使中国获得了市场准入、贸易争端解决、贸易

① 商务部，《中国与世贸组织：回顾和展望》，http：//www.gov.cn/gzdt/2010-07/22/content_1661180.htm。

② Richard Ouellet：Impacts of China's WTO Accession，Lois C. Porath，2004.

规则制定等方面的便利，也增强了外国投资者对中国的信心，帮助中国赢得了大量投资。

入世的十年，中国经济和进出口增长迅速，是中国发展最快、最好的历史时期。十年来，中国国民生产总值年年攀升，2001～2010 年，GDP 平均增长速度为 15.5%，GDP 从 2001 年的 109655.2 亿元人民币上升至 2010 年的 397983 亿元人民币，中国成为世界第二大经济体，人均 GDP 也由当初的 800 美元增长到 2010 年的 4000 多美元[①]。与此同时，中国进出口贸易呈现出超高速增长的势头，作为一个贸易大国崛起的势头日益明显。2001～2010 年，中国出口规模增长 4.9 倍，进口规模增长 4.7 倍，成为世界第一大出口国和第二大进口国。在入世之前的 2000 年底，中国商品出口和进口总额分别为 2492 亿美元和 2251 亿美元。2001 年，中国出口世界排名第六，8 年后的 2009 年跃居世界第一。2010 年，中国进出口 29727.6 亿美元，比去年同期增长 34.7%。其中出口 15779.3 亿美元，增长 31.3%；进口 13948.3 亿美元，增长 38.7%；顺差 1831 亿美元，下降 6.4%[②]。到 2010 年底，中国进出口额接近 3 万亿美元，形成了取代美国（3.2 万亿美元）世界第一商品贸易大国地位的态势。目前中国出口总量中的 60% 是入世十年间取得的（见图 1）。

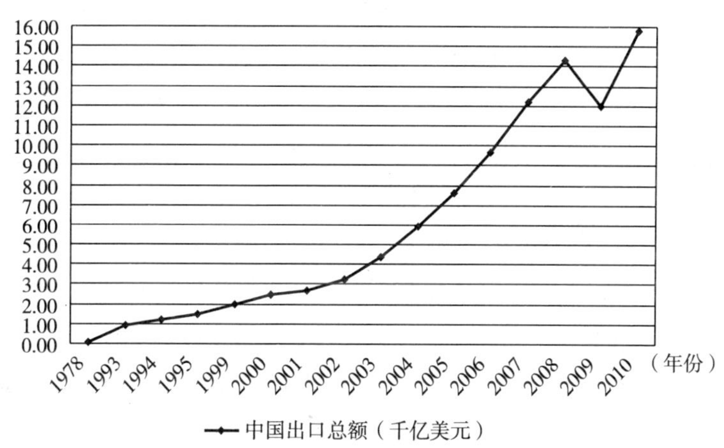

图 1　改革开放以来中国出口的增长

数据来源：联合国 Comtrade 数据库。

① 数据来源：根据各年国家统计局统计公报整理。

② 中国统计年鉴。

入世前，中国经济增长主要依靠国内消费和投资的拉动。入世后，2001～2009年间，国内生产占GDP比重逐年下降，直到2008年金融危机后才开始恢复。进口占GDP的比重在入世后呈现上升趋势，出口占GDP的比重一直处于上升趋势，最高为2007年，达35.16%，2008年后有所回落，2009年为23.78%。中国进出口的大幅增长一方面来源于中国经济的快速发展，但更多应该归功于中国加入世界贸易组织后降低产品关税、减少关税和非关税壁垒等措施的促进作用。2009年，中国进出口占GDP比重为43.67%，亚洲国家进出口占GDP的平均比重为53%，这样横向比较，中国也不算高。

表1　　2001～2009年支出法国内生产总值　　单位：亿元

年　份	国内生产总值	最终消费支出	资本形成总额	进口	出口	国内生产占GDP比重	进口占GDP比重	出口占GDP比重
2001	109028.0	66933.9	39769.4	20159.2	22024.4	79.38%	18.49%	20.20%
2002	120475.6	71816.5	45565.0	24430.3	26947.9	77.15%	20.28%	22.37%
2003	136634.8	77685.5	55963.0	34195.6	36287.9	72.79%	25.02%	6.56%
2004	160800.1	87552.6	69168.4	46435.8	49103.3	68.59%	28.87%	30.54%
2005	187131.2	99051.3	77856.8	54273.7	62648.1	65.53%	29.01%	33.48%
2006	222240.0	112631.9	92954.1	63376.9	77594.6	63.99%	28.52%	34.91%
2007	265833.9	131510.1	110943.2	73284.6	93455.6	63.64%	27.56%	35.16%
2008	314901.3	152346.6	138325.3	79526.5	100394.9	67.05%	25.26%	31.88%
2009	345023.6	165526.8	164463.5	68618.4	82029.7	75.75%	19.89%	23.78%

注：国内生产=（最终消费支出+资本形成总额）－进口。

数据来源：中国统计年鉴。

此外入世还锁定了中国市场化改革路径。世贸组织的透明度原则、非歧视原则、国民待遇原则等，都成为中国深化改革、转变政府职能、坚持扩大开放的标尺。过去十年的实践表明，加入WTO促进了中国在全球经济中地位的提升，为内部经济体制改革设定了锚，也提高了依法管理经济的能力①。十年后的今天，中国即将成为世界最大的贸易体，在全球贸易体系中具有举足轻重的作用，逐渐向一个成熟的成员转变。

① Chris Patten Archive, China and Europe: an important partnership, 6 November 2002. available at http://www.chrispatten.org.uk/speeches/ch061102.htm.

二、中国面临的焦点问题与利益诉求

1. 中国入世十年面临的焦点问题

入世时，中国同意承担 WTO 多边协议的 20 多项义务，涉及贸易的各个领域，包括 WTO 核心原则——最惠国待遇和国民待遇、透明性和行政决定独立审议的可用性，以及农业、卫生和植物检疫、技术贸易壁垒、与贸易有关的投资方式、海关估价、倾销、补贴和反补贴措施、与贸易相关的知识产权和服务等领域。过去十年，尽管中国在履行入世承诺上取得突出成绩[①]，但仍在知识产权、产业政策、贸易权和分销服务、透明度和服务等领域与 WTO 成员存在分歧。

(1) 知识产权

加入世贸组织以来，虽然中国政府已经根据 WTO 协议的要求，采取了一些步骤来保护知识产权，并在保护国内外知识产权方面建立起基本符合要求的法律框架，但知识产权法律法规的执行效果仍然面临挑战，其中突出的是假冒和盗版依旧处于较高的水平[②]。因此，不排除欧美未来进一步采取更加严厉的措施，包括在适当的时候使用 WTO 争端解决机制，促使中国形成一个有效的、与 TRIPS 协议兼容的知识产权执法体系。

(2) 产业政策

目前中国的产业政策仍然是欧美在贸易政策审议过程中关注的领域，欧美等国指责中国的产业政策没有遵守 WTO 规则，直接或间接地影响了其产业的竞争力。它们甚至认为中国推行的产业政策限制了非中国原产地商品和国外服务供应商的准入，同时政府以财政资源支持中国产业发展，提高出口能力。例如，欧美国家认为，中国通过发挥其作为世界大生产商在某些领域的优势，部署出口配额、出口牌照费、最低出口价格、出口关税和许多原材料的出口限

① Pitman Potter, Prospects for China' s Legal Reform Project, in Pitman Potter: the Chinese Legal System Globalization and Local Culture, London: Routledge Curzon, 2002, p. 136.

② 2008 年 4 月发布的 USTR 的年度特别 301 报告，同样证明了 2007 年的知识产权保护缺乏进展，USTR 继续将中国放在首要观察名单中。

制。再如，认为中国在一些高科技领域追求其独特的国家标准，而这些领域的国际标准已经存在，中国通过其国家标准来控制市场准入[①]。欧美国家在产业政策上针对中国遵守 WTO 义务提出的产业政策问题主要集中在以下领域：国民待遇、市场准入、出口限制、技术转让和补贴等。

(3) 贸易经营权和分销服务

贸易经营权和分销属于中国入世承诺的范围，一些国家指责中国对版权密集型产品，如书籍、报纸、期刊、喜剧电影、DVD 和音乐等的进口和分销限制，美国认为限制措施违反了中国关于贸易经营权和分销服务的承诺，并于 2007 年启动了 WTO 争端解决程序。在 2008 年 9 月的中美商贸联委会（JCCT）会议中，中国宣布了简化发放牌照的程序和加快批准新的外资零售点的措施，但欧美仍在向中国施压，要求中国完全履行入世承诺。

(4) 透明度

在农业领域，美国认为中国政府对农业实行选择性干预，是世界主要农产品市场中透明度最低、最难预测的国家。过去的几年中，美国将其农产品出口所遇到的问题归咎于中国海关和检疫局基本不透明的管理制度。近年来 WTO 成员对中国采取的反倾销措施迅速增加，使中国成为遭受反倾销措施最频繁的国家之一。欧盟和其他 WTO 成员国也已经提出了中国在反倾销调查中任意征税的问题[②]。

(5) 服务领域

2001 年以来，中国发放了 22000 个电信许可证，但仍保留了对许多部门（如银行、建筑、电信）的投资和所有权的最高限额。美国经常抱怨中国的许可与操作要求过于繁琐，使外国银行、保险、快递、建筑和工程、通讯和法律服务行业的服务提供者很难在中国实现其潜力。除此之外，中国还在放宽外国证券服务供应商的市场准入、降低基本电信服务提供商的资本要求、消除对外国金融信息服务供应商的限制等方面面临一些国家的压力。

---

① 以信息安全标准为例，欧美国家认为，中国的监管部门推进本土研发的 TD－SCDMA 标准，在 2008 年扩展其测试市场，并不允许电信服务提供商使用其他的 3G 电信标准。

② The EC Communications to the Trade Policy Review Body Concerning China's Trade Policy Review. Available at WT/TPR/M/161.

2. 中国在世界贸易体系的利益诉求

目前，世界经济和贸易发展正处在一个新的关键时期，国际金融危机影响尚存，贸易保护主义抬头，人民币压力增加、贸易摩擦加大等问题突出，特别是2009 年中国成为第一出口大国后，这些问题随着中国贸易地位的上升而更加明显。在加入世界贸易组织的第 10 个年头，中国也开始了新一轮经济发展。中国的"十二五"规划纲要明确提出要实施互利共赢的开放战略，进一步提高对外开放水平。未来中国的趋势是市场向更加开放的方向发展，中国需要一个更加公平、稳定和开放的国际经济贸易环境，中国在世界贸易体系中追求以下几个目标。

(1) 我国现存巨大的出口能力，需要进一步扩大海外市场

入世十年来，中国已经与世界上的 200 多个国家和地区建立了经贸联系，对外开放取得了巨大的成就。今后，我国在继续扩大内需的同时，还需要进一步扩大国际市场，消化生产能力。发达国家市场仍然存在着份额继续提高的空间和可能性，但成本会提高，也会遭遇更加强烈的贸易保护，因此，中国通过 WTO 开拓更加广阔的市场，实行市场多元化战略是一个必然的选择。新兴市场分两大类：一类是处于上升势头的巴西、俄罗斯、韩国、越南等，市场需求处于上升阶段，双边贸易关系良好，开拓条件对我国也较为有利；另一类是与我国存在一定竞争的新兴市场国家，尤其是阿根廷、印度、墨西哥等，其频频对华实施贸易保护措施，有些甚至直接限制中国产品进口。对第二类新兴市场，需通过 WTO 加强合作，在 WTO 框架下进行对话、沟通和政策协调，化解相互之间的贸易摩擦。

(2) 反对贸易保护主义，保证全球贸易体系平稳运行

中国加入 WTO 以来，各成员方对中国的贸易保护包括反倾销、反补贴、保障措施和特别保障措施在内的贸易救济措施立案数和终裁数均迅速增加，特别是国际金融危机爆发至今，各国经济复苏进程进一步分化，WTO 多哈回合谈判未取得突破性进展，一些主要经济体宏观政策自顾倾向强化，贸易保护主

义不断升温，中国已成为贸易保护主义的主要对象国①。来自发达国家的贸易保护主义抬头，造成我国出口多方受阻，进口资源则受制约；我国与某些发展中国家出口产品和产业结构相近，引发了贸易摩擦增多。保护主义将是未来十年中国面临的很大问题。今后，我们应该更主动、更有效地运用好世界贸易组织各项原则和规则，通过 WTO 防止贸易保护主义的泛滥，要求 WTO 成员加强在针对中国的特保、反倾销、反补贴的歧视性的措施方面加强纪律约束。

3. 稳定直接投资内外流动

中国作为传统的主要外资接收国，如今正在成为新兴的对外投资主体，并一直保持着快速的对外投资步伐。未来一段时间是中国对外投资加速发展、不断扩大的进程。从外部环境来看，中国企业海外投资的外部压力一直存在，随着投资规模的迅猛增长，国际投资保护主义已经成为中国企业海外投资难以回避的巨大障碍。2009 年，多数国家出台的有关外商投资政策中，限制性的措施达到 30%，这意味着全球的投资保护主义在一定意义上有上升趋势。中国希望有关国家对等放宽产业准入，加大市场和技术开放力度，提高对外资审查的透明度，以更为积极的态度对待中国企业的投资，允许那些有资金实力的中国企业去国外投资，而不是像有些国家那样通过一些政治的手段加以阻挠。中国企业特别是民营企业在“走出去”过程中遇到的有形和无形障碍在增多，需要运用国际通行规则，有力推进“走出去”战略的实施，以获取更大发展空间。

（4）产业结构调整和产业升级需要宽松环境

未来中国经济发展的关键在于它是否能够以创新作为驱动力，并沿全球价

---

① 2001～2010 年，WTO 成员共对中国发起 615 件反倾销诉讼，占比 35%；采取反倾销措施的 444 例，占比 38%。集中在少数部门，但涉及金额加大。这些案件集中的部门包括：化工（占 21%）、纺织（13%）、基础金属及制品（23%）、机电产品（12%）及其他（31%）。对中国采取反倾销措施的主要集中在少数经济体，如印度（占反倾销案件的 19%）、美国（15%）、土耳其（12%）、欧盟（11%）、阿根廷（9%）及其他（34%）。2001～2010 年，世界贸易组织 31% 的反倾销反补贴措施是针对中国的，采取措施的国家主要集中在美国、欧盟和加拿大三个贸易伙伴，主要商品是基础金属及制品，占所有案例的一半以上。关于针对中国保障措施，2001～2010 年，共发起 20 项，9 项采取了临时措施，5 项采取了最终措施。共 11 个成员发起了针对中国的保障措施，但只有 4 个最终采取了措施。这 11 个成员是：印度（占 22%）、美国（18%）、厄瓜多尔（15%）、土耳其（11%）、哥伦比亚（11%）、中国台北（4%）、多米尼加（4%）、欧盟（4%）、秘鲁（4%）、波兰（4%）、加拿大（3%）。见 Patric Low，Ten Years On：China' s Participation in the WTO，SIFT CONFERENCE，Shanghai，November 22，2011。

值链从现在的低端向高端转移，由劳动密集型逐渐实现向资本密集、技术密集和知识密集的方向转移。在实现这一目标方面，中国正面临 WTO 一些规则束缚和发达国家的压力。这主要表现在 WTO 的非歧视性原则限制了政府支持性政策的实施。发达国家担心丧失高端产业优势，对中国的自主创新政策、重点发展行业也百般挑剔，对中国国有企业甚至形成全球围堵之势。应该说，下一阶段中国所面临的挑战不亚于入世时的情况。

三、中国未来在 WTO 的角色和作用

入世之初，中国基本上是一个“规则的接受者”；入世十年后，随着经济总量和贸易规模的快速增长，中国在 WTO 的地位和影响力也在发生变化。

近来国际上对中国经济增长的预测结果显示，中国的 GDP 总额将在 8～10 年的时间里接近或超过美国。继 2009 年中国成为世界第一出口大国之后，中国的进口总额也在加速增长，估计 2013 年之前中国的商品进口总额将会超过美国，进而成为世界最大进口国。2010 年我国商品进出口总额达到 3 万亿美元，低于美国的 3.2 万亿美元。2011 年，预计中国全年进出口总额约为 3.5 万亿美元，同比增长 20% 左右①，有可能超过美国。总之，中国成为世界最大贸易国已经是指日可待的事情。

从总体规模角度看，中国将成为 WTO 中少数最重要的成员之一，国际社会也因此期待中国发挥与其经济实力相对应的作用，特别是发达国家希望中国进一步扩大市场开放的程度和范围，而发展中国家则期望中国能够增强他们在 WTO 中讨价还价的能力，领导他们推动 WTO 的改革。中国未来在 WTO 中将发挥以下作用。

1. 反对贸易保护主义，关注发展中国家利益，积极扩大进口

目前中国在 WTO 中发挥领导作用，既有一定的空间，又受到自身条件的约束。全球贸易体制是在汲取 1929～1933 年大危机中各国竞相采取以邻为壑的贸易保护主义政策的教训而诞生的。2008 年全球金融危机爆发后，西方发

① 商务部：《中国对外贸易形势报告（2011 年秋季）》。

达国家经济增长缓慢，全球保护主义抬头。更值得关注的是，近年来，非传统的贸易摩擦强度增大，自主创新、新能源政策、知识产权保护、投资环境、市场准入等成为贸易摩擦的新热点。坚持 WTO 的最初宗旨，抑制全球保护主义，中国还是大有可为的。

多哈回合作为一个发展回合，反映了多数发展中国家对现行全球贸易体系不满、要求改革的呼声。中国应该设法引导 WTO 朝着更加关注发展中国家发展的方向改革，一改过去单纯依赖自由贸易寻求发展的倾向。比较优势只是经济发展的一个必要条件，比较优势需要有高质量的人才、社会体制和良好的基础设施作为支撑。

长期以来，中国贸易处于顺差的局面，目前我国仍有潜力进一步开放进口，从而给 WTO 带来新的发展动力，这也是我们当前最大的资本。这样做不仅可以缓解人民币升值的压力，增强国内市场的竞争，而且在国际政治上可以使我们在许多方面摆脱被动的局面。目前，多边自由贸易体系的发展呈现出“不进则退”的局面，中国可以利用已有的优势促成多哈回合谈判的成功，否则中国将有可能成为贸易保护主义回潮的主要受害者。

2. 从浅层一体化向深层一体化转变，为成为世界市场奠定基础

入世时，中国的改革多集中在降低关税和非关税壁垒，这些改革集中在“边境的政策”，属于浅层次开放的范畴。入世十年后的今天，虽然中国在浅层次开放方面仍然面临一些挑战，但是更艰巨的是“边境后的政策”改革，即所谓深层次的开放，这涉及国内产业政策。实际上，上文提到西方国家对我施加压力的产业政策、贸易经营权和分销服务、透明度、服务贸易准入等方面的问题基本属于这一范畴。

目前，国内对于深层次的开放并未有充分的准备，而且还有拒绝深层次开放的倾向，结果导致产业垄断成为常态、物流成本居高不下、中小企业发展困难、政府过度介入市场等。目前，许多西方国家十分关注中国的自主创新政策，怀疑中国将实行有歧视性的补贴政策支持某些产业的发展。如何推进自主创新是一个需要系统研究的问题①。在 WTO 规则下，如何保护具有潜

① 补贴全新产品的开发，应该不具有歧视性；存在歧视性的，是支持那些已经存在的产品的开发。这就需要将资源集中在具有原创新产品的开发上。

在优势的国内产业一直是令国内头痛的问题。根据目前国内的发展情况，适度的贸易保护还是必要的。适度的保护主要是指针对一国具有潜在比较优势的幼稚工业，在其发展初期无法同先进国家同类成熟产业进行抗衡时实施保护。WTO 幼稚产业条款是专门为发展中国家进行经济援助而设计的，以体现多边贸易体制对发展中国家利益的考虑。它是 WTO 的安全阀之一，体现了对关税减让和取消数量限制的例外。与反倾销、反补贴和保障措施相比，援引幼稚产业保护条款不需要以国内产业受到损害为前提。中国应尽可能利用 WTO 规则允许发展中国家有较长的过渡期并对其幼稚工业采取保护的例外条款。目前，多哈回合陷于停滞状态，估计短期内不会有太大转机。中国应该利用这一机会，大力推动产业政策方面的改革，使之既能保护市场竞争，保护消费者的利益，同时又与 WTO 的非歧视性规则保持基本一致，为中国向世界市场转变奠定基础。

3. 在 WTO 中维护本国的利益

能否在 WTO 谈判中维护自身的利益，是国内一个十分敏感的问题，也是一个非常复杂的问题。不同的人对何为本国的利益有着不同的解释。对于中国约束少数国家针对中国的反倾销和反补贴措施方面的随意性，长期应该推动 WTO 改革，对采取反倾销、反补贴措施的国家采取纪律约束。中国入世以后，对中国采取反倾销措施的也主要集中在少数经济体，如印度、美国、欧盟、阿根廷、土耳其、巴西等。中国入世以后对于中国采取征收反倾销反补贴税的主要是美国、欧盟和加拿大。因此，在 WTO 框架之外，积极进行双边沟通也是十分必要的。

“边境后的政策”改革将是中国在 WTO 谈判中面临的最大挑战。为应对这一挑战，中国有必要加快国内政策的改革，同时从发展角度出发，积极加强与新兴经济体国家在产业政策方面的协调，促进具有潜在优势的产业的成长。

在一些新的议题上，中国应该加强研究，争取在 WTO 成员中起到领导作用。贸易政策与气候变化的交叉是国际贸易政策领域中一个新的议题，目前国际上对于这二者之间关系的研究仍然处在较肤浅的阶段。许多鼓励自由贸易的措施实际上却导致气候问题的加剧，影响经济增长的可持续性。自由贸易与保护环境的矛盾反映出 WTO 需要进一步改革的必要性。近年来，我国面临的一

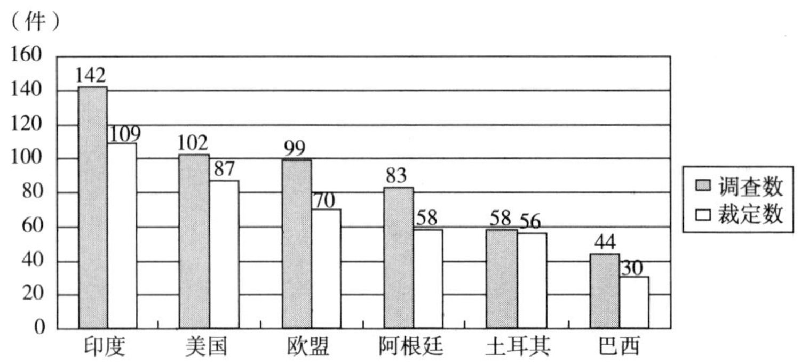

图 2　2010 年对中国发起反倾销调查的前六位经济体

资料来源：WTO 统计资料，http：//www. wto. org/english/tratop_ e/adp_ e/adp_ e. htm。

个国际压力是对自然资源产品出口实行限制。以往 WTO 关注的是进口限制，出口限制是一个被忽视的问题。对于这一问题的讨论也会导致 WTO 规则的重塑。

最后，中国应该反对将汇率问题列入 WTO 谈判议程。汇率属于宏观经济管理的范畴，应该由国际货币基金组织负责管辖。在发达国家，汇率被视为一个资产价格，而不是一个国际贸易商品价格。我国目前金融市场仍欠发达，汇率反映的主要是国际贸易商品的价格。因而中国的汇率估值与发达国家有着不同的含义，将其列入 WTO 谈判，势必出现矛头针对中国及发展中国家的结果。

四、结论

入世十年之后，中国以一个全新的面貌展示在世界面前。不论是贸易总量还是经济规模总量，中国都将会在不久的将来领先世界。对于这一突然出现的巨大变化，国际社会普遍要求中国在 WTO 中发挥领导作用。发达国家希望中国进一步开放贸易，并酝酿对中国的国内产业政策施加更大的压力。发展中国家则希望中国能够发挥领导作用，增强发展中国家在 WTO 谈判中讨价还价的力量。中国未来在 WTO 所面临的压力不亚于入世时的情况。

中国是 WTO 中地位比较特殊的一个成员。从经济规模和发展潜力上看，中国和发达国家有利益一致之处，然而在市场开放等领域，中国又和发展中国家的立场一致。这一特征使得中国在 WTO 中难以拥有稳定的战略伙伴。在开拓新的市场方面，中国与发达国家利益相似；在保护国内幼稚工业方面，则又同许多发展中国家利益近似。

中国虽然正在成为世界上最大的贸易体，但在 WTO 发挥领导作用的条件仍不成熟，其中关键原因是国内产业政策等涉及深层次一体化开放方面仍然滞后，进口的进一步开放仍然受到进口竞争部门的束缚。在这一条件下，中国的崛起会使过去发达国家进攻性的、单纯的贸易自由化做法受到抑制，未来 WTO 贸易自由化的进程将会减缓，发展中国家的利益将会得到更多的关照。中国能够对 WTO 做的贡献主要体现在抑制全球的贸易保护主义和利用其进口规模的潜在优势，给 WTO 谈判注入新的动力。

2001 年以后，中国是 WTO 成员中经受反倾销、反补贴案件最多的国家，发起这些案件的主要是美国、欧盟和少数新兴经济体，然而涉及案件的金额则巨大。因此，中国有必要要求 WTO 增强发起反倾销、反补贴行动方面的纪律性，以保证国际贸易体系的平稳运行。

多哈回合谈判力量平衡发生变化，议题未适应形势变化，缺少经济逻辑，陷在传统艰难的议题，如农业、排放等，在短期内难以有很大起色，发展进入缓慢期。中国应该利用这一机会积极推进国内产业政策的改革，使开放型经济从浅层次一体化向深层次一体化转变。同时加快研究进程，在贸易政策和气候变化、自然资源出口限制方面取得领先地位。

中国的崛起将最终给全球贸易体制带来深远的影响，只要坚定不移地坚持向“世界市场”转变这一目标，中国最终将成为领导全球贸易体制进步的力量。

参考文献

[1] Andrew L. Stoler: China' s Role in the World Trade Organization and the Doha Round of Multilateral Trade Negotiations, Second World Forum on China Studies, Shanghai, China, 21 ~ 22 September 2006

[2] UNITED STATES CHINA ECONOMIC AND SECURITY REVIEW COMMISSION WASH INGT ON: AUGUST 2010 EVALUATING CHINA' S PAST AND FUTURE ROLE IN THE WORLD TRADE ORGANIZATION

[3] Betül YÜCE DURAL: WHAT HAS CHANGED AFTER THE WORLD TRADE ORGANIZATION MEMBERSHIP OF CHINA: OPPORTUNITIES AND CHALLENGES, August 2007

[4] Robert Z. Lawrence: China and the Multilateral Trading System

[5] Glenda Mallon & John Whalley: CHINA' S POST ACCESSION WTO STANCE, August 2004, http://www.nber.org/papers/w10649

[6] Gregory C. Chow: THE IMPACT OF JOINING WTO ON CHINA' S ECONOMIC, LEGAL AND POLITICAL INSTITUTIONS, Princeton University, Princeton, NJ 08544

[7] Robert C. Feenstr & Shang - Jin Wei: INTRODUCTION TO "CHINA' S GROWING ROLE IN WORLD TRADE", February 2009, Working Paper 14716, http://www.nber.org/papers/w14716

中国参与区域经济开放与合作：回顾、思考与展望

◎ 张蕴岭

中国实施改革开放政策后的第一步战略是融入现行的世界经济体系，因为这有助于中国利用世界市场和资源（包括资本和自然资源）加快发展自己。之前，中国已经是国际货币基金组织和世界银行的成员，但是，面对世界市场最重要的国际组织——关税与贸易总协定（GATT）/世界贸易组织（WTO），中国却被排除在外。为此，加入世贸组织，就成为中国实施第一步战略的一个关键之举。经过 15 年的艰难历程，入世谈判终于于 2000 年完成，自 2001 年起，中国成为世贸组织的正式成员，从而基本上取得了利用开放的世界市场的入门证。

然而，世贸组织的最惠国待遇，即非歧视原则并不适用于各种各样的区域贸易安排（RTA），也就是说，这个入门证对进入区域优惠市场安排无效。事实上，自上个世纪 60 年代开始，尤其是 80 年代以后，区域性贸易安排迅速发展，截至上个世纪末，在世贸组织登记的各种区域贸易安排就有 200 多个。换言之，一方面，世界市场通过多个谈判回合取得了总体开放的大格局；但另一方面，世界市场也被各种区域安排所分割。鉴于世界市场存在总体开放（全球化，多边，以 WTO 为代表）与区域开放（区域化，双边或区域，以 RTA 为代表）的双层结构，因此，在取得世贸组织的入门券之后，参与区域贸易安排就成了中国的第二步战略[①]。

张蕴岭，中国社会科学院学部委员、国际研究学部主任、研究员。

① 张蕴岭、周小兵主编：《东亚合作的进程与前景》，世界知识出版社 2003 年版。

此外，由世贸组织推动的市场开放范围是有限的，开始主要集中于商品（制造业）市场，重点在发达国家之间，而后扩大到更多的发展中经济体，开放的范围扩展到服务业。然而，广域的和深层的开放遇到越来越多的阻力，致使多哈回合谈判陷入长时间的停滞。区域性安排具有全球多边进程不可替代的优势：一是参与范围小，比较容易达成谈判协议；二是可以作更为灵活、更为拓展的开放与合作安排，如经济合作、政策协调、标准统一等；三是区域合作往往具有地缘政治含义，因此可以实现多重目标。这也是为何在多边进程停滞不前的情况下区域贸易安排可以迅速扩展的一个重要原因。

当中国完成加入世贸组织谈判时，各种区域贸易安排已经得到了很大的发展，在欧洲、北美洲、拉丁美洲、大洋洲以及非洲，都发展起了许多不同程度、不同样式的区域经济安排。在亚洲，尤其是在具有经济活力的东亚，只有东盟率先建立了自贸区（AFTA）。不过，在1997年亚洲金融危机发生后，由东盟牵头，东亚开启了合作进程，提出了构建东亚自贸区（EAFTA）和建立东亚共同体的倡议。在亚太地区，起主导作用的是亚太经合组织（APEC），它制定了推动该地区市场开放的目标（茂物目标），但实际推进进程并不顺利。

作为一个亚太和东亚地区的国家，中国参与了亚太经合组织和东亚合作机制，与欧洲、美洲、大洋洲、非洲的任何区域安排都无缘。无论是经济关系的重心，还是从地缘意义来考虑，东亚都是中国实现区域参与和构造战略的重点和优先选择，因此，中国的第一个战略性选择，是在积极参与东亚合作机制的基础上，推动构建中国—东盟自贸区（CAFTA）。中国与东盟构建自贸区不仅实现了推动市场开放、加强经济合作的目标，而且也为改善和加强与东盟国家的政治关系奠定了基础，促使双方达成了战略伙伴关系①。

中国—东盟自贸区的创建为中国推动区域经济安排增强了信心，也使中国看到积极参与和推动区域合作的好处，因此，中国在推动东亚地区经济合作上变得更为主动和积极。这表现在，中国主动提出牵头东亚自贸区的可行性研究，积极推动东亚货币金融合作进程（清迈倡议合作框架以及其深化），推动中日韩三国合作机制的建立等。当然，中国的这种自信和主动也来自于其经济

① Zhang Yunling, China and Asia Regionalism, World Science, Singapore, 2010, P. 101～102；龚占奎、孟夏、刘晨阳等：《中国与东盟经济一体化》，中国对外经济贸易出版社2003年版。

发展本身的需要，即为拓展和深化对外经济关系构建区域空间，因此，中国参与和推动的区域合作具有比一般自贸区（FTA）更为宽广的领域和更为丰富的内容。

不过，中国积极参与和推动的东亚区域合作进程并不顺畅，遇到了许多障碍，这既有经济上的原因，又有地缘政治上的原因，既有外部的原因，又有自身内部的原因。这表现在，东亚自贸区的建设停滞不前，东亚区域合作的制度化建设出现竞争性博弈，呈现多重框架相互牵制的局面。

当然，中国的区域参与并不仅仅局限在“近地缘”范围，而是一种全球利益与可行的灵活选择。中国与亚洲其他地区，大洋洲，拉丁美洲，中东，非洲的国家签署或者正在谈判双边或次区的自贸区协定，采取多种形式加强与外部地区的经济合作。尽管如此，由于复杂的原因，在与自己的主要贸易伙伴构建自贸区上，中国没有取得进展。比如，美、欧、日发达国家，近邻主要市场韩国，大的发展中国家，如印度、巴西、俄罗斯等，均对与中国建立自贸区反应不积极或者消极。应该说，尽管做出了积极的努力，中国在推动区域经济安排的参与和构建上进展并不令人满意。

中国作为一个发展中的大国，从发展利益上，参与和推动全球市场开放是至关重要的。加入世贸组织只是第一步，在这方面还要做更多的工作、发挥更大的作用。但是，参与和推动区域经济安排与合作具有特殊而不可替代的意义，因此，尽管困难不少，今后还是值得做出更大努力的。而要做到这些，中国应该以更加开放的姿态参与和推动区域贸易安排。

一、对中国参与区域合作的回顾

中国参与区域合作是从参加亚太经合组织（APEC）开始的。几经周折，1991 年中国成为正式成员，此时，申请加入世贸组织的谈判仍在艰难进行之中。由于亚太经合组织是一个区域协商与合作机制，推动市场开放的措施主要靠成员的单边行动，因此，中国感到比较舒适，可以利用这个组织自主地安排市场开放进程，凸显中国改革开放的决心①。在亚太经合组织中，中国成为积

① 比如，1996 年和 1997 年，中国两次主动宣布降税，分别由 35.9% 降到 23%，由 23% 降到 17%，并承诺进一步降低。见张蕴岭主编：《开放竞争与发展》，经济管理出版社 1998 年版。

极的参与者和推动者。无论在落实自主开放，还是推动经济技术合作方面，中国都作出了积极的贡献。然而，由于亚太经合组织本身的机制缺陷，尽管该组织在推动成员经济体间的协商与对话方面起到积极的作用，但其通过“茂物目标”（Bogor Goal）来推动亚太地区市场开放进程的进展并不顺利①。尽管如此，亚太经合组织的存在和发展仍然具有不可替代的重要意义。中国是亚太地区的一个重要成员，这个地区对中国的经济发展和对外关系都有着重要的含义，从领导人会议、部长会议，到企业界的对话，亚太经合组织为中国紧密联系亚太地区提供了一个重要的平台。因此，中国继续积极参与该组织的活动，与其他成员一起，在行进中寻求进一步发展的方式和道路。

起始于东南亚国家的 1997 年亚洲金融危机使亚太地区的区域合作方向和结构发生了重要的变化。在危机面前，亚太经合组织无所作为，受危机影响最严重的东盟国家推动了东亚地区的合作，邀请中日韩对话，推动合作应对危机，构建东亚地区的合作机制。1997 年底，东盟 + 中、日、韩三国（10 + 3）的对话机制诞生，中国成为积极的参与者。由于中国经济受金融危机的直接影响较小，经济继续保持增长，因此，中国通过保持人民币汇率稳定，向受危机冲击的国家提供资金援助等，主动承担起了积极应对危机、支持东盟国家经济恢复的责任。中国的这种负责任表现，为其自己积极参与东亚地区合作和推动合作进程深化增添了信心，也为其在地区提高了信誉度。

因此，在“10 + 3”合作机制启动的次年，即 1998 年，中国就提出在合作机制下设立央行与财政部副手会议的建议，旨在推动务实合作，应对危机。1999 年，东亚领导人发表合作声明，决心深化东亚区域合作，责成建立由各国专家组成的“东亚展望小组”（EAVG），中国表示大力支持，并且派专家参与起草展望报告，对于专家小组提出的关于建立东亚共同体的报告，中国政府表示了积极的支持，并且推动落实报告提出的政策性建议②。2004 年，当“10 + 3”领导人决定对建立东亚自贸区进行可行性研究时，中国领导人主动提

① 按照茂物目标，发达经济体于 2010 年，发展中经济体于 2020 年，完成市场开放的目标。2010 年，发达经济体并没有履行承诺，此目标不了了之。2011 年，美国牵头进行 TTP（跨太平洋伙伴协定）谈判，只邀请亚太经合组织的部分成员参加，打破了这个组织的协商一致原则。

② 作者本人代表中国参加了展望小组的活动，中国的积极贡献得到各方的赞许。See Zhang Yunling, China and Asian Regionalism, World Science, 2010, Singapore, P. 66。

议，由中国的专家牵头，邀请13个国家的专家共同研究①。中国之所以主动提议牵头，在于推动构建东亚开放的大市场，为中国经济的发展提供更大的市场空间。中国的这种主动性也来自构建中国—东盟自贸区的信心。

在参与和推动区域合作方面，真正取得突破是构建中国—东盟自贸区。2000年，就在完成加入世贸组织谈判之时，中国主动提议与东盟国家构建自贸区，这个提议得到东盟国家的积极响应，因为东盟认为，其经济正在恢复，与一个经济上迅速发展的国家构建自贸区，有助于其经济发展，并且从长期看，可以分享中国经济不断发展所带来的机遇②。

与大多数都是发展中国家的东盟十国建立自贸区并不是一件容易的事情，最关键的是要建立信心，实现互利共赢，同时也要找到双方都可以接受的方式。中国—东盟自贸区的建设进行了三个创新：一是把东盟10个国家作为一个总体来谈判，同时，充分考虑到成员国之间的差别，实行一致行动、分步落实（不同的时间表）的不同安排；二是分类谈判，先易后难，依序货物贸易—服务贸易—投资，边谈判边落实；三是实施早期收获计划，旨在使东盟国家可以早一点尝到构建自贸区的甜头（从开放农产品开始，实行不对等的让步）。从2002年算起，谈判用了8年的时间，到2010年1月1日开始全面落实。中国—东盟自贸区被称为世界最大的自贸区，从人口规模上来说的确如此，从未来发展的潜力上，也是非常巨大的。现实的发展表明，自贸区的建设大大促进了双方经济关系的发展，不仅是贸易，而且还有综合的经济关系，如投资、基础设施建设以及政治关系的发展等。

中国—东盟自贸区的建设推动了其他多个“10+1”（日本、韩国、澳新、印度）自贸区的问世，这个发展被称之为“竞争性的开放”（competitive liberalization）进程。然而，这种发展也使得东亚市场被各个互不衔接的自贸区协议分割，导致所谓的“面条碗效应”（spaghetti bowl, or noodle bowl）。为此，在东亚区域合作机制下，大家一直努力试图推进市场的一体化整合，即把分散的自贸区整合为一个统一的大市场。然而，由于多方面的原因，整合的努力一

① 13个国家的专家都参与了专家组的工作，2006年，专家组提出研究报告，加快建立“10+3”东亚自贸区的建议，这个专家组由我主持，此后，韩国又牵头进行了第二期研究，于2008年提出研究报告。

② ASEAN's Role and Interests in the formation of East Asian Economic Regionalism, in Zhang Yunling Edited, Emerging East Asian Regionalism: Trend and Response, World Affairs Press, 2005, p. 56~57.

直没有取得显著成效①。

在东亚市场整合遇到困难的情况下，中国又转而积极推动中日韩三国的合作。自 2008 年开始，三国启动了单独的合作进程，每年召开领导人会议及部长会议，同时还设立了合作秘书处，决定加快自贸区的建设进程②。当然，考虑到三国之间的经济结构差别，还有政治关系的脆弱性，合作进程不会一帆风顺，自贸区的谈判也会非常艰难。尽管如此，鉴于中日韩三国在东亚地区的分量，推动三国的合作具有重要的意义，从中国方面来说，这一方面可以构建一个更加平衡的市场结构，另一方面也会对整个东亚地区的合作进程起到积极的推动作用③。

与自贸区的建设进程不同，东亚地区的货币金融合作从一开始就以“10 + 3”为基本框架。尽管 2000 年的“清迈倡议”是从构建双边货币互换开始的，但得到逐步发展和深化，在双边货币互换机制的基础上，发展起了相互连接的区域互助机制，再进一步发展到规模达 1200 亿美元的货币储备库（这个规模还会增大），建立了宏观经济办公室（对东亚地区的经济发展进行研究，对经济的运行进行观察，并提出建议）等。尽管在 1997 年中国对日本提出的关于建立亚洲货币基金的倡议没有给予支持，但是，在参与和推动以“清迈倡议”为基础的区域货币金融合作上做出了积极的努力，与包括日本在内的东亚国家一起积极推动东亚地区货币金融合作进程。

货币金融合作之所以在区域框架构建上取得显著的进展，一是亚洲金融危机的影响，即大家认识到必须通过“同舟共济”防止新的金融危机扩散蔓延；二是货币金融的整合具有内在的必要性，即必须利用集体的力量集聚尽可能大的资本，才能在一旦出现危机时发挥稳定器的作用。中国作为全球最大的外汇储备国拥有参与和推动区域货币与金融合作的优势，通过推动建立区域货币金融合作机制，发展地区的资本市场，不仅为中国的发展，同时也对为中国的资

---

① 比如，中国牵头进行东亚自贸区（13 个成员）可行性研究，日本提出以东亚峰会（16 个成员）为基础构建紧密经济伙伴关系（CEPEA），东盟出于建设自己的共同体的考虑，对推进整个东亚地区的市场整合缺乏热情。

② 中日韩领导人决定，官方牵头的三国自贸区联合研究于 2011 年底完成，2012 年启动自贸区谈判进程。

③ Yoon Hyung Kim, Changjie Lee, Strengthening Economic Cooperation in Northeast Asia, KIEP, 2004, P. 4。《亚太地区发展报告（2011）》社会科学文献出版社 2011 年版。

本开辟新的市场空间提供机遇。

回顾中国参与亚太和东亚合作的进程，我们可以看到：一方面，中国通过积极参与和推动区域的合作机制，扩大其经济对外扩展与融入空间；另一方面，区域合作也为中国提供了发挥作用的新平台。比较加入世界贸易组织，在参与和推动区域合作中，中国拥有更大的主动性和影响力。尽管作为一个迅速发展的大国，中国的利益诉求是全球的，但是区域尤其是近邻地缘区域，毕竟具有特殊的意义，其意义远超出经济利益。从这个意义上说，中国积极参与和推动区域经济合作，既是利益上的驱动，又是战略上的选择①。

与此同时，中国也主动理顺与香港地区、澳门地区以及台湾地区的经贸关系，先后与港、澳签订了紧密经济伙伴协定（CEPA），与台湾地区签订了海峡两岸经济合作框架协议（ECFA），力图构建一个开放的和紧密联系的“中华经济区”。不过，由于两岸关系的复杂性，ECFA 只能从低点开始，实行渐进和有选择的开放与一体化措施。

当然，正如其他国家一样，中国的自贸区构建并不仅限于亚太和东亚地区，而是在世界范围寻求合适的伙伴开展谈判。在东亚地区以外，已经签订协议的有南亚的巴基斯坦，大洋洲的新西兰，拉美的智利、秘鲁、哥斯达黎加，欧洲的瑞士；正在谈判的有大洋洲的澳大利亚，中东的海湾合作委员会（GCC），欧洲的冰岛、挪威等，还有一些正在进行可行性研究，如与韩国、印度、南非等，有的可能进展快些，有的可能难度很大。事实上，中国与世界其他地区的国家构建自贸区的努力并不顺利，除了几个小国外，与较大的国家，尤其是欧、美、日发达国家，都没有取得进展。

如何看待中国参与区域经济开放与合作的努力，如何认识中国在参与和推动方面所遇到的困难，这需要做一些深度的分析和思考。

二、对区域合作发展与中国参与的思考

在当今世界，区域化的发展方兴未艾。世贸组织条款允许其成员参与区域贸易安排，因此，区域贸易安排是世界贸易体系的一个重要组成部分。尤其是

① See Zhang Yunling, China and Asian Regionalism, World Science, 2010, Singapore, p. 22 ~ 23.

与世贸组织的非歧视性原则不同的是，区域性自贸区具有歧视性，即任何市场开放的安排只适用于参与成员。这样导致两个结果：一是非成员进入市场受到不平等待遇，在竞争中处于不利的地位；二是世界市场被不同的区域安排分割，因此，即便加入了多边世贸组织的全球性开放体系，仍然不能完全顺畅地进入那些存在区域贸易安排的市场。对各国来说，不能不把参与和推动有自己参加的区域贸易安排协定作为一项现实的战略性的选择。

从这个意义上说，中国积极参与和推动区域经济合作是为了扩展市场准入，即令中国产品能够更好地进入世界市场。尤其是考虑到，中国是一个大量利用外资发展加工出口产业的后发经济体，开拓外部市场对于拉动经济增长具有特别重要的意义。

但是，区域合作的范畴远远超出市场准入，可以在自贸区框架下进行广泛的合作，涉及从基础设施建设、规制整合到人员流动的互联互通（connectivity）、能力建设以及政治合作。尤其是考虑到中国是一个区域大国，与众多邻国有着广袤的地缘链接，区域合作为打造区域经济区，构建和平、合作、发展的区域环境提供平台。因此，在参与推动区域合作上，中国应该进行更多的投入，作为一个发展中的大国，为地区提供更多有利于和平发展的公共产品。

1. 构建中国—东盟经济区

中国之所以把东盟作为其参与和推动区域贸易安排的首先目标，从经济意义上说，大体有两个重要考虑。一是东盟十国大多是发展中国家，与中国的经济发展水平相近，有着相似的经济结构和市场开放环境，因此谈判容易达成共识。事实正是如此。在谈判方式上，如从早期收获开始，把货物贸易、服务贸易和投资分开谈判，实施差别待遇，按照东盟国家的经济发展水平分步实施、渐进深化等，双方都取得了一致。二是东盟国家是中国的近邻，有着地缘经济区的优势，可以以开放市场为基础发展全面的合作，从长远看，可以构建一个开放而紧密连接的大经济区。考虑到巨大的人口规模和地域空间，构建这样的经济区无论对中国还是对东盟都具有重要的意义。

如果从构建一个开放的经济区来考虑，重要的不仅是开放市场，同时还有其他很多方面的事情要做。比如，积极推进东盟国家提出的互联互通战略（实现基础设施、规制和人员的无缝链接）；加强对欠发达的东盟成员提供援助，缩小发展差距，增强市场开放和开展经济合作的互信度；通过宏观经济政策协调与合作，实现经济的稳定发展，促进结构的提升，加快发展方式的转变等。特别是，如今世界经济的发展正在发生重要的转变。今后的大趋势是经济增长和实力的重心向新兴国家经济市场转移，发达国家市场作为新兴经济体经济增长主要外部动力的结构发生逆转。也就是说，新兴经济体以往那种主要靠发达国家需求持续增长拉动出口增长和整个经济增长的方式不再行得通，必须主要靠发展中经济体本身创造新的内需动力。在此情况下，深化区域经济合作对于创造新的“内需”动力具有新的含义。

作为发展中国家，无论是中国，还是东盟，都具有巨大的发展潜力，关键是如何把潜力因素调动出来，而深化区域合作对于发挥潜力要素具有重要的意义。从这个意义上说，中国—东盟完成自贸区谈判并开始落实，只是双方构建地缘经济区的一个开始。从目前情况看，中国—东盟之间的贸易得到比较迅速的发展，其主要原因还不是构建自贸区的结果，而是中国经济持续高增长对东盟产品（主要是资源产品和零部件产品）需求增长的结果①。因此，中国—东盟自贸区建设的潜力还有待进一步的释放。因此，为构建紧密链接的经济区域，中国应该在推动双向市场实质性开放（超越关税），提升互联互通水平（现代化基础设施建设以及与此相关的交通管理、通关便利、运输安全等），提升欠发达国家的能力建设等方面，更为积极进取，并为此提供更多的投入。

2. 多向努力的区域整合

从市场准入的角度来说，自贸区的规模越大越好，也就是说，参与的国家越多越好；但是，从实际的谈判进程来说，规模越大，参加的国家越多，也就越困难。同时，在大多数情况下，自贸区构建需要强有力的政治认同和支持，如果国家间的政治关系存在矛盾，就会使进程搁浅。就像亚太经合组织推动的亚太地区自由贸易与投资目标，采取自主自愿的单边行动方式，难以实现设定的目标，而要进行亚太经合组织框架下的自贸区谈判，这么多成员，很难进行。

---

① 从市场调查数据来看，中国方面，公司利用自贸区协议与东盟开展贸易的比例并不高，低于20%。见 Masahiro Kawai & Ganeshan Wignaraja, Asia' s Free Trade Agreements – How is business responding? ADB, ADBI, 2011, P. 81, 117, 118。

属于亚太经合组织的四个开放程度高的国家（新加坡、文莱、新西兰、智利）率先行动，通过谈判建立了高标准的自贸区。美国抢过了这个接力棒，牵头搞跨太平洋伙伴协定（TPP）谈判，邀请属于亚太经合组织的部分成员参加（第一批九个国家，即原来的四个国家加上美国、澳大利亚、秘鲁、马来西亚以及越南），日本于 2011 年 11 月宣布参加协商，可能还会有别的国家宣布加入。美国宣称，决心谈成一个高标准的能适应新世纪发展需要的自贸区协定。美国政府是下了决心的，因为这样可以夺回亚太地区推动市场开放的领导权，并且可以推行自己的标准①。

不过，考虑到参加成员之间的巨大差异，要谈成一个高标准的协定并非易事。如果要把它作为实现亚太地区贸易和投资自由化的目标模式，可能更加困难。中国没有被邀请参加跨太平洋伙伴协定的第一批谈判，中国自己也没有提出申请。这里，有美国方面的原因，即美国迄今不承认中国的市场经济地位，也有中国自身的原因，即参与谈判一个高水平的自贸区协议还存在着现实困难。不过，中国担心，不参加 TPP 谈判会被排斥在亚太市场开放的进程之外，尤其是若不能参与未来区域经济关系的制度构造，会对自己产生负面的影响，即在与这些参与成员的经济交往中受到歧视性待遇因而处于不利的竞争地位。

然而，现实地说，即便中国提出申请参与 TPP 谈判，美国也不会同意，因为这还涉及美国的国内政治问题，即是否承认中国的市场经济地位。既然如此，中国所应采取的战略是：一方面，要静观其变，及时了解 TPP 谈判所涉及的各方面的问题，从未来发展看，亚太地区的经济一体化统合不可能排除中国；另一方面，则在其他方面多做积极的努力，尤其是在东亚、上合组织等方面有所作为。

建立统合的东亚地区自贸区有着经济上的内在需求，因为这个地区形成了以生产专业化分工为基础的地区生产网络（regional production network，RPN），需要开放的一体化市场环境与规制协调。而分散且标准不一的次区域或者双边自贸协定则会产生“面条碗效应”，为地区生产网络中的交易流转设置新的障碍，增加企业的运营成本。调查显示，企业界强烈要求消除这些障碍，实现整

① 美国贸易代表柯克（Run Kirk）强调，美国通过领导 TPP 谈判，输出自己的标准。见《财经》，2011 年 6 月 6 日对柯克的采访稿。

合的地区开放市场①。这是为何“东亚展望小组”在其报告中把建立东亚自贸区（EAFTA）作为建立东亚共同体最重要机制之一的重要原因，也是在东亚合作机制下各国一直为推动建设东亚自贸区而积极努力的利益动机。但是，如前所述，由于“政治战略”上的分歧，产生了不同的倡议版本，这样的努力陷入停滞②。

由此看来，在东亚地区一体化的制度性（institutional）一体化整合上，尽管经济上的合理性基础存在，但还需要强有力的政治认同和支持，而要形成这样的政治认同和支持，并不是一件很容易的事情。以往，东亚地区形成紧密联系的生产网络主要靠三个机制：一是开放的多边市场开放环境，使区域内和区域外形成一个相互连接与相容的市场框架；二是区内经济体采取积极的开放发展战略和政策，制定了一系列“友好的”（friendly）促进投资和贸易交换的政策，这为投资和生产分工在区内集聚创造了有利的环境；三是这个地区的经济发展形成阶梯型结构，产生投资和产业转移的梯度转移环境，这为技术的扩散和生产的扩大提供不断扩展的市场。如今，尽管这些机制仍然在起作用，但是，要在东亚地区进行制度性整合，发展一个统一的市场机制框架，这不仅需要经济利益的认同，也需要政治意愿的认同。其实，在这两个方面，都还存在着认同上缺位，还需要做出更大的努力。

3. 中国的深度参与和作用

中国实施改革开放政策之后，靠政府提供的优惠政策，丰富而低成本的劳动力供给，吸引了大量的外来投资和产业转移，成为重要的加工出口基地，从而成为亚太，尤其是东亚地区生产网络的重要链接点。因此，中国对地区经济开放与合作的参与和推动，不仅是自身经济发展的需要，也是地区生产网络运行的需要。正因为如此，中国成为一个越来越积极和主动的地区经济开放与合作的参与者，推动者。也许正是这种凸显的积极性，引起一些国家的对中国这个迅速发展崛起大国意图的猜疑，担心中国的主导和控制。这是东亚区域合作

---

① Masahiro Kawai & Ganeshan Wignaraja, p. 13。

② 2011年9月，中日抛弃歧见，共同倡议推动东亚地区的自贸区建设进程，为此建议成立三个专家组，就推动东亚自贸区（EAFTA）或者紧密经济伙伴协定（CEPEA）进行务实的可行性研究，但这个倡议并没有得到东盟的积极响应，应为东盟担心这会损害其“核心地位”，坚持东盟主导的“10+”方式，即非东盟成员国灵活参与和渐进推进的方式。

的一个软肋，即由于复杂的历史与现实原因，一些国家之间缺乏足够的政治信任①。

从全球双边自贸协定的选择来看，中国面临两个方面的限制：一是由于中国是一个靠低成本起飞的制造业大国，许多发展中国家对于与中国谈判对等市场开放的自贸协定不感兴趣，因为他们往往担心向中国开放市场会导致“退工业化”，即本国的制造业会在中国产品的竞争面前垮掉；二是主要的发达国家拒绝承认中国的市场经济地位，因而不与中国谈判自贸协定。当然，其中最主要因素是，他们不谈自贸协定，就可以保持一些优势，比如在向中国出口高技术产品方面不受到限制，可以避免向中国进一步开放带有保护性质的产品市场（这会受到巨大的社会压力）。同时，与中国贸易的失衡（统计上的贸易逆差），则可以使他们拥有对来自中国的出口进行各种限制（反倾销）。因此，尽管中国做出了巨大的努力，在构建亚洲以外的自贸区方面，进展不够顺利。

当然，中国本身也有一些制约的因素，其中最主要的是经济发展水平和经济结构失衡的制约。经济发展水平制约的主要表现是，对于市场深度开放的承受力较弱，规制与发达国家一致性的承接力欠缺，因此，出于开拓市场的考虑，政府往往表示出很大的积极性，然而，在具体的谈判中，对部门开放的承诺往往又表现得非常谨慎，一些部门都表现出强烈的保护诉求，致使一些谈判被迫中断。从政策法规方面来说，尽管在加入世贸组织过程中进行了清理，更新了一大批符合世界贸易组织规则的新法规，但是，作为一个发展中国家，在很多方面都难以达到与发达国家一致的要求，尤其是，新的自贸协定不仅仅是推动市场开放，而且在知识产权，劳工标准，环境标准，以及规制、政策一致等方面提出很高的要求②。在这方面，中国还有较长的路要走。当然，这不是说要等到中国自己完全发达起来之后才具备与发达国家进行谈判的条件。事实上，正像加入世贸组织为加快中国经济体制改革步伐提供了巨大的压力和推动动力一样，自贸区协定的谈判也是促进中国加快改革与体制提升的外部推动力，今后这样的推动力仍然需要，并且具有特殊的意义。

---

① Ellen L. Frost, Asia' s New Regionalism, Lynne Rienner Publisher, 2008, London, P. 147；后危机时代世界秩序的重构，上海社会科学院世界经济与政治研究院，2011，时代出版社，第 196 ~ 197 页。

② 就像 TPP，谈判内容包括劳工标准、知识产权、环境标准以及中小企业等。

三、对未来发展趋势的展望

区域合作保持很强的发展势，尤其是在全球化发展受到越来越多的质疑和反全球化运动兴起的情况下，开展区域合作，成为各国的一个重要选择。其实，回顾区域化加速发展的背景，其中一个原因就是多边进程受阻，即多哈回合停滞不前，区域合作作为一种替代战略得到很快的发展①。现在看来，要使多哈回合取得原来设想的结果，是很困难的，而开启新的议程需要时日，在此情况下，区域经济开放与合作会获得新的推动力。

从亚太地区的形势来看，亚太经合组织仍然会保持其对话、合作的特征，尤其是在宏观经济对话，推动国际治理，稳定经济形势，推行便利化等方面，会进一步得到发展，因此，中国继续参与并支持亚太经合组织的发展仍然是一个重要的选择。

在亚太地区，中美之间经济关系的稳定并在合作的前提下进行调整，是至关重要的。除了双边互动之外，亚太经合组织也提供了一个重要的平台，中美关系的走向也涉及到这个地区其他成员的利益，中国也应该进一步利用这个平台，提出制约美国新保护主义发展，推动亚太地区开放大局的倡议，并积极争取得到其他成员的支持，由此，要使亚太经合组织在维护和推动亚太地区市场开放上发挥更为凸显的作用。不过，亚太经合组织在推动亚太地区自贸区建设上可能难以发挥主导性作用，美国引领的跨太平洋伙伴协定谈判将会成为主导形式。尽管随着越来越多的国家加入谈判，进程会变得比较缓慢，但是，美国不会让整个进程半途而废。面对这种形势，中国一方面要密切关注谈判形势的发展，要求这个进程在亚太经合组织框架下保持透明，同时，也要为未来加入这个协定做好准备，毕竟这是把中美，以及一大批亚太经济体链接在一个开放的大市场框架之下的一个主要途径。从未来发展的趋势看，没有中国参加的亚太自贸区安排，其意义就大打折扣，因此，亚太地区其他国家也有着吸纳中国参加的利益动机，而中国的参与也会对亚太地区自贸区的建设发挥重要的影

① See Zhang Yunling Edited, Emerging East Asian Regionalism: Trend and Response, World Affairs Press, 2005, P. 16 ~ 18; Kazuko Mori and Kenichiro Hirano, A New East Asia – Toward a Regional Community, Waseda University, Tokyo, 2007, P. 13, 16.

响。当然，在这样大的，且处在巨大转变中的区域构建自贸区，是一件很难的事情，这也就是为什么亚太经合组织领导人鼓励多种努力，多个路径发展的原因[①]。从更长一些的时间看（10～15 年），在经济总量上，中国将与美国相当，因此，中国要为未来的区域构造做准备，从发展的角度看，一个高水平的亚太区域一体化安排对拓展中国在该地区的经济发展空间是有好处的，中国现在不参加 TPP，将来也会以适当的方式（按照中国参与规则制定的方式）加入，同时，中国在没有参加 TPP 之前，还可以在亚太经合组织框架下推动其他方面的经济安排（如新经济领域发展的合作，亚太地区的互联互通等）。

从东亚地区来看，尽管整合区域合作机制的努力还会持续，但目前区域合作的多平台格局还会持续一个时期[②]。在此期间，各国至少会保持积极参与的兴趣，同时也会寻求突破合作深化瓶颈的路径，积极推进构建各种以功能性合作（functional）为特征的机制，来为未来的大区域制度化整合提供支撑平台。

东盟仍然处在东亚合作的一个核心位置，这也是它要力求保持的。说它处在核心位置，大体有两种重要的含义：一是东盟是东亚地区最早建立的区域合作组织，它设定的目标是在 2015 年建成东盟共同体，而东盟共同体的建设将为东盟国家参与和推动东亚地区的整合提供制度支持和方式选择；二是 10 个东盟国家的积极参与和推动是东亚合作走向深化的基础。因此，支持东盟实现建立共同体的目标，仍然是东亚合作走向深化的关键。考虑到东盟对中国的特殊地缘重要性，中国做出更为务实的努力，支持东盟共同体的建设，与中国，与东盟，与地区的发展都是有利的。同时，这也会有利于进一步增加东盟国家对中国的信任，有利于改善双方关系的政治环境，推动双方关系的全面发展。如前所述，中国对东盟的经济合作战略，应该是以深化自贸区为基础，突出构建一体化经济区的建设，在基础设施，规制协同，人员交往，新经济产业发展，以及构建新型经济发展模式等领域的合作方面取得实质性的发展。

东亚区域合作的制度构建合理的和可行的路径是以“10＋3”为基础和为先导，在这个基础上逐步扩大，逐步深化。比如，自贸区建设，先从“10＋

---

① See The Yokohama Vision – Bogor and beyond, The 18th APEC economic leaders' Meeting, Japan, 13～14 November 2010.

② 魏玲：“东亚地区化：困惑与前景”，《外交评论》，2010 年第 6 期，第 27 卷，第 43 页。

3”开始，要比从“10 +6”开始容易。但是，由于认识上的不一致，先从“10 +3”开始的路径基本被堵死，看来今后也难以以此为基础先行推进。2011 年 9 月中日联合提案成立三个专家组，为进行东亚自贸区的建设提供了一个灵活的路径选择，即无论是从“10 +3”，还是从“10 +6”开始，都是可以考虑的。但是，事实上，要是一下子在差别巨大的 16 个经济体之间开展自贸区协议谈判，那会是很困难的。不过，由于美国推动 TPP，一些东盟成员参加了 TPP，这样，如果东盟不在推动东亚区域整合方面有所作为，一则东盟有被分裂的危险，二则东盟会被排挤出中心位置，因此，东盟具备了积极推动东亚自贸区的新压力。东盟学习美国领导 TPP 的方式，由其设计东亚自贸区框架，邀请其他东亚国家参加，对于“10 +”的结构不作限制，即非东盟成员采取灵活参加的方式，尽管美国与俄罗斯参加了东亚峰会，原来的“10 +6”架构已经改变，但是他们开始参加“10 +”FTA 的谈判现实性不大，因此，最可行的是中日韩三国先参加，或者澳新印也一起参加，中国对此应该持开放态度。当然，谈这样大的自贸区困难很大，要靠东盟的强有力领导，东盟能否发挥这种领导力还有待观察。

另一个途径当然是中日韩三国的自贸区建设可以取得较快的进展。如果进程顺利，2012 年三国将就自贸区开始谈判。也许宣布开始谈判并不太难，难的是使谈判进程取得实质性进展，并且不因出现困难而中断。如果三国能够在 2015 年完成基本的谈判，那么，三国自贸区的建设就会在推动东亚自贸区建设方面发挥重要的助推器作用，因为，2015 年是东盟共同体宣布建成的时间，在此基础上，就可以顺势而行，往前推进整个东亚地区的大自贸区建设进程了。当然，这是一个理想化的目标设计，如何，或者能否实现，还要取决于许多因素。同时，中日韩三国的合作超出构建自贸区，非常重要的一个方面是建立了领导人与多个部长会议机制，在推进多领域合作方面不断增进共识和推动新的进程①。从中国方面来说，既然这样的发展是非常有利的，那就应该做出最积极的努力，全力加以推动。

东亚地区货币金融方面的合作已经取得了显著的进展，下一步的努力应该放在以下几个方面：一是把承诺建立的外汇储备库资金落实，向一个具有实际

① 张蕴岭、沈铭辉主编：《东亚、亚太区域合作模式以利益博弈》，经济管理出版社 2010 年版，第 24 ~25 页。

资本的区域合作基金过渡，以在防止金融危机再发，支持各国经济发展上发挥积极的作用；二是在建立宏观经济办公室的基础上，进一步加强区域经济合作机制的建设，使其能够在提供宏观经济观测，预警和协调，汇率稳定，推动区域经济治理等方面发挥积极的作用；三是以区域合作基金的建立为基础，推动区域资本市场的较快发展，为这个地区的外汇储备资金回流，成员经济发展融资等提供新的机制①。目前的货币金融合作从“10 +3”开始，在取得实质性发展的基础上，可以扩大到其他参与东亚合作机制的国家。中国是东亚区域货币金融合作的积极推动者，作为一个有着巨大外汇储备和人民币走向国际化的国家，进一步发挥其积极的引领作用至关重要，中国应该在这方面有更大的作为。

上述趋势表明，东亚合作的制度化建设可能会沿袭多路径、多层次的方式发展，因此，中国的参与和推进也应该采取灵活，积极和务实的策略。

另外，一个值得深入思考的问题是，在中国对外开放与参与战略中，如何定位区域与多边战略。以上的分析表明，尽管参与和推动区域开放与合作对中国来说非常重要，无论是在亚太，东亚，还是在全球范围，都有必要做出更积极的努力，但是，在今后的一个时期，出于多方面的原因，中国的区域自贸区的新进展可能会非常有限，这一则是由于中国经济结构的特点，本身的开放能力；二则是外部的环境，尤其是发达国家对与中国谈判自贸协定的意愿。这样，中国今后一个时期靠参与和推动区域合作实现扩大市场准入，拓展更大的贸易与投资空间，是难以实现目标的。面对这样的形势，中国的可行选择，一是巩固和深化已经谈判成功的自贸区协议，尤其是在中国—东盟自贸区的全面建设上，应该给予更大的投入，二是把推动多边贸易进程取得进展作为一个重点，发挥更为积极的，有影响的作用。

中国是一个大国，主要是靠参与全球体系，利用世界市场和世界资源取得迅速发展的。因此，随着本身的发展，中国应该成为一个更为积极的多边体制参与和推动者。在如今和今后的发展中，世界经济的发展面临四个大的挑战：一是世界经济的发展面临综合性危机，需要进行全球治理，发展中国家，尤其是包括中国在内的新兴经济体的参与有着重要的意义；

---

① Yoon Hyung Kim & Yunjong Wang, Regional Financial Arrangements in East Asia, KIEP, 2001 P. 3; Zhang Yunling, China and Asian Regionalism, World Science, 2010, Singapore, P. 128 ~ 130.

二是世界经济的动力和结构发生重大转变，新的增长动力不再是来自发达国家的需求，而是来自新兴经济体的经济增长，世界经济的重心向新兴国家，尤其是向亚洲转移，这样的转变要求新兴经济体，尤其是亚洲国家，其中主要是中国，必须进行结构性调整，发展支持自身发展的内动力；三是由于世界经济结构的转变，推动全球市场开放的动力减弱，保护主义压力上升，在此情况下，新兴经济体，其中包括中国必须竭力保护世界市场的开放，用自身的行动推动世界市场的进一步开放；四是世界发展面临来自全球气候变化，以及其他新的挑战，世界，其中包括新兴经济体，必须转变发展方式，探求新的可持续的发展道路。

这几个方面的变化表明，中国的未来发展面临着新的外部环境，中国参与全球治理，推动世界市场的开放，下气力进行发展方式的转变，这些都关系到中国未来发展的重大利益，也要求中国负起更大的全球责任。从这个意义上说，未来，中国应该实行参与和推动区域化与参与和推动全球化相平衡的战略①。

参考文献

[1] 龚占奎，孟夏，刘晨阳等. 中国与东盟经济一体化. 北京：中国对外经济贸易出版社，2003

[2] 全毅，金泓汎. 亚太地区的发展模式与路径选择. 北京：时事出版社，2010

[3] 张蕴岭. 中国面临的新国际环境. 北京：社会科学文献出版社，2011

[4] 张蕴岭，沈铭辉. 东亚、亚太地区合作模式与利益博弈. 北京：经济管理出版社，2010

[5] 张蕴岭，周小兵. 东亚合作的进程与前景. 北京：世界知识出版社，2003

[6] 张蕴岭. 开放竞争与发展. 北京：经济管理出版社，1998

[7] 张蕴岭. 世界市场与中国对外贸易发展. 北京：中国社会科学出版社，2007

[8] 李向阳. 亚太地区发展报告. 北京：社会科学文献出版社，2011

[9] 上海社会科学院世界经济与政治研究院. 后危机时代的世界秩序重构. 北京：时事出版社，2011

[10] Ellen L. Frost, Asia' s New Regionalism. London：Lynne Rienner Publishers, 2008

[11] Koichi Hamada, Mitsuo Matsushita. Dreams and Dilemmas. Singapore：ISEAS, 2000

[12] Kazuko Mori and Kenichiro Hirano. A New East Asia – toward a regional community. Tokyo：Waseda University, 2007

① 张蕴岭："政治战略以区域为重点，经济发展靠全球市场，"《国际经济评论》，2011，No. 5，第29页。

[13] Masahiro Kawai & Ganeshan Wignaraja. Asia' s Free Trade Agreements – How is business responding? ADB, ADBI, 2011

[14] Selichi Masuyama. Restoring East Asia' s Duynamism. Tokyo: NRI, 2000

[15] Yoon Hyung Kim, Changjie Lee. Strengthening Economic Cooperation in Northeast Asia. KIEP, 2004

[16] Yoon Hyung Kim & Yunjong Wang. Regional Financial Arrangements in East Asia. KIEP, 2001

[17] Zhang Yunling. Emerging East Asian Regionalism: Trend and Response. World Affairs Press, 2005

[18] Zhang Yunling. China and Asian Regionalism. Singapore: World Science, 2010

中国入世后与最不发达国家的贸易关系探寻

◎ Debapriya Bhattacharya　Farzana Misha

一、前言

中国在1949～1979年的30年间采取了“闭关锁国”的政策，随后在1980～2000年间开始缓慢融入全球经济，导致全球1/5的人口未能有意义地参与全球贸易和投资体系（Woo，2003）。作为自70年代末开始循序渐进但是广泛推行的经济改革的合理延伸，中国决定在1986年6月恢复其在《关税及贸易总协定》（GATT）的缔约国地位[①]。通过15年的艰难谈判，中国最终于2001年12月加入世界贸易组织（WTO）（Wang，2011）。作为全球第二大经济体[②]，人们早已预计到中国加入全球市场会对中国自身及全球贸易体系都产生巨大影响（Martin and Ianchovichina 2003）。因此，当中国决定加入世贸时，国内外就这一重大事件可能造成的结果展开了激烈的辩论。

尽管中国加入这个基于规则的多边贸易体系普遍被视为有利于发展的积极举动，但是鉴于某些国家里个别行业的竞争力会因此下降，所以他们对此产生担忧。譬如，美国和德国等农业生产国和汽车制造国担心中国出口品激化这些

Debapriya Bhattacharya，孟加拉政策对话中心（CPD）杰出学者；Farzana Misha，孟加拉政策对话中心（CPD）高级副研究员。

① 中国是《关税及贸易总协定》的23个创始国之一，因此在1948年5月成为其缔约国。在1950年5月，国民党政府迁至台湾并从《关税及贸易总协定》中退出。1982年，中国被赋予关贸总协定观察员的身份（http://www.wto.org/english/news_e/pres01_e/pr243_e.htm）。

② 中国于2001年加入世贸时，按GDP-PPP（即国内生产总值—购买力平价）计算位列全球第三大经济体，按名义GDP计算名列第六。到了2010年，无论从购买力平价还是名义GDP来计算，中国都跃居全球第二。详见《经济学人》（2010）和国际货币基金组织（IMF）的历史数据（2010年4月）。

行业里的竞争（Elwellet al, 2007）。孟加拉等服装和服饰出口国也担心中国进入全球市场后，自己会面对更加严峻的竞争（Haider, 2007）。许多关于中国入世后提高福祉的事前研究，现在有待入世十年后的成就来检验它们的对与错。然而，我们必须认识到，几乎没有任何研究专攻中国入世对于最不发达国家的影响（LDC）。

众所周知，最不发达国家指的是结构上处于不利地位的国家——它们的特点是低收入、贫乏的人力资产和高经济脆弱性。联合国于 1971 年首先提出了这个概念。在过去 40 年里，最不发达国家这个集团的“成员国”从 25 个拓展到 48 个，其间只有三个国家脱离了这个集团。在这 48 个国家中，有 16 个国家属于内陆发展中国家（LLCD），另外 10 国为小规模发展中岛国（SIDS）。绝大多数最不发达国家都位于非洲（33 个国家），另外有 14 个国家属于亚太地区。美洲的唯一最不发达国家是海地。这些最不发达国家占全球人口的 12%（2010），GDP 不足全球总量的 2%，货物贸易和服务贸易分别占全球总量的 1% 和 0.5%①。

在这种背景下，本文的宏观目标是描绘中国入世对其与最不发达国家的贸易关系产生何种影响。为此，本文力求实现以下目标。首先，它简要盘点了对中国入世的各种分析，特别是对贸易的分析。其次，它分析了中国入世后与最不发达国家和中国之间的货物流向表现出何种趋势，其中既包括总量分析，也包括分解分析。第三，它审视了中国的关税体系和免税免配额（DF - QF）体系在推动与最不发达国家的贸易方面所发挥的作用。第四，本文进行了经济计量分析来严格地梳理中国入世对其与最不发达国家之间贸易关系的影响。最后，本文展示了本研究对政府决策的意义。

本文的结构围绕以上研究目标展开。它借鉴了关于中国入世的现有研究文献，并且通过各种国际来源来收集数据，进行统计和经济分析。需要强调的是，本研究并没有就中国入世对最不发达国家的各种影响进行穷尽式分析，而是将重点放在中国与最不发达国家之间的贸易关系，力求解释它最近的发展趋势，而且特别关注了中国入世后不断发展的关税体系。

① 详见 http://www.unohrlls.org 及 Bhattacharya 和 Hossain（2011）。

二、中国入世对贸易的影响

中国在入世前就已经在实施政策改革和体制改革，而且这些也是它入世过程的一部分，它们产生了深远的影响而且相互强化。我们可以想象，这些改革将影响中国农村地区和城市地区进出口的方向、增长速度和构成。这些新趋势又相应地在家庭层面上改变了就业、收入、人民福祉以及贫困水平。

许多事前研究估算了中国入世后累积的福利收益。然而，由于这些研究基于不同的假设、参考时期和研究方法，所以得到的结果相差甚远。正如表 1 所示，中国入世其福利收益的估算从 40 亿美元到 300 亿美元不等。它们对中国 GDP 增长的贡献率从 1.5% 到 10.8% 不等。但无论如何，相关研究都表明中国经济从入世中获益匪浅。同时表 1 中的研究还表明，中国经济融入多边贸易体系也为全球经济带来显著收益。根据这些研究的估算结果来看，全球经济从中国入世中获得的收益在 200 亿美元到 570 亿美元之间（具体结果取决于其数据来源）。

表 1　　中国入世所带来的福利收益

研究	对中国的影响	对全球的影响
Walmsley and Hertel（2000）	福利收益：237 亿 ~256 亿美元 GDP 增幅：8.7% ~10.8%	福利收益：357 亿 ~382 亿美元
Wang（1997）	福利收益：124 亿 ~303 亿美元	福利收益：253 亿 ~567 亿美元
Zhai and Li（2000）	福利收益：GDP 的 1.2% GDP 增幅：1.5%	
Walmsley and others（2001）	福利收益：39 亿 ~105 亿美元	福利收益：205 亿 ~257 亿美元
Ianchochivina and Martin（2001）	福利收益：259 亿美元 GDP 增幅：2.2%	福利收益：561 亿美元 GDP 增幅：0.2%

数据来源：由 Yang（2003）汇编。

根据 Martin 和 Bhattasali（2004）的研究，中国入世时须按照要求推行五项基本政策改革，即①对相互竞争的供应商采取平等待遇的非歧视性措施（即最惠国条款），对国内货物和服务及进口货物和服务采取非歧视性措施（即国民待遇条款）；②开放市场，降低关税壁垒和非关税壁垒（NTB）；③提高贸易体系的透明度和可预测性；④对补贴、反倾销和保障规则等全面加强规范以避免贸易被扭曲；⑤使发展中国家享有优惠待遇。值得指出的是，尽管中国的人均收入较低，但是鉴于其经济规模庞大且经济增长迅速，所以依据入世条款，它无法完全享受发展中国家待遇。

这些政策改革继而通过以下四个渠道对其他国家产生了影响，即①扩大其他国家对华出口的市场；②提高中国对其他市场的出口供应；③加剧第三市场的竞争；④扩大外国在华投资，同时中国对其他国家的潜在投资相应增长（Martin and Bhattasali，2004）。

中国融入全球贸易体系，既为发展中国家带来希望，又使它们忧心忡忡（Khan，2004）。中国这样一个经济巨人很可能对各种贸易谈判的谈判日程或其结果产生影响。《人民日报》表示，中国加入世贸是为了加强发展中国家在国际贸易体系和其他平台上的集体谈判能力[①]。然而，伴随着这种乐观主义观点，恐惧情绪也在蔓延，即由于中国的劳动力及其他生产要素成本低廉，具备比较优势，所以发展中国家将因此面对更加激烈的竞争。

OECD（2001）认为中国入世对其他发展中国家的影响会体现在以下两个领域。首先，中国出口品进入全球货物和服务市场后，会使这些发展中国家面对的竞争日益加剧。其次，这些国家对华出口的机会将增加。此外，随着亚洲经济体的生产专业化不断提高，中国将会成为连结其亚洲贸易伙伴和工业国家市场的核心环节（Yoshitomi，2003）。

发展中国家的主要担忧之一是中国入世恰逢《多种纤维协定》（MFA）告别配额时代、稳定实现自由化的阶段。而且 2005 年全面废除 MFA 时，它们的担忧达到顶峰。人们担心逐步废除 MFA 会导致中国出口进一步扩张，甚至牺牲部分发展中国家的利益（IMF 和世界银行，2002）。换句话说，纺织和服装是众多最不发达国家的主要出口品（如孟加拉、柬埔寨和莱索托），因此取消中国对美国、加拿大和欧盟的纺织及服装出口配额，可能会成为许多最不发达

① 引用于英国《卫报》（2001）。

国家蒙受损失的主因[①]。因此，工业国家和亚洲相对发达的发展中国家（如日本和韩国）会从中国入世中获益，而相对欠发达的发展中国家则会蒙受损失，虽然其金额并不一定大（Walmsleyet al.，2001）。

我们在文献研究中没有发现任何实证研究评估了中国入世对最不发达国家的影响（无论该影响是积极还是消极）。正如前文所示，许多研究提到低收入发展中国家的纺织服装等低成本出口品受到的竞争压力将不断上升，但是并没有具体估算其影响到底有多大。此外，也没有研究表明最不发达国家的出口能从中国市场的对外开放中获得多少益处。

在这种期待和担忧之下，探索中国入世后与最不发达国家的贸易状况就显得意义深远。在这个领域里，政策意义最重大的问题是：中国与最不发达国家之间的贸易关系在中国入世后的十年间如何演进，以及其决定因素是什么？

三、中国与最不发达国家之间的贸易趋势和构成

1. 总体水平分析

（1）出口状况

本世纪头十年见证了贸易的爆炸式发展。在2009年金融和经济危机导致全球出口直线下降以前，它一直在保持飞速增长[②]。表2表明，这一时期的全球出口增长了2.4倍，从63750亿美元（2000年）上升至152420亿美元（2010）。同期中国的出口增长是原来的6.3倍，从2490亿美元上升到15780亿美元，而最不发达国家的出口增长是原来的4.4倍，从不足360亿美元上升到1600亿美元。

---

① 由于入世后，中国的纺织和服装出口大幅飙升，欧盟于2005年6月签定协议将中国的10类纺织和服装进口产品的增长幅度限定在7.5%。这一协议一直持续到2007年底。美国于2005年11月与中国签定了理解备忘录（MoU），为中国的34类纺织和服装进口产品类设定了配额。自2006年1月起，这些产品的进口配额在2006年增长8%～10%，在2007年增长10%～16%，在2008年增长15%～17%（Hufbaueret al. 2006 p. 31）。

② 全球总出口再加上运输差额等同于进口的总需求。

表 2 全球、中国和最不发达国家的出口发展趋势

指标	1995 年	2000 年	2005 年	2010 年
A. 全球总出口（10 亿美元）	5122. 39	6374. 72	10457. 10	15242. 50
B. 中国总出口（10 亿美元）	148. 78	249. 20	761. 95	1578. 19
在全球出口中的比重（百分比）	2. 90	3. 91	7. 29	10. 35
C. 最不发达国家总出口（10 亿美元）	24. 295	35. 91	82. 24	159. 65
在全球出口中的比重（百分比）	0. 47	0. 56	0. 79	1. 05

数据来源：根据 UNCTAD 计算得来。

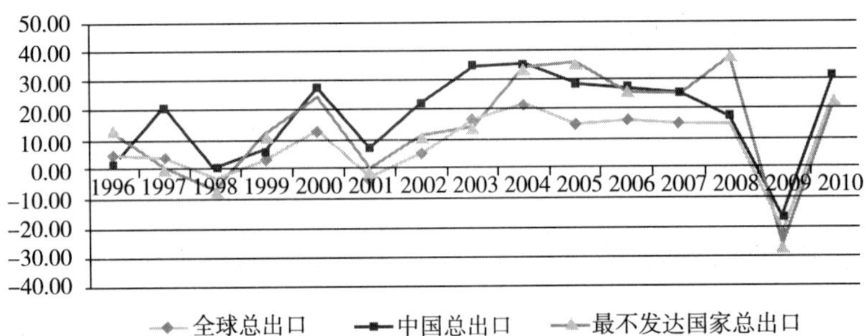

图 1 全球、中国和最不发达国家的出口年增长率（%）

数据来源：基于 UNCTAD 数据库。

从图 1 中我们可以观察到，在 2000 ~ 2010 年间，中国和最不发达国家的出口增长率非常接近于全球发展趋势。需要进一步指出的是，中国和最不发达国家的出口在过去十年里的增速分别都超过了全球平均水平。众所周知，最不发达国家的出口之所以能够蓬勃发展，主要是受到商品价格高企的支撑（Bhattacharya and Hossain，2011）。在相对比较高的出口增长率的帮助下，中国在全球出口中的比重从 3. 91%（2000 年）上升到 10. 35%（2010 年），最不发达国家在全球出口中的比重从 0. 56%（2000 年）上升到 1. 05%（2010 年），虽然幅度不大，但同样表现出上升趋势。

有意思的是，正当中国和最不发达国家扩大了它们在全球总出口的市场份额时，它们也开始成为彼此重要的出口目的国。中国对最不发达国家的出口从 2000 年的 34 亿美元上升到 2010 年的 346. 7 亿美元，是原来的 10 倍以上。同时，最不发达国家对中国的出口从 37. 5 亿美元上升到 438. 8 亿美元，是原来

的11.7倍（参见表3）。

表3　　中国—最不发达国家双边出口的发展趋势

指标	1995年	2000年	2005年	2010年
中国对最不发达国家的出口（10亿美元）	2.27	3.40	10.07	34.67
最不发达国家在中国总出口中的比重（百分比）	1.52	1.36	1.32	2.20
最不发达国家对中国的出口（10亿美元）	0.89	3.75	15.29	43.88
中国在最不发达国家总出口中的比重（百分比）	3.64	10.43	18.60	27.48

数据来源：根据UNCTAD数据库计算得来。

因此，最不发达国家在中国总出口中的比重从2000年的1.36%上升到2010年的2.2%。同期中国在最不发达国家总出口中的比重从2000年的10.43%上升到27.48%。因此，中国入世后，它与最不发达国家的双边出口呈现出飞速增长，且彼此的出口增长速度相仿。简言之，在2000~2010年间，尽管全球出口的总体增长率高企，但中国和最不发达国家在对方出口市场的比重仍在不断扩大。

图2展示了1995~2000年间，最不发达国家对华出口及对全球其他国家的出口情况。2000年后，最不发达国家的对华出口大幅攀升，表明与入世有关的贸易政策和措施推动了出口扩张。更有意思的是，图2帮助我们认真思考了第三市场。由于最不发达国家对全球（除了中国）的出口量及其在全球出口中的比重自2001年起持续走高，我们或许可以就此认定“替代担忧”站不住脚。2009年在全球经济危机的冲击下，最不发达国家对华及对全球其他国家的出口均出现下跌。随后，在全球其他国家复苏缓慢，最不发达国家对这些地区的出口疲软的背景下，最不发达国家对华出口的比重反而上升。这表明中国在帮助最不发达国家抵挡一部分经济衰退的消极影响，而不是抢占最不发达国家对其他国家的出口。

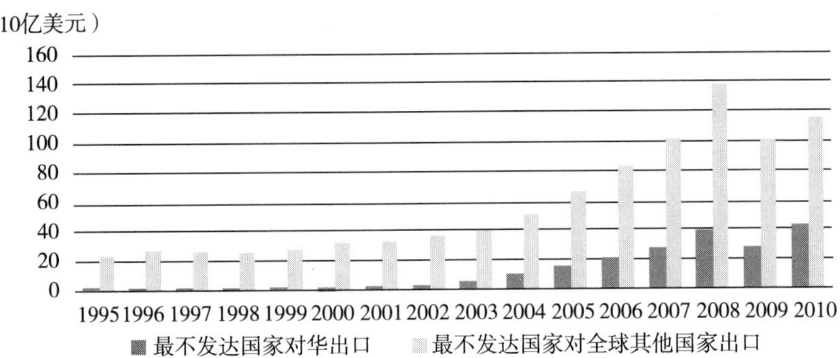

图 2　最不发达国家对中国及全球其他国家的出口情况（1995～2010 年）

数据来源：根据 UNCTAD 数据库计算得来。

（2）贸易差额

正如前文所述，中国的出口增长率在过去十年里（2000～2010 年）超出了全球出口增长的平均水平。因此，正如表 4 所示，在 2000～2010 年，中国的全球贸易顺差从近 240 亿美元上升到 1840 亿美元左右。与此同时，尽管最不发达国家的出口增长加快，但由于它们的进口依存度极高，所以其贸易差额并没有明显改变。它们的贸易赤字在 2000 年为 80 亿美元左右，到了 2010 年上升到 90 亿美元左右。

表 4　中国和最不发达国家的全球及双边贸易差额　单位：10 亿美元

贸易差额	1995 年	2000 年	2005 年	2010 年
中国的全球贸易差额	16.70	24.11	102.00	183.99
最不发达国家的全球贸易差额	-10.28	-7.93	-4.52	-8.99
中国与最不发达国家之间的贸易差额	1.40	-0.61	-5.20	-8.53

数据来源：根据 UNCTAC 的数据库计算得来。

有意思的是，从表 4 中可以进一步观察到，尽管在 2000～2010 年间，最不发达国家的贸易赤字总额在上升，但它们与中国保持了贸易顺差。在 2000 年时，它们对中国的贸易顺差为 6 亿美元，而到了 2010 年已经超过 85 亿美元。鉴于在此之前最不发达国家尚与中国存在贸易逆差（1995 年的贸易逆差为 14 亿美元），所以这种增长显得尤为突出。

后文的分析将显示，各地区的最不发达国家与中国之间的贸易差额状况并不一致。譬如，非洲最不发达国家与中国保持贸易顺差，而亚洲最不发达国家与此恰好相反。

尽管如此，我们仍然观察到在中国入世的头十年里，中国与最不发达国家的总体贸易关系在不断扩大、日益深化。然而，要想更加深入地了解双方贸易联系中不断拓展的动态变化，我们需要进一步仔细观察它们的贸易走势，如探索日益增长的贸易往来的产品构成，以及最不发达国家中个别国家的相对重要性。

2. 在地区、国别和产品层面的分解分析

亚洲和非洲的相对表现。我们对中国与最不发达国家之间生机勃勃的贸易关系进行了分解分析，而且注意到分析结果反映出许多贸易模式的新趋势。表5显示，在中国入世前，亚洲的最不发达国家在对华出口中占据了主导地位，在1995年时，它们在最不发达国家对华出口中的比重占到71%左右。而到了2000年，非洲地区的比重上升到3/4，因此亚洲的对华出口在最不发达国家的对华出口总量中仅占25%。亚洲经济体的确在逐步边缘化，这种趋势到了2010年表现得更加明显。在中国从所有最不发达国家的进口中，亚洲国家的比重下降到不足10%。我们会在后文看到，当中国将液体燃料的进口国从也门转变为安哥拉和苏丹时，出现了这种显著的结构变化。

表5　亚洲和非洲最不发达国家在不发达国家对华出口总额中的比重（%）

地区	1995年	2000年	2005年	2010年
非洲最不发达国家（包括海地）	28.97	74.46	84.17	90.88
亚洲最不发达国家（包括太平洋岛国）	71.03	25.54	15.56	9.12

数据来源：根据UNCTAC的数据库计算得来。

然而，这种现象并不表明，亚洲最不发达国家的对华出口量在过去十年里停滞不前。事实上，在2000~2010年，它们的对华出口量从不足7亿美元上升到50亿美元（即为原来7倍以上）。但问题是，非洲最不发达国家的对华出口量在此期间从20亿美元上升到380亿美元以上（是原来的17.5倍以上）。因此，中国对亚洲地区最不发达国家的进出口增长处于停滞状态，而对非洲地区最不发达国家的进出口迅猛发展。换言之，中国与亚洲最不发达国家之间的

进出口增长速度相当，而非洲地区最不发达国家的对华出口增长更快，甚至超过了中国对这些国家出口的高速增长。这部分地反映出中国在非洲大陆的总体影响力日益崛起①。

最不发达国家在中国贸易结构中的排名。在中国入世前后，各个最不发达国家在最不发达国家对华出口总量中的比重发生了剧变。如表 6 所示，在 1995 年，也门这一个国家就在最不发达国家中的对华出口中占据了半壁江山，而到了 2010 年，它的比重缩水到 5% 左右。事实上，也门已经被安哥拉所取代，安哥拉在最不发达国家对华出口中的比重从 1995 年的 16.93% 上升到 2010 年的 55% 以上。同样地，苏丹在对华出口中的比重从 1995 年的 7.59% 攀升到 2010 年的 13.94%。这种出口来源的显著变化可能与贸易政策的调整没有太大关系，而是可能更多地受到地缘政治和国家安全等因素的影响。也门的出口除了石油产品以外别无他物。由于在过去十年里，它的国内政治和安全环境日益恶化，因此安哥拉和苏丹很快就取而代之。与此相反，由于刚果民主共和国的政治环境逐步稳定，中国也越来越积极地打入其自然资源的供应市场。

表 6　　对华出口额最高的十大最不发达国家

排名	1995 年		2000 年		2005 年		2010 年	
	国家	在出口总量中的百分比*	国家	在出口总量中的百分比*	国家	在出口总量中的百分比*	国家	在出口总量中的百分比*
1	也门	47.81	安哥拉	46.58	安哥拉	45.88	安哥拉	56.32
2	安哥拉	16.93	也门	20.90	苏丹	17.13	苏丹	13.94
3	缅甸	11.91	苏丹	17.65	也门	14.21	刚果民主共和国	5.72
4	苏丹	7.59	赤道几内亚	7.26	赤道几内亚	9.80	也门	5.68
5	孟加拉	4.68	缅甸	2.73	乍得	2.00	赞比亚	5.05
6	阿富汗	2.44	柬埔寨	1.22	缅甸	1.83	赤道几内亚	2.06
7	柬埔寨	1.62	赞比亚	1.09	刚果民主共和国	1.78	毛里塔尼亚	1.73

① 详见关于中国融入非洲经济的研究，如 Broadman（2006），Helstrom（2009）and Looy（2006）。

续表

排名	1995年		2000年		2005年		2010年	
	国家	在出口总量中的百分比*	国家	在出口总量中的百分比*	国家	在出口总量中的百分比*	国家	在出口总量中的百分比*
8	贝宁	1.43	孟加拉	0.44	贝宁	1.11	缅甸	1.44
9	赤道几内亚	1.23	利比里亚	0.40	马里	1.07	坦桑尼亚	1.42
10	老挝	0.96	几内亚	0.39	坦桑尼亚	1.04	老挝	1.35
	总计	96.60		98.65		95.85		94.71

数据来源：根据 UNCTAC 的数据库计算得来。

注：＊表示在最不发达国家对华出口总量中的比重。

表6进一步展示了，最不发达国家的对华出口表现出高度集中的趋势。在2000年，对华出口额最高的十大最不发达国家在不发达国家对华出口总量中的比重达到98.6%，到了2010年，这个比重仍然高达94.7%。然而，这个排名的国家构成在中国入世前后相差很多。在2000~2010年间，有六个国家始终名列出华出口的前十名，即安哥拉、苏丹、缅甸、也门、赞比亚和赤道几内亚。

表7　　中国对最不发达国家出口的十大目的国

排名	1995年		2000年		2005年		2010年	
	国家	在出口总量中的百分比*	国家	在出口总量中的百分比*	国家	在出口总量中的百分比*	国家	在出口总量中的百分比*
1	孟加拉	27.93	孟加拉	26.47	孟加拉	23.86	孟加拉	19.60
2	缅甸	27.27	缅甸	14.61	苏丹	12.84	利比里亚	12.69
3	多哥	5.29	贝宁	10.90	贝宁	9.46	缅甸	10.03
4	也门	4.76	尼泊尔	5.80	缅甸	9.28	贝宁	6.56
5	坦桑尼亚	3.27	也门	5.19	也门	5.43	安哥拉	5.78
6	贝宁	2.94	柬埔寨	4.83	多哥	5.34	苏丹	5.63
7	冈比亚	2.56	苏丹	4.66	柬埔寨	5.32	柬埔寨	3.89

续表

排名	1995		2000		2005		2010	
	国家	在出口总量中的百分比*	国家	在出口总量中的百分比*	国家	在出口总量中的百分比*	国家	在出口总量中的百分比*
8	尼泊尔	2.36	利比里亚	3.71	安哥拉	3.70	多哥	3.85
9	柬埔寨	2.28	坦桑尼亚	2.52	坦桑尼亚	3.01	坦桑尼亚	3.62
10	老挝	2.11	多哥	2.37	埃塞俄比亚	2.82	也门	3.53
	总计	80.75		81.06		81.08		75.19

数据来源：根据 UNCTAC 的数据库计算得来。

注：＊表示在中国对最不发达国家出口总量中的比重。

在中国对最不发达国家的出口中，主要目的国的集中程度低于进口国的集中程度。正如表 7 所示，在 2000 年，十大主要出口目的国在中国对最不发达国家的出口总量中占到 81% 以上，到了 2010 年，这一比重微跌到 75% 左右。在 2000 ~ 2010 年间，有九个国家始终名列十大主要出口目的国，其中孟加拉稳定地居于榜首，其他国家为利比里亚、缅甸、贝宁、柬埔寨、坦桑尼亚、苏丹、坦桑尼亚和也门。从这个角度来看，中国的出口市场相对稳定于其进口来源。有意思的是，中国在最不发达国家中的出口伙伴并不一定是进口伙伴。在 2010 年，这两类集团中有五个共同国家，即安哥拉、缅甸、苏丹、坦桑尼亚和也门。

(3) 产品构成

无论是从进口还是出口来看，中国贸易篮的构成都在过去数十年里发生了翻天覆地的变化。我们对其进行统计分析后，发现离差指标表明，中国的总体出口结构在不断提高产品的多样化程度（Rumbaughand Blancher, 2004）。那么中国对最不发达国家的出口是否也表现出相似的趋势?

我们根据 ITC – 贸易地图数据库进行了计算，结果表明在 2010 年，在中国出口中排名前十五的产品在对最不发达国家的出口总量中略高于 50%，而在十年前（即 2000 年时），这个比重为 53.5% 左右。与此相反，最不发达国家的出口篮在产品多样化程度上略低。在 2001 ~ 2010 年间，其出口量最高的十五项产品的集中度仍然高达96%。因此，最不发达国家在对华出口的结构上表现出根深蒂固的产品集中性。在产品层面的分解分析也进一步证实了这一点。

中国对最不发达国家的出口始终以各种工业制成品、机械和运输设备以及杂项工业制成品为主。表8表明，在2000~2010年间，这些产品在中国对最不发达国家出口中的占比从86%上升到89%。化学品及相关产品是中国对最不发达国家出口的另一个重头项，约占出口总量的6%左右。然而，在四类重要的出口产品中，机械及运输设备以及杂项工业制成品的上涨幅度最为显著。饮料和烟草以及食品和活动物的出口比重有所下降。在这个问题上，需要指出的是表示比重的百分比下降并不一定意味着该类产品的出口收入降低。

表8　　中国对最不发达国家出口的产品分类（%）

产品分类	1995年	2000年	2005年	2010年
工业制成品	42.87	46.50	45.42	35.04
机械及运输设备	31.29	28.84	29.54	41.98
杂项工业制成品	8.14	11.03	11.44	12.26
化学品及相关产品	6.48	6.26	6.44	5.69
饮料和烟草	4.41	0.57	0.31	0.18
食品和活动物	4.05	4.21	2.83	2.65
矿物燃料、润滑油及相关产品	1.26	1.28	1.46	1.87
非食用原材料（除燃油以外）	0.77	0.75	0.31	0.28
商品和交易	0.66	0.55	2.25	0.05
动物和植物油、油脂及蜡	0.01	0.00	0.00	0.00
总计	100.00	100.00	100.00	100.00

数据来源：根据UNCTAC的数据库计算得来。

表8中的数据进一步让我们了解到，最不发达国家从中国进口的产品主要是有利于其打造自身生产能力的产品。这大体上满足了这些低收入、生产基础薄弱的国家的发展需求。然而，中国对最不发达国家的一类重要出口产品是低成本消费品，现在尚不清楚它们对最不发达国家的本地生产行业会产生怎样的短期影响。

表 9 最不发达国家对华出口的产品种类（%）

产品分类	1995 年	2000 年	2005 年	2010 年
矿物燃料、润滑油及相关产品	55.60	88.92	87.43	76.95
非食用原材料（除燃油以外）	31.28	6.61	10.03	11.38
工业制成品	8.44	3.19	2.04	10.41
食品和活动物	2.33	0.89	0.26	0.68
化学品及相关产品	1.57	0.03	0.11	0.15
杂项工业制成品	0.50	0.21	0.08	0.23
机械及运输设备	0.24	0.09	0.01	0.02
动物和植物油、油脂及蜡	0.03	0.06	0.02	0.07
商品和交易	0.01	0.00	0.02	0.00
饮料和烟草	0.01	0.00	0.00	0.11
总计	100.00	100.00	100.00	100.00

数据来源：根据 UNCTAC 的数据库计算得来。

最不发达国家的出口篮与中国的出口篮形成了鲜明的对比，前者对中国主要出口初级产品和未加工产品。表 9 表明，矿物燃料和其他自然资源仍然在最不发达国家的出口篮中占据主导地位。在 2000 年，这两类产品在其对华出口总量中的比重达到 95.5%；2010 年，其比重仍然高达 88.3%。可是最不发达国家的出口篮在产品构成上也表现出一个比较稀有和正面的特点，即制造品的比重从 3.2% 上升到 10.4%。事实上，在过去的十年里，最不发达国家仍然以提供初级产品为主，而没有通过加工为这些出口产品提升价值。当然，这在非洲地区最不发达国家的总体出口结构中表现得最为显著。不可否认的是，最不发达国家的出口结构自始至终反映出强烈的商品依存度，导致这个群体对于全球价格水平和外部需求的脆弱性居高不下。

需要指出的是，后文的分析表明，我们可以观察到最不发达国家对华出口的出口篮在行业内的多样化程度上有所提高。这是因为最不发达国家在中国所使用的关税细目数量大幅攀升，而行业结构大体上没有什么变化。

四、解读中国与最不发达国家之间的贸易走势

1. 中国的税收体系对于中国—最不发达国家贸易发展所产生的影响

正如前文所示，自90年代中期到加入世贸前，中国选择了加快贸易自由化的道路。表10所示的应用关税税率反映出中国的未加权平均税率从1995年的35.6%直线下降到2010年的7.92%。进口税的实际降低幅度更大，它的加权平均税率从1995年的21.3%下降到了2010年的3.7%。此外，中国的进口商品中有一半以上免征关税（Yang，2003）。在本文研究的这十年中，中国在削减关税的同时逐步废除了非关税措施（NTM），这些措施主要涉及进口和配额、汇率管控和边境措施（Lardy，1992）。

表10　　中国对于最不发达国家出口的平均（加权）税率（%）

产品分类*	1995年	2000	2005	2010
机械及运输设备	62.95	25.54	4.69	4.32
工业制成品	26.21	12.05	8.62	4.33
其他工业制成品	25.41	11.31	8.23	4.70
化学品	19.21	16.81	10.73	3.15
矿石和金属	3.37	1.84	0.89	0.14
工业制成品、矿石和金属	13.11	6.55	1.97	0.30
全球平均税率（未加权）	35.60	16.38	9.22	7.92
全球平均税率（加权）	21.30	14.62	4.83	3.70

数据来源：http：//unctadstat. unctad. org

注：* 指基于UNCTAD（SITC第三版）的产品分类和WITS（World Integrated Trading Solution）贸易数据库。

中国的确在过去十年里采取了全面减税的措施，在工业原材料领域中的减税力度尤其令人瞩目，而且最不发达国家的对华出口从中获益匪浅。表10汇总了与最不发达国家出口产品有关的平均（加权）税率。机械及运输设备的应用进口税率从2000年的25.54%下降到2010年的4.32%，即降低了83%；

矿石和金属的应用进口税率下降了近 96%。

无论怎样，我们需要强调的是最不发达国家中主要对华出口产品的平均（加权）税率仅仅是 0.3%（2010 年）。中国刚刚加入世贸时，该税率为 6.6% 左右（2000 年）。

中国贸易体系的全面自由化对最不发达国家及其他供应商大有裨益。表 11 表明中国从最不发达国家进口的各类产品在关税细目数量上都有显著提升。

表 11 中国从最不发达国家进口产品的关税细目数量

产品种类*	1994 年	2000 年	2005 年	2010 年
工业制成品	401	539	3750	3755
化学品	68	67	180	262
机械及运输设备	114	100	440	792
其他工业制成品	219	372	3130	2701
矿石和金属	54	49	223	301
总计	455	588	3973	4056

数据来源：UNCTAD http://unctadstat.unctad.org

注：* 指基于 UNCTAD 的产品分组（SITC 第三版）。

如果说在 2000 年，中国从最不发达国家进口产品的关税细目有 588 项，目前在海关编码层面就已经有 4056 项。其中增长最明显的是“其他工业制成品”类的产品，最不发达国家在这个领域的出口产品关税细目在 2010 年的数据是 1994 年的 12 倍以上。这些数字表明，尽管最不发达国家的对华出口市场在产品多样化方面并没有太多起色，但是出口行业内部的多样化水平显著提高。

2. 中国对最不发达国家的免税免配额方案

正如前文所示，最不发达国家在中国的市场份额大幅提高，这在很大程度上归功于中国于 2005 年针对它们推出的免税免配额方案。需要指出的是，随着 MFN 税率连续调低，最不发达国家出口产品所享受的优惠差额逐日收缩。另外，以下是一些和表 10 有关的数据：当前最不发达国家的优惠差额仅有 3.4%（2010 年），而在 2000 年，它们的优惠差额超过了 7%。不过这种优惠差额确实刺激了最不发达国家对中国的出口。

表 12 展示了中国对最不发达国家的免税免配额方案与发达国家（特别是美国）相比更加诱人。WTO 的数据显示，截止 2010 年 7 月，中国对最不发达国家出口产品的 4762 项关税细目采取了零关税，覆盖了产品总量的 60% 以及出口总额的 98.2%①。

表 12　　最不发达国家与中国及其他国家的免税免配额条款

成员国	关税细目数量	免税的关税细目占比（单位：百分比）	免税商品在进口总额中的占比（单位：百分比）
美国	10450	82.4	78.8
欧盟	9699	99.9	98.5
日本	9033	98.2	99.9
澳大利亚	6002	100.0	100.0
加拿大	8432	98.9	100.0
新西兰	7293	100.0	100.0
瑞士	8371	99.9	100.0
中国	7758	—	94.7
印度	11277	—	5.7*
巴西	9765	—	96.1

数据来源：WTO（2011）。

注：* 这个数据已经受到质疑。鉴于印度最近扩展了其对最不发达国家的免税免配额机制，所以它的比重必然要大幅上调。

由于 WTO 多哈回合目前仍然处于瘫痪状态，所以最让人振奋人心的是中国正在单方面采取措施来兑现其在 2005 年《香港部长宣言》中的承诺。我们可以回顾一下历史，香港部长级会议呼吁发展中国家和发达国家为至少 97% 的最不发达国家出口产品提供免税免配额的市场准入。在 WTO 第八次部长级会议②的各种预备会议上，中国已经声明它将把逐步引入剩余关税细

① 参见 2011 年 6 月 22 日 WTO 贸易谈判委员会非正式会议的会议记录。http://www.wto.org/english/news_e/news11_e/tnc_infstat_22jun11_e.htm

② 第八次部长级会议（即 MC8）于 2011 年 12 月中旬在日内瓦召开。

目的期限从五年降低到两年，即在计划于2013年召开的第九次部长级会议[①]之前完成此项工作。中国非常明确地要求发达国家为最不发达国家提供的免税免配额方案加大透明度。

中国经常在各种地区性协议中宣布对最不发达国家进口产品采取的优惠措施，随后告知世贸组织。这些地区性平台包括：亚太贸易协定（APTA）、中国与东盟《全面经济合作框架协议》、中非合作论坛[②]。此外，中国还宣布给予那些没有进入这些平台的最不发达国家特别优惠关税待遇[③]。

还需要提及的是，中国于2011年7月向世贸组织捐赠了40万美元，以建立"中国的最不发达国家入世项目"，人们普遍将其称为"中国项目"。该项目的目标是鼓励最不发达国家参与世贸的活动，并支持它们加入世贸。这是中国自2008年起根据"贸易援助倡议"（Aid for Trade Initiative）对世贸进行的第四笔捐赠[④]。

我们应该可以就此得出结论，即中国入世加强了最不发达国家的谈判力。中国不仅履行了自身加入世贸组织时的承诺，为最不发达国家提供更多优惠性市场准入，而且通过对其他国家（特别是发达国家）施压来促使它们践行自己的承诺。世贸组织在起草将在世贸第八次部长级会议（MC8）被考虑接纳的一系列帮助最不发达国家的草案时，中国表现得尤为坚定。[⑤]

3. 中国—最不发达国家贸易关系的经济计量分析

本文进行了一些统计和计量分析，来评估中国入世对于中国和最不发达国家贸易关系所产生影响的本质和决定因素。在这个问题上，我们首先对中国对最不发达国家的进出口进行了T检验，但没有控制其他变量。其次，我们在控制了影响中国和最不发达国家贸易模式的变量后，进行了基本贸易引力模型回

① 参见2011年10月21日世贸组织贸易谈判委员会非正式会议的会议记录。http：//www. wto. org/english/news_ e/news11_ e/tnc_ infstat_ 21oct11_ e. htm

② 这些协议的受益国包括孟加拉、老挝、缅甸和所有非洲地区的最不发达国家。

③ 这些国家包括阿富汗、马尔代夫、萨摩亚、瓦努阿图和也门。

④ 参见http：//www. wto. org/english/news_ e/pres11_ e/pr632_ e. htm

⑤ 各成员国被敦促在第八次部长级会议上同意关于最不发达国家可交付成果的议题：贸易谈判委员会非正式会议（2011年7月28日），参见http：//www. twnside. org. sg/title2/wto. info/2011/twninfo110803. htm

归分析。

我们选择了对华出口贸易量最大的十个最不发达国家进行T检验，其中五个来自非洲，五个来自亚洲。这些最不发达国家样本在中国与最不发达国家的贸易中占据了主导地位，其中非洲国家是安哥拉、贝宁、利比里亚、苏丹和多哥，亚洲国家包括孟加拉、柬埔寨、缅甸、尼泊尔和也门。由于无法得到所有必要的数据，所以我们只能退而求其次，采用样本集的研究方法，而不是对所有最不发达国家进行研究。我们所研究的参考期为1995～2010年。我们总共有160份的观察数据①。

我们进行了普通的T检验来鉴别最不发达国家在对华贸易方面的差异。我们估算了非洲最不发达国家和亚洲最不发达国家的对华出口在入世前后的差别。在这个检验中，我们没有控制GDP、市场规模、汇率、相邻性、距离和地区贸易协定等其他因素对于贸易额的影响。

表13　　中国从最不发达国家进口额所受的影响　　单位：千美元

中国从最不发达国家的进口额	非洲地区的最不发达国家	亚洲地区的最不发达国家	平均差	T检验值
入世前（1995～2001）	182442.8	146277.3	36165.5	0.4786
入世后（2002～2010）	2895949	497120.1	2398829***	2.865

数据来源：作者的计算结果。

注：T检验值的显著性水平分别为*（$p<0.1$），**（$p<0.01$），***（$p<0.001$）。

表13中的检验分析表明，在中国加大融入全球市场的力度之前，非洲和亚洲最不发达国家样本在对华出口差异不具备显著性。检验结果还进一步说明，这个差异在中国入世后显著扩大，在0.01的显著性水平上具备统计显著性。此发现证实了我们先前的结论：在过去十年里（即中国入世后），非洲的最不发达国家相较于亚洲最不发达国家而言，成为中国更加重要的进口来源。

---

① GDP数据采用美元不变价（2005），按照不变汇率计算，人口采用绝对值（单位为千人）。关税税率的数据来自于UNCTAD数据库（http：//www.unctad.org/Templates/StartPage.asp？intItemID = 2068）。距离的单位为英里，数据来源于CEPII数据库（http：//www.cepii.fr/anglaisgraph/bdd/gravity.htm）。关于地区贸易协定的信息来源于http：//www.wto.org/english/tratop_e/region_e/region_e.htm。

表 14 中国对最不发达国家出口所受的影响 单位：千美元

中国对最不发达国家的出口	非洲地区的最不发达国家	亚洲地区的最不发达国家	平均差	T 检验值
入世前（1995～2001）	111722.1	322922.2	－211200***	－4.217
入世后（2002～2010）	1118666	1318315	－199649	－0.8103

数据来源：作者的计算结果。

注：T 检验值的显著性水平分别为*（p<0.1），**（p<0.01），***（p<0.001）。

就中国对最不发达国家的出口而言，表 14 中的检验结果表明即使在入世前，中国对亚洲和非洲的样本国家的出口额就已经存在显著差异，且前者的重要性更甚于后者（显著性水平为 0.01）。

显然在中国入世后，非洲最不发达国家对中国出口的产品额超过了亚洲最不发达国家。中国入世后对全球的开放程度日益上升，关税水平大幅下降，而且扩大了最不发达国家对华出口的市场准入。引进免税免配额方案在这方面有助于最不发达国家扩大对华出口。对于亚洲的最不发达国家来说，虽然它们在对华出口额的增长方面逊于非洲最不发达国家，但是它们与中国之间的贸易额也在中国入世后显著上升。

4. 基本贸易引力模型的分析结果

为了深入研究中国与最不发达国家之间的贸易关系，我们建立了一个范围有限的贸易引力模型来评估中国入世对中国和最不发达国家之间贸易的影响。在这个问题上，需要指出的是 Matyas（1997，1998）和 Egger（2000）认为使用面板数据分析法的效果胜过横截面分析法，因为前者有助于掌握贸易伙伴所面对的商业周期现象，并且避免各国家个别的非时变因素。

本研究采用的数据集包括前文提到的十个样本国家①（即 5 个非洲的最不发达国家和 5 个亚洲的最不发达国家）在 16 年（1995～2010）内的 158 项观察数据。回归中使用的因变量是中国从样本国家的进口额（对数）。

在这些样本国家中，我们选择了进口额最高的 10 个贸易伙伴，即 5 个非洲国家（安哥拉、贝宁、利比里亚、苏丹和多哥）和 5 个亚洲国家（孟加拉、

① 本研究未能获得 1996 年和 1998 年中国从利比里亚的进口数据。

柬埔寨、缅甸、尼泊尔和也门）。中国从最不发达国家的进口中有 91.88% 来自于非洲，而在我们的样本中，中国从非洲的进口额占 1995 ~ 2010 年进口总额的 86.16%，而从亚洲的进口额占比为 14% 左右。

传统的贸易引力模型都要考虑 GDP、人口、距离和相邻性等变量。对于进口国和出口国来说，GDP 参数都预期为正，表明大规模经济体的贸易额较高。进口国和出口国的人口参数可能是正值也可能是负值，这取决于大国的出口额是否会在规模经济的帮助下高于小国（Martinez - Zarzoso 和 Nowak - Lehman, 2003），或一国的经济扩张时是否会出现吸收效应。

在我们的模型中，“中国从最不发达国家进口”（即最不发达国家对华出口）这一因变量是最不发达国家 GDP 的组成部分（GDP 的会计等式为 GDP = C + G + I + X - M）。而根据此文经济计量模型的设定，误差项包含了 C、G、I 和 M 等因素，因此 GDP 变量很可能与误差项相关。回归分析的结果很可能会有偏差和缺乏一致性。

为了使估算结果没有偏差和有一致性，我们采取了辅助变量法。辅助变量本身并不属于解释方程的一部分，而且必须与内生性解释变量相关。“最不发达国家的人口”这个变量不仅与解释方程的误差项不相关，而且与“最不发达国家的 GDP”这个自变量相关，这表明这个变量满足作为“最不发达国家的 GDP”在这个模型中的辅助变量的条件（McCallum, 1995）。因此我们将“最不发达国家的人口”这个变量作为回归计算的辅助变量。

由于本研究采用的样本集偏向非洲最不发达国家，因此我们选择了一个地区性虚拟变量“非洲”来控制贸易伙伴的地区效应，即

非洲 = 1，如果该观察数据是“非洲最不发达国家”（安哥拉、贝宁、利比里亚、苏丹或多哥）

= 0，如果该观察数据是其他国家

为了搞清楚中国入世的影响，我们使用了虚拟变量“WTO”，即

WTO = 1，如果年份 >2001（即中国入世的年份）

= 0，如果年份 ≤ 2001

表 15 列出了回归分析的结果。

表15 中国—最不发达国家贸易关系的回归分析结果

变量	中国从最不发达国家的进口额（对数）
最不发达国家GDP的对数	1.143***
	(0.397)
中国GDP的对数	1.696
	(1.614)
美元/人民币的汇率对数	0.951
	(2.627)
中国人口的对数	-24.52
	(31.35)
虚拟变量“入世”	1.215*
	(0.686)
虚拟变量“相邻性”	-0.429
	(1.527)
中国的工业制成品、矿石和金属的实际关税税率	-0.0828
	(0.150)
虚拟变量“非洲”	0.634
	(1.064)
常数	318.3
	(433.0)
观察数据	158
R平方值	0.488

数据来源：作者的计算结果。

括号中的数值为标准差：*** ($p<0.01$)，** ($p<0.05$)，* ($p<0.1$)。

辅助变量（IV）方法：使用辅助变量的外生变量为“最不发达国家的GDP”（IV：最不发达国家的人口）。

所用观察数据按照国家进行了集群，并用了稳健标准差。

（美元/人民币）汇率对数的参数是正值，这表示当人民币汇率相对于美元升值，中国从最不发达国家样本的进口量较大。然而，其差别并不具有统计显著性。

中国和最不发达国家的GDP对数的参数如预期般为正值。中国人口对数的参数为负值。

这个回归分析采用的两个关键变量是虚拟变量“WTO”（反映中国入世对其从最不发达国家进口的整体影响）和中国的实际关税税率（反映关税税率变化所带来的影响，这是中国入世的主要成果之一）。

分析结果表明在 0.1 的显著水平上，虚拟变量“WTO”的参数为正，表明入世对于中国从最不发达国家样本进口额上产生了积极的影响。根据这个结果，中国入世后从最不发达国家样本的进口额上升了 166.4% [100 * (e (1.215 - 0.2353) - 1)] (Kennedy, 1981; Halvorsen and Palmquist, 1980)。

非洲最不发达国家的虚拟变量表明中国进出口贸易上的变化更倾向是因为非洲最不发达国家。在回归分析中，表示“相邻性”的参数为负值。其解释之一是相邻国家的贡献非常小，缅甸和尼泊尔在中国从最不发达国家样本进口的总量中只占 2.36%。因此，这个参数似乎不具备显著性。

事实上，中国入世既产生直接影响（如采取全面的贸易自由化、为最不发达国家提供优惠性市场准入），又产生了间接影响（如改善谈判环境，使其有利于世贸组织和其他机制中的最不发达国家）。因此，中国入世惠及最不发达国家，使其扩大出口，同时最不发达国家也没有丧失第三市场。

五、结语

中国于 2000 年加入世贸组织，这个重大事件对全球经济，特别是对多边贸易体系，产生了深远而且多样化的影响。尽管人们对中国入世有多种顾虑，但是中国融入多边贸易体系显然提高了全球（其中包含了与中国竞争的经济体）的福利收益。

我们通过前文的分析得出以下结论：在中国的贸易体系实行全面自由化的背景下，中国与最不发达国家之间的贸易关系自 2000 年起飞速膨胀。统计检验和经济计量的检验结果也确认了中国入世对促进最不发达国家对华的进出口都产生了重要影响。中国入世对于提高最不发达国家出口的市场准入产生了直接和间接的影响，同时改善了最不发达国家在 WTO 和其他地区性平台中的谈判环境。

中国和最不发达国家之间的贸易额激增出现在全球贸易积极向上的大背景

下。然而，2009 年全球经济在世界性衰退中强烈收缩。在这种情况下，中国的经济活力帮助最不发达国家维持了其出口量。未来中国强劲的经济增长将会持续对最不发达国家的出口产生重要的影响，特别是有利于弥补其他地方正在下降的外需。

在本世纪头十年，中国已经成为最不发达国家最大的出口地，它们的对华出口在其出口总量中占到 1/4 以上。在此期间，最不发达国家也提高了它们在中国的全球进口额中的比重。然而，最不发达国家对华出口的增速超出了中国对其出口的增长速度。因此，鉴于最不发达国家在全球的整体进出口贸易中保持巨额赤字，所以它们对华贸易的顺差就显得极为引人瞩目。这显然对它们的收支平衡产生了积极的影响。

然而，尽管中国和最不发达国家贸易关系的总体情况振奋人心，但是在许多分解的层面上出现令人不安的趋势。首先，亚洲最不发达国家的对华出口增长不及非洲最不发达国家，而不少亚洲最不发达国家是中国出口的主要目的地。这不仅导致亚洲最不发达国家相对边缘化，而且导致中国与它们之间的贸易失衡。这还暗示着，虽然中国在国际价值链中扮演着关键角色，但表现不济的亚洲邻国尚未充分融入该价值链。

其次，对华出口额较高的最不发达国家仍然数量有限。换句话说，在所有最不发达国家中，只有 1/5 的国家对华有实际出口。此外，中国经常改变最不发达国家中的进口来源，而且并不一定是基于贸易政策方面的原因。当然，这与最不发达国家的供应能力和供应稳定性有关。然而，未来中国必须找到方法和途径来将剩下的为数众多的最不发达国家纳入其进出口体系。

最后，尽管最不发达国家的出口产品存在行业间多样化，但它们的出口篮仍然是以初级产品为主，且主要来源于采掘业。降低最不发达国家出口产品中的产品集中度和提高这些产品的附加值，是中国和最不发达国家贸易关系的核心挑战之一。

中国和最不发达国家进一步扩大贸易关系的前景是什么？我们非常确定，这种贸易关系将在近期继续扩展。一方面，中国对液体燃料和其他采矿业产品（许多非洲最不发达国家可以提供多种此类产品）的需求将持续走高，强化它与最不发达国家之间的贸易纽带。另一方面，最不发达国家的发展需求将鼓励它们从中国获得更多具备成本有效性的工业和运输设备以及其他半成品。然而，现在的主要问题是最不发达国家与中国的贸易关系是否能达到一个新的层面，促使这些处于劣势的经济体进行结构转变。

为此，中国可以采取的一个方法是更加广泛地采用关税优惠，以实现出口供应能力的多样化。然而，我们观察到由于最惠国关税在持续下降，所以最不发达国家免税免配额体制的优惠差额成为一个在快速消失的机会。在这种情况下，中国应该针对最不发达国家着手设计“第二代”支持措施。一个较完善的中国对最不发达国家的贸易合作战略该有至少以下三个因素。

第一，随着关税优惠的潜力日益消耗殆尽，中国现在需要简化它对最不发达国家出口的原产地规则（RoO）。中国必须废除包括贸易技术壁垒（TBT）与卫生和动植物检疫措施（SPS）在内的所有非关税障碍（NTB），这些都阻碍了最不发达国家对中国市场的出口。

第二，中国应加大它对最不发达国家的支持力度，如改善国内加工和提高产品质量，以促进最不发达国家出口篮的多样化，并提高可出口产品的附加值。为此，中国需要调整其投资政策，以更加有效地促使最不发达国家提高生产能力，并且建设必要的基础设施。

第三，中国可以考虑进一步帮助最不发达国家放大它们在各种全球平台上的微弱声音，强化它们之间的战略合作伙伴关系。在这个问题上，中国已经在WTO中发挥了关键作用。现在它需要在20国集团中产生同样的影响，因为该集团并没有代表最不发达国家的利益。如果中国倡导建立一个体制结构，在20国集团的年会前定期咨询最不发达国家，那么这会大有裨益。这种倡议非常符合中国在全球舞台上冉冉升起的角色。

上文建议了中国和最不发达国家新型合作伙伴关系中的要素。在一定程度上，这些要素弥补了在当前中国和最不发达国家贸易关系在发展趋势中的断层，这已经体现在前文的相关研究发现中。然而，在中国为最不发达国家提供的“第二代”支持措施中，这些因素只是那些宽泛的措施中的冰山一角。我们需要进一步深入研究，进行政策分析来使我们的愿景成为现实。考虑到中国的经济实力不断增长，并且承诺参加南南合作，所以向这个方向努力不仅能够解决最不发达国家目前面对的发展挑战，而且有助于降低全球经济所面临的风险。

参考文献

[1] Bhattacharya, D. and Hossain, S. S. 2011. Least Developed Countries in the Next Decade: What is There in the Istanbul Programme of Action. Geneva: Friedrich - Ebert - Stiftung (FES), Geneva Office

[2] Broadman, H. 2006. Africa's Silk Road: China and India's New Economic Frontier. Washington, D. C. : World Bank

[3] Egger, P. 2000. "A Note on the Proper Econometrics Specification of the Gravity Equation," Economics Letters, 66 (1): 25 ~ 31

[4] Elwell, C. K. , Labonte, M. and Morrison, W. M. 2007. Is China a Threat to the US Economy? CRS Report for Congress (Order Code RL33604) . Available at: http: //www. fas. org/sgp/crs/row/RL33604. pdf

[5] Hackley, R. and Westhuizen, L. 2011. Africa's Friend China Finances $9. 3 Billion of Hydropower. Bloomberg, 9 September. Available at: http: //www. bloomberg. com/news/2011 - 09 - 09/africa - s - new - friend - china - finances - 9 - 3 - billion - of - hydropower. html

[6] Haider, Z. 2007. "Competitiveness of the Bangladesh Readymade Garment Industry in Major International Markets" . Asia - Pacific Trade and Investment Review, 3 (1): 3 ~ 28

[7] Halvorsen, R. and R. Palmquist (1980), The Interpretation of Dummy Variables in Semi logarithmic Equations, American Economic Review, 70, 474 ~ 475

[8] Helstrom, J. 2009. China's Emerging Role in Africa: A Strategic Overview. FOI Studies in African Security. Stockholm: Swedish Defence Research Agency. Available at: http: //www. foi. se/upload/Kinaiafrika. pdf

[9] http: //www. twnside. org. sg/title2/wto. info/2011/twninfo110803. htm

[10] http: //www. unohrlls. org

[11] http: //www. wto. org/english/news_ e/pres01_ e/pr243_ e. htm

[12] http: //www. wto. org/english/news_ e/pres11_ e/pr632_ e. htm

[13] http: //www. wto. org/english/news_ e/news11_ e/tnc_ infstat_ 22jun11_ e. htm

[14] http: //www. wto. org/english/news_ e/news11_ e/tnc_ infstat_ 21oct11_ e. htm

[15] Hufbauer. G. C. , Wong, Y. and Sheth, K. 2006. US - China Trade Disputes: Rising Tide, Rising Stakes. Washington, D. C. : The Institute for International Economics

[16] IMF and World Bank. 2002. Market Access for Developing Country Exports - Selected Issues. Available at: http: //www. imf. org/external/np/pdr/ma/2002/eng/092602. pdf

[17] Kennedy P. E. (1981), Estimation with Correctly Interpreted Dummy Variables in Semi logarithmic Equations, American Economic Review, 71: 802

[18] Khan, T. 2004. "China, WTO and Developing Countries - A Constructivist Analysis. " Perceptions, IX (1): 13 ~ 28. Available at: www. sam. gov. tr/perceptions/Volume9/March - May2004/2TanzimKhan. pdf

[19] Lardy, N. R. 1992. "The Chinese Economy in the 1990s. " China Quarterly, 131: 691 ~ 720.

[20] Martin, W., Bhattasali, D., Li, S. 2004. "China's Accession to the WTO: Impacts in China." In Krumm, K. and Kharas, H. (eds) East Asia Integrates: A Trade Policy Agenda for Shared Growth. New York: Oxford University Press for the World Bank

[21] Looy, S. 2006. Africa and China: A Strategic Partnership? ASC Working Paper 67/2006. The Netherlands: African Studies Centre (ASC). Available at: http://www.ascleiden.nl/pdf/wp67.pdf

[22] Martin, W. and Ianchovichina, E. 2003. Economic Impacts of China Accession to the World Trade Organization. World Bank Policy Research Working Paper 3053. Washington, D. C.: World Bank

[23] Martinez-Zarzoso, I. and Nowak-Lehman, F. 2003. "Augmented Gravity Model: An Empirical Application to Mercosur-European Union Trade Flows." Journal of Applied Economics, 6 (2): 291~316

[24] Matyas, L. 1997. "Proper Econometric Specification of the Gravity Model." The World Economy, 6 (3): 363~368

[25] Matyas, L. 1998. "The Gravity Model: Some Econometric Considerations." The World Economy, 21 (3): 397~401

[26] McCallum, J. (1995). National Borders Matter: Canada-US Regional Trade Patterns. The American Economic Review, 85 (3), 615~623

[27] OECD. 2001. Summary of Studies of the Impact of WTO on China's Trade. CCNM/CHINA (2001) 3. Paris: Organisation for Economic Co-operation and Development (OECD)

[28] Rumbaugh, T. and Blancher, N. 2004. China: International Trade and WTO Accession. IMF Working Paper WP/04/36. Washington, D. C.: International Monetary Fund (IMF)

[29] Soloaga, I. and Winters, L. A. 2001. "Regionalism in the Nineties: What Effect on Trade?" The North American Journal of Economics and Finance, 12 (1): 1~29

[30] Sun, Z. 2011. China's Experience of 10 years in the WTO. Think Piece prepared for the conference on "A Decade in the WTO: Implications for China and Global Trade Governance" organised by the International Centre for Trade and Sustainable Development (ICTSD). Available at: http://ictsd.org/downloads/2011/06/ictsd-zhenyu-suns-paper-i.pdf

[31] Second in Line. 2010. The Economist, 16 August. Available at: http://www.economist.com/blogs/freeexchange/2010/08/china_0

[32] China Admitted to WTO. 2001. The Guardian, 21 November

[33] Walmsley, T., Hertel, T. and Ianchovichina, E. 2001. "Assessing the Impact of China's WTO Accession on Foreign Ownership." Paper presented at the Fourth Annual Conference on Global Economic Analysis, organised by the Purdue University, 27~29 June, USA

[34] Wang, X. 2011. WTO Accession: A Historical Opportunity for China's Reform and Opening. Think Piece prepared for the conference on "A Decade in the WTO: Implications for China and Global Trade Governance" organised by the International Centre for Trade and Sustainable Development (ICTSD). Available at: http://ictsd.org/downloads/2011/06/ictsd-xinkui-wangs-paper.pdf

[35] Woo, T. W. 2003. Economic Impact of China' s Emergence as a Major Trading Nation. Statement made at the US – China Economic and Security Review Commission, Columbia University, 4 December. Available at: http: //www. hkcer. hku. hk/Letters/v76/wtwoo. htm

[36] WTO. 2011. Market Access for Products and Services of Export Interest to Least – Developed Countries. WT/COMTD/LDC/W/48/REV. 1, 9 March. Geneva: World Trade Organization (WTO)

[37] Yang, Y. 2003. China' s Integration into the World Economy: Implications for Developing Countries. IMF Working Paper WP/03/245. Washington, D. C. : International Monetary Fund (IMF)

[38] Yoshitomi, M. 2003. Post – Crisis Development Paradigm in Asia. Manila: Asian Development Bank (ADB)

[39] Zhai, F. and Li, S. 2000. The Implications of Accession to WTO on China' s Economy. Paper presented at the Third Annual Conference on Global Economic Analysis, 27 ~ 30 June, Melbourne, Australia

中国入世十年：未来继续其基于对外开放的增长模式

◎ 经济合作与发展组织（OECD）

自入世以来，中国实现了惊人的经济增长和贸易扩张。中国自上世纪 70 年代起稳定地开展了渐进式改革，这也在很大程度上驱动了其蓬勃发展。中国入世促使中国深化结构调整，而这成为中国向现代市场经济转变的核心。然而，这些卓越成就和政策改革可能会顺其自然。近期 OECD 的研究表明，为了维持高速增长以及在全球经济中的地位，中国需要继续推进其结构改革，甚至在某些领域里加快脚步，如清除剩下的边境壁垒和境内壁垒，在国有企业和农业开展渐进式改革，并且重新思考它在原材料市场上的战略。服务行业的改革尤为重要，它是避免中等收入转型的关键。如果中国希望在服务贸易中的成就媲美它在制造业中的成果，那么需要在这个领域进行同样大刀阔斧的改革。放宽对商业服务的限制有助于提升价值链的进程，并且加快这一进程。电信改革会培育信息经济，更完善和更高效的金融服务将从总体上支持发展进程。

本文是 OECD 工作人员为中国发展研究基金会“入世十年”研究项目撰写的稿件，也是 OECD 年度中国研究报告的第六章。本文仅代表作者的个人观点，而不代表 OECD 或其任何一成员国的官方观点。本文的工作团队跨越多个 OECD 部门，其协调人为 Przemyslaw Kowalski，贸易和农业司的 Michael Plummer 和 Raed Safadi 全程监管本文的撰写过程。本文作者按照姓氏字母排序依次为 Max Buge，Koen De Backer，Andrea Goldstein，Richard Herd，Samuel Hill，Robert T. Klein，Vincent Koen，Przemyslaw Kowalski，Andrzej Kwiecinski，Hildegunn Nordås，Dirk Pilat，Susan F. Stone，Frank Van Tongeren 和 Naomitsu Yashiro。Clarisse Legendre 和 Monika Sztajerowska 分别提供了数据分析和研究支持工作，特此表示感谢。本文中的所有文件和地图未对任何领土的地位或主权、国际边界或任何领土、城市或地区的名字存在偏见。

一、前言

1. 融入国际市场和深入的结构改革已将中国打造成世界经济的重要引擎

自2001年中国加入世贸以来，中国经济的发展一日千里。在过去十年间，中国的GDP保持着年均两位数的增长速度，在大规模经济体中名列前茅，并远远超出了OECD（经济合作与发展组织）成员国的平均增速（参见图1）。这一成就延续了中国在上世纪80年代和90年代的高速增长，并成为历史上发展最迅猛、影响最深远的经济变革之一。事实上，在区区30年间，中国在全球产出中的比重已经从可怜的2%上升到2010年的13%（按购买力平价计算）。中国现在是全球第二大经济体，排名仅落后于美国。深入的结构改革有力地支撑了中国经济的长期高速增长，为中国出口业的崛起铺平道路。目前，中国的出口量占全球出口总量的1/10。随着中国日益融入全球经济，且长期保持高速经济增长，中国已经成为全球经济增长的重要引擎。在2009～2011年间，中国GDP的绝对增长相当于其他国家产出绝对增长的40%。近期许多发达经济体陷入了长期且严重的经济疲软期，中国强劲的内需在这个时刻显得尤为重要。2011年，全球对华出口的增长量相当于其他国家GDP增长的10%。

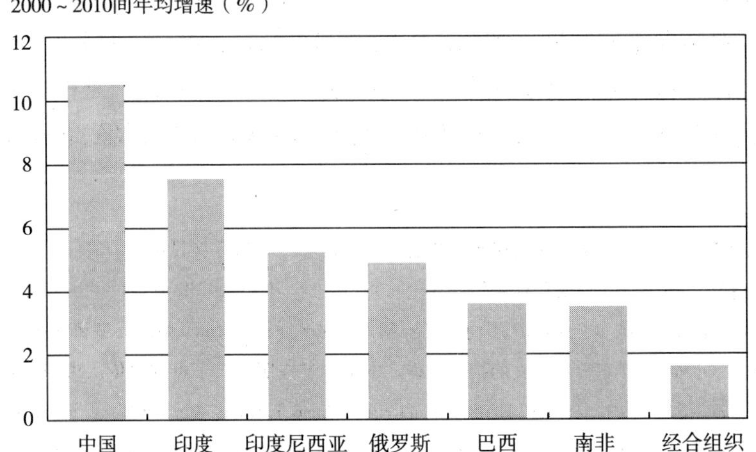

图1 中国、其他大型新兴经济体以及经合组织国家的实际GDP增长

资料来源：经济合作与发展组织（OECD）。

伴随着中国经济的持续高速增长，中国的收入水平普遍提高，赤贫现象也急速减少。在2000~2010年间，日均收入低于1.25美元的农村居民比重从22%下降到6%（用购买力平价计算），相当于减少了1.5亿贫困人口。众多耐用消费品的普及率和汽车保有量节节攀升，城市居民的人均居住面积不断扩大，这些都反映出家庭平均消费能力的强势增长。与此同时，公共产品的供应情况显著提升，如公路密度和其他交通基础设施扩张显著，城市地区几乎都可以用到自来水，与2000年近33%的城市废水处理率相比，如今的废水处理率已高达75%。此外，政府也大幅增加了教育支出，中等教育毕业率在过去20年间增长了两倍以上，接受高等教育的学生人数是原来的十倍以上（CEIC）。

由于中国经济日益市场化，而且城市地区的高薪工作数量增长迅猛，所以这种高速经济增长会导致不平等水平加剧。自2005年左右起，有迹象表明城市地区的不平等水平上升势头放缓，因为劳动市场日益适应市场力量。自中国于上世纪70年代末实行改革开放政策以来，农村早于城市出现不平等现象，这是由于农民收入开始依赖于所耕种土地的质量、市场准入和非农就业机会。依据国际标准，中国农村的不平等水平始终相对较高。然而，近年来中国政府力图通过取消农业税、提高中央转移以资助农村地区的医疗卫生和教育发展、放松户口制度[①]来提高农村家庭收入，这些举措抑制了农村地区不平等水平进一步上升的趋势（Herd，2012）。到2007年，城乡不平等水平已趋于平衡。然而，由于城市地区的收入水平远远高出农村地区，全国的不平等水平均显著高于农村地区和城市地区的不平等水平。中国的总体不平等水平虽然低于其他主要发展中国家，但是高于绝大多数国家。

2. 中国承诺稳定地开展渐进式改革以支撑其卓越的经济增长

中国承诺稳定地开展渐进式改革，这支撑了其卓越的经济增长以及广泛的经济变革（OECD，2005；OECD，2010a）。在中国入世后的十年间，中国经济从之前放宽价格管控的改革中获益匪浅。价格管控改革基本完成于世纪交替之际，之后只有少数几个领域仍实施价格管控。此项改革的推行恰逢中国的法律

① 户口制度是根据居民务农或非务农情况及其居住地来对居民进行分类的制度。这个制度起源于上世纪50年代，目标在于将尽可能多的人口留在农村务农，它几乎完全中止了农村人口向城市流动的趋势。OECD（2010a）详细地描述和分析了这个体系的经济效应。

体制改革，后者为私人所有制和私营企业发展提供了机会。降低贸易壁垒有助于普遍实施低关税政策（该政策最早只适用于经济特区），并且鼓励出口增长。市场开始在分配生产要素方面发挥更加重要的作用，私营企业也开始主导外贸业，外贸业随即成为竞争最激烈的行业。

中国的资本存量迅速膨胀，促进了经济增长，而居高不下的家庭和企业储蓄又相应地刺激了资本存量的增长（OECD，2011i）。中国的全要素生产率（TFP）增长情况反映出技术和效率的提升速度惊人，造就这一成果的部分原因是大批劳动力从低附加值的农业流入了高附加值的制造业和服务业。由于人口增长速度相对缓慢，所以额外的劳动投入对总体增长的效果不大。然而，教育普及程度大幅提高，特别是获得中学教育的人口增长显著，提高了劳动力的质量。在需求方面，迅猛增长的出口对驱动经济增长发挥了至关重要的作用，这在整个 90 年代和本世纪初表现得尤为突出。近年来，中国更加强劲的进口需求降低了净出口对经济增长的贡献率，内需的主导性作用更加清晰。特别是增长强劲的投资，为经济增长发挥了关键作用。

二、入世是中国作为经济大国再次崛起的奠基石

1. 中国对世贸组织的承诺全面且宏大

中国令人瞩目的经济增长和减贫成就，与其入世前后开展的贸易和 FDI（外商直接投资）自由化改革所取得的成果不相上下。可以说，开展自由化的主要推力来源于国内（Sally，2009），尽管这仅部分地反映了中国如何应对入世谈判中主要参与方提出的要求（OECD，2005）。简而言之，入世谈判就像一个战略杠杆，对中国自 70 年代末开始并于 1994 年后显著加速的改革进行整合，促使其加速进行，并且最终锁定这些改革（Sally，2009）。

与此同时，中国对商业地方主义采取了谨慎的态度（Mattoo and Subramanian，2011）。目前全球有 300 余项区域贸易协定（RTAs）。这些协定可以促进非成员国贸易实现多样化。中国已经与 ASEAN（东盟）、秘鲁、智利和新西兰、哥斯达黎加、新加坡、巴基斯坦以及香港、澳门和台湾等单独的关税区签署了协定。此外，中国还是亚太贸易协定的成员国，该协定的部分成员国未包括在中国签署的其他区域性贸易协定里，如孟加拉国、文莱、印度、韩国和斯

里兰卡。中国目前正在与澳大利亚、海湾合作理事会、冰岛、挪威和南部非洲关税同盟开展区域贸易协定（RTA）谈判。最近，中国与韩国和日本就签订三边贸易协定进行了磋商①。

中国做出的入世承诺比其他发展中国家更加全面，也更加宏大。作为入世流程的一部分，中国采取了一系列彻底的改革措施，如几乎全面降低各经济领域里的贸易壁垒，提供国民待遇，改善货物和服务的市场准入，加大知识产权（IPR）保护力度，提高透明度并消除非关税壁垒。鉴于国家在中国经济中扮演着重要角色，中国还同意了关于补贴和国有企业运营方面的特殊规定（Greene et al.，2006）。另一方面，中国虽然尚未签署《政府采购协议》，但是目前正在就此进行谈判。

尽管在中国入世前的十年里，进口产品的关税已经下降一半左右，但是根据中国的入世承诺，中国在2001~2010年间将关税继续下调一半左右（参见表1）。重要的是，随着中国加入世贸，它限制了所有进口商品的关税范围，使国内外的商业机构对自己未来的发展机会有更清晰的认识。中国还承诺逐步降低非关税壁垒，到2010年最终取消非关税壁垒。如今，中国对绝大多数产品设定的关税都低于或符合限制范围，即农产品的平均关税为15.9%，非农产品的平均关税为9.1%（参见表1）。农产品中进口关税最高的产品为粮食、糖、烟草和饮料；制成品中进口关税最高的产品为运输设备、纺织品和皮制品。2010年，农产品的最高MFN（最惠国）关税为65%，制成品的最高MFN关税为50%②。

表1　　中国对农业及工业产品关税税率1992~2010简单平均数

	最惠国汇率				约束汇率
	1992年	2001年	2009年	2010年	2001年
动物及动物产品	47.2	19.8	15.1	15.1	15.0
饮料及酒精饮品	102.0	46.5	21.0	20.3	21.0
化工产品及照相用品	28.4	10.4	6.3	6.3	6.8

① 参见中国商务部的FTA（自由贸易协定）网站：http：//fta.mofcom.gov.cn/english/fta_qianshu.shtml。

② 这里的最高税率指HS六位数分类系统。

续表

	最惠国汇率				约束汇率
	1992年	2001年	2009年	2010年	2001年
咖啡、茶、马黛茶及可可	55.0	23.9	14.7	14.7	14.9
乳制品	53.9	35.9	12.0	12.0	12.2
电子机械	35.4	15.6	8.1	8.4	9.0
鱼及鱼类制品	41.4	19.5	10.9	11.0	11.0
鲜花、植物、植物性材料及其他	37.6	10.9	9.6	9.6	9.2
水果、蔬菜	52.3	21.5	15.8	15.8	16.0
谷物	1.5	54.3	30.5	30.5	27.1
皮革、橡胶、鞋类及旅行用品	50.5	18.8	13.3	13.3	13.7
其他没有特殊规定的制造业产品	51.3	16.8	12.0	12.0	12.5
金属	24.7	9.0	6.7	6.7	7.0
矿产，宝石及稀有金属	35.7	11.5	8.8	8.9	9.7
非电子机械	27.5	13.8	7.9	8.0	8.4
油料作物，油脂	36.3	29.6	10.9	10.9	11.3
其他农产品	34.6	13.1	11.5	11.4	12.0
汽油	7.7	8.8	4.4	4.8	5.2
香料、谷类加工产品及其他食品材料	44.6	30.4	20.4	20.5	20.6
糖类	49.3	41.9	27.4	27.4	27.4
纺织品	74.8	21.0	11.4	11.4	11.5
烟草	116.7	49.3	30.7	30.7	33.3
交通运输工具	44.7	21.1	11.7	11.7	11.8
木材、纸浆、纸及家具	34.7	13.2	4.4	4.4	5.0
农产品（按照WTO定义）	46.6	24.5	15.8	15.7	15.9
非农产品（按照WTO定义）	41.4	14.5	8.7	8.7	9.1

资料来源：使用世界综合贸易方案（WITS）访问联合国贸易分析信息系统（UN Trains）。

中国入世时还承诺将敏感农产品的计划配额转换为扭曲性较小的税率配额（TRQ），并且将部分配额分配给非国有贸易企业。除此以外，中国还同意取消出口补贴，逐步取消对上市商品的许可证管理制度，依据世贸组织管理技术性贸易壁垒的规则，中国将农产品的补贴限制在农业产出总值的 8.5%（OECD, 2005）。据估算，这些改革大幅改善了进口农产品[①]的市场准入（OECD, 2005；OECD, 2011d）（参见第三章）。

服务贸易是中国入世谈判的关键领域，中国承诺通过清除现有的诸多市场准入限制来广泛地开放服务业（参见 Greene et al.，2006）。在中国入世时，由于产品领域的改革比服务业的改革更加深入，所以此项承诺意义深远。譬如，中国入世后允许国外服务供应商参与所有产品的零售业，所有公司都有权进出口除了国家贸易垄断产品之外的任何产品。依据商定的具体落实日期，中国在 2008 年前逐步允许外国金融机构在不受客户限制的条件下为外币企业提供服务，为中国企业提供本币服务，并且最终为所有中国顾客提供金融服务。中国将清除外资进入和所有权在电信、银行和保险等关键行业中所受到的大部分限制，并逐步对外开放这些关键行业，中国还将清除对外国公司的众多歧视性措施。据估计，完全落实中国的 GATS（《服务贸易总协定》）承诺，意味着中国将开展重大改革，并采取重要的自由化措施，从而为中国及其贸易伙伴带来巨大收益（Greene et al.，2006）。

为了监管中国每年服从世贸规定的情况，世贸组织采取了独特的方法，即建立过渡性审议机制（TRM）。这个机制要求中国为自己履行入世承诺的情况提供详细信息，并且允许所有世贸成员国在多边背景下就中国如何履行自己的承诺提出问题。

中国的市场经济地位仍然是一个很重要的问题。依据贸易法的规定，是否拥有市场经济地位决定着该国是否享有相应的待遇，尤其是反补贴和反倾销措施方面的待遇。毫无疑问，中国官方一再要求在近期承认中国的市场经济地位。从技术层面来讲，尽管只需根据世贸成员国自身的贸易法中的技术标准就可以确认一国的市场经济地位，但自 2016 年起，世贸成员国不能再在确认市场经济地位的基础上，使用“没有与中国国内价格或成本进行严格比较”的方法来确认反倾销税和反补贴税[②]（WTO, 2001；O' Connor, 2011）。

① 中国的出口市场准入情况已经大大改善，尽管与进口市场相比略有逊色。中国大幅上升的农产食品出口可以证实这一点。

② 世贸组织第 15 节（a）（ii）和第 15 节（d）of WTO（2001）。

2. 中国的入世承诺促使中国深化结构调整

这些广泛的改革伴随全面私有化的浪潮，推动了中国深化结构调整，而这是中国向现代化市场经济转变的核心。在本世纪初，包括海外公司在内的私营公司迅速提升影响力，而国有企业的就业人数和资产比重持续下降（参见图2）①。到2009年，国有企业在工业部门里的就业比重下降到15%左右，而十年前该比重为66%以上。在此期间，工业产量和资产也大幅转向私营企业。竞争压力直线飙升，只有极少数行业仍然存在中度或高度集中（Conway et al.，2010）。

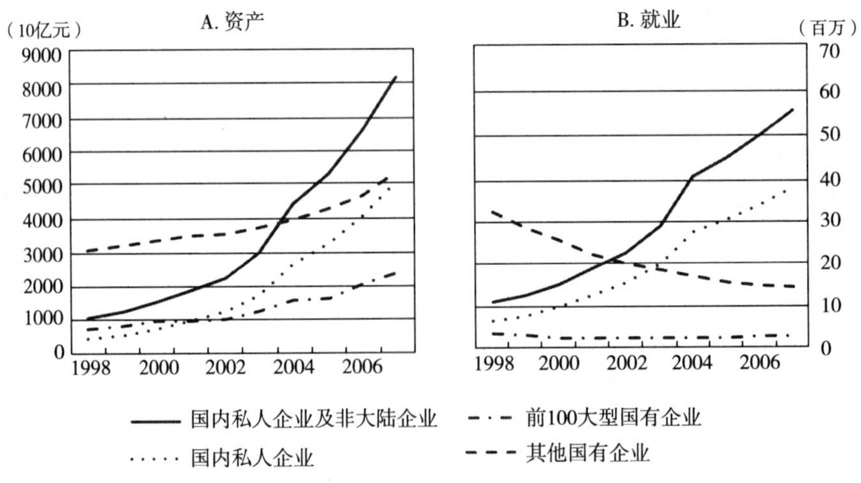

图2 不同所有制企业的实物资产与就业岗位变化

资料来源：国家统计局。

成为世贸成员还有助于维持改革动力（OECD，2010i）。中国入世后不仅下调了关税，还继续降低贸易壁垒，统一规范了大量规则条例。中国于2004年修正宪法，强化了私营部门的重要性。随后在2005年，中国政府废除了阻止私营部门广泛参与金融服务、基础设施和公用事业等各个领域的规定，为私营部门进一步扩大对新兴行业和重要行业的投资扫清了道路。2008年中国发布了《反垄断法》，这是中国在强化市场作用方面的又一个里程碑式重要事件

① “私营企业”指所有国家统计局划分的非国有控股企业，与其注册类型无关。

（OECD，2009c）。该法使中国的竞争框架与国际典范接轨，并且取代了之前的竞争法，因为后者存在诸多不足之处，且落后于形势，结果限制了其效果。《反垄断法》建立起一个全面的法制基础来抵制广泛的反竞争手段，如占统治地位的公司滥用其地位，以及公司合并。以往，中国只就涉外公司的合并采取反竞争措施，但是在2011年，它开始调查国有电信公司是否在阻挠公开竞争。

中国的入世文件要求在公共部门开展补贴改革。据估计，在生产要素再分配和资本积累的共同作用下，该项改革必将带来积极显著的福利收益（Bajona and Chu，2010）。生产要素再分配的效果来源于生产要素从公共部门流入到效率更高的私营部门，随之大幅推高全要素生产率的过程。不过补贴改革还对利率产生影响，刺激了资本积累。近期的估算结果表明，在以上两种因素的作用下，潜在福利收益相当于消费的长期增长达到GDP的5.4%。

改革的效果还体现在生产率的总体增长上。在本世纪头十年，中国的生产率一直保持了相当高的增长率。在微观层面上，近期对公司数据的实证分析还强调了在中国入世后，贸易自由化和其他旨在提高竞争水平的改革大幅提升了生产率（Bas and Causa，2012）。从大量制造企业的范例来看，进口品的关税降低积极地提升了公司层面的生产率。此外，有证据表明，中国公司的获益超过了跨国公司。该分析还显示，在能源、通讯和交通行业放松管制有助于提高下游制造企业的生产率，它还特别强调了对关键的网络产业进行改革时带来积极的产业间溢出效应。

3. 参与全球贸易网络和全球价值链发挥了关键作用

自上世纪70年代末，中国的经济发展深深地扎根于中国融入全球贸易网络和全球价值链（GVC）的进程。最近Reyes et al.（2009）使用向心性指标定量分析了其融入程度。这个向心性指标使用的测量方法如下：某一特定国家在由217个国家[①]组成的贸易网络中融入任一随机选择的贸易链的可能性。此指标表明在25年的时间里，中国突出的贸易成就使其从闭关锁国的孤立主义者移动到贸易网络的核心（参见图3）。因此，中国和G3国家一样成为众多全

① 因此，这个指标反映出一国与其贸易伙伴以及与贸易伙伴的伙伴之间的贸易连接性。它包括整个贸易链，描绘出特定国家在整个贸易链上的影响力。本研究用百分比形式来表示贸易连接性，对一个国家相对于其他216个国家的贸易连接性进行排名（参见Reyes，Garcia and Lattimore，2009）。

球价值链的核心。这反映出中国融入全球价值链的程度不断加深（OECD, 2011a）。在这个进程中，中国日益依赖原材料、零部件和服务的进口，以满足外部对资本和消费品成品的广泛出口需求（Reyes et al., 2009）。出口在产出中的大比重反映出这种垂直贸易的重要性，而且这种垂直贸易对中国的重要性超过了它在其他大型经济体中的重要性（Koopman et al., 2009）。增长委员会（2008）认为，中国已经“充分利用全球经济”，使其成为中国经济的增长板。中国借此刺激了全球对各种出口商品和服务的需求，并且为全球消费者提供了具有竞争性的产品。

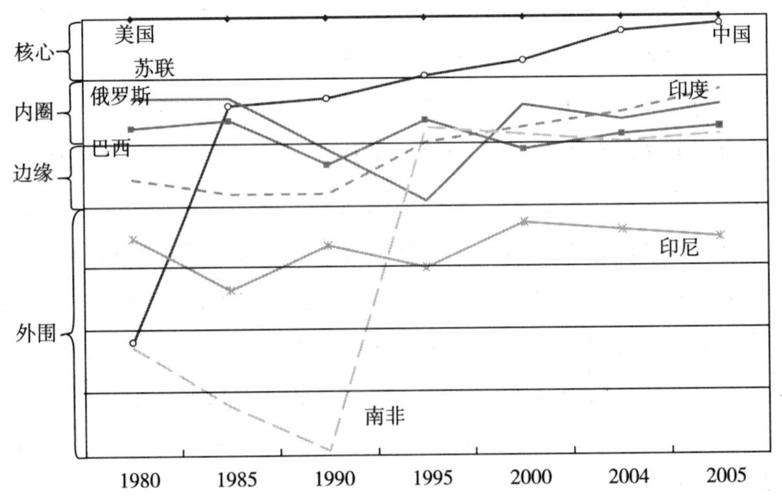

图 3 从全球贸易网络的外围进入核心（1980～2005）

注：定义核心国家为随机百分位数在 95 及以上的国家。在中心度指数中，内圈国家介于 90～94 百分位数，边缘国家介于 85～89 百分位数，外围国家百分位数低于 85。

资料来源：Reyes, Garcia and Lattimore（2009）。

中国参与全球价值链时表现出重要的地区性特点，这是因为中国与东亚国家，特别是提供半成品的国家，保持着紧密的（制造业）联系。在中国加工的进口品①中有 80% 左右来源于其他东亚国家，其中包括科技含量高的零部件等半成品（Ma et al., 2009）。在出口方面，中国的出口产品多样化更显著，有 45% 的成品在加工区进行组装，并出口到欧美。亚洲由此出现一个三角形的贸易格局——韩国和日本等发达国家将大量半成品出口到中国进行加工，随

① 这指中国海关划分在加工贸易类的进口品。

后成品又通过出口回到发达国家。

4. 外国直接投资也发挥了关键作用

作为加工贸易的主要参与者，跨国公司（主要是 OECD 国家的公司）在中国融入全球价值链的进程中发挥了主要作用，为中国强劲的贸易增长贡献了力量（OECD，2012）。在 2010 年，外资企业（不包括香港、澳门和台湾企业）的进出口分别占中国进出口总量的 55% 和 53%[①]。这反映出在过去 30 年间，中国在建立监管框架，吸引和促进外国直接投资方面取得了令人瞩目的进展。这种进展的回报也相当喜人：尽管近年来其他投资目的地与中国的竞争日益激烈，但是在投资者情绪调查中，中国仍然是广受欢迎的外国直接投资目的地[②]。此外，中国积累起的 4730 亿美元外国直接投资存量使其他发展中大国和转型经济体相形见绌。在 2000 ~ 2009 年，流入中国的外国直接投资超过其他所有发展中国家和转型经济体。在最近的全球经济危机中，中国接收的外国直接投资虽然有所下降，但其降幅比起全球外国直接投资的收缩量来说并不大[③]，这表明全球经济的风险上升时，中国仍然被看作一个安全的投资目的地。

尽管从绝对值来看，外国直接投资的流入势头仍然非常强劲，但是其他指标表明，外国直接投资对中国经济和社会的贡献在 2005 年前后达到顶峰。虽然外国直接投资仍然发挥着重要作用，但是它对中国的工业产出、固定投资和税收的贡献率不再上升。外资企业在中国外贸中的比重从改革初期的零一路飙升，在 2005 年达到顶峰 58.5%，随后在 2010 年微降至 53.8%，而且在 2011 年初继续下降[④]。鉴于迄今为止，外资企业对于中国的出口拉动型增长至关重要，所以这种变化或许是使中国政府有所担忧的原因。

---

① 本数据来源于中国海关数据。在经济危机期间，这些比重略有下降（参见图 4）。

② 譬如，在 2002 ~ 2011 年的 A. T. Kearney 外商直接投资信心指数调查中，中国始终拔得头筹（A. T. Kearney，2011）。

③ 流入中国的外国直接投资仅仅下降了 2.6%，从 924 亿美元下降到 900 亿美元，而同期全球的外国直接投资流动收缩了 40%（UNCTAD，2010）。

④ 参见中国商务部网站：www.fdi.gov.cn。

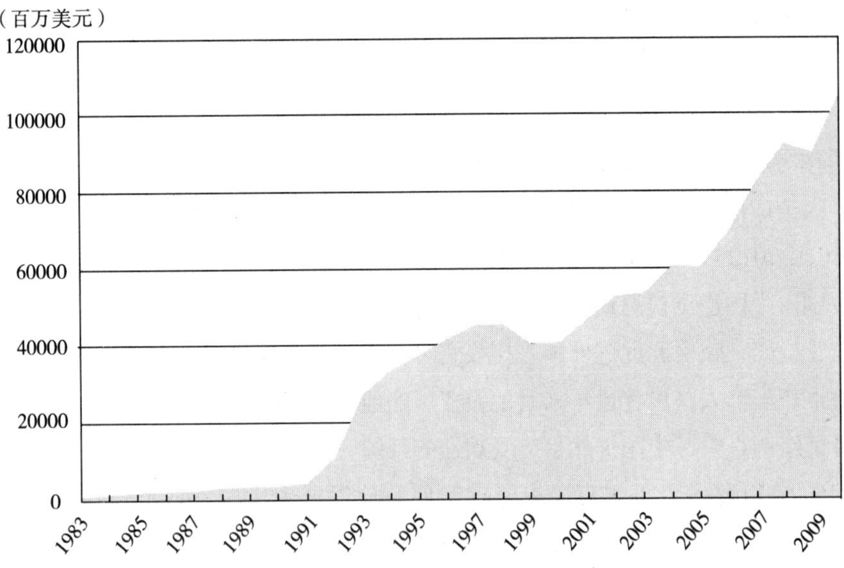

图 4　中国每年外商直接投资流入（1982～2010）

资料来源：中华人民共和国商务部网站：http：//www. fdi. gov. cn.

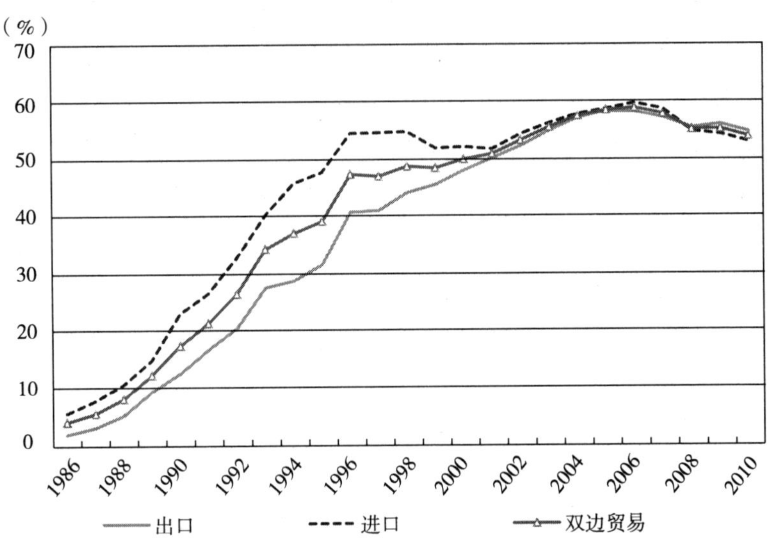

图 5　外商投资企业进出口在总进出口额中所占比重（1986～2010）

资料来源：中华人民共和国商务部网站。

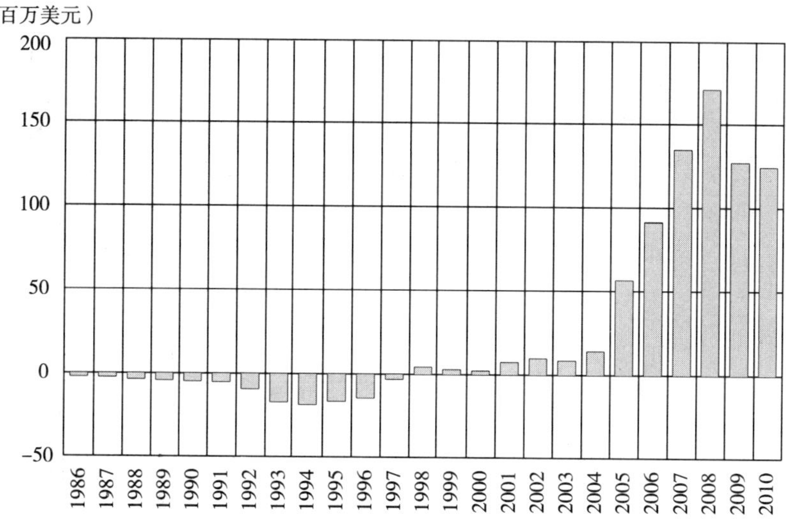

图 6　外商投资企业贸易收支（1986~2010）

资料来源：中华人民共和国商务部网站。

表 2　各生产要素排名，G3 以及部分新兴经济体

		土地	排名	低技能劳动力	排名	高技能劳动力	排名	资本	排名	自然资源	排名	标准差
德国	1997	0.303	4	0.918	3	1.003	2	1.009	1	0.202	5	0.358
	2001	0.410	4	0.734	3	0.786	2	1.026	1	0.219	5	0.286
	2004	0.339	4	0.798	3	0.855	2	0.962	1	0.155	5	0.316
日本	1997	0.217	4	1.092	2	1.123	1	0.976	3	0.177	5	0.428
	2001	0.221	4	1.064	2	1.071	1	0.914	3	0.190	5	0.401
	2004	0.237	4	1.111	1	1.031	3	1.089	2	0.118	5	0.443
美国	1997	0.457	4	1.063	2	1.263	1	0.924	3	0.407	5	0.337
	2001	0.431	4	1.106	2	1.292	1	0.946	3	0.340	5	0.375
	2004	0.347	4	1.185	2	1.382	1	0.697	3	0.343	5	0.427
巴西	1997	1.105	2	0.946	3	0.766	4	1.125	1	0.516	5	0.228
	2001	0.695	5	0.885	2	0.841	3	0.953	1	0.741	4	0.094
	2004	0.965	2	0.898	4	0.768	5	1.034	1	0.933	3	0.088
中国	1997	4.538	1	1.427	3	0.557	5	1.009	4	3.115	2	1.483
	2001	5.320	1	1.705	3	0.679	5	1.089	4	2.947	2	1.672
	2004	4.555	1	1.371	4	0.672	5	2.341	3	3.171	2	1.363

续表

		土地	排名	低技能劳动力	排名	高技能劳动力	排名	资本	排名	自然资源	排名	标准差
印度	1997	9. 398	1	0. 913	4	0. 321	5	1. 122	3	1. 408	2	3. 402
	2001	10. 063	1	1. 169	3	0. 604	5	1. 094	4	1. 435	2	3. 605
	2004	10. 688	1	1. 199	3	0. 569	5	1. 194	4	1. 324	2	3. 856
印尼	1997	7. 438	1	1. 164	4	0. 378	5	1. 363	3	4. 800	2	2. 678
	2001	5. 799	2	0. 809	4	0. 375	5	1. 368	3	6. 158	1	2. 534
	2004	7. 059	1	1. 101	4	0. 418	5	1. 371	3	4. 109	2	2. 468
南非	1997	—	—	—	—	—	—	—	—	—	—	—
	2001	0. 502	5	1. 166	2	0. 876	3	0. 849	4	2. 601	1	0. 732
	2004	0. 425	5	0. 973	3	0. 828	4	1. 180	1	0. 998	2	0. 254

资料来源：Stone et al. （2011） based on GTAP database versions 5，6 and 7. 1。

在 1997 年前，外资企业的进口量每年都超过了出口量。从 1998 年开始，外资企业出现贸易顺差，从 2004 年的 140 亿美元上升到高点，在 2008 年达到 1710 亿美元，随后在 2009 年下降到 1270 亿美元，并在 2010 年下降到 1240 亿美元①。最近外资企业的顺差下降，与中国的整体贸易模式大致吻合。这也证实了外资企业的净出口在中国出口总量中的比重，以及外资企业的双向贸易比重趋于稳定。

行业构成方面也发生了重大变化（OECD，2012）。在 2000 年（中国根据入世条款承诺从第二年开始，允许服务业对外国直接投资连续开放五年），制造业的外国直接投资占到实际流入外国直接投资的 63. 5% （OECD，2003）；到了 2008 年，制造业的外国直接投资比重下跌到 46. 1%。在 2000 ~ 2008 年间，第三产业获得的外国直接投资从 30. 5% 上升到 52. 3% （Davies，2010a），同期金融业的外国直接投资从 0. 2% （银行业和保险业）上升到 15. 2% （金融），而房地产的外国直接投资从 11. 4% 上升到 17. 2% （OECD，2003）。

中国不仅是日益重要的外国直接投资目的地，而且是外国直接投资的源泉。如果将香港包括在内，2011 年中国成为全球并购（M&A）的第四大来源，占到全球并购总量的 7% （OECD，2011i）②。仅仅在两年间，中国就成为拉丁

① 参见中国商务部网站：www. fdi. gov. cn。

② 在 2010 年，中国的排名为第二，它的并购交易占到全球总量的 10%。2011 年的情况是根据 2011 年 10 月 21 日之前的数据进行线性预测所得出的。

美洲和加勒比海地区的主要投资来源。在拉丁美洲和加勒比海地区的跨境收购兼并中，中国的交易量从2001~2009年的1%上升到2010年的15%。在1979~2000年间，中国对撒哈拉以南非洲的对外直接投资总额仅有6400万美元。与此形成鲜明对比的是，中国对该地区的对外直接投资仅在2007年一年就超过10亿美元，超过该地区所获得的外国直接投资总量的10%，促使该地区部分国家的GDP增长了0.5%以上（Weisbrod and Whalley, 2011）。

5. 中国的对外开放、专业化和经济增长基于其比较优势

"比较优势"这个概念假设所有经济体凭借着自身在生产要素禀赋和技术方面的差异拥有特定的贸易机遇。它是开放经济体实现强势增长现象的最有力解释之一。此外，它还是指导政策制定者，使其有信心在纷繁复杂的全球市场环境下制定经济政策的根本性原则之一。正如OECD的研究显示（2011b），中国作为一个突出的范例，展示了一国如何利用比较优势的力量开展结构调整和推行贸易发展。

事实上，尽管中国经济实现腾飞，快速积累起物力和人力资本，它的禀赋仍然以低技能劳动力为主，这个特点从它的贸易模式中可见一斑（Kowalski and Bottini, 2011; Stone et al., 2011）。然而，当中国累积起大量物质和人力资本，并且采取了引进先进技术的针对性政策后，其出口产品已经开始从劳动密集型产品向人力资本密集型和技术密集型产品转变（Deason and Ferrantino, 2011; Kowalski and Bottini, 2011; Stone et al., 2011）。

6. 中国的比较优势体现在其贸易的相对生产要素禀赋和生产要素含量上

Stone et al.（2011）分析了OECD国家和特定新兴经济体的相对生产要素禀赋的发展趋势，并且用生产要素含量衡量了贸易流量。他们发现尽管OECD国家的资本存量及技术工人存量仍然相对较丰富，但这些要素的累积率远远落后于特定新兴经济体，这表明生产要素的相对充裕程度会随时间推移发生重要变化。中国和印度在这方面的表现更加明显。譬如尽管在1990~2005年间，美国和德国的资本/劳动力比分别上升了84%和61%，而同期中国的资本/劳动力比飙升了314%。2005年时，中国的资本/劳动力比仅为美国的1/10。

Kowalski（2011）的研究展示了资本/劳动力比以及人力资本指标在解释贸易量及贸易模式方面的重要作用，他特别提及金砖六国在这些指标上的排名仍然相对较低（金砖六国包括巴西、俄罗斯、印度、印尼、中国和南非）。然而，在过去数十年里，这些国家的收入以及对物质资本和人力资本的投资呈现高速增长，这表明其贸易结构将进行重大调整，如这些国家的资本密集型产品和人力资本密集型产品在出口产品中的比例将继续扩大。

Stone et al.（2011）在他们的调查中使用相对价值来反映某一特定国家在1997年、2001年和2004年里，要素丰裕度相对于其他要素价值的价值。他们还关注了该国的贸易定位反映出来的相对要素丰裕度。绝大多数 OECD 国家的相对排名在他们研究的年份里基本没有变化，而且用要素服务衡量的结果表明，高技能工人和资本始终是绝大多数 OECD 国家的主要相对资源禀赋。而新兴国家将土地和自然资源作为其主导性要素禀赋。和 OECD 国家一样，它们的排名随着时间变化几乎没有变化[①]。分析 G3 国家和金砖六国的要素排名，根据中国的贸易地位，它的要素排名在本世纪初一直保持了以下顺序：土地、自然资源、低技能工人、资本和高技能工人。这个排名只有在2001~2004年间发生过变化，资本取代低技能工人排名第三。Stone et al.（2011）通过分析各国进口半成品中蕴含的要素情况，证实中国的贸易要素含量反映出中国的低技能工人存量依然相对丰裕，且资本密集型出口业日渐崛起。

7. 只有在一定程度上，中国的专业化模式是在低技能劳动密集型产品的专业化基础上演化而来的

Kowalski and Bottini（2011）从产品分类的层面详细调查了56个 OECD 国家和特定新兴国家的跨行业和跨国模式，以及一些显性比较优势指标的演变。其研究覆盖了农产品和制造业产品的贸易。他们发现，有证据表明，特定新兴国家的出口专业化模式普遍显示出较高的流动性，这意味着它们的出口结构在演进速度上超过了 OECD 国家，而且这种流动性与它们在全球市场占比的扩大速度有关。不过，他们发现中国是一个例外，其出口专业化的流动性比部分发达国家还要低，而且远远落后于其他特定新兴经济体（如印尼、印度或巴

① 巴西和南非也是个例外。它们都经历了从开发土地和自然资源向更多依赖资本和劳动力转变的过程。

西）。与此同时，中国在全球市场份额上的增长速度在所有56个国家样本中排名第一。在1990~2007年间，它的全球市场份额增长了600%。

因此，驱动中国贸易取得破纪录增长的原因，主要是多种产品出口额的普遍增长，而不是专业化模式的调整。这或许反映出规模效应。也就是说，大国通过对外开放引发的结构调整并不像小国那么深刻，但这也的确表明相对价格的变化幅度相对较小。Gilbert（2011）利用恒定市场份额分析研究众多亚洲国家的贸易发展后，得出了相似的结论。他的分析将全球贸易往来的变化分解为以下几个因素：①全球增长效应；②大宗商品效应；③市场效应；④竞争力效应。Gilbert（2011）的研究表明，中国的贸易膨胀主要是受到竞争力效应的驱动。这些研究结果或许可以阐明众多要素提升中国竞争力时发挥的效果。

为了将出口专业化的发展与比较优势的部分假定来源联系起来，并且归纳出去专业化流动方向的特点，Kowalski 和 Bottini（2011）根据生产要素密度将产品分为初级产品、自然资源密集型产品、低技能劳动密集型产品、技术密集型产品和人力资本密集型产品。对美国、德国、中国和印度的比较表明，在人力资本密集型产品或技术密集型产品方面，这四个国家的显性比较优势分布存在一个普遍趋势，即向更高的显性比较优势价值转变。初级产品和自然资源密集型产品则呈现出截然相反的趋势。这证明尽管中国的低技能劳动力相对充裕，但其比较优势已经逐步开始向更高级的产品类型扩张。

这四个国家的低技能劳动密集型产品在显性比较优势方面都表现出高度流动性，但是中国和印度的专业化模式与美国和德国的专业化模式演变方向相反。在过去20年间，美国和德国逐步丧失了低技能劳动密集型产品方面的显性比较优势，而中国和印度在这些产品方面的优势则有所扩大。对其他国家的等值演算表明，除了个别例外，这种两分法可以推广到其他OECD和特定新兴经济体。技术密集型产品和人力资本密集型产品则不存在这种截然相反的趋势，这意味着包括中国在内的特定新兴经济体融入世界经济时，绝大多数结构调整原本应该发生在低技能劳动密集型行业，而且数据显示这些趋势并没有减弱。在上世纪90年代初期，中国在70%以上的低技能劳动密集型产品方面具备显性比较优势，在1988~2008年期间，这一比重一直稳步上升。而在以德国为例的OECD国家，这一比重则在逐年下降（参见图7）。

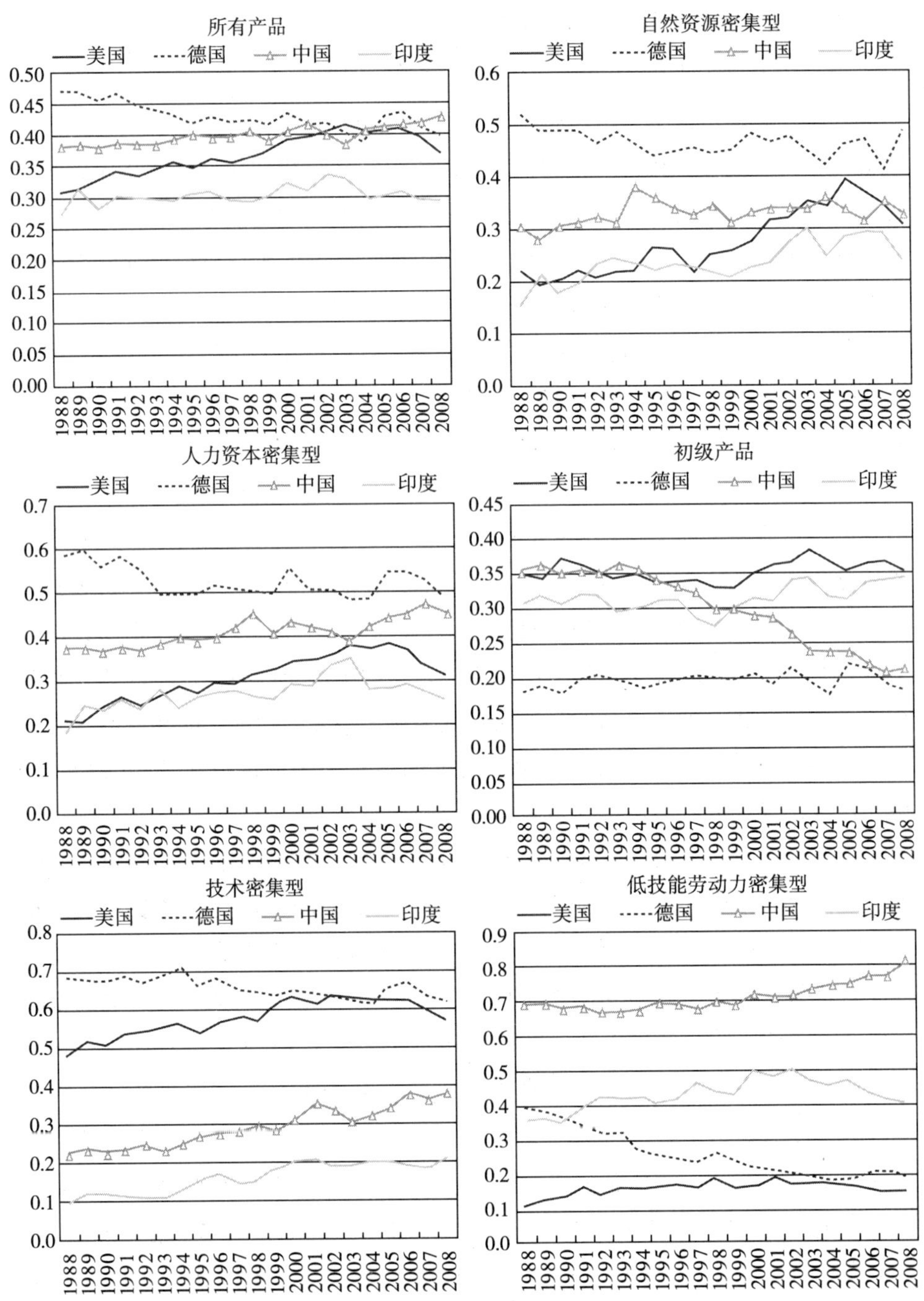

图7　RCA值大于1的比较优势产品的市场份额，按不同生产要素密集分类

资料来源：Kowalski and Bottini（2011）。

8. 加工贸易的重要性反映出中国专业化模式的变化趋势

因此，中国融入世界市场的进程主要基于劳动密集型产品的出口，这也反映出加工贸易的重要性，正是加工贸易决定了中国贸易的强劲增长。公司从事此类贸易时，可以在不支付关税的情况下进口半成品——只要这些进口产品全部用于生产面向第三市场的最终制成品即可。这一贸易机制促使跨国公司在中国入世后，将部分制造环节转移到中国的经济特区和其他地区，以享受中国在劳动密集型装配过程方面的比较优势（OECD，2000）。这种方法和出口加工区的成功，从加工贸易在中国出口总量中逐年攀升的比重中可见一斑。90 年代初，加工贸易在出口总量中的比重就已经接近 50%（参见图 8），这意味着中国早在入世之前就已经开始融入全球价值链，而入世使中国与全球市场的联系更加紧密，加快了中国融入全球价值链的进程。

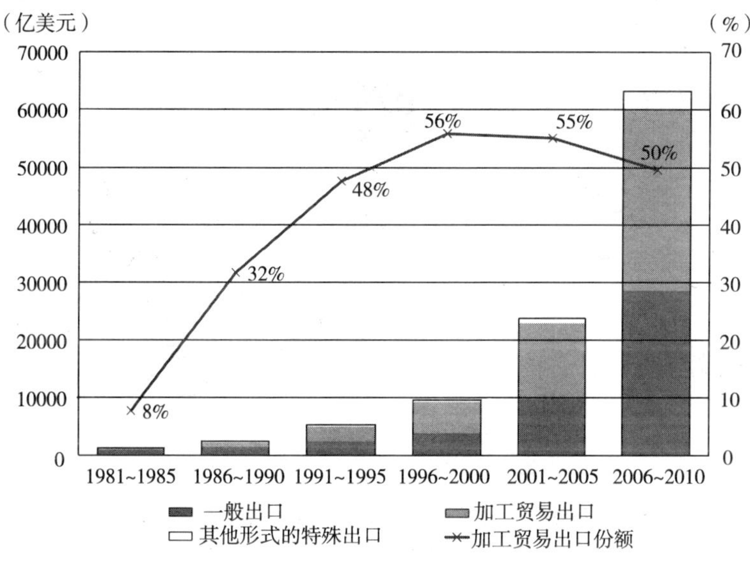

图 8　不同贸易制度时期中国出口组成

资料来源：中国统计年鉴，中国海关。

外资企业在加工贸易中的比重从 90 年代初的 40% 飙升到本世纪头十年中期的 80% 以上。这表明中国入世后进一步融入全球市场，加快了对外直接投资流入中国的进程，因为这些跨国公司都希望从中国的成本优势中获益，以提高自身全球价值链的竞争力①。

因此，中国作为最终组装地的重要性日益加强，特别是在计算机等高科技产业里，中国出口中的进口品比例逐年上升。图 9 显示了进口半成品在中国及其他一些经济体出口中的流动情况，以及进口半成品对出口的贡献率，是通过 OECD 投入——产出表和双边贸易数据计算得出的。研究结果显示，2005 年中国出口总额的 27.4% 来源于进口半成品（OECD，2011f）。迄今为止，中国在全球价值链中的竞争力主要集中于劳动密集型的生产阶段，因为跨国企业（MNE）会将价值较高的核心零部件等外包给中国以外的国家。这意味着中国的出口额（按照中国公布的数据）中有相当大的一部分没有产生附加值，而只是从进口的半成品中转移价值。这一点已经得到许多个案研究的证实（如苹果公司的 iPod 个案）。中国面临的一个巨大挑战就是向全球价值链中的技术密集型和知识密集型环节移动，从而从参与全球价值链的过程中获得更高价值。这特别需要中国本土企业强化自身的能力②。

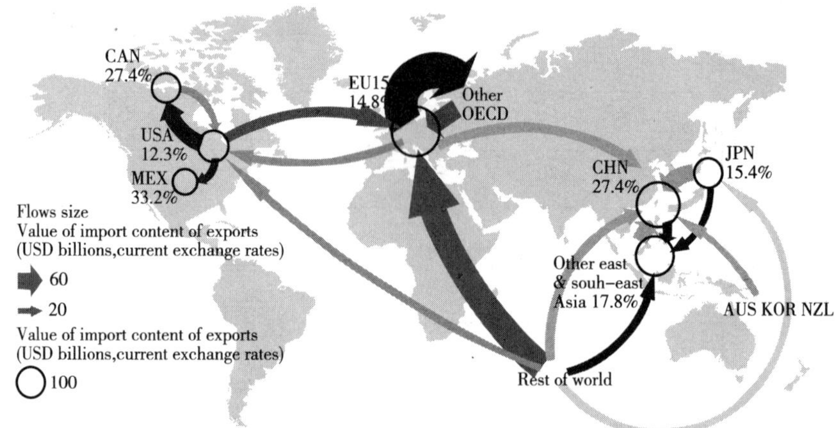

图 9　部分国家（地区）的出口产品中进口内容（2005）

资料来源：OECD，STAN Input-Output Database，May 2011；STAN Bilateral Trade by Industry and end-use（forthcoming）.

地图来源：ARTICQUE© -all rights reserved. 参见 OECD（2011f），Science，Technology and Industry Scoreboard，www. oecd. org/sti/scoreboard。

① 2010 年，外商独资企业在加工贸易中所占的份额为 77%，而 2005 年，外资企业在加工贸易中所占的份额为 71%。

② 2006 年中国发布的《国家中长期科技发展规划》（2006 ~ 2020）强调了强化自主创新能力的重要性，这有助于中国企业的升级。

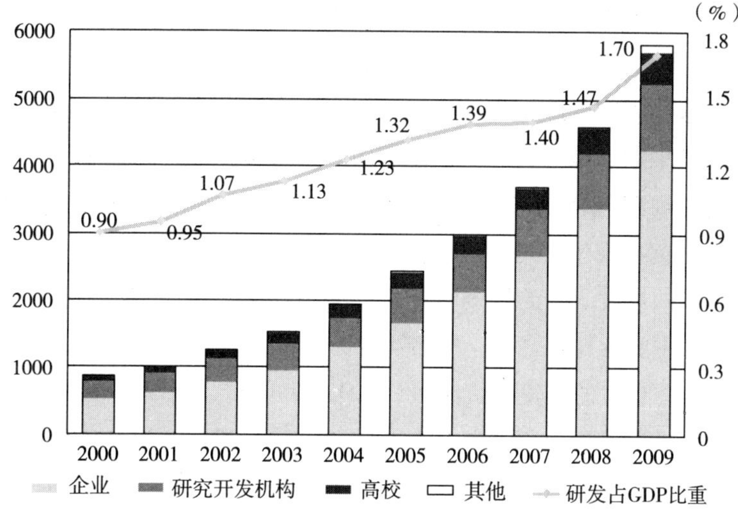

图10　中国不同主体的研发开支

数据来源：中国统计年鉴。

9. 中国的高科技产品是提高出口附加值的典范

实际上，生产转移以及电子产品、尤其是个人电脑的对华出口，有时可以看作是全球经济普遍调整、批发业比较优势重新洗牌的一个标志。Deason and Ferrantino（2011）分析了技术密集型产品这一大类的贸易模式，其中涵盖亚洲和欧美十五个经济体的高科技产品（ATP）。他们的研究表明，比较优势的变化不像大家预测得那样普遍，这与上文探讨的一些现象是一致的。高收入国家仍然是许多科技密集型产品的主要出口国。此外，尽管人们公认许多产品的科技含量不高，但由于它们主要由高收入国家出口，所以在数据上也被归类为技术密集型产品。创新和生产的初始条件可能会通过地方工业的聚集模式固定下来。

Deason and Ferrantino（2011）认为，中国的飞速增长始于70年代末的对外开放，其特点是实物资本和人力资本的累积规模都超过全球平均水平，这是赫克歇尔—俄林贸易理论中吸引特定商品、转移比较优势的前提条件。然而，中国近期出口的高科技产品与其鼓励对外直接投资和加工贸易的努力有关，众多政策特区的发展也进一步刺激了这些产品的出口。这些政策都旨在提高高科技产品出口的比重（Ferrantino et al.，2009）。然而，Deason and Ferrantino

(2011) 认为在采取这些措施之前，不可能预测到哪些商品的产品周期较短。他们认为："个人电脑问世后，最终会进入中国以及其他采取相同要素积累模式的国家。这些国家的政策都是为了吸引与最终装配有关的商业活动。中国地域广阔，而且采取了鼓励地区聚集的政策，这些也可能是在探索中造就国家特色、行业特色规模经济的因素。这样，一旦最终装配方面的生产线转移到中国，产品长期留在那里的可能性就更大。"

然而，中国加大研发的投资力度也有助于提高出口的附加值。中国已经成为全球研发的主要参与者之一。按照购买力平价计算，中国已经在 2010 年超越日本，成为全球最大的研发投资国（OECD，2011g）。尽管所有涉及研发的行业都对扩大研发投资有所贡献，但是企业的贡献最为显著。2009 年，企业的研发经费在研发支出总额中的比重达到 73%。鉴于中国拥有庞大的国内市场、丰富的高端人力资源和日新月异的国内科技创新能力，所以中国对于研发投资颇具吸引力，外国公司也因此在这方面发挥了重要作用（OECD，2008b；2011c）。

三、中国与 OECD 国家的商业关系前景以及政策挑战

1. 中国在收入阶梯上迅速向上攀升，但能否维持可持续增长则取决于它能否继续推进结构改革

自上世纪 60 年代起，许多国家成功地在发展阶梯上从低收入国家攀升至中等收入国家，但只有少数国家实现第二次跨越，进入高收入国家的行列。日本和韩国就是其中两个值得注意的典范。但自那之后的数十年里，多个拉丁美洲和中东国家未能从中等收入国家进阶到高收入国家——尽管目前拉丁美洲的经济开始加速增长，这种状况有所好转。最近 Eichengreen et al.（2011）指中，一个国家的人均收入按照 2005 年国际不变价格计算达到 17000 美元时，经济增长速度会放缓。因此中国可能也会遵循这个趋势[①]。如果中国的收入达到这个临界点后仍能够维持其高速增长，那么这个结果相当振奋人心。2011 年智利、墨西哥和土耳其的人均 GDP 将比平均收入高出 40%，与匈牙利和波

① Eichengreen et al.（2011）对收入的定义是按购买力平价计算的人均 GDP（以 2005 年的美元不变价格计算）。

兰不相上下。中国原本可以脱离中等收入国家的行列，跨越重重障碍成为高收入国家。由于人们对于当前用购买力平价测算 GDP 的方法尚未形成共识，所以人们并不确定经济放缓的临界点到底何时到来，但目前看来很可能在 2015～2020 年之间。即使使用名义收入和市场汇率来测算，中国也在迅速逼近世行确认的高收入国家门槛。譬如，OECD 估算到了 2013 年，中国的人均国民总收入有望达到高收入国家的一半，并在“十二五”结束时达到 2/3。

到那个时候，中国或许会进入一个新的阶段：“追赶式”增长的机遇日益稀少，增长逐步放缓。“十二五”计划认识到有必要调整政策，将增长放缓的程度控制到最小化。下文将重点探讨贸易和投资拉动性增长以及结构调整和资源积累所面临的一些瓶颈，以及生产率提高方面存在的瓶颈。《2010 OECD 中国经济调查》对产品、劳动力和金融市场等领域的改革提出建议，并且强调了实现社会共享式增长所必需的改革。本文展示了 OECD 近期和当前正在开展的研究工作，以帮助中国政府进一步完善其经济政策。

2. 中国的结构改革包括农业改革

尽管中国是全球最大的制造品出口国，但是它无论在经济还是社会层面仍然严重依赖农业。在 2009 年，务农人口占就业总量的 38.1%，但是创造的 GDP 仅占总量的 10.3%。农业生产率不到制造业生产率的 1/6，不到服务业生产率的 1/4。有意思的是，在 1990～2008 年间，农业产出在 GDP 中占比的下滑速度超过其从业人口在总就业中的占比下滑，同期它与其他行业之间的生产率差距持续拉大（OECD, 2011d）。因此，如果将务农人口转移到其他行业里可能会大幅提高生产率。目前，这种调整已经成为进行时，而且估算结果表明，它会在最近几十年里大幅推高中国的总体生产率（OECD, 2010a）。然而，务农人口在就业总量中的比重居高不下，表明中国向高收入国家过渡时必将面对大力调整劳动力市场的挑战。

除了储备大量劳动力，使他们在别的经济部门发挥更大生产力以外，农业部门在社会层面上对中国也至关重要。自中国启动改革以来，它的减贫成就斐然。到了 2010 年只有 6% 的农村人口每天生活费低于 1.25 美元。随着贫困率迅速下降，据估计有 10% 的人口营养不良（FAO, 2010）。为了降低在校儿童的营养不良率，政府开展了补贴贫困地区校园供餐的项目。农业生产的低劳动生产率导致人均收入很难提高，还不足城市人均收入的1/3（OECD，2011e）。与此同时，食物类支出在中国家庭的消费中占到32%左右，这也反映出中国的收入在迅猛增长（国家统计局，2011）。与OECD国家及其他发展中大国相比，中国的人均摄入热量也相对较高。

因此，提高农村收入始终是中国决策者关注的核心问题，这也在情理之中。它的主要政策目标如下：在2020年前，使农村家庭收入翻番；在2020年前，将粮食产量提高5000万吨，从而使粮食生产的自给率达到95%；改善粮食安全；保护环境；提高农村竞争力；改善农村的社会和技术基础设施（OECD，2011d）。为了实现第一个目标，中国已经花大力气改善农村基础设施，努力使农村人口获得教育、卫生保健和社保等基础公共服务（OECD，2010）。这些努力都非常值得赞赏。OECD最近发布的农村政策发展评估报告（OECD，2011e）表明，从整体上来看，中国在政策改革、提高政策目标执行效率方面进步显著。特别是中国以直接收入补贴支出形式为农业生产者提供的支持①，其力度不断加大，而且这种形式的补贴对生产的扭曲程度较小，提高农民收入的效率也更高②。

中国很可能要继续面对一个重要的政策问题，即在中国努力实现补贴农民收入、确保粮食安全、在经济发展中广泛推进结构调整等目标的过程中，国际农产食品市场发挥何种作用。近年来，中国已经成为农产食品的净进口大国，这个根本性标志表明，中国的生产要素正在更高效地为其他经济领域所用③。不过比起其他经济领域来说，农业融入全球市场的状况仍然不容乐观。农业进出口在中国进出口总量中的比例分别只有2.4%和4.7%。这部分反映出中国农场规模过小的现状（平均只有0.6公顷），同时也反映出政府通过关税、关税配额和国有贸易等措施支持农产品市场价格，为大米和小麦制定最低收购价格，对数量日益增长的农业大宗商品市场进行临时干预造成了贸易扭曲，以及采用出口税和出口配额造成的扭曲。尽管用PSE的百分比来测算，中国的农业补贴刚刚超过OECD平均水平的一半，但是鉴于国内外的农产品价格差在拉

① 估算结果来自OECD的“生产者补贴估算”（PSE）。

② 然而，仍有不少预算转移用于降低化肥等农业投入的价格，这不仅扭曲了生产，而且对环境带来负面影响（OECD，2011d）。

③ 然而，人们认为中国在众多水果和蔬菜方面拥有比较优势（OECD，2011d）。

大，1995～1997 年与 2008～2010 年间的补贴水平翻了两番。这必然已经影响到中国在农产食品市场上的竞争力。

3. 中国的结构改革包括缜密地设计原材料市场战略

显而易见的是，中国未来的增长还取决于它的原材料获取情况。金砖四国整体在崛起，特别是中国深刻地影响了全球原材料市场供需侧的巨大变化。譬如，在 2000～2008 年，金砖四国的铁矿石消费增长了 3 倍，而他们的生产量增加了 1 倍。尽管铁矿石的全球进口量上升了 83%，但是同期金砖四国的进口是原来的 6 倍（OECD，2011f）。这导致铁矿石价格持续上涨（Humphreys，2009），各国通过增加外国直接投资来确保稳定的原材料供给。在 2007～2010 年间，钢铁和其他原材料加工企业的垂直投资占到全球对外直接投资的 37.5%，中国的对外直接投资中有 63% 集中于铁矿石。自 2003 年起，中国就已经成为铁矿石的净进口国。

由于中国决定对许多原材料的销售采取出口配额制，所以中国获取国外原材料时所面临的挑战也日益严峻。中国选择限制稀土和焦煤出口，是因为中国宣称这是为了保护环境而采取的多种政策的要素之一（OECD，2011f），它还对处于分割状态且效率低下的采矿公司进行重组，借此从国内获取更多原材料（Price and Nance，2010）并提高采矿作业的安全性（OECD，2011f）。由于出口限制无法针对特定的市场失灵产生竞争力，并且引发广泛的负面效应，所以并不是最优工具。它们将出口分化到国内市场，提高外国消费者和进口商的价格，同时加大了全球不确定性，对矿业采掘和生产的投资产生负面影响（Van Tongeren，2011）。此外，原材料受政策驱动流向国内下游企业也有悖于中国的比较优势，而且这种走势降低（提高）了国内（国外）原材料产业的利润率，对这些产业的投资和生产造成长期影响，因此很难长期维系。

近期 OECD 研究了钢铁相关原材料的出口限制和国内政策，它探讨了中国等特定新兴经济体所发挥的作用。这些新兴经济体既是钢材和钢材相关原材料的主要消费者和生产者，又是采取出口限制措施的主要国家（OECD，2011f）。该研究特别关注了与矿业安全生产有关的出口许可证以及焦煤行业的出口税。它得出的结论是，尽管人们普遍将出口许可制度作为辅助性边境监控方法，但是用出口限制来提高矿业安全生产的有效性有待确认，因为在 2004 年，焦炭出口仅占国内生产的7.3%，且出口税与用于监控的许可证制度管理没有什么关系。

显然，出口限制的影响从本质上具有全球性，会招致他国报复，加剧全球市场的扭曲程度以及潜在投资者所面对的不确定性。要想预测生产中的供给和风险管理因素，必要条件之一是就各种可能影响原材料出口的政策及时准确地发布信息。OECD发起的一项倡议试图针对重要原材料列出出口限制清单，以提高透明度。

4. 中国的结构改革清除了剩余的边境壁垒和境内壁垒

正如前文所述，相对来说，中国已经对全球货物贸易开放了边境。剩下的进口壁垒虽然不严重（参见表1），但是在某些行业里仍然高于OECD国家的水平。譬如，机动车的从价税率超过了20%。其他税率较高的行业包括粮食、糖、烟草、饮料、油、煤和石油化工品和化学制品（如Kowalski and Lesher, 2011; OECD, 2011e）。这表明降低剩下的关税壁垒会减少贸易扭曲，从而使中国进一步受益。贸易扭曲会推高物价，导致生产和消费选择的效率降低，从而损害家庭利益。

作为全球贸易顺差最大的国家之一，这些改革还可以推进再平衡的进程，切实提高中国在全球再平衡大讨论中的公信力。Kowalski和Lesher（2011）近期的研究已指出这一点。他们的研究利用可计算的一般均衡建模技术，探讨了中国和东盟国家提出的各种单边关税自由化倡议。他们的研究结果表明，相对于基线来说，关税自由化可以使这些地区的GDP提高0.2%左右，同时将它们的贸易顺差降低GDP的1个百分点。譬如，如果全面清除剩下的进口关税，那么会使中国的贸易顺差降低GDP的0.8个百分点，使东盟的顺差降低GDP的1.1个百分点。如果在此基础上再单边下调关税，并降低为这些市场提供服务的成本，那么将进一步放大再平衡的效果。因此，总的来说，中国可以凭一己之力对全球再均衡做出卓越贡献，而且正如对外开放促进这些地区近年来取得惊人的经济增长一样，这些地区的公司和消费者也会从这些举措中受益。

在外国直接投资的战线上仍然存在严峻的挑战①。正如前文所述，外资企业在经济活动中的比重持续下降。尽管造成这种现状的主要原因是中国的国内经济活力十足，特别是业绩突出的大企业发展更为迅猛，它们对中国经济的贡献率在增长速度上超过了外资企业。近年来，中国在努力建立选择性更强的外国直接投资政策机制，这也强化了国内企业的发展态势②。欧洲和日本的跨国公司担心中国无法履行2001年的入世承诺。2011年的日本白皮书特别重申了加大知识产权保护力度的要求，并指出“商业合作伙伴泄漏技术和专业知识”会阻碍日本公司加大研发活动或从中国转移技术的力度（中国日本商会，2011）。

OECD的监管限制指标（即外国直接投资指标）描述了一国对外国投资者的歧视性，以及与公司成立和运营有关的法律限制③。尽管自1997年起，中国在42个国家样本中属于改革力度最大的国家，但它的限制水平仍然高于20国集团的其他成员国。外国直接投资的流入量持续上升，但前文提到的一些观念开始阻碍外资企业的发展。起初这种负面作用并不明显，但很可能会日益严重。譬如，中国欧盟商会的调查表明，20%的受访者认为中国对外国投资企业的政策已经导致他们推迟在华新增投资的计划、减少/放缓现有投资计划或减少/推迟正在进行的投资④。

---

① 详情见OECD（2003）、OECD（2006）和OECD（2008）。譬如，2008年OECD发布的《中国投资政策评估》建议中国重新审议2003年《外国投资者并购境内企业暂行规定》中的歧视性并购申报程序。该条款在2006年的《外国投资者并购境内企业规定》中得到沿用。商务部已经用补充规定中的第51条替换了2006年《外国投资者并购境内企业规定》第五章的反垄断评估条款。新的条款称：“根据《反垄断法》的条款，外国公司并购兼并国内公司符合《国务院关于经营者集中申报标准的规定》时，外国公司应该向商务部申报，不得在未申报的情况下完成交易。”

② 中国欧盟商会曾于2010年进行过类似调查。在受调查的欧盟投资者中，认为中国政策歧视外国投资公司的比重从33%上升到43%。认为这种趋势不会在今后两年内有所改变的受调查者比重从36%上升到46%。欧盟投资者认为五个最显著的监管阻碍是：法规执行存在任意性（42%）、各类监管者之间缺乏协调（40%）、不符合全球标准（39%）、公司或产品的注册程序（38%）和地方执行中国标准的情况（35%）。详情参见中国欧盟商会（2011）。

③ 该指标不包括国家所有制，详情请见 http://www.oecd.org/document/45/0，3746，en_2649_34529562_47216237_1_1_1_34529562，00.html。

④ 然而需要指出的是，15%的受访者认为政府政策促使他们加快在华投资计划或增加投资。详情请见中国欧盟商会（2011）。

5. 中国结构改革将继续推进国有企业改革

中国大企业的对外投资和贸易现状为维持增长带来了挑战。这些大企业多半是国家所有。近期的估算结果指出，国有企业在中国经济中的比重有所下降。在 90 年代末，国有企业的资产在工业总资产中的比重约为 70%，到了 2008 年则下降到 50% 左右（Gao, 2010）。不过与中国的贸易伙伴比起来，中国的国有企业占比仍然较高。上世纪 90 年代末开展的国企改革引发了私有化、腐败和小型国企合并，剩下的企业相对于私营企业来说拥有更强大的市场地位。在 90 年代末，国有企业的平均规模比非国有企业高出 3 倍，而到了 2008 年，前者已经是后者的 15 倍（Gao, 2010）。尽管政府推行了诸多改革，但是仍然有为数不少的国有企业连年亏损，生产率远远低于私营企业（OECD, 2010a）。

2010 年国有资产监管委员会（SASAC）管理着 120 个国有企业，它们的资产占到本国 GDP 的 60% 以上。到 2010 年底，国有企业主导的部门占到本国股市市值的 80%（Scissor, 2011; Szamosszegi and Kyle, 2011）。这 120 个控股公司都拥有众多子公司。此外，各省市都有自己的国资委来监管本地国企。还有很多公司的重要股东是国家机构，如科技公司联想、家电跨国公司海尔。这是由于这些国家机构在中国私营改革之前就是重要的参与者（Woetzel, 2008）。政府尚不能对这 120 个处于国企架构顶层的控股公司采取充分的红利政策。因此，虽然这些企业的税后利润率很高，但是它们没有向政府交纳净支出，特别是那些处于垄断行业、寡头行业的企业，或过剩资源租金的受益者。

尽管在参与对外经济活动的企业中，国有企业所占的比重很小，但是它们的贡献非常惊人——2006 年它们的对外投资占到总量的 81%。不过，国有企业在外贸中发挥的作用不太突出。2007 年它们的出口不足总量的 10%（OECD, 2010a）。中国入世协议中包括了众多严格的 WTO 附加承诺（Qin, 2003），直接影响到国企补贴，如对下游消费者和上游供应商采取非歧视措施、根据市场力量采取非歧视定价机制，避免监管机构和受其监管公司的利益冲突。由此可以反映出公有制对中国在国际市场上的角色产生着重要影响。中国在 2001 年做出的入世承诺为本国的国企改革搭建起一个宏大的框架，它限制了无竞争和扭曲市场的行为，对中国经济福利和中国的贸易伙伴大有裨益。

尽管这些改革义务具有约束性，而且是否能履行这些义务取决于争端解决机构（DSB）所提出的挑战，但是有些挑战仍然与潜在纪律有关，如中国快速增长的市场对报复的担忧以及对争端解决机构能否应对结构改革事宜（甚至是那些有效促进贸易发展的事宜）的担忧。其他重要的问题有：中国的法制框架缺少透明度——这模糊了中央政府和地方政府以及政党对国企、监管者和上游供应商管理的实际控制。典型的上游供应商是银行和保险等金融服务业，它们对于国企运营和整体经济都至关重要。譬如，最近的分析表明，国企能以低于市值水平的成本获得优惠融资，从中获益。如果没有这种优惠措施，那么国企现有的利益可能会完全消耗殆尽（Ferri and Liu，2010）。

因此，中国增长的可持续性以及它的商业关系取决于：在不考虑所有制结构的情况下，它是否具备建立起一个更强大、更透明且基于规则的框架的能力，特别是在对于整个经济至关重要的上游行业中建立此类框架的能力，如网络产业、银行业和保险业。如果中国在这些领域里履行其入世承诺，那么就可以提高这些行业和整体经济的效率。

对于中国采取“走出去”政策的野心来说，另外一个关键问题是确保这种竞争中立，并将它拓展到参与全球货物和服务市场的国企运营。它有助于缓解人们对于中国大公司从优惠待遇中获益的担忧——这些优惠待遇主要指优惠的市场准入和本国的监管待遇、优惠性融资和补贴。这还有助于减少中国对外投资时对接受国的国家安全存在偏见并且依据非市场原则运营的担忧。鉴于按照市场规则运营的参与者对于 OECD 国家的监管机构至关重要，所以前述情况会构成一个重要的壁垒，对于服务行业尤其如此。这种担忧限制了中国从不断扩大的国际投资和贸易规模中获得潜在收益并阻碍缓解全球失衡的进程。

中国如果能更深入地参与以下倡议，那么必然会从中受益，这些倡议是：包括投资自由化圆桌会（以《与国家安全有关的接受国投资政策指导意见》）在内的 OECD 倡议[①]、《针对从冲突频发和高危地区获取矿产的相关供应链的尽职调查指导》[②] 和与竞争中立性有关的持续工作（Capobianco and Christiansen，2011）。

---

① 详情参见 http：//www. oecd. org/document/25/0，3746，en_ 2649_ 34887_ 42105753_ 1_ 1_ 1_ 1，00. html。

② 详情参见 http：//www. oecd. org/document/36/0，3746，en_ 2649_ 34893_ 44307940_ 1_ 1_ 1_ 1，00. html。

6. 服务业改革是避免中等收入陷阱的关键

在所有国家里，服务业占 GDP 的比重都会随着时间的推移上升，而且人均收入水平越高，服务业占 GDP 的比重越大。当社会和个人的生活日益殷实，对服务业的需求自然会水涨船高，而且通常会超过对制造业产品或农产品的需求。然而，这个规律也有例外，中国就是其一。尽管在 2008 年，中等收入国家的服务业 GDP 占比平均达到 56%（2008 年是能获得可比较数据的最近年份），但中国的这一比重只有 42%。这个数字甚至低于低收入国家的平均水平——在 2008 年，低收入国家的平均比重为 50%。最后，尽管服务业在全球贸易中的平均比重为 20% 左右，但服务业占中国对外贸易的比重只有 12%①。

与服务业在中国 GDP 和贸易中的低比重相对的是商品生产行业的高比重。有人认为这并不是坏事，因为很多国家都担忧制造业出现去工业化和工作岗位减少的现象。然而，服务业在中国经济中的低比重仍然引发了人们的担忧，这在中国的“十二五”计划中已经有所反映。在“十二五”计划中，中国希望在 2015 年前将服务业的 GDP 占比提升到 47%。事实上，提升服务业的发展非常重要，因为服务业对“十二五”制定的许多目标都产生着重要影响。

正如前文所述，过去中国依据其在劳动密集型产业上的比较优势长期采取了出口拉动型增长模式，如今它开始增加产品种类和服务种类，向资本密集型产业和技术密集型产业倾斜。在这一发展过程中，服务业的角色非常多元化。

首先，不断上升的劳动生产率使价值链升级，从而使商品生产行业的新增就业机会减少。因此，为了使制造业以社会和谐的方式进阶到高端产品生产，服务业要逐渐成为创造就业的主要动力。

其次，虽然服务业的交易市场日益扩大，但内需仍是服务业创造就业机会的主要驱动力。此外，服务业发展和内需膨胀之间存在双向关系。不仅服务业的发展依靠内需，个人消费的增长也需要更健全的服务业。譬如，消费信贷是刺激人们对高价产品产生需求的必要条件，而竞争性保险服务和社会保障网则可以减少人们对预防性储蓄的需求。最后，竞争激烈的零售业能提供更多样的消费产品，有利于进一步推动消费需求。

---

① 该数据出自世界发展指标数据库。

再次，服务业对于工业升级、制造高附加值产品发挥着关键作用。尽管迄今为止，对实物资本和人力资本的投资始终占据了核心地位，但是现在需要将关注点转移到组织结构创新上。中国的投资 GDP 占比在全球位于前列，因此在进一步提高投资率并产生利润方面的空间有限。然而，无论在公司内部还是生产网及价值链之间，进行结构创新的空间仍很大。在遭遇 2008 年金融危机之前，这种创新一直是全球经济长期快速增长的主要驱动力。组织结构创新将能动性分配到最能提升供应链竞争力的领域，削减冗余和浪费，从而创造出更精简、更有效的供应链——即能效更高的供应链。需要指出的是，生产成本不是生产活动对供应链做出最优贡献的唯一决定因素。时效性、可靠性和低故障率也很重要，这些因素的参与程度越高，产品的精密度或时效性也越高（Geloso – Grosso et al. , 2007）。

因此，服务业的改革会是避免中等收入陷阱的关键，因为事实证明它们对结构创新和综合生产率具有积极作用，其中也包括制造业的创新和生产率。商业服务和零售服务自由化可以作为提高服务业效率和竞争力的第一步。这些行业从本质上具有竞争性，因此不会受制于复杂的监管体制，而且中小企业在这些行业中的作用非常重要。竞争性更强的商业服务会成为经济增长的重要来源，而且本身就会创造出很多工作岗位，此外，它还会在附加值更高的行业中培育出具有竞争力的本地制造企业。而竞争力更强的零售服务业也有助于刺激国内消费需求。

此外，网络服务业和金融服务业的自由化需要强大的机制框架。外国供应商进入这些行业的门槛相对较高，自由化与机制发展（如建立独立监管者和透明监管框架）并举的空间也很大。

7. 功能更完善的服务业可以改进制造业出口

在结构创新方面，占据技术前沿的关键是在内部和外部均保持高度的连接性。可以预计，当交通、物流和金融行业的市场具有竞争性且保持开放时，会促进制造业产品的国际贸易，包括计算机服务、咨询、专业服务和广告等在内的商业服务也在提高制造业出口方面发挥着作用。这些服务使产品更加满足消费者的要求，并符合地方标准和出口市场法规。出口市场中的本地服务供应商以及在本地运营的全球公司通常最适于提供此类服务。Nordås（2008）研究了开放程度对制造企业出口情况的的影响程度（他用服务业中对外国直接投资的限制程度来衡量开放程度）。Nordås 的研究表明，如果中国金融服务和商业服务中对外国直接投资的开放程度分别接近相应的 OECD 平均水平，那么本地制造企业的出口比重可以因此分别上升 10.5% 和 7.5% （Nordås，2008）①。迄今为止，外商投资企业在中国的国际贸易中发挥了关键作用。2009 年，它们的贸易额达到商品贸易总额的 55%②。跨国公司往往拥有自己的内部服务供应商和全球服务供应商，以支持它们的贸易和生产活动。本地公司则能够享有相似的供应商基础，并从中受益，成为服务贸易和投资自由化的主要受惠者。

中国是全球最大的外国直接投资目的地。制造业在流入的外国直接投资总量中占到 50% 以上。2009 年，流入服务业的外商直接投资占到总量的 42%。2000～2008 年，金融行业的外国直接投资比重从 0.2% （银行业和保险业）提升到 15.2% （金融），而房地产业的外国直接投资从 11.4%③上升到 17.2%（OECD，2012）。流入服务业的外国直接投资略高，占 44%。这意味着服务业的比重随着时间推移在持续上升④。无论是新建还是通过收购兼并建立起来的更加开放的服务业外国直接投资机制，都有助于维持这种走势，还能创建具有竞争性的市场。主要骨干服务业的下游消费者可以借此享受最先进的服务。

OECD 的现有数据表明，中国服务业对贸易和投资的开放程度远低于 OECD 的平均水平。譬如，图 11 表明，中国主要服务行业，特别是金融、通讯、交通和媒体等行业的外国投资政策机制限制性相对较强。图 12 显示了关于相对服务交易成本的现有信息。遗憾的是，我们很难将政策引发的贸易成本同服务贸易的自然壁垒（包括地域距离、语言差异和影响到贸易的各种机制）区分开来。然而，这种衡量方式让我们了解到服务业的相对贸易成本。它表明，虽然中国的贸易成本接近于拥有可比数据的国家的平均水平，但仍然相对较高。

---

① Nordås 的分析发现，在金融服务或海运行业里，一个国家的外国直接投资限制指数比 OECD 平均水平每高出一个标准差，其出口在制造产出总量中的比重就会低 3%. 中国金融服务的外国直接投资限制指数比样本平均值高出 3.5 个标准差。在商业服务方面，一个国家的外国直接投资限制指数比平均值每高出 1 个标准差，其出口在制造产出总量中的比重就会低 5%. 中国比样本平均值高出 1.5 个标准差。根据最新的 OECD 投入—产出数据库进行的计算表明，在 2005 年前后，中国制造产出的出口比重为 20% 左右。

② 数据来源：2010 年中国统计年鉴。

③ 详情参见 OECD（2003）。

④ 数据来源：2010 年中国统计年鉴。

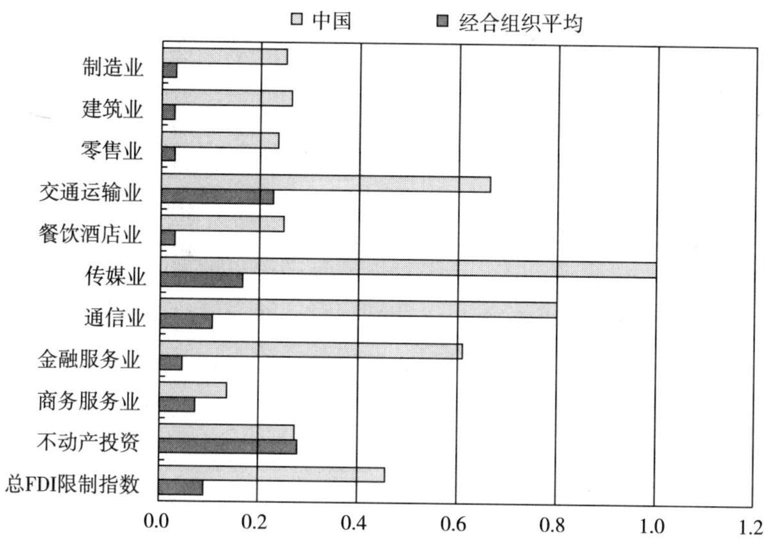

图 11 服务行业外商直接投资（FDI）限制指数（2010）

资料来源：经济合作与发展组织。

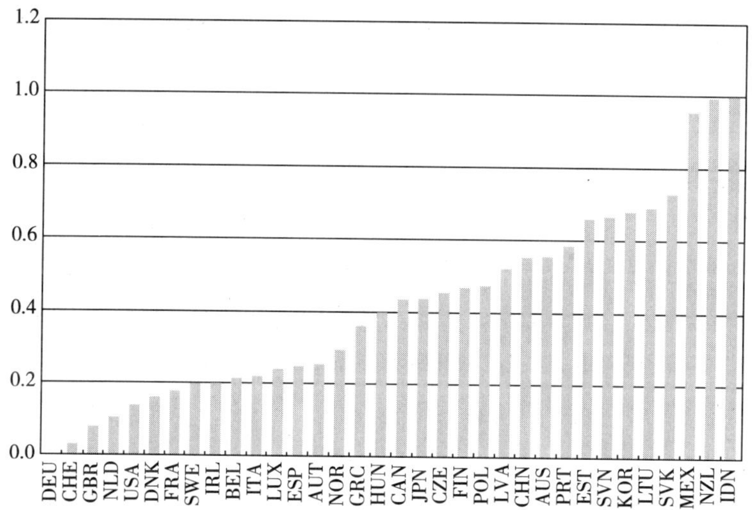

图 12 与国内交易成本相关的服务行业总平均贸易成本（2005）

注：Jacks et al（2011）提出了服务网易成本的计算方法：基于出口、进口、产值以及当地服务业规模的信息可以计算双边贸易成本。使用这一方法计算出的贸易成本经过 min - max 标准化换算为 0 ~ 1 之间的值，并定义：贸易成本最低的国家，其标准值为 0；单位贸易成本最高的国家，标准值为 1。

8. 商业服务在提升价值链方面的角色印证了服务业对制造业的推动作用

中国是全球最大的服装成衣出口国。迄今为止，它的贸易以出口为主，且产业内贸易远低于全球平均水平①。然而，随着劳动力密集程度最高的环节开始向孟加拉国和越南转移，这些国家也成为全球增长最快的服装出口国，中国的服装出口在全球市场上的份额已经达到顶峰。这一分析表明，为了保持在纺织和服装产业中的竞争力，同时支撑这些领域的收入，以吸引那些渴望进入中产阶级的年轻人，中国需要向高档市场转移，而更加发达的商业服务行业有助于促进这个过程。

中国的机动车行业增长迅猛，起初它只是向外资企业提供零部件，而目前则在向创建本土品牌转变，这些本土品牌在本土低端市场上的比重不断攀升。目前为止，这一行业的国际贸易趋缓，而产业内贸易相对处于高点——虽然外资企业仍然在这一行业占据主导地位。主要汽车生产商的存在会帮助本土汽车生产商打入市场，同样，相关商业服务会帮助本土生产商建立自己的品牌，并提供经销和出口市场的售后服务。

正如前文所述，还有许多先行于中国的国家承受过中等收入陷阱的困扰。这个问题的诱因是制造业的就业比重达到最高点后难以向服务业经济转移。OECD 的研究表明，监管改革以及贸易和投资的开放能优化自由化服务业的运转，同时改善下游消费者的消费情况，特别是制造业。总而言之，OECD 的研究说明具有竞争性的服务业对于中国实现价值链升级的目标至关重要。国内消费将在以下方面发挥重要作用：驱动未来增长，提升能效，创造能够吸引越来越多有技能且渴望进入中产阶级的年轻人的工作岗位，当然，还有提高服务业的 GDP 占比。

后文将更详细地探讨中国在电信和金融服务领域里的贸易和投资开放程度。在透明、具有竞争性和监管良好的市场的支撑下，这两个领域的表现是经济增长的重要决定因素。

---

① 据估计，2008 年，中国 HS category 61 和 HS category 62 的格鲁伯—劳艾德行业间贸易指标分别为 0.05 和 0.06，而它们的国际平均水平均为 0.25。这些是 HS 六位数分类的平均估算结果。就机动车而言，中国的格鲁伯—劳艾德指标为 0.32，而国际平均水平为 0.20。

9. 电信对于培育信息经济的重要性

电信业对于经济发展至关重要。电信基础设施为信息经济提供了信息高速公路。早期的证据表明，在 OECD 国家里，电信投资和经济增长之间存在因果联系，在 1970 ~ 1990 年间，这些国家的经济增长中有 1/3 受益于电信发展（Röller and Waverman，2001）。过去，基本上所有国家都由垄断性国有公司提供电信服务。在此期间，电信行业的市场结构相似，发展处于停滞状态，而且以公用事业为其主要特点。然而，在过去的 30 年间，电信业的技术革命不仅促进了商业化、私有化和最终贸易自由化等改革，而且相应地受到这些改革的驱动。与此同时，在规模经济和网络的影响下，只要出现能控制市场的供应商，电信业就处于监管之中。最佳做法是确定一个独立于主要电信供应商和国家的监管者。

在中国，事实上所有电信供应商都隶属于国家，其监管散布于诸多机制中。工信部（MIIT）是电信业的领导机构，负责发放许可证和其他监管事宜①。同时，它与发改委（NDRC）及财政部（MOF）共同负责价格管制。发改委的价格监管部门和反垄断部门也负责执行中国的《反垄断法》，而国资委（SASAC）负责管理电信业的国家所有权，它的所有行为同样具有监管效力②。在涉及网络视频和音乐的问题上，广电总局（SARFT）和工信部共同实施监管③。

中国制定电信法草案的过程已经历时 12 个年头。最新草案于 2009 年出台，呼吁建立一个由国务院④领导的独立监管机构，并且更换现有监管体系。然而，迄今该法案尚未正式颁布。电信监管法规仍然有效。国务院首次于 2000 年发布该条例，最近的一次修订工作完成于 2009 年。

2007 年发改委—商务部的《外国直接投资产业指导目录》特别指出，电信服务是外国投资“受限”的行业（与此相对的是“禁止”外国直接投资或“鼓励”外国直接投资的行业）。电信增值服务业的外资股本比重限制是 50%，

① 中华人民共和国电信条例，中华人民共和国国务院令第 291 号。

② 中华人民共和国国务院令第 378 号。

③ 国家广播电影电视总局中华人民共和国信息产业部令第 56 号。

④ 2009 中美法律交流。见 http：//china. usc. edu/ShowEvent. aspx？ EventID = 1077。

而国内/国际基本电信服务的外资股本比重则不能超过 49%，此类服务包括电话语音和数据服务以及国内外电信服务①。这些限制在中国的《服务业贸易总协定》项目中也有所体现。然而，外国公司要想进入中国市场，或许会进一步受到许可证制度的限制。而在何种程度上外国公司能获得运营许可证（特别是基本电信服务市场），仍存在很大的不确定性（Voon and Mitchell，2010）②。

中国的电信业发展迅猛。它的基础设施建设超过中等收入国家和其他亚太发展中国家（参见图 13 和图 14）。图中所示国家的电信业发展都经历了从固定电话向移动电话和宽带网络转变的过程。中国的宽带普及率增速相较于手机更高。因此，可以说迄今为止中国的政策机制运作得很好。然而，随着技术日益复杂，市场逐步成熟，外国投资者对不确定性充满忧虑，缺少独立监管和电信立法使监管者掌握自由裁量权。这些因素导致本土公司和消费者难以获得最先进的电信服务。这或许会阻碍企业在电信服务以及通信密集型产品方面发挥比较优势。

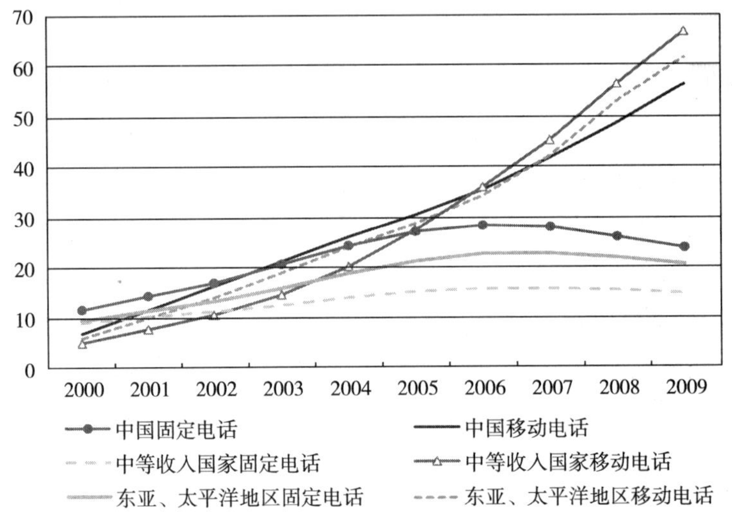

图 13 固定电话及移动电话

资料来源：世界银行发展指数。

① 外商投资产业指导目录，于 2007 年修订，见 http://www.ndrc.gov.cn/xwfb/t20071107_171004.htm。

② 世贸组织创始成员国的《服务贸易总协定》（GATS）日程中往往有水分，但在后期加入的成员国中，这种情况已经很少。

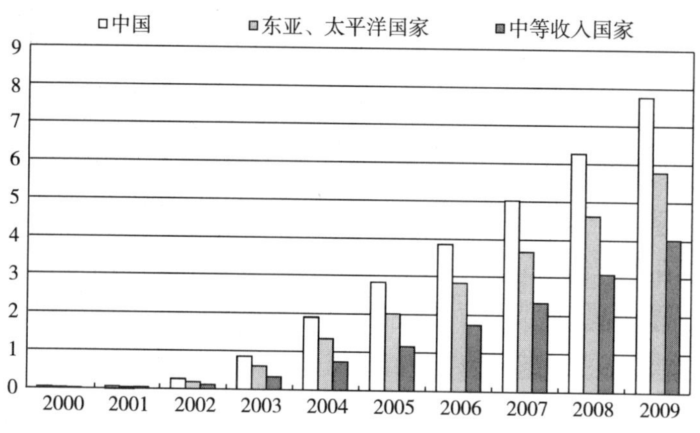

图 14　每百人固定宽带连接占有量

资料来源：世界银行发展指数。

10. 在金融服务的发展阶段，电信业发挥了重要作用

金融业的发展不仅是经济增长的强大决定因素，而且能精准地预测未来的增长趋势（Levine，1998；Sala - i - Martin，1997）。人们可以多项指标衡量金融发展，如利差、私营部门信贷的 GDP 占比，以及商业银行资产与央行资产之比。图 15 中的前两个指标将中国的金融发展水平与东亚和太平洋国家以及中等收入国家的平均水平进行比较。需要指出的是，在中国获得信贷似乎较容易。此外，2008 年全球金融危机爆发之后，中国的信贷急速扩张。然而，其利率仍然远远低于其他中等收入国家的平均水平和地区平均水平，而且长期保持在这个水平上，由此反映出政府监管所产生的影响①。然而，中国承诺在入世后，将敦促金融行业向市场驱动型利率转变。

相应地，金融发展受制于一些体制因素，如贷方权利，执行合同时的法治情况（Levine et al.，2000）以及金融服务业中的贸易和投资开放程度（Claessens et al.，2001）。

金融服务在中国是“外国直接投资受限”行业。在银行业、保险业（除了人寿保险）、融资租赁、贷款公司、信托和投资公司、货币和保险经济人等领域，外资的股本比重不能超过 50%；在人寿保险业中，外资股本比重不能

① 中国人民银行决定上调金融机构人民币存贷款基准利率，2011 - 07 - 06。

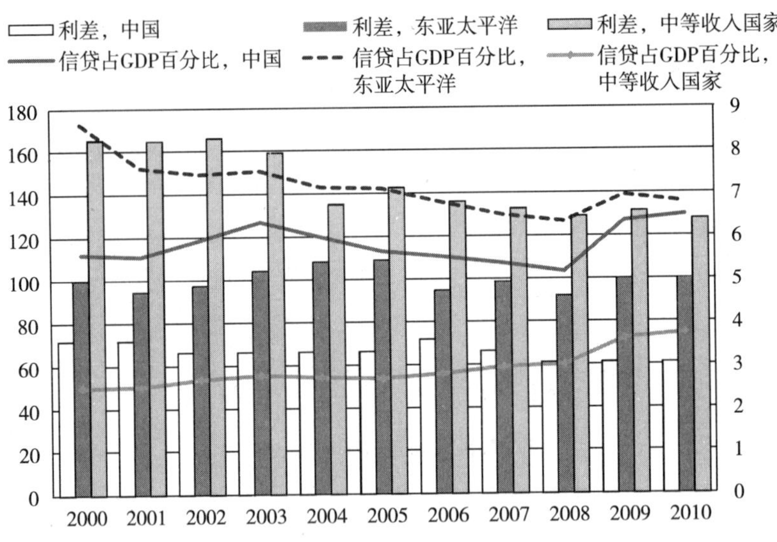

图 15 金融行业指标

资料来源：世界银行发展指数。

超过 33%；在投资基本管理公司的比重不能超过 49%（参见发改委—商务部的《外国直接投资产业指导目录》）①。外资若想在中国建立一间外商独资银行或外资银行分行，它必须先在中国建立一个分行，并运营两年以上。此外，外商独资银行的资产不能少于 100 亿美元，如果要建立分行，那么其资产不能少于 200 亿美元。然而，希望与中国本土银行合资的银行无需等待两年。最后，外资银行必须运营三年以上，且前两年连续营利后方可提供本币服务。获准开展本币业务后，外资银行分行的注册资本不得低于 3 亿人民币，但仍无法发行银行卡，而且只能办理中国公民 100 万元以上的存款业务②。

外资对现有金融机构进行股本投资时还面临着其他限制。其中包括银监会（CBRC）等监管机构的审批过程。任一外国金融机构的境内投资不得超过 20% 的少数股权，只有中资金融机构可以申请银监会的批准。如果外国投资者的总数超过未上市金融机构的 25%，将受到外资金融机构规定的约束。除了在投资上限方面有限制以外，中国商业银行的投资者必须保证 100 亿美元以上

---

① 外商投资产业指导目录，2007 年修订。见 http://www.ndrc.gov.cn/xwfb/t20071107_171004.htm。

② 中国银行业监督管理委员会主席令 2006 年第 6 号：中华人民共和国外资银行管理条例实施细则。中华人民共和国国务院令第 478 号：中华人民共和国外资银行管理条例。

的资产，而城乡信用合作社或非银行金融机制的投资者必须保证10亿美元以上的资产①。

在保险业方面，外国投资者更为受限。所有投资必须符合以下规定：从业时间不少于30年，资产不低于50亿美元，在申请运营之前在已中国开办办事处并运作两年以上，注册/运营资本不低于2亿人民币或等值外币。外国投资在合资人寿保险公司中的比重不得超过50%②。

四、结语

本文基于OECD近期开展的相关研究工作。它分析了贸易和投资对近年来中国经济增长的影响，以及对未来贸易和投资政策议程的影响。

中国自入世以来取得了惊人的经济增长。从上世纪70年代末起，中国承诺采取稳定的渐进改革，这也为其经济增长奠定了基础。中国的入世承诺目标宏大、广泛全面、促进本国深化结构改革，而结构改革正是中国向现代市场化经济转型的核心内容。

融入全球贸易网和全球价值链是中国实现经济腾飞的关键。外国直接投资的作用同样如此。总的来说，中国的对外开放、专业化和增长多半基于自身的比较优势，这主要体现在其相对丰裕的劳动力、贸易的要素含量、加工贸易的积极性和中国在全球价值链中的定位。由于中国已积累起大量实物和人力资本，积极鼓励外国直接投资和加工贸易，并建立起各种国家经济特区，所以中国已经逐步培育出其在人力资本和技术密集型产品方面的优势。

然而，有迹象表明中国可能会进入艰难的中等收入转型期。OECD近期的研究结果显示，中国经济若想持续增长，提升其在全球经济中的地位，就必须继续推行结构改革。这包括清除剩下的边境壁垒和境内壁垒，持续推进国企改革和农业改革，并且重新思考原材料市场战略。

据记载，服务业改革会对机构组织创新和综合生产力的提高（包括制造

① 中国银行业监督管理委员会令［2003］年第6号：境外金融机构投资入股中资金融机构管理办法。

② 国务院令第336号：中华人民共和国外资保险公司管理条例。中国保险监督管理委员会令2004年第4号：中华人民共和国外资保险公司管理条例实施细则。

业的生产力）发挥积极影响，因此它也是中国经济避免陷入中等收入转型困境的关键。商业服务业在提升价值链方面的关键作用，电信服务业对促进经济发展的影响，以及金融服务业对于整体经济发展的积极作用，也都证明了服务业改革的重要性。当前国家干预规划和生产的程度很可能会阻碍创新拉动型增长。对于流程创新和机构创新更重要的服务业来说，这个问题显得尤为严峻。因此，服务业的自由竞争对经济持续增长至关重要。贸易自由化和国内改革应同步进行，以创造更富竞争力的创新型服务市场，促进经济增长，并制造出具有吸引力的工作机会。

参考文献

[1] A. T. Kearney（2011），*Foreign Direct Investment Confidence Index*

[2] Bajona，C. and T. Chu（2010）：“Reforming State Owned Enterprises in China：Effects of WTO Accession”，*Review of Economic Dynamics*，Vol. 13，P. 800 ~ 823

[3] Bas，M. and O. Causa（2012），“The Impact of Structural Reforms on Firm – level Productivity in China”，*OECD Economics Department Working Papers*，forthcoming

[4] Capobianco，A. and H. Christiansen（2011），“Competitive Neutrality and State – Owned Enterprises：Challenges and Policy Options”，*OECD Corporate Governance Working Papers*，No. 1

[5] Claessens，S.，A. Dermirgüc – Kunt and H. Huizinga（2001），“How Does Foreign Entry Affect Domestic Banking Markets”，*Journal of Banking and Finance*，Vol. 25，P. 891 ~ 911

[6] Conway，P.，R. Herd，T. Chalaux，P. He and J. Yu（2010），“Product Market Regulation and Competition in China”，*OECD Economics Department Working Papers*，No. 823

[7] Deason，L. and M. Ferrantino（2011），“Determinants of Diffusion and Downstreaming of Technology – Intensive Products in International Trade”，in *Globalisation*，*Comparative Advantage and the Changing Dynamics of Trade*，OECD Publishing

[8] European Chamber of Commerce in China（2011），*European Chamber Business Confidence Survey* 2011，Beijing

[9] Eichengreen，B.，D. Park and K. Shin（2011），“When fast growing Economies Slow Down：International Evidence and Implications for China，NBER Working Paper No. 16919

[10] Ferri，G. and Li – Gang Liu（2010）：“Honor Thy Creditors Beforean Thy Shareholders：Are the Profits of Chinese State – Owned Enterprises Real?”，Asian Economic Papers，Vol. 9，No. 3，P. 50 ~ 71

[11] Food and Agricultural Organisation（2010），*Undernourishment Around the World in* 2010，Food and Agricultural Organization of the United Nations

[12] Geloso – Grosso，M.，E. Pinali and H. K. Nordås（2007），“Logistics and Time as a Trade Barrier”，

OECD Trade Policy Working Papers, No 35

[13] Gilbert, J. (2011), "Employment and Structural Changes in Asia in Times of Rebalancing and Adjustment", *Asian Development Bank Working Papers*, forthcoming.

[14] Greene, M., Dihel, N., Kowalski, P. and D. C. Lippoldt (2006), "China's Trade and Growth: Impact on Selected OECD Countries", *OECD Trade Policy Working Papers*, No. 44, OECD Publishing

[15] Growth Commission (2008), *The Growth Report: Strategies for Sustained Growth and Inclusive Development*, World Bank, Washington DC

[16] Herd, R. (2010), "A Pause in the Growth of Inequality in China?", *OECD Economics Department Working Papers*, No. 748

[17] Humphreys, D. (2009), "The Great Metals Boom: A Retrospective", *Resources Policy*, Vol. 35, No. 1

[18] Jacks, D. S., C. M. Meissner and D. Novy (2011), "Trade booms, trade busts and trade costs", *Journal of International Economics*, Vol. 83, P. 185 ~ 201

[19] Japanese Chamber of Commerce and Industry in China (2011), *2011 White Paper on the Chinese Economy and Japanese Companies*, Beijing

[20] Koopman, R., Z. Wang and S. – J. Wei (2008), "How Much of Chinese Exports is Really Made in China? Assessing Domestic Value – Added When Processing Trade Is Pervasive", *NBER Working Papers*, No. 14109, Cambridge, MA

[21] Kowalski, P. (2011), "Comparative Advantage and Trade Performance: Policy Implications", *OECD Trade Policy Working Papers*, No. 121, OECD Publishing

[22] Kowalski, P. and N. Bottini (2011), "Comparative Advantage and Exports Specialisation Mobility", in *Globalisation, Comparative Advantage and the Changing Dynamics of Trade*, OECD Publishing

[23] Kowalski, P. and M. Lesher (2011), "Global Imbalances: Trade Effects and Policy Challenges", *OECD Trade Policy Working Papers*, No. 120, OECD Publishing

[24] Levine, R. (1998), "The Legal Environment, Banks and Long – Run Economic Growth", *Journal of Money, Credit and Banking*, Vol. 30, P. 596 ~ 620

[25] Levine, R., N. Loayza and T. Beck (2000), "Financial Intermediation and Growth: Causality and Causes", *Journal of Monetary Economics*, Vol. 44, P. 31 ~ 77

[26] Nordås, H. K. (2008), "The impact of services trade liberalisation on trade in non – agricultural goods", OECD Trade Policy Working Paper No. 81

[27] Nordås, H. K. (2010), "Trade in goods and services: two sides of the same coin?" *Economic Modelling*. Vol. 27 P. 496 – 506

[28] Nordås, H. K. (2011), "Opening the markets for business services: industrial perspective for developing countries", *Journal of Economic Integration* Vol. 26 P. 305 ~ 327

[29] Ma, A., A. Van Asscheand H. Chang (2009), "Global Production Networks and China's Processing Trade", *Journal of Asian Economics*, Vol. 20, No. 6

[30] Maddison, A. (2007), *Chinese Economic Performance in the Long Run, 960 – 2030, second edition revised and updated, OECD Development Centre, Paris*

[31] *Mattoo, A. and A. Subramanian* (2011), "*China and the World Trading System*", *World Bank Policy Research Papers*, No. 5897

[32] Miroudot, S., J. Sauvage and B. Shepherd (2012). "Trade costs and productivity in services sectors", Economic Letters, 114, 36 ~ 38

[33] National Bureau of Statistics (2011), China Statistical Yearbook 2011, China Statistics Press

[34] Nordås, H. K. (2008), "The Impact of Services Trade Liberalisation on Trade in Non – Agricultural Goods", *OECD Trade Policy Working Papers*, No. 81

[35] Nordås, H. K. (2010), "Trade in Goods and Services: Two Sides of the Same Coin?", *Economic Modelling*, Vol. 27, P. 496 ~ 506

[36] Nordås, H. K. (2011), "Opening the Markets for Business Services: Industrial Perspective for Developing Countries", *Journal of Economic Integration*, Vol. 26, P. 305 ~ 327

[37] Nordås, H. K. (2011), "Measuring barriers to trade and investment in services: important for policy analysis, but easier said than done", Chapter 6 in P. Pauve, G. Pasadilla and M. Mikic (eds.), *Service sector reforms: Asia – Pacific perspectives*, Bangkok, UNESCAP

[38] O' Connor, J. (2011), "Market Economy Status for China is not Automatic", available at: http://voxeu.org/index.php? q = node/7345 (Download 22nd 12 2011)

[39] OECD (2000), "Main Determinants and Impacts of Foreign Direct Investment on China' s Economy", *Working Papers on International Investment*, Number 2000/4

[40] OECD (2003), *Investment Policy Review of China*, OECD, Paris

[41] OECD (2005), *OECD Economic Surveys*: China, OECD, Paris

[42] OECD (2006a), *The Rise of China and India. What is in it for Africa?*, OECD Development Centre, Paris

[43] OECD (2006b), *Investment Policy Review of China*, OECD, Paris

[44] OECD (2008a), *Investment Policy Review of China*, OECD, Paris

[45] OECD (2008b), *OECD Reviews of Innovation Policy – China*, OECD, Paris

[46] OECD (2009a), *Globalisation and Emerging Economies: Brazil, Russia, India, Indonesia, China and South Africa*, OECD Publishing

[47] OECD (2009b), "State Owned Enterprises in China: Reviewing the Evidence", OECD Working Group on Privatisation and Corporate Governance of State Owned Assets, Occasional Paper, available at: http://www.oecd.org/dataoecd/14/30/42095493.pdf

[48] OECD (2009c), *OECD Reviews of Regulatory Reform – China: Defining the Boundary Between the Market and the State*, OECD, Paris

[49] OECD (2010a), *OECD Economic Surveys: China*, OECD Publishing

[50] OECD (2010b), *Trade and Economic Effects of Responses to the Economic Crisis*, OECD Publishing

[51] OECD (2010c), *Seizing the Benefits of Trade for Employment and Growth*, OECD Publishing

[52] OECD (2011a), "Global Value Chains - Preliminary Evidence and Policy Issues", DSTI/IND (2011) 3

[53] OECD (2011b), *Globalisation, Comparative Advantage and the Changing Dynamics of Trade*, OECD Publishing

[54] OECD (2011c), *Attractiveness for Innovation - Location Factors for International Investment*, OECD, Publishing

[55] OECD (2011d), *African Economic Outlook*, OECD Development Centre, Paris

[56] OECD (2011e), *Agricultural Policy Monitoring and Evaluation 2011*, OECD, Paris

[57] OECD (2011f), "Exports Restrictions and Domestic Policies on Steel related Raw Materials", *OECD Trade Policy Working Papers*, forthcoming

[58] OECD (2011g), *Science, Technology and Industry Scoreboard 2011*, www. oecd. org/sti/scoreboard

[59] OECD (2011h), *China's Emergence as a Market Economy: Achievements and Challenges*, OECD Contribution to the China Development Forum 20 ~ 21 March 2011, Beijing, OECD, Paris

[60] OECD (20110i), *Investment News*, No. 16

[61] OECD (2012), "China Investment Policy Review Update", *mimeo*, Investment Division

[62] Price, A. and D. S. Nance (2010), "Export Barriers and the Steel Industry", in *The Economic Impact of Export Restrictions on Raw Materials*, OECD, Paris

[63] Röller, L. H and L. Waverman (2001), "Telecommunications Infrastructure and Economic Development: A Simultaneous Approach", *The American Economic Review*, Vol. 91, P. 909 ~ 923

[64] Reyes, J., M., Garcia and R. Lattimore (2009). "The International Economic Order and Trade Architecture", in *Globalisation and Emerging Economies: Brazil, Russia, India, Indonesia, China and South Africa*, OECD Publishing

[65] Sala - i - Martin, X. (1997), "I just run a million regressions", *The American Economic Review*, Vol. 87 P. 178 ~ 183

[66] Sally, R. (2009), "Globalisation and the Political Economy of Trade Liberalisation in the BRIICS", in *Globalisation and Emerging Economies: Brazil, Russia, India, Indonesia, China and South Africa*, OECD Publishing

[67] Scissor, D. (2011), "Chinese State - Owned Enterprises and U. S. - China Economic Relations, Testimony before the U. S. - China Economic and Security Review Commission", March 30th

[68] Szamosszegi, A. and C. Kyle (2011), "An Analysis of State - owned Enterprises and State Capitalism in China", U. S. - China Economic and Security Review Commission, Washington DC

[69] Stone, S. F., R. H. Cavazos Cepeda and A. Jankowska (2011), "Have Changes in Factor Endowments Been Reflected in Trade Patterns?", in *Globalisation, Comparative Advantage and the Changing Dynam-*

ics of Trade, OECD Publishing

[70] Van Tongeren, F. (2011), "The Impact of Export Restrictions on Raw Materials on Trade and Global Supply", in *Globalisation, Comparative Advantage and the Changing Dynamics of Trade*, OECD Publishing

[71] Voon, T. and A. Mitchell (2010), "Open for Business? China' s Telecommunications Services Market and the WTO", *Journal of International Economic Law*, Vol. 13, P. 321 ~ 378

[72] Weisbrod, A. and J. Whalley (2011), "The Contribution of Chinese FDI to Africa' s Pre Crisis Growth Surge", *NBER Working Papers*, No. 17544

[73] Woetzel, J. (2008), "Reassessing China' s State – Owned Enterprises", *The McKinsey Quarterly* (July)

[74] World Bank (2009), *From Poor Areas to Poor People: China' s Evolving Poverty Reduction Agenda – An Assessment of Poverty and Inequality in China*, (Vol. 1 of 2), Main Report, World Bank, Washington DC

[75] World Trade Organization (2001), *Accession of the People' s Republic of China*, WT/L/432, 23 November 2001, WTO, Geneva

致谢

入世是中国对外开放战略的一次历史性抉择。加入世界贸易组织，对中国自身的改革开放进程以及世界经济政治格局，都产生了深远的影响。通过加入世界贸易组织，中国接受了世界贸易组织所倡导的市场经济体制的基本原则、基本制度，充分发挥了自身的比较优势，实现了资源在全球范围内更加优化的配置，极大地促进了经济与社会的发展。通过接纳中国融入这一体系，世界各国也得以扩大市场、分享物美价廉的中国制造产品、更大范围地减少贫困以及更好地抵御金融危机的冲击。这是一次双赢的选择。

十年之后，经济全球化不断深入，各国经济依存度空前加深，全球经济秩序开始了新的调整，世界经济形势复杂多变。面对经历了深刻变化的自身和世界，我们需要深入思考中国对外开放战略的选择。一方面，中国需要坚持深化对外开放，致力于维护和加强多边贸易体制，继续推动多哈回合谈判，积极参与全球治理机制改革，推动形成公平、公正、互利、共赢的国际经济新秩序。另一方面，中国经济要变得更加平衡、协调、可持续，必须要继续深化经济体制改革，积极推进城市化，立足国内市场和扩大内需，不断提高科技与管理创新能力，加强资源节约和环境保护。

为了给下一阶段我国的对外开放战略选择提供参考，中国发展研究基金会决定从评估入手，立足未来，分析入世十年来国内和国际的经济、政治和社会的基础条件发生了哪些变化，入世对中国经济和社会发展的各个层面产生了哪些具体的影响，我们在哪些领域做对了，哪些做对了但还不够，哪些则是做错了。通过评估，以历史为鉴、以事实为鉴，我们对未来对外开放战略选择提出了针对性的建议。课题得到了国务院发展研究中心原主任、中国发展研究基金会理事长王梦奎教授的肯定和支持；中国社会科学院原常务副院长、中国发展研究基金会副理事长王洛林教授亲自担任课题组组长，部署研究计划和搭建高水平的专家团队；国务院发展研究中心对外经济研究部部长隆国强先生和我担任课题组副组长。

这一研究也得到了相关领域专家的积极响应。2011 年 4 月，基金会组织了两次专家论证会，在此基础上成立了由国务院发展研究中心、中国社会科学院、商务部、国家发展和改革委员会、清华大学、对外经济贸易大学、交通银行、上海 WTO 事务咨询中心、深圳市世贸组织事务中心等单位资深专家组成的课题组。来自经济合作与发展组织（OECD）和联合国开发计划署（UNDP）的专家也承担了分课题研究任务。专家团队的构建，使得政府与学界和企业界、国际和国内、中央和地方的视角能够相互碰撞启迪。此外，团队中还有一些专家曾直接参与中国入世的谈判和对话。这些都为课题组的高效和创造性的工作奠定了基础。

在王洛林教授的领导下，课题组共完成了 18 篇分报告，在此基础上，隆国强先生完成了课题的总论。值得一提的是，承担具体课题研究任务的各位专家不仅完成了自己负责的分课题研究，而且还在历次课题组讨论和资料交流中，对其他分课题提供了许多建设性的意见。

在本课题的设计和研究过程中，清华大学的李稻葵教授、胡鞍钢教授等许多专家都提供了宝贵的建议。中国发展研究基金会承担了此次报告的全部组织工作，基金会项目官员任晶晶不仅承担了具体的组织协调工作，也为课题成果的最后编辑修订做了大量的工作。中国发展出版社社长包月阳先生、副总编辑尚元经先生也对本书的出版给予了大力支持。在本书出版之前，为了使课题的研究成果和进展为公众所分享，我们选择了部分分报告择要在《中国经济时报》发表，李慧莲编辑对该组文章的发表提供了及时的帮助。

中国发展研究基金会自 2007 年起设立了“发展研究基金”，用于政策研究。认同基金会宗旨的企业和个人，对基金会提供捐赠。2011 年 VISA 公司和弘毅投资为基金会提供了慷慨的资助，令这项研究得以顺利完成。

值此报告付梓之际，谨代表中国发展研究基金会，对全体课题组成员以及为本项研究工作提供支持的单位和个人表示诚挚的感谢！

中国发展研究基金会秘书长　卢迈

2012 年 3 月